Treasures for Scholars Worldwide

国家社会科学基金重大招标项目

中国西南少数民族地区濒危文字文献调查研究丛书

赵丽明　孙宏开　主编

纳木依藏族帕孜文献

赵丽明　张　琰　编著

GUANGXI NORMAL UNIVERSITY PRESS
广西师范大学出版社
·桂林·

八月  mi³⁵ndo⁵⁵tɕi³¹pə³¹
可以看见猴的一月

八月上

八月一日

	原图						
朱小华解读	国际音标	nda⁵⁵ta⁵⁵	sa⁵⁵ta⁵⁵	mi³⁵	li³¹bu'⁵⁵	ʁa⁵⁵la⁵⁵bu⁵⁵	tʂʅ³¹
	直译	神枝	土神	猴	海螺	大烧香堆堆	星宿
	意译	家神	土神严重地惹了人	属猴	烧香时要吹海螺	要给大烧香堆堆烧香	这一天的星宿不好
	解读	mi³⁵ tɕi³¹, mi³⁵ ɲi⁵⁵mi⁵⁵ tɕi³¹ ɲi⁵⁵, mi³⁵ lu⁵⁵su⁵⁵ tsʰo³¹ ta⁵⁵mu⁵⁵ 猴 一 猴 日 一 天 猴 属 人 这种 ŋo⁵⁵ zo³¹ko⁵⁵, ʁa⁵⁵la⁵⁵bu⁵⁵ so³¹ vu⁵⁵ hũ³⁵. mu⁵⁵ a⁵⁵ 病 得 大烧香堆堆 香 烧 需要 天 上（方位词） tʂʅ³¹ pu³¹ hũ³⁵, sa⁵⁵ta⁵⁵ tso⁵⁵ hũ³⁵, li³¹bu'⁵⁵ fu⁵⁵ hũ³⁵. 星宿 送 需要 土神 谢 需要 海螺 吹 需要					
	通译	八月初一，属猴的一天，属猴的人得病，要给大烧香堆堆烧香，要谢土神，吹海螺。					
	补充	八月初一这一天，属猴的人如果生病，是因为犯了土神、山神和天上最不好的星宿，很严重。要先送星宿，捏一个面人，用煤水把这个人染黑，再把黑羊的血挤在面人上，用苦荞花为病人擦身，然后把面人、苦荞花、一张黑纸、九张纸钱一起往天上送。然后烧香，吹五声海螺。					
李开华解读	国际音标	nda⁵⁵ta⁵⁵	tʰa⁵⁵ba⁵⁵	mi³⁵	hĩ³¹mbo⁵⁵kʰu⁵⁵	ʁa⁵⁵	不详
	直译	神枝	赤口	猴	海螺	烧香堆堆	
	意译	神枝在西方	赤口降到地上	属猴	海螺在东方	用于烧素香	
	解读	mi³⁵ lu⁵⁵ tɕi⁵⁵ ɲi⁵⁵, mu⁵⁵ a⁵⁵ sio⁵⁵ pʰi⁵⁵ lo³¹ mu⁵⁵ 猴 属 一 天 天 上（方位词） 香 素 上（方向前缀） 烧 dʑu⁵⁵ a⁵⁵ χe³⁵ ndʑa³⁵. tɕi⁵⁵ ɲi⁵⁵ ko³¹ tʰa⁵⁵ba⁵⁵ dʑu⁵⁵ a⁵⁵ 地 上（方位词） 湖 在 一 天 的 赤口 地 上（方位词） dʑa³¹. tʂʅ³⁵ ka³⁵ ma⁵⁵ hã⁵⁵, lu⁵⁵ ma⁵⁵ hã⁵⁵, sʅ³⁵ qʰa⁵⁵ 在 土 挖 不 能够 石头 不 能够 柴 劈 ma⁵⁵ hã⁵⁵, ɲi⁵⁵tso⁵⁵ tso³¹tɕʰikʰi³¹ hũ⁵⁵mi⁵⁵kʰi³¹ be⁵⁵ ma⁵⁵ hã⁵⁵. 不 能够 西方 北方 南方 去 不 能					
	通译	八月初一这一天属猴，朝天烧素香。湖在地上，这一天的赤口降到了地上。不能挖石头，不能劈柴，西方、北方和南方不能去。					

八月二日

	原图	刀	土神	鸡	神枝	有蹄子的怪象
朱小华解读	国际音标	ʁua³¹mi³¹	sa⁵⁵ta⁵⁵	dzu⁵⁵	nda⁵⁵ta⁵⁵	qʰa⁵⁵ndʑa⁵⁵i⁵⁵to³⁵
	直译	刀	土神	鸡	神枝	有蹄子的怪象
	意译	不吉利的凶器	土神惹了人	属鸡	家神	家中牲畜出的怪象惹了人
	解读	dzu⁵⁵ ȵi⁵⁵, ta⁵⁵mu⁵⁵ 鸡 二 这种	dzu⁵⁵ ȵi⁵⁵mi⁵⁵ ŋo⁵⁵ zo³¹ko⁵⁵, 鸡 日 病 得	tɕi³¹ ȵi⁵⁵, qʰa⁵⁵ndʑa⁵⁵i⁵⁵to³⁵ 一 天 有蹄子的怪象	dzu⁵⁵ lu⁵⁵su⁵⁵ pu³¹ hũ³⁵. 鸡 属 送 需要	tsʰo³¹ sa⁵⁵ta⁵⁵ tʂo⁵⁵. 人 土神 谢
	通译	八月初二，属鸡的一天，属鸡的人得病，要送牲畜的怪象，要谢土神。				
	补充	八月初二这一天，属鸡的人如果生病，是因为有红煞和不好的凶器在家里，用苦荞花擦病人身体，把铁器送出去，然后用丝茅草扎一个小人，把猪毛扎在毛人里，送到不是病人本命的方向。				
李开华解读	国际音标	bu⁵⁵tʂa³¹	tʰa⁵⁵ba⁵⁵	bi⁵⁵	nda⁵⁵ta⁵⁵	qa³⁵lu⁵⁵
	直译	刀	赤口	鸡	神枝	锅庄
	意译	前面有刀，看见刀不吉利	赤口在东南方	属鸡	神枝在东方	用于做法事
	解读	bi⁵⁵ lu⁵⁵ tɕi⁵⁵ ȵi⁵⁵, dzɑ³¹. mu⁵⁵ 鸡 属 一 天 在 天 ȵi⁵⁵ ko³¹ 天 的 ȵi⁵⁵tʂʰo⁵⁵ 西方	ma⁵⁵ qʰa⁵⁵ 不 好 a⁵⁵ 上（方位词） tʰa⁵⁵ba⁵⁵ 赤口 hũ⁵⁵mi⁵⁵kʰi³¹ 南方	ma⁵⁵ nda⁵⁵. ɣua⁵⁵ 不 坏 前面 sio⁵⁵ pʰi⁵⁵ 香 素 io³⁵sa⁵⁵gu³¹ 西南方 be⁵⁵ 去	bu⁵⁵tʂa³¹ 刀 lo³¹ mu⁵⁵. 上（方向前缀）烧 a⁵⁵ （方位词） ma⁵⁵ 不	ti⁵⁵ tɕi⁵⁵ 这 一 dzo³¹. 在 东方 hã⁵⁵. 能
	通译	八月初二这一天属鸡，日子不好不坏。刀在前面（不吉利）。朝天烧素香。这一天的赤口在西南方。东方、西方、南方不能去。				

八月三日

	原图				
朱小华解读	国际音标	nda⁵⁵ta⁵⁵	tʂʰɿ³⁵	a³¹kʰɚ⁵⁵	bu⁵⁵ɚ⁵⁵to³⁵
	直译	神枝	狗	筛子	蛇怪
	意译	家神	属狗	做法事的工具	朝高处爬的蛇，天神菩萨的鬼惹了人
	解读	tʂʰɿ³⁵ so⁵⁵， 狗 三 ta⁵⁵mu⁵⁵ ŋgo⁵⁵ 这种 病 mi⁵⁵ 下（方向前缀）	tʂʰɿ³⁵ ȵi⁵⁵mi⁵⁵ tɕi³¹ 狗 日 一 zo³¹ko⁵⁵， 得 tʂʰɿ³¹. 放，送	ȵi⁵⁵， 天 a³¹kʰɚ⁵⁵ qo³¹ 筛子 里头 bu⁵⁵ɚ⁵⁵to³⁵ pu³¹ 蛇怪 送	tʂʰɿ³⁵ lu⁵⁵su⁵⁵ tsʰo³¹ 狗 属 人 ʂo⁵⁵u⁵⁵ ŋa³⁵ ga³¹ 纸 五 张 hũ³⁵. 需要
	通译	八月初三，属狗的一天，属狗的人得病，在筛子里放五张纸送出去。要送蛇怪。			
	补充	八月初三这一天，属狗的人如果生病，是被天神菩萨的鬼惹了。用糌粑面捏一个蛇，放在筛子里，把五色纸放进筛子，烧柏香，绕身体三圈，然后送出去。			
李开华解读	国际音标	nda⁵⁵ta⁵⁵	tʂʰɿ⁵⁵	ʂɿ³¹tʰo⁵⁵	bu⁵⁵ɚ⁵⁵
	直译	神枝	狗	牛皮船	蛇
	意译	神枝在西方	属狗	牛皮船在北方	爬上树的蛇（不吉利）
	解读	tʂʰɿ⁵⁵ lu⁵⁵ 狗 属 xe³¹ lo³¹. 去 了 nda⁵⁵ta⁵⁵ dzɑ³¹ 神枝 在 tʂo³¹tɕʰi⁵⁵kʰi³¹ 北方	tɕi⁵⁵ ȵi⁵⁵， 一 天 ʂɿ³¹tʰo⁵⁵ tʂo³¹tɕʰi⁵⁵kʰi³¹ 牛皮船 北方 ti⁵⁵ tɕi⁵⁵ 这 一 be⁵⁵ ma⁵⁵ 去 不	χa³⁵ tsa⁵⁵. 日子 坏 ȵi⁵⁵ ȵi⁵⁵tʂʰo⁵⁵ 天 西方 hã⁵⁵. 能	bu⁵⁵ɚ⁵⁵ mu⁵⁵ a⁵⁵ 蛇 天 上（方位词） a⁵⁵ dzɑ³¹ ȵi⁵⁵tʂʰo⁵⁵ （方位词） 在 西方 ʂa⁵⁵tʂʰo⁵⁵ 东方
	通译	八月初三这一天属狗，日子坏，蛇上树朝天上爬（不吉利），牛皮船在北方，神枝在西方。西方、东方、北方不能去。			

八月四日

	原图	▢	🦌	🌿	◯	🦶
朱小华解读	国际音标	ŋgu³¹gi⁵⁵	va³⁵	nda⁵⁵ta⁵⁵	n̩i⁵⁵mi⁵⁵	tʂʰɿ⁵⁵kɑ⁵⁵
	直译	八方神	猪	神枝	太阳	脚
	意译	八方神惹了人	属猪	家神	太阳神惹了人	黑煞
	解读	va³⁵ zɿ³⁵, va³⁵ n̩i⁵⁵mi⁵⁵ tɕi³¹ n̩i⁵⁵, va³⁵ lu⁵⁵su⁵⁵ tsʰo³¹ ta⁵⁵mu⁵⁵ 猪 四 猪 日 一 天 猪 属 人 这种 ŋgo⁵⁵ zo³¹ko⁵⁵, n̩i⁵⁵mi⁵⁵ ɬa³¹ pu³¹ hũ³⁵. za³⁵ pu³¹ 病 得 太阳神 送 需要 煞气 送 ŋgu³¹gi⁵⁵ pu³¹ hũ³⁵. 八方神 送 需要				
	通译	八月初四，属猪的一天，属猪的人得病，要送太阳神，要送煞气，要送八方神。				
	补充	八月初四这一天，属猪的人生病，是因为被八方神、太阳神和黑煞惹了，八方神和太阳神的送法同前。送黑煞要把黑羊毛扎在毛人里，在病人身边绕几圈之后送到不是病人本命的方向。				
李开华解读	国际音标	pʰɚ⁵⁵pa³¹	va³⁵	nda⁵⁵ta⁵⁵	hĩ⁵⁵mi⁵⁵	ʂɿ⁵⁵kɑ³⁵
	直译	法器（类似于印章）	猪	神枝	太阳	脚
	意译	用法器在糌粑面上印章	属猪	神枝在东方	太阳在天上	天上的脚朝下伸，不吉利
	解读	va³⁵ lu⁵⁵ tɕi⁵⁵ n̩i⁵⁵, χa³⁵ tsa⁵⁵. mu⁵⁵ a⁵⁵ hĩ⁵⁵mi⁵⁵ 猪 属 一 天 日子 坏 天 上（方位词） 太阳 dzo³¹. ʂɿ⁵⁵kɑ³⁵ mi⁵⁵ tʂɿ⁵⁵ lo³¹ pʰɚ⁵⁵pa³¹ n̩i⁵⁵tsʰo⁵⁵ 在 脚 上（方向前缀） 伸 了 法器 西方 dzɑ³¹ tso³¹tɕi⁵⁵kʰi³¹ n̩i⁵⁵tsʰo⁵⁵ be⁵⁵ ma⁵⁵ hã⁵⁵ 在 北方 西方 去 不 能				
	通译	八月初四这一天属猪，日子坏，太阳在天上，脚朝下伸（不吉利），法器在西方。北方和西方不能去。				

八月五日

	原图					
朱小华解读	国际音标	nda⁵⁵ta⁵⁵	ɬo³⁵	χɑ³⁵	ɬi⁵⁵mi⁵⁵	tʂʅ³¹
	直译	神枝	水神	鼠	月亮	星宿
	意译	家神	水神	属鼠	月亮神惹了人	星宿惹了人
	解读	χɑ³⁵ ŋɑ³⁵，χɑ³⁵ ȵi⁵⁵mi⁵⁵ tɕi³¹ ȵi⁵⁵，χɑ³⁵ lu⁵⁵su⁵⁵ tsʰo³¹ tɑ⁵⁵mu⁵⁵ 鼠　五　　鼠　　日　一　天　鼠　属　人　这种 ŋo⁵⁵ zo³¹ko⁵⁵，ɬi⁵⁵mi⁵⁵ ɬɑ³¹ pu³¹ hũ³⁵，mu⁵⁵ ɑ⁵⁵ 病　　得　　　　月亮　神　送　需要　天　上（方位词） tʂʅ³¹ pu³¹ hũ³⁵．ɬo³⁵ tʂo⁵⁵ hũ³⁵． 星宿　送　需要　　水神　送　需要				
	通译	八月初五，属鼠的一天，属鼠的人得病，要送月亮神，送天上的星宿，要送水神。				
	补充	八月初五这一天，属鼠的人如果生病要送水神。送法同前文所述。				
李开华解读	国际音标	nda⁵⁵ta⁵⁵	xə³⁵	χɑ³⁵	hĩ⁵⁵mi⁵⁵	tʰa⁵⁵ba⁵⁵
	直译	神枝	湖	鼠	太阳	赤口
	意译	神枝在西方	地上的湖	属鼠	正在天上飞的太阳	赤口在东北方
	解读	χɑ³⁵ lu⁵⁵ tɕi⁵⁵ ȵi⁵⁵，χɑ³⁵ tsa⁵⁵．tʰa⁵⁵ba⁵⁵ ʁə³⁵sa⁵⁵gu³¹ ɑ⁵⁵ 鼠　属　一　天　日子　坏　赤口　东北方　（方位词） dzo³¹．dzu⁵⁵ ɑ⁵⁵ χe³⁵ ndʐa³⁵．mu⁵⁵ ɑ⁵⁵ hĩ⁵⁵mi⁵⁵ 在　地　上　湖　在　　天　上（方位词）　太阳 bi⁵⁵ iɑ³¹．hũ⁵⁵mi⁵⁵kʰi³¹ ʂa⁵⁵tʂʰo⁵⁵ be⁵⁵ ma⁵⁵ hã⁵⁵． 飞（进行体标记）　南方　　东方　去　不　能				
	通译	八月初五这一天属鼠，日子坏，赤口在东北方，地上有湖，太阳正在天上飞。南方和东方不能去。				

八月六日

	原图	(神枝图)	(海螺图)	(牛图)	(爪怪象图)	(蹄怪象图)
朱小华解读	国际音标	nda⁵⁵ta⁵⁵	li³¹bu⁵⁵	ɣe³⁵	y³¹ɚ⁵⁵tʂɿ⁵⁵i⁵⁵to³⁵	qʰa⁵⁵ndʑa⁵⁵i⁵⁵to³⁵
	直译	神枝	海螺	牛	有爪子的怪象	有蹄子的怪象
	意译	家神	烧香时吹海螺	属牛	天上的雀鸟出的怪象惹了人	家中牲畜出的怪象惹了人
	解读	ɣe³⁵ kʰu³¹, ɣe³⁵ ȵi⁵⁵mi⁵⁵ tɕi³¹ ȵi⁵⁵, ɣe³⁵ lu⁵⁵su⁵⁵ tsʰo³¹ ta⁵⁵mu⁵⁵ 牛 六 牛 日 一 天 牛 属 人 这种 ŋgo⁵⁵ zo³¹ko⁵⁵, y³¹ɚ⁵⁵tʂɿ⁵⁵i⁵⁵to³⁵ pu³¹ hũ³⁵. qʰa⁵⁵ndʑa⁵⁵i⁵⁵to³⁵ pu³¹ 病 得 有爪子的怪象 送 需要 有蹄子的怪象 送 hũ³⁵. 需要					
	通译	八月初六，属牛的一天，属牛的人得病，要送雀鸟的怪象，要送牲畜的怪象。					
	补充	八月初六这一天，属牛的人如果生病，是因为家神勾引家里的羊和鸡来犯这个人。送法同前文所述。					
李开华解读	国际音标	nda⁵⁵ta⁵⁵	hĩ³¹mbo⁵⁵kʰu⁵⁵	ɣə³⁵	ȵa⁵⁵	qa³⁵lu⁵⁵
	直译	神枝	海螺	牛	眼	锅庄
	意译	神枝在西方	海螺在前面	属牛	天上的眼睛	用于减淤
	解读	ɣə³⁵ lu⁵⁵ tɕi⁵⁵ ȵi⁵⁵, χa³⁵ pʰio³⁵. mu⁵⁵ a⁵⁵ ȵa⁵⁵ 牛 属 一 天 日子 好 天 上（方位词）眼 ndʑa³⁵. hĩ³¹mbo⁵⁵kʰu⁵⁵ yua⁵⁵ dza³¹. ndza⁵⁵ mi⁵⁵ ʂu³¹ 在 海螺 前面 在 减淤 下（方向前缀）减淤 tʂo³¹tɕʰi⁵⁵kʰi³¹ be⁵⁵ ma⁵⁵ hã⁵⁵. 北方 去 不 能					
	通译	八月初六这一天属牛，日子好。天上有眼睛，海螺在前面。要减淤，北方不能去。					

第三章 文献精选精译

八月七日

	原图				
朱小华解读	国际音标	nda⁵⁵ta⁵⁵	lɑ⁵⁵	lɑ³¹kɑ³¹	tʂʅ³¹
	直译	神枝	虎	手	星宿
	意译	家神	属虎	煞气惹了人	带红煞的星宿惹了人
	解读	lɑ⁵⁵ ʂʅ³¹, 虎 七　　ta⁵⁵mu⁵⁵ ŋgo⁵⁵ 这种　病　　i⁵⁵ （助词）	lɑ⁵⁵ ȵi⁵⁵mi⁵⁵ 虎　日　　zo³¹ko⁵⁵, 得　　　　zɑ³⁵ 煞气	tɕi³¹ ȵi⁵⁵, 一　天　　zɑ³⁵ pu³¹ 煞气 送　　pu³¹ hũ³⁵. 送　需要	lɑ⁵⁵ lu⁵⁵su⁵⁵ tsʰo³¹ 虎　属　　人　　hũ³⁵. tʂʅ³¹ 需要 星宿
	通译	八月初七，属虎的一天，属虎的人得病，要送煞气，要送星宿的煞气。			
	补充	八月初七这一天，属虎的人生病，是因为身体不干净，要"减淤"；再把一张白纸剪成五个纸人，同五张纸钱一起，往五个方向送。			
李开华解读	国际音标	nda⁵⁵ta⁵⁵	lɑ⁵⁵	lɑ³¹	tʰa⁵⁵ba⁵⁵
	直译	神枝	虎	手	赤口
	意译	神枝在西方	属虎	天上的手朝下伸	染了血赤口
	解读	lɑ⁵⁵ lu⁵⁵ 虎　属　　tʂo³¹tɕhi⁵⁵khi³¹ 北方　　ɑ⁵⁵ （方位词）　lo³¹. 了	tɕi⁵⁵ ȵi⁵⁵, 一　天　　lɑ³¹ 手　　dzo³¹. 在　　ȵi⁵⁵tʂo⁵⁵ 西方	ma⁵⁵ qʰa⁵⁵ 不　好　　mi⁵⁵ 下（方向前缀）　sa³⁵ hĩ⁵⁵ 鲜　下（方向前缀）　ʂa⁵⁵tʂo⁵⁵ 东方　　tʂo³¹tɕhi⁵⁵khi³¹ 北方	ma⁵⁵ nda⁵⁵. 不　坏　　tʂʅ⁵⁵. tʰa⁵⁵ba⁵⁵ ʁə³⁵sa⁵⁵gu³¹ 伸　赤口　东北方　　mi⁵⁵ tʂʅ³¹ 下（方向前缀）　放　　be⁵⁵ ma⁵⁵ hã⁵⁵ 去　不　能
	通译	八月初七这一天属虎，日子不好不坏，北方的手朝下伸，赤口在东北方，见了血。西方、东方和北方不能去。			

八月八日

	原图				
朱小华解读	国际音标	ʁa⁵⁵la⁵⁵bu⁵⁵	tʰo⁵⁵li⁵⁵	nda⁵⁵ta⁵⁵	tsʅ³¹
	直译	大烧香堆堆	兔	神枝	星宿
	意译	用于烧素香	属兔	家神	带红煞的星宿惹了人
	解读	tʰo⁵⁵li⁵⁵ hĩ³¹, tsʰo³¹ ta⁵⁵mu⁵⁵ 兔 八 人 这种 tʰo⁵⁵li⁵⁵ n̠i⁵⁵mi⁵⁵ ŋgo⁵⁵ zo³¹ko⁵⁵, 兔 日 病 得 tɕi³¹ n̠i⁵⁵, ʁa⁵⁵la⁵⁵bu⁵⁵ 一 天 大烧香堆堆 tʰo⁵⁵li⁵⁵ lu⁵⁵su⁵⁵ so³¹ vu⁵⁵ hũ³⁵. 兔 属 香 烧 需要
	通译	八月初八，属兔的一天，属兔的人得病，要给大烧香堆堆烧香。				
	补充	八月初八这一天，属兔的人生病，是因为身体不干净，要给身体"减淤"，然后烧素香。				
李开华解读	国际音标	ʁa⁵⁵	tʰo⁵⁵li⁵⁵	nda⁵⁵ta⁵⁵	tʰa⁵⁵ba⁵⁵
	直译	烧香堆堆	兔	神枝	赤口
	意译	用于烧素香	属兔	神枝在东方	赤口在东北方
	解读	tʰo⁵⁵li⁵⁵ lu⁵⁵ tɕi⁵⁵ n̠i⁵⁵, χa³⁵ tsa⁵⁵. tʰa⁵⁵ba⁵⁵ ʁə³⁵sa⁵⁵gu³¹ 兔 属 一 天 日子 坏 赤口 东北方 a⁵⁵ dzo³¹ za⁵⁵ɣu⁵⁵ no³¹ sio⁵⁵ pʰi⁵⁵ （方位词）在 鸡蛋 和（连词）香 素 lo³¹ mu⁵⁵. ʁə³⁵sa⁵⁵gu³¹ be⁵⁵ ma⁵⁵ hã⁵⁵. 上（方向前缀）烧 东北方 去 不 能
	通译	八月初八这一天属兔，日子坏。赤口在东北方，用鸡蛋烧素香，东北方不能去。				

八月九日

	原图	〔长刀图〕	〔龙图〕	〔牛角图〕	〔小烧香堆堆图〕
朱小华解读	国际音标	ʁua³¹mi³¹	ʑ⁵⁵dʐa³¹	ɣe³⁵kʰu⁵⁵	ʁa⁵⁵bu⁵⁵ta⁵⁵ta⁵⁵
	直译	长刀	龙	牛角	小烧香堆堆
	意译	不吉利的凶器	属龙	牛王会菩萨惹了人	小烧香堆堆惹了人（竖起来的香堆表示烧的烟朝天）
	解读	ʑ⁵⁵dʐa³¹ ŋgu³⁵, ʑ⁵⁵dʐa³¹ ɳi⁵⁵mi⁵⁵ tɕi³¹ ɳi⁵⁵, ʑ⁵⁵dʐa³¹ lu⁵⁵su⁵⁵ 龙 九　　 龙　　 日　 一　 天　 龙　　 属 tsʰo³¹ ta⁵⁵mu⁵⁵ ŋo⁵⁵ zo³¹ko⁵⁵, ɣe³⁵pi³⁵sʐ⁵⁵ pu³¹ hũ³⁵, 人　 这种　　 病　 得　　 牛王会菩萨　　 送　 需要 ʁa⁵⁵bu⁵⁵ta⁵⁵ta⁵⁵ so³¹ vu⁵⁵¹. 小烧香堆堆　　 香　 烧			
	通译	八月初九，属龙的一天，属龙的人得病，要送牛王会菩萨，给小烧香堆堆烧香。			
	补充	八月初九这一天，属龙的人如果生病，要把黑羊毛和鸡毛烧在香上，然后吹牛角，往西送，同时烧素香。			
李开华解读	国际音标	ʁa³⁵mi⁵⁵	zʐ⁵⁵bi⁵⁵	tsʰu⁵⁵tʂa⁵⁵	ʁa⁵⁵
	直译	长刀	龙	刺刀	烧香堆堆
	意译	祸事	属龙	祸事	烧素香
	解读	zʐ⁵⁵bi⁵⁵ lu⁵⁵ tɕi⁵⁵ ɳi⁵⁵, ga⁵⁵ʑ⁵⁵mu⁵⁵ χa³⁵ tsa⁵⁵. 龙　 属　 一　 天　 最　　 日子　 坏 tsʰu⁵⁵tʂa⁵⁵ tʂʰɿ⁵⁵ su⁵⁵ dzo³¹. yua⁵⁵ tsʰu⁵⁵tʂʰa⁵⁵ pa³⁵ su⁵⁵ 凶器　 做　 人　 有　 前面　 刺刀　 握　 人（名物化） dzo³¹. tʂo³¹tɕi⁵⁵kʰi³¹ tsʰu⁵⁵tʂa⁵⁵ dzo³¹. tʂo³¹tɕi⁵⁵kʰi³¹ ɳi⁵⁵tʂo⁵⁵ 有　 北方　　 刺刀　 有　 北方　　 西方 be⁵⁵ ma⁵⁵ hã⁵⁵ 去　 不　 能			
	通译	八月初九这一天属龙，日子最坏。前方有人握着刺刀。北方有刀，北方和西方不能去。			

第三章　文献精选精译

八月十日

原图		(牛角图)	(蛇图)	(蛇图)	(糌粑坨坨图)	(筛子图)
朱小华解读	国际音标	ɣe³⁵kʰu⁵⁵	dzɑ³¹	bu⁵⁵ɚ⁵⁵to³⁵	qɑ⁵⁵tu⁵⁵	ɑ³¹kʰɚ⁵⁵
	直译	牛角	蛇	蛇怪	糌粑坨坨	筛子
	意译	不吉利的灾祸	属蛇	蛇怪的头钻到洞里去，人如果看见这样的现象很不吉利	用于送怪象	做法事用的工具
	解读	dzɑ³¹ χo³¹, dzɑ³¹ ni⁵⁵mi⁵⁵ tɕi³¹ ni⁵⁵, dzɑ³¹ lu⁵⁵su⁵⁵ tsʰo³¹ tɑ⁵⁵mu⁵⁵ 蛇　十　　蛇　　日　一　天　　蛇　属　　人　这种 ŋo⁵⁵ zo³¹ko⁵⁵, ɣe³⁵pi³⁵sɻ⁵⁵ pu³¹ hũ³⁵, qɑ⁵⁵tu⁵⁵ pu³¹ 病　　得　　　牛王会菩萨　送　需要　糌粑坨坨　送 ɑ³¹kʰɚ⁵⁵ su⁵⁵u⁵⁵ ŋɑ³⁵ gɑ³¹ mi⁵⁵ tsʰɻ³¹. bu⁵⁵ɚ⁵⁵to³⁵ pu³¹ 筛子　　纸　　五　张　下（方向前缀）放，送　蛇怪　　送 hũ³⁵. sɻ⁵⁵pi⁵⁵ pu³¹ hũ³⁵. 需要　雷神　　送　需要				
	通译	八月初十，属蛇的一天，属蛇的人得病，要送牛王会菩萨，送糌粑坨坨。在筛子里放五张纸，送蛇怪。				
	补充	八月初十这一天，属蛇的人如果生病，是因为闯了雷神[1]，还被牛王会菩萨和蛇怪惹了。要在最高的山上送雷神，用印棒印十二排糌粑面，然后烧香，供上鲜牛奶、鸡蛋、五种颜色的布、五种颜色的线、酥油、奶渣等物品。再在山上栽一棵树，把五色布顺着山拴三四丈长，再吹五声海螺或牛角。这种法事通常做一天，有的要做两天。要送牛王会菩萨和蛇怪。				
李开华解读	国际音标	tʂɑ⁵⁵kʰɑ⁵⁵	dzɑ³⁵	bu⁵⁵ɚ⁵⁵	pu⁵⁵mbɑ³¹	ʂɻ³¹tʰo⁵⁵
	直译	祸	蛇	蛇	神器	牛皮船
	意译	不吉利的灾祸	属蛇	东方有蛇向树上爬	和尚的法器	牛皮船在北方
	解读	dzɑ³⁵ lu⁵⁵ tɕi⁵⁵ ni⁵⁵, χɑ³⁵ tsɑ⁵⁵. ni⁵⁵tʂʰo⁵⁵ tʂɑ⁵⁵kʰɑ⁵⁵ tsʰɻ⁵⁵ 蛇　　属　一　天　日子　坏　　西方　　　祸　　　放 su⁵⁵ dzo³¹. ʂɑ⁵⁵tʂʰo⁵⁵ bu⁵⁵ɚ⁵⁵ sɻ³⁵po⁵⁵ xɚ⁵⁵ ʁu⁵⁵ ɑ⁵⁵ 人（名物化）在　东方　　　蛇　　树枝　去　头　上（方位词） pu⁵⁵mbɑ³¹ tɕi³⁵. ʂɑ⁵⁵tʂʰo⁵⁵ ni⁵⁵tʂʰo⁵⁵ be⁵⁵ mɑ⁵⁵ hɑ̃⁵⁵. 神器　　放　　东方　　　西方　　　去　不　能				
	通译	八月初十这一天属蛇，日子坏。西方有人惹祸事，东方的蛇上树了。神器放在头顶上。东方和西方不能去。				

---

[1] 在雷雨天气的时候雷电把树和石头击中了，那个人过路的时候闯到雷气了。

八月十一日

	原图					
朱小华解读	国际音标	nda⁵⁵ta⁵⁵	mo⁵⁵	li³¹bu⁵⁵	ȵi⁵⁵mi⁵⁵	qʰa⁵⁵ndʐa⁵⁵i⁵⁵to³⁵
	直译	神枝	马	海螺	太阳	有蹄子的怪象
	意译	家神	属马	烧香时要吹海螺	太阳神惹了人	家中牲畜的怪象惹了人
	解读	mo⁵⁵ χo³¹tɕi³¹, mo⁵⁵ ȵi⁵⁵mi⁵⁵ tɕi³¹ ȵi⁵⁵, mo⁵⁵ lu⁵⁵su⁵⁵ tsʰo³¹ 马　　十一　　　马　　日　一　　天　　马　　属　　人 ta⁵⁵mu⁵⁵ ŋo⁵⁵ zo³¹ko⁵⁵, ȵi⁵⁵mi⁵⁵ ɬa³¹ pu³¹ hũ³⁵, li³¹bu⁵⁵ fu⁵⁵ 这种　　病　　得　　　太阳　　神　送　需要　海螺　吹 hũ³⁵. qʰa⁵⁵ndʐa⁵⁵i⁵⁵to³⁵ pu³¹ hũ³⁵. 需要　有蹄子的怪象　送　需要				
	通译	八月十一，属马的一天，属马的人得病，要送太阳神，要吹海螺。要送牲畜的怪象。				
	补充	八月十一日这一天，属马的人如果生病，是因为被太阳神惹了，且家里有猪的怪象，要送太阳神，送怪象的方法同前文所述。要扎毛人，把猪毛扎进毛人里，然后送出去。				
李开华解读	国际音标	nda⁵⁵ta⁵⁵	mo⁵⁵	hĩ³¹mbo⁵⁵kʰu⁵⁵	hĩ⁵⁵mi⁵⁵	qa³⁵lu⁵⁵
	直译	神枝	马	海螺	太阳	锅庄
	意译	神枝在西方	属马	海螺在东方	在天上飞的太阳	用于减淤
	解读	mo⁵⁵ lu⁵⁵ tɕi⁵⁵ ȵi⁵⁵, χa³⁵ pʰio³⁵. mu⁵⁵ a⁵⁵ hĩ⁵⁵mi⁵⁵ bi⁵⁵ 马　属　一　天　　日子　好　　天　上　太阳　飞 ia³¹. ʂa⁵⁵tʂʰo⁵⁵ hĩ³¹mbo⁵⁵kʰu⁵⁵ dza³¹ ndza⁵⁵ mi⁵⁵ （进行体标记）　东方　　海螺　　在　减淤　下（方向前缀） ʂu³¹. zl̩³⁵dʑu⁵⁵kʰu³¹ be⁵⁵ a⁵⁵ʂl̩³¹. 减淤　　四方　　　去　可以				
	通译	八月十一这一天属马，日子好，太阳在天上飞，海螺在东方，要减淤。四方都可以去。				

八月十二日

	原图				
朱小华解读	国际音标	nda⁵⁵ta⁵⁵	ɬo³⁵	io⁵⁵	ɬi⁵⁵mi⁵⁵
	直译	神枝	水神	羊	月亮
	意译	家神	水是黄色的，这种水惹人相当凶	属羊	月亮神惹了人
	解读	io⁵⁵ χo³¹ȵi⁵⁵, io⁵⁵ ȵi⁵⁵mi⁵⁵ tɕi³¹ ȵi⁵⁵, io⁵⁵ lu⁵⁵su⁵⁵ 羊　十二　　羊　　日　　一　天　羊　属 tsʰo³¹　ta⁵⁵mu⁵⁵　ŋgo⁵⁵　zo³¹ko⁵⁵, ɬi⁵⁵mi⁵⁵ ɬa³¹ pu³¹ hũ³⁵. 人　　这种　　病　　得　　月亮　神　送　需要				
	通译	八月十二，属羊的一天，属羊的人得病，要送月亮神。				
	补充	八月十二日这一天，属羊的人生病，是因为犯了家神、水神、月亮神，三种神联合起来惹他。要送水神，送的方法同前文所述，送完之后要用一碗米、一个鸡蛋、一个叫魂幡在水边叫魂。然后敬家神和月亮神，烧香即可。				
李开华解读	国际音标	nda⁵⁵ta⁵⁵	xə³⁵	io⁵⁵	hĩ⁵⁵gu⁵⁵	hĩ⁵⁵mi⁵⁵
	直译	神枝	湖	羊	晚上	太阳
	意译	神枝插在湖里		属羊	月亮在天上	
	解读	io⁵⁵　lu⁵⁵　tɕi⁵⁵　ȵi⁵⁵, χɑ³⁵ tsa⁵⁵. mu⁵⁵ ɑ⁵⁵ 羊　属　一　天　日子　坏　天　上（方位词） hĩ⁵⁵gu⁵⁵hĩ⁵⁵mi⁵⁵ ndza³⁵. nda⁵⁵ta⁵⁵ χe³⁵ o⁵⁵ tsʰu⁵⁵ 月亮　　　在　神枝　湖　里　插 ta⁵⁵ lo³¹. zl̩³⁵dzu⁵⁵kʰu³¹ be⁵⁵ ɑ⁵⁵sl̩³¹ 在（方位介词）了　　四方　　去　可以				
	通译	八月十二这一天属羊，日子坏。太阳在天上，把神枝插在湖里。四方都能去。				

八月十三日

原图						
朱小华解读	国际音标	ʁa⁵⁵bu⁵⁵ta⁵⁵ta⁵⁵	ɲi⁵⁵mi⁵⁵	mi³⁵	nda⁵⁵ta⁵⁵	y³¹ɚ⁵⁵tsʅ⁵⁵i⁵⁵to³⁵
	直译	小烧香堆堆	太阳	猴	神枝	有爪子的怪象
	意译	给小烧香堆堆烧香	太阳神的红煞惹了人	属猴	家神	天上的雀鸟出的怪象惹了人
	解读	mi³⁵ χo³¹so⁵⁵ mi³⁵ ɲi⁵⁵mi⁵⁵ tɕi³¹ ɲi⁵⁵, mi³⁵ lu⁵⁵su⁵⁵ tsʰo³¹ ta⁵⁵mu⁵⁵ 猴 十三 猴 日 一 天 猴 属 人 这种 ŋo⁵⁵ zo³¹ko⁵⁵, ʁa⁵⁵bu⁵⁵ta⁵⁵ta⁵⁵ so³¹ vu⁵⁵ hũ³⁵. ɲi⁵⁵mi⁵⁵ ɬa³¹ 病 得 小烧香堆堆 香 烧 需要 太阳 神 pu³¹ hũ³⁵. y³¹ɚ⁵⁵tsʅ⁵⁵i⁵⁵to³⁵ pu³¹ hũ³⁵. 送 需要 有爪子的怪象 送 需要				
	通译	八月十三，属猴的一天，属猴的人得病，要给小烧香堆堆烧香，要送太阳神，要送牲畜的怪象。				
	补充	八月十三日这一天，属猴的人如果生病，是太阳的红煞和鸟的怪象惹了他，要捏一个鸟儿，捏一个太阳，一起往山梁上送，然后在山上烧素香，吹三声海螺。				
李开华解读	国际音标	bi⁵⁵qa⁵⁵	hĩ⁵⁵mi⁵⁵	mi³⁵	nda⁵⁵ta⁵⁵	ȵa⁵⁵
	直译	和尚的东西	太阳	猴	神枝	眼
	意译	用和尚的东西给太阳进贡		属猴	神枝在东方	老天爷的眼睛
	解读	mi³⁵ lu⁵⁵ tɕi⁵⁵ ɲi⁵⁵, χa³⁵ tsa⁵⁵. mu⁵⁵ a⁵⁵ ȵa⁵⁵ 猴 属 一 天 日子 坏 天 上（方位词） 眼 ndʑa³⁵. hĩ⁵⁵mi⁵⁵ la⁵⁵ pi⁵⁵ pʰi⁵⁵ lo³¹ tʂʰʅ⁵⁵. 在 太阳 （身）上 谷子 白的 上（方向前缀） 敬				
	通译	八月十三这一天属猴，日子坏，天上有眼睛。给太阳敬上白的五谷。				

八月十四日

	原图				
朱小华解读	国际音标	nda⁵⁵ta⁵⁵	dzu̯⁵⁵	ɬo³⁵	la³¹
	直译	神枝	鸡	水神	手
	意译	家神	属鸡	水不干净，惹人惹得更凶	煞气惹了人
	解读	dzu̯⁵⁵ χo³¹ʐʅ³⁵, dzu̯⁵⁵ n̠i⁵⁵mi⁵⁵ tɕi³¹ n̠i⁵⁵, dzu̯⁵⁵ lu⁵⁵su⁵⁵ 鸡 十四 鸡 日 一 天 鸡 属 tsʰo³¹ ta⁵⁵mu⁵⁵ ŋgo⁵⁵ zo³¹ko⁵⁵, za³⁵ pu³¹ hũ³⁵, ɬo³⁵ 人 这种 病 得 煞气 送 需要 水神 pu³¹ hũ³⁵. 送 需要				
	通译	八月十四，属鸡的一天，属鸡的人得病，要送煞气，要送水神。				
	补充	八月十四日这一天，属鸡的人如果生病，是因为水神菩萨的黑煞惹了他，要送水神，印四盘糌粑坨坨，全部用煤水染黑，苦荞花为病人擦身后，和牛奶、糌粑坨坨一起撒到水里。				
李开华解读	国际音标	nda⁵⁵ta⁵⁵	bi⁵⁵	hỹ³⁵	la³¹
	直译	神枝	鸡	水神	手
	意译	神枝在西方	属鸡	东南方的水神被弄脏了	天上伸出的手
	解读	bi⁵⁵ lu⁵⁵ tɕi⁵⁵ n̠i⁵⁵, χa³⁵ tsa⁵⁵. hỹ³⁵ na⁵⁵gu⁵⁵tʂʅ³¹ 鸡 属 一 天 日子 坏 水神 东南方 a⁵⁵ dzo³¹. mu⁵⁵ a⁵⁵ la³¹ tʂʅ⁵⁵, hỹ³⁵ la³¹ （方位词） 在 天 上（方位词） 手 伸 水神 （身）上 tʂa⁵⁵yua⁵⁵tsa⁵⁵ mi⁵⁵ tsa⁵⁵ lo³¹, ŋgo⁵⁵dzɿ⁵⁵ zo⁵⁵ lo³¹, 脏的 上（方向前缀） 弄 了 病 得 了 χa³¹lo³¹ be⁵⁵ ma⁵⁵ pʰa⁵⁵ lo³¹. 哪里 去 不 能够 了				
	通译	八月十四这一天属鸡，日子坏。水神在东南方，天上的手伸出来，弄脏了水神。属鸡的人得了病，哪也不能去。				

八月十五日

	原图				
朱小华解读	国际音标	li³¹bu⁵⁵	tʂʰɿ³⁵	ʁa⁵⁵la⁵⁵bu⁵⁵	nda⁵⁵ta⁵⁵
	直译	海螺	狗	大烧香堆堆	神枝
	意译	烧香时要吹海螺	属狗	大烧香堆堆惹了人	家神
	解读	tʂʰɿ³⁵ χo³¹ŋa³⁵, tʂʰɿ³⁵ ɲimi⁵⁵ tɕi³¹ ɲi⁵⁵, tʂʰɿ³⁵ lu⁵⁵su⁵⁵ 狗　　　十五　　　狗　　　日　　一　　天　　狗　　属 tsʰo³¹ ta⁵⁵mu⁵⁵ ŋgo⁵⁵ zo³¹ko⁵⁵, ʁa⁵⁵la⁵⁵bu⁵⁵ so³¹ vu⁵⁵ 人　　这种　　　病　　得　　大烧香堆堆　　　　香　　烧 hũ³⁵. li³¹bu⁵⁵ fu⁵⁵ hũ³⁵. 需要　海螺　　吹　需要			
	通译	八月十五，属狗的一天，属狗的人得病，要给大烧香堆堆烧香，要吹海螺。				
	补充	八月十五日这一天，属狗的人生病，是因为犯了家神和大烧香堆堆。要烧素香，然后吹三声海螺。				
李开华解读	国际音标	hĩ³¹mbo⁵⁵kʰu⁵⁵	tʂʰɿ⁵⁵	ʁa⁵⁵	nda⁵⁵ta⁵⁵
	直译	海螺	狗	烧香堆堆	神枝
	意译	吹海螺	属狗	用于烧素香	神枝在东方
	解读	tʂʰɿ⁵⁵ lu⁵⁵ tɕi⁵⁵ ɲi⁵⁵, χa³⁵ pʰio³⁵. sio⁵⁵ pʰi⁵⁵ 狗　　属　　一　　天　　日子　好　　香　　素 　　qa⁵⁵. hĩ³¹mbo⁵⁵kʰu⁵⁵ ɲi⁵⁵tʂʰo⁵⁵ dza³¹, nda⁵⁵ta⁵⁵ ʂa⁵⁵tʂʰo⁵⁵ （将来体标记）　海螺　　　　　西方　　在　　神枝　　东方 dza³¹, zɿ³⁵dzu⁵⁵kʰu³¹ be⁵⁵ a⁵⁵tʂɿ³¹. 在　　四方　　　　去　　可以			
	通译	八月十五这一天属狗，日子好。将要烧素香、吹海螺。				

八月下

八月十六日

	原图					
朱小华解读	国际音标	nda⁵⁵ta⁵⁵	va³⁵	ʁua³¹mi³¹	ʁa⁵⁵la⁵⁵bu⁵⁵	tʂʅ³¹
	直译	神枝	猪	长刀	大烧香堆堆	星宿
	意译	家神	属猪	不犯人的刀子	大烧香堆堆惹了人	干净的星宿，不会犯人
	解读	va³⁵ χo³¹kʰu³¹, va³⁵ ɲi⁵⁵mi⁵⁵ tɕi³¹ ɲi⁵⁵, va³⁵ lu⁵⁵su⁵⁵ tsʰo³¹ 猪　十六　　猪　日　一　天　猪　属　人 ta⁵⁵mu⁵⁵ ŋo⁵⁵ zo³¹ko⁵⁵, ʁa⁵⁵la⁵⁵bu⁵⁵ so³¹ vu⁵⁵ hũ³⁵. 这种　病　得　　大烧香堆堆　香　烧　需要				
	通译	八月十六，属猪的一天，属猪的人得病，要给大烧香堆堆烧香。				
	补充	八月十六日这一天，属猪的人生病是因为家里有凶器和不干净的烧香堆堆。要给烧香堆堆"减淤"，然后把铁器送出去。				
李开华解读	国际音标	nda⁵⁵ta⁵⁵	va³⁵	tsʰu⁵⁵tʂa⁵⁵	ʁa⁵⁵	tʰa⁵⁵ba⁵⁵
	直译	神枝	猪	刺刀	烧香堆堆	赤口
	意译	神枝在西方	属猪	祸事	用于烧素香	赤口在天上
	解读	va³⁵ lu⁵⁵ tɕi⁵⁵ ɲi⁵⁵, χa³⁵ tsa⁵⁵. ʂa⁵⁵tʂo⁵⁵ tsʰu⁵⁵tʂʰa⁵⁵ 猪　属　一　天　日子　坏　东方　刺刀 pa³⁵ su⁵⁵ dzo³¹. tʰa⁵⁵ba⁵⁵ tʂo³¹tɕʰi⁵⁵kʰi³¹ a⁵⁵ 握　人（名物化）有　赤口　　北方　　（方位词） dzo³¹. sio⁵⁵ pʰi⁵⁵ lo³¹ mu⁵⁵. ʂa⁵⁵tʂo⁵⁵ tʂo³¹tɕʰi⁵⁵kʰi³¹ 在　香　素　上（方向前缀）烧　东方　　北方 be⁵⁵ ma⁵⁵ hã⁵⁵. 去　不　能				
	通译	八月十六这一天属猪，日子坏。东方有人握着刀，赤口在北方上。烧素香。东方、北方不能去。				

八月十七日

	原图						
朱小华解读	国际音标	pu⁵⁵mba³¹	li³¹bu⁵⁵	χa³⁵	qʰa⁵⁵ndʑa⁵⁵i⁵⁵to³⁵	tʂɿ³¹/qʰo⁵⁵tsɿ⁵⁵	a³¹kʰɚ⁵⁵
	直译	岸子	海螺	鼠	有蹄子的怪象	星宿	筛子
	意译	坛神	烧香时要吹海螺	属鼠	家中牲畜出的怪象惹了人	在七姊妹之前出现的一种天象，也可说属鼠的人犯了四次天上的星宿	做法事的工具
	解读	χa³⁵ 鼠　χo³¹ʂɿ³¹ 十七　χa³⁵ 鼠　ȵi⁵⁵mi⁵⁵ 日　tɕi³¹ 一　ȵi⁵⁵ 天　χa³⁵ 鼠　lu⁵⁵su⁵⁵ 属　tsʰo³¹ 人　ta⁵⁵mu⁵⁵ 这种　ŋo⁵⁵ 病　zo³¹ko⁵⁵ 得　nu⁵⁵ɬa³¹ 家神　so³¹ 香　vu⁵⁵ 烧　hũ³⁵ 需要　a³¹kʰɚ⁵⁵ 筛子　ʂu⁵⁵u⁵⁵ 纸　ŋa³⁵ 五　ga³¹ 张　mi⁵⁵ 下（方向前缀）　tʂʰɿ³¹ 放，送　qʰa⁵⁵ndʑa⁵⁵i⁵⁵to³⁵ 有蹄子的怪象　pu³¹ 送　hũ³⁵ 需要					
	通译	八月十七，属鼠的一天，属鼠的人得病，要给家神烧香，要在筛子里放五张纸，要送牲畜的怪象。					
	补充	八月十七日这一天，属鼠的人生病，是因为犯了四次天上的星宿，星宿和家神勾引家里的猪来犯他。把红、黑、黄三种颜色的纸和三张纸钱放在筛子里，用丝茅草扎一个小人，把猪毛扎进去，把筛子和毛人绕着病人转圈之后送到不是病人本命的方向。					
李开华解读	国际音标	nda⁵⁵ta⁵⁵	hĩ³¹mbo⁵⁵kʰu⁵⁵	χa³⁵	qa³⁵lu⁵⁵	tʂo³¹	tʂʰu⁵⁵ zɿ³⁵	ʂɿ³¹tʰo⁵⁵
	直译	神枝	海螺	鼠	锅庄	祸	罩　四	牛皮船
	意译	神枝在西方	海螺在西方	属鼠	用于减淤	不吉利的天象		牛皮船在东北方
	解读	χa³⁵ 鼠　lu⁵⁵ 属　tɕi⁵⁵ 一　ȵi⁵⁵ 日子　χa³⁵ 日子　pʰio³⁵ 好　mu⁵⁵ 天　a⁵⁵ 上（方位词）　tʂo³¹ 祸　tʂʰu⁵⁵ 罩　zɿ³⁵ 四　ndo⁵⁵ 看见　ȵi⁵⁵tʂʰo⁵⁵ 西方　hĩ³¹mbo⁵⁵kʰu⁵⁵ 海螺　dza³¹ 在　ʂa⁵⁵tʂʰo⁵⁵ 东方　ndza⁵⁵ 减淤　mi⁵⁵ 下（方向前缀）　ʂu³¹ 减淤　ŋo⁵⁵dzɿ⁵⁵ 病　zo⁵⁵ 得　lo³¹ 了　χa³¹lo³¹ 哪里　be⁵⁵ 去　ma⁵⁵ 不　hã⁵⁵ 能					
	通译	八月十七这一天属鼠，日子好。天上看得见四颗星星（不吉利），海螺在西方，在东方减淤。属鼠的人得病了，哪也不能去。					

第三章　文献精选精译

八月十八日

	原图					
朱小华解读	国际音标	nda⁵⁵ta⁵⁵	tsʰɿ⁵⁵ɚ⁵⁵	ɣe³⁵	ʁɑ⁵⁵lɑ⁵⁵bu⁵⁵	hĩ⁵⁵mi⁵⁵
	直译	神枝	羊肩胛骨	牛	大烧香堆堆	太阳
	意译	家神	黄色的表示属牛的人有病，红色的表示有煞气	属牛	给大烧香堆堆烧香	太阳神惹了人
	解读	ɣe³⁵ 牛　ta⁵⁵mu⁵⁵ 这种	χo³¹hĩ³¹. 十八　ŋgo⁵⁵ 病	ɣe³⁵ 牛　zo³¹ko⁵⁵, 得	ȵi⁵⁵mi⁵⁵ 日　ȵi⁵⁵mi⁵⁵ 太阳	tɕi³¹ 一　ɬa³¹ 神	ȵi⁵⁵, 天　pu³¹ 送	ɣe³⁵ 牛　hũ³⁵, 需要	lu⁵⁵su⁵⁵ 属　tsʰɿ⁵⁵ 羊	tsʰo³¹ 人　zy⁵⁵ 用	hũ³⁵. 需要
	通译	八月十八，属牛的一天，属牛的人得病，要送太阳神，要用羊。					
	补充	八月十八日这一天，属牛的人生病，是因为犯了红煞和太阳神，要烧九盘柏香，把两个羊肩胛骨烧在柏香里，再把苦荞花、九张纸钱、白清茶和一杯酒送往东方。					
李开华解读	国际音标	nda⁵⁵ta⁵⁵	sa³⁵qʰa⁵⁵	ɣə³⁵	ʁɑ⁵⁵	hĩ⁵⁵mi⁵⁵
	直译	神枝	血碗	牛	烧香堆堆	太阳
	意译	神枝在西方	这一天要放血	属牛	用于烧素香	太阳在天上
	解读	ɣə³⁵ 牛　tʂʰɿ⁵⁵. 放	lu⁵⁵ 属　sio⁵⁵ 香	tɕi⁵⁵ 一　pʰi⁵⁵ 素	ȵi⁵⁵, 天　lo³¹ 上（方向前缀）	χa³⁵ 日子　mu⁵⁵. 烧	tsa⁵⁵, 坏　ʐl̩³⁵dʑu⁵⁵kʰu³¹ 四方	sa³⁵ 血　be⁵⁵ 去	hĩ⁵⁵ 鲜　ɑ⁵⁵ʂl̩³¹. 可以	mi⁵⁵ 上（方向前缀）	
	通译	八月十八这一天属牛，日子坏。这一天要放鲜血，烧素香。四方都能去。					

八月十九日

	原图				
	国际音标	ʁa⁵⁵bu⁵⁵ta⁵⁵ta⁵⁵	la⁵⁵	nda⁵⁵ta⁵⁵	ɬi⁵⁵mi⁵⁵
	直译	小烧香堆堆	虎	神枝	月亮
	意译	小烧香堆堆惹了人	属虎	家神	月亮神惹了人
朱小华解读	解读	la⁵⁵ χo³¹ŋgu³⁵, 虎 十九 tsʰo³¹ ta⁵⁵mu⁵⁵ 人 这种 hũ³⁵. ɬi⁵⁵mi⁵⁵ 需要 月亮	la⁵⁵ n̠i⁵⁵mi⁵⁵ 虎 日 ŋgo⁵⁵ zo³¹ko⁵⁵, 病 得 ɬa³¹ pu³¹ 神 送	tɕi³¹ n̠i⁵⁵, 一 天 ʁa⁵⁵bu⁵⁵ta⁵⁵ta⁵⁵ 小烧香堆堆 hũ³⁵. 需要	la⁵⁵ lu⁵⁵su⁵⁵ 虎 属 so³¹ vu⁵⁵ 香 烧
	通译	八月十九,属虎的一天,属虎的人得病,要给小烧香堆堆烧香,要送月亮神。			
	补充	八月十九日这一天,属虎的人如果生病,就要在十五那天晚上给月亮菩萨和烧香堆堆烧素香。			

	国际音标	ʁa⁵⁵	la⁵⁵	nda⁵⁵ta⁵⁵	hĩ⁵⁵gu⁵⁵	hĩ⁵⁵mi⁵⁵
	直译	烧香堆	虎	神枝	晚上	太阳
	意译	烧素香	属虎	神枝在东方	月亮	
李开华解读	解读	la⁵⁵ lu⁵⁵ 虎 属 mu⁵⁵. 烧	tɕi⁵⁵ n̠i⁵⁵, 一 天 zɿ³⁵dzu⁵⁵kʰu³¹ 四方	sio⁵⁵ pʰi⁵⁵ 香 素 be⁵⁵ 去	lo³¹ 上(方向前缀) a⁵⁵ʂɿ³¹. 可以	
	通译	八月十九这一天属虎,烧素香。四方都能去。				

八月二十日

	原图				
朱小华解读	国际音标	nda⁵⁵ta⁵⁵	tʰo⁵⁵li⁵⁵	ɣe³⁵kʰu⁵⁵	y³¹ɚ⁵⁵tsʅ⁵⁵i⁵⁵to³⁵
	直译	神枝	兔	牛角	有爪子的怪象
	意译	家神	属兔	牛王会菩萨	天上的雀鸟出的怪象惹了人
	解读	tʰo⁵⁵li⁵⁵ no⁵⁵, tsʰo³¹ ta⁵⁵mu⁵⁵ 兔 二十 人 这种	tʰo⁵⁵li⁵⁵ ȵi⁵⁵mi⁵⁵ ŋo⁵⁵ zo³¹ko⁵⁵, 兔 日 病 得	tɕi³¹ ȵi⁵⁵, ɣe³⁵pi³⁵sʅ⁵⁵ 一 天 牛王会菩萨	tʰo⁵⁵li⁵⁵ lu⁵⁵su⁵⁵ pu³¹ hũ³⁵. 兔 属 送 需要
	通译	八月二十，属兔的一天，属兔的人得病，要送牛王会菩萨。			
	补充	八月二十日这一天，属兔的人生病，是因为雀鸟惹了他。捏一只鸟，用丝茅草扎一个小人，在人身上转三圈，然后往西送，吹牛角。			
李开华解读	国际音标	nda⁵⁵ta⁵⁵	tʰo⁵⁵li⁵⁵	tʂa⁵⁵kʰa⁵⁵	ȵa⁵⁵
	直译	神枝	兔	祸	眼
	意译	神枝在西方	属兔	祸事	老天爷的眼睛
	解读	tʰo⁵⁵li⁵⁵ lu⁵⁵ tʂa⁵⁵kʰa⁵⁵ tsʰʅ³¹ ndza³⁵. 兔 属 祸 惹 在	tɕi⁵⁵ ȵi⁵⁵, su⁵⁵ ʂa⁵⁵tʂʰo⁵⁵ 一 天 人（名物化） 东方	χa³⁵ tsa⁵⁵, dzo³¹. tʂo³¹tɕʰi⁵⁵kʰi³¹ 日子 坏 有 北方	ʂa⁵⁵tʂʰo⁵⁵ mu⁵⁵ a⁵⁵ ȵa⁵⁵ 东方 天 上（方位词） 眼 be⁵⁵ ma⁵⁵ hã⁵⁵. 去 不 能
	通译	八月二十这一天属兔，日子坏，东方有灾祸（交叉的刀），天上有眼睛。东方和北方不能去。			

八月二十一日

原图						
朱小华解读	国际音标	nda⁵⁵ta⁵⁵	ʑ⁵⁵dʐa³¹	sa⁵⁵ta⁵⁵	ʁa⁵⁵la⁵⁵bu⁵⁵	la³¹
	直译	神枝	龙	土神	大烧香堆堆	手
	意译	家神	属龙	土神的白煞惹了人	给大烧香堆堆烧香	煞气
	解读	ʑ⁵⁵dʐa³¹ ɳo⁵⁵tɕi³¹, ʑ⁵⁵dʐa³¹ ɲi⁵⁵mi⁵⁵ tɕi³¹ ɲi⁵⁵, ʑ⁵⁵dʐa³¹ lu⁵⁵su⁵⁵ tsʰo³¹ 龙　　二十一　　　龙　　　日　一　天，　龙　　属　　人 ta⁵⁵mu⁵⁵ ŋgo⁵⁵ zo³¹ko⁵⁵, za³⁵ pu³¹ hũ³⁵. ʁa⁵⁵la⁵⁵bu⁵⁵ so³¹ 这种　　病　　得　　　煞气　送　需要　大烧香堆堆　　香 vu⁵⁵ hũ³⁵, sa⁵⁵ta⁵⁵ tʂo⁵⁵ hũ³⁵. 烧　需要　土神　　谢　需要					
	通译	八月二十一，属龙的一天，属龙的人得病，要送煞气，要给大烧香堆堆烧香。				
	补充	八月二十一日这一天，属龙的人如果生病，是因为被土神菩萨的白煞犯了，要先送土煞。用糌粑坨坨捏一个人，用印棒印一排图案（同七月初八），苦荞花、牛奶和在一起，算出哪个方向的土神，就往那个方向送。				
李开华解读	国际音标	nda⁵⁵ta⁵⁵	zɿ⁵⁵bi⁵⁵	tʰa⁵⁵ba⁵⁵	ʁa⁵⁵	la³¹
	直译	神枝	龙	赤口	烧香堆堆	手
	意译	神枝在西方	属龙	赤口在东南方	用于烧素香	北方伸出了手
	解读	zɿ⁵⁵bi⁵⁵ lu⁵⁵ tɕi⁵⁵ ɲi⁵⁵, χa³⁵ tsa⁵⁵, tʰa⁵⁵ba⁵⁵ na⁵⁵gu⁵⁵tʂɿ³¹ 龙　　　属　一　天，　日子　坏，　赤口　　东南方 dzo³¹. tʂo³¹tɕʰi⁵⁵kʰi³¹ la³¹ tʂɿ⁵⁵ su⁵⁵ dzo³¹. sio⁵⁵ pʰi⁵⁵ mu⁵⁵ 在　　　北方　　　　手　伸　　人　在　　香　素　烧 hũ³⁵. tʂo³¹tɕʰi⁵⁵kʰi³¹ ʂa⁵⁵tʂʰo⁵⁵ be⁵⁵ ma⁵⁵ hã⁵⁵. 需要　　北方　　　　　东方　　去　不　能				
	通译	八月二十一这一天属龙，日子坏。赤口在东南方，北方有手伸出来了。要烧素香。北方和东方不能去。				

八月二十二日

	原图				
朱小华解读	国际音标	nda⁵⁵ta⁵⁵	dzɑ³⁵	ʁɑ⁵⁵lɑ⁵⁵bu⁵⁵	qʰo⁵⁵tsʅ⁵⁵
	直译	神枝	蛇	大烧香堆堆	七姊妹
	意译	家神	属蛇	给大烧香堆堆烧香	天上可以看见七姊妹星，这一天日子好
	解读	dzɑ³¹ no⁵⁵ɲi⁵⁵, dzɑ³¹ ɲi⁵⁵mi⁵⁵ tɕi³¹ ɲi⁵⁵, dzɑ³¹ lu⁵⁵su⁵⁵ tsʰo³¹ tɑ⁵⁵mu⁵⁵ ŋgo⁵⁵ zo³¹ko⁵⁵, ʁɑ⁵⁵lɑ⁵⁵bu⁵⁵ so³¹ vu⁵⁵ hũ³⁵. 蛇　二十二　蛇　日　一　天　蛇　属　人　这种　病　得　大烧香堆堆　香　烧　需要			
	通译	八月二十二，属鼠的一天，属鼠的人得病，要给大烧香堆堆烧香。				
	补充	八月二十二日这一天，是星宿"七姊妹"过渡的日子，任何人都不能生病，如果生病会很严重，要烧素香。				
李开华解读	国际音标	nda⁵⁵ta⁵⁵	dzɑ³⁵	ʁɑ⁵⁵	qʰo⁵⁵tsʅ⁵⁵
	直译	神枝	蛇	烧香堆堆	七姊妹星
	意译	神枝在西方	属蛇	用于烧素香	天上可以看见七姊妹星
	解读	dzɑ³⁵ lu⁵⁵ tɕi⁵⁵ ɲi⁵⁵, ma⁵⁵ qʰɑ⁵⁵ ma⁵⁵ nda⁵⁵. mu⁵⁵ ɑ⁵⁵ qʰo⁵⁵tsʅ⁵⁵ ndo⁵⁵. sio⁵⁵ pʰi⁵⁵ mu⁵⁵ hũ³⁵ zʅ³⁵dʑu⁵⁵kʰu³¹ be⁵⁵ ɑ⁵⁵sʅ³¹. 蛇　属　一　天　不　好　不　坏　天　上（方位词）　七姊妹星　看得见　香　素　烧　需要　四方　去　可以			
	通译	八月二十二这一天属蛇，日子不好不坏。天上看得见七姊妹星座。要烧素香，四方都可以去。				

八月二十三日

	原图	(长刀图)	(马图)	(神枝图)	(星宿图)
朱小华解读	国际音标	ʁuɑ³¹mi³¹	mo⁵⁵	ndа⁵⁵tа⁵⁵	tʂʅ³¹
	直译	长刀	马	神枝	星宿
	意译	家里有不干净的刀	属马	家神	干净的星宿，不犯人
	解读	mo⁵⁵ ɲo⁵⁵so⁵⁵, mo⁵⁵ ɲi⁵⁵mi⁵⁵ tɕi³¹ ɲi⁵⁵, mo⁵⁵ 马　　二十三　　马　　日　　一　　天　　马 lu⁵⁵su⁵⁵ tsʰo³¹ tа⁵⁵mu⁵⁵ ŋo⁵⁵ zo³¹ko⁵⁵, mu⁵⁵ ɑ⁵⁵ tʂʅ³¹ 属　　人　　这种　　病　　得　　天　　上（方位词）　星宿 pi³⁵ hũ³⁵. ʁuɑ³¹mi³¹ pu³¹ hũ³⁵. 送　　需要　　长刀　　送　　需要				
	通译	八月二十三，属马的一天，属马的人得病，要送天上的星宿，要送长刀。				
	补充	八月二十三日这一天，属马的人生病，是有黑煞惹他，并且家中有凶器，要把凶器送出去，再用丝茅草扎一个毛人，把黑鸡的毛扎进毛人里，送出去，然后烧油香。				
李开华解读	国际音标	tsʰu⁵⁵tʂʰɑ⁵⁵	mo⁵⁵	ndа⁵⁵tа⁵⁵	tʰа⁵⁵bа⁵⁵
	直译	祸事	马	神枝	赤口
	意译	西方有灾祸	属马	神枝在东方	赤口在天上
	解读	mo⁵⁵ lu⁵⁵ tɕi⁵⁵ ɲi⁵⁵, χɑ³⁵ tsɑ⁵⁵, tʰа⁵⁵bа⁵⁵ mu⁵⁵ 马　　属　　一　　天　　日子　　坏　　赤口　　天 ɑ⁵⁵ dzo³¹. ɲi⁵⁵tsʰo⁵⁵ tsʰu⁵⁵tʂʰɑ⁵⁵ pа³⁵. tʂo³¹tɕʰi⁵⁵kʰi³¹ ɲi⁵⁵tʂʰo⁵⁵ 上（方位词）　在　　西方　　祸事　　拿　　北方　　西方 be⁵⁵ mа⁵⁵ hã⁵⁵. 去　　不　　能				
	通译	八月二十三这一天属马，日子坏。赤口在天上，祸事在西方，北方和西方不能去。				

八月二十四日

	原图	（小烧香堆堆图）	（羊图）	（筛子图）
朱小华解读	国际音标	ʁa⁵⁵bu⁵⁵ta⁵⁵ta⁵⁵	io⁵⁵	a³¹kɚ⁵⁵
	直译	小烧香堆堆	羊	筛子
	意译	给小烧香堆堆烧香	属羊	做法事的工具

朱小华解读：

io⁵⁵　　　　ȵo⁵⁵ʐɿ³⁵，　io⁵⁵　ȵi⁵⁵mi⁵⁵　tɕi³¹　ȵi⁵⁵，　io⁵⁵　lu⁵⁵su⁵⁵
羊　　　　二十四　　　羊　　日　　　一　　天　　　羊　　属

tsʰo³¹　ta⁵⁵mu⁵⁵　ŋgo⁵⁵　zo³¹ko⁵⁵，　ʁa⁵⁵bu⁵⁵ta⁵⁵ta⁵⁵　so³¹　vu⁵⁵　hũ³⁵.
人　　　这种　　　　病　　　得　　　　小烧香堆堆　　　　香　　烧　　需要

a³¹kɚ⁵⁵　qo³¹　ʂo⁵⁵u⁵⁵　ŋa³⁵　ga³¹　　　　　mi⁵⁵　　　　tʂʰɿ³¹，
筛子　　里头　　纸　　　五　　张　　　　　　下（方向前缀）　放，送

pu³¹　hũ³⁵.
送　　需要

通译：八月二十四，属羊的一天，属羊的人得病，要给小烧香堆堆烧香，在筛子里放五张纸，送出去。

补充：八月二十四日这一天，属羊的人如果生病，是因为一个小的烧香堆堆惹了他，要烧素香，把三种（或五种）颜色的纸、三张（或五张）纸钱和一碗水饭送到十字路口。

	国际音标	ʁa⁵⁵	io⁵⁵	ʂɿ³¹tʰo⁵⁵
李开华解读	直译	小烧香堆堆	羊	牛皮船
	意译	烧素香	属羊	牛皮船在天上

李开华解读：

io⁵⁵　lu⁵⁵　tɕi⁵⁵　ȵi⁵⁵，　χa³⁵　tsa⁵⁵，　za³⁵hĩ⁵⁵mi⁵⁵　tʂʰɿ³¹zo⁵⁵
羊　　属　　一　　　天　　　日子　　坏　　　一种古怪的天气　　出现

qa⁵⁵.　ʂɿ³¹tʰo⁵⁵　mu⁵⁵　a⁵⁵　dza³¹.　zɿ³⁵ɖu⁵⁵kʰu³¹　be⁵⁵　a⁵⁵ʂɿ³¹
（将行体标记）牛皮船　天　　上（方位词）在　　四方　　　　　去　　可以

通译：八月二十四这一天属羊，日子坏，要放鲜血，筛子在天上。四方都能去。

八月二十五日

	原图					
朱小华解读	国际音标	nda⁵⁵ta⁵⁵	mi³⁵	li³¹bu⁵⁵	ɲi⁵⁵mi⁵⁵	ɣe³⁵kʰu⁵⁵
	直译	神枝	猴	海螺	太阳	牛角
	意译	家神	属猴	要吹海螺	太阳神惹了人	牛王会菩萨惹了人
	解读	mi³⁵ ɲo⁵⁵ŋa³⁵, 猴 二十五　ta⁵⁵mu⁵⁵ ŋo⁵⁵ zo³¹ko⁵⁵, 这种 病 得	mi³⁵ 猴	ɲi⁵⁵mi⁵⁵ tɕi³¹ 日 一 ɣe³⁵pi³⁵sɿ⁵⁵ 牛王会菩萨	ɲi⁵⁵, mi³⁵ 天 猴 pu³¹ hũ³⁵, 送 需要	lu⁵⁵su⁵⁵ tsʰo³¹ 属 人 li³¹bu⁵⁵ fu⁵⁵ 海螺 吹　hũ³⁵. 需要
	通译	八月二十五，属猴的一天，属猴的人得病，要送牛王会菩萨，要吹海螺。				
	补充	八月二十五日这一天，属猴的人如果生病，是因为犯了太阳神和牛王会的菩萨，要用一只白鸡在人身上打扫，在做牛王会的地方做个香炉，把鸡杀了，然后吹三声海螺、五声牛角。				
李开华解读	国际音标	nda⁵⁵ta⁵⁵	mi³⁵	hĩ³¹mbo⁵⁵kʰu⁵⁵	hĩ⁵⁵mi⁵⁵	ɣə³⁵kʰu⁵⁵
	直译	神枝	猴	海螺	太阳	牛角
	意译	神枝在西方	属猴	海螺在东方	太阳在天上	牛角在东北方
	解读	mi³⁵ lu⁵⁵ tɕi⁵⁵ ɲi⁵⁵, 猴 属 一 天　ɣə³⁵kʰu⁵⁵ ndʐa³⁵. 牛角 在　ʂa⁵⁵tʂʰo⁵⁵ dʐa³¹ 东方 在　za⁵⁵ lo³¹. 得 了	ma⁵⁵ qʰa⁵⁵ 不 好 hĩ⁵⁵mi⁵⁵ 太阳 nda⁵⁵ta⁵⁵ 神枝 χa³¹lo³¹ 哪里	ma⁵⁵ nda⁵⁵. 不 坏 mu⁵⁵ 天 ɲi⁵⁵tʂʰo⁵⁵ 西方 be⁵⁵ 去	ʁə³⁵sa⁵⁵gu³¹ 东北方 a⁵⁵ 上（方位词） dʐa³¹. 在 ma⁵⁵ pʰa⁵⁵ 不 能够	hĩ³¹mbo⁵⁵kʰu⁵⁵ 海螺 dzo³¹. 在 ngo⁵⁵dzɿ⁵⁵ 疾病 lo³¹ 了
	通译	八月二十五这一天属猴，日子不好不坏，东北方有牛角、太阳在天上，海螺在东方，神枝在西方。（属猴的人）得了病，哪儿都不能去。				

八月二十六日

原图						
国际音标		ʁa⁵⁵la⁵⁵bu⁵⁵	sa⁵⁵ta⁵⁵	dzu̠⁵⁵	nda⁵⁵ta⁵⁵	ɬi⁵⁵mi⁵⁵
直译		大烧香堆堆	土神	鸡	神枝	月亮
意译		大烧香堆堆惹了人	土神	属鸡	家神	月亮神惹了人

朱小华解读

解读	
	dzu̠⁵⁵ ȵo⁵⁵kʰu³¹, dzu̠⁵⁵ ȵi⁵⁵mi⁵⁵ tɕi³¹ ȵi⁵⁵, dzu̠⁵⁵ lu⁵⁵su⁵⁵ tsʰo³¹
	鸡　二十六　　鸡　日　一　天　鸡　属　人
	ta⁵⁵mu⁵⁵ ŋo⁵⁵ zo³¹ko⁵⁵, ʁa⁵⁵la⁵⁵bu⁵⁵ so³¹ vu⁵⁵ hũ³⁵. ɬi⁵⁵mi⁵⁵
	这种　　病　　得　　大烧香堆堆　　香　烧　需要　月亮
	ɬa³¹ pu³¹ hũ³⁵, sa⁵⁵ta⁵⁵ tʂo⁵⁵ hũ³⁵.
	神　送　需要　　土神　谢　需要

通译	八月二十六，属鸡的一天，属鸡的人得病，要给大烧香堆堆烧香，要送月亮神，要谢土神。
补充	八月二十六日这一天，属鸡的人生病，是因为被土神、烧香堆堆和月亮菩萨犯了。要烧香，谢土神。

国际音标	ʁa⁵⁵	tʰa⁵⁵ba⁵⁵	bi⁵⁵	nda⁵⁵ta⁵⁵	hĩ⁵⁵gu⁵⁵	hĩ⁵⁵mi⁵⁵
直译	烧香堆堆	赤口	鸡	神枝	晚上	月亮
意译	用于烧素香	赤口在西南方	属鸡	神枝在东方		在天上飞的月亮

李开华解读

解读	
	bi⁵⁵ lu⁵⁵ tɕi⁵⁵ ȵi⁵⁵, tʰa⁵⁵ba⁵⁵ io³⁵sa⁵⁵gu³¹ a⁵⁵
	鸡　属　一　天　　赤口　　西南方　（方位词）
	dzo³¹. mu⁵⁵ a⁵⁵ hĩ⁵⁵mi⁵⁵ bi⁵⁵ ia³¹ zɿ³⁵dzu⁵⁵kʰu³¹
	在　天　上（方位词）月亮　飞　（进行体标记）　四方
	be⁵⁵ a⁵⁵sɿ³¹.
	去　　可以

通译	八月二十六这一天属鸡，赤口在西南方。太阳正在天上飞。四方都能去。

八月二十七日

	原图				
朱小华解读	国际音标	pu⁵⁵mbɑ³¹	tʂʰɿ³⁵	li³¹bu⁵⁵	y³¹ɚ⁵⁵tsɿ⁵⁵i⁵⁵to³⁵
	直译	坛神	狗	海螺	有爪子的怪象
	意译	坛神惹了人	属狗	烧香时海螺	天上的雀鸟出的怪象惹了人
	解读	tʂʰɿ³⁵ ȵo⁵⁵ʂɿ³¹, 狗 二十七 tsʰo³¹ ta⁵⁵mu⁵⁵ 人 这种	tʂʰɿ³⁵ ȵi⁵⁵mi⁵⁵ 狗 日 ŋgo⁵⁵ zo³¹ko⁵⁵, 病 得	tɕi³¹ ȵi⁵⁵, 一 天 nu⁵⁵ɬa³¹ so³¹ 家神 香	tʂʰɿ³⁵ lu⁵⁵su⁵⁵ 狗 属 vu⁵⁵ hũ³⁵. 烧 需要
		y³¹ɚ⁵⁵tsɿ⁵⁵i⁵⁵to³⁵ 有爪子的怪象	pu³¹ 送	hũ³⁵. 需要	
	通译	八月二十七,属狗的一天,属狗的人得病,要给家神烧香,要送鸡的怪象。			
	补充	八月二十七日这一天,属狗的人生病,是因为家神勾引鸡来犯他,要用丝茅草扎一个毛人,把鸡毛扎进毛人里,把毛人绕病人转圈以后送到十字路口。			
李开华解读	国际音标	ndɑ⁵⁵tɑ⁵⁵	tʂʰɿ⁵⁵	hĩ³¹mbo⁵⁵kʰu⁵⁵	ȵɑ⁵⁵
	直译	神枝	狗	海螺	眼
	意译	神枝在西方	属狗	海螺在东方	老天爷的眼睛
	解读	tʂʰɿ⁵⁵ lu⁵⁵ 狗 属 ɑ⁵⁵ 上(方位词) dzɑ³¹. 在	tɕi⁵⁵ ȵi⁵⁵, 一 天 bi⁵⁵, 飞 tʂo³¹tɕʰi⁵⁵kʰi³¹ 北方	χɑ³⁵ pʰio³⁵. 日子 好 hĩ³¹mbo⁵⁵kʰu⁵⁵ ʂɑ⁵⁵tʂo⁵⁵ 海螺 东方 be⁵⁵ mɑ⁵⁵ 去 不	hĩ⁵⁵mi⁵⁵ mu⁵⁵ 太阳 天 dzɑ³¹ ndɑ⁵⁵tɑ⁵⁵ ȵi⁵⁵tʂo⁵⁵ 在 神枝 西方 hã⁵⁵. 能
	通译	八月二十七这一天属狗,日子好。太阳在天上飞,海螺在东方,神枝在西方,北方不能去。			

八月二十八日

	原图				
朱小华解读	国际音标	sa⁵⁵ta⁵⁵	va³⁵	pu⁵⁵mbɑ³¹	la³¹
	直译	土神	猪	岸子	手
	意译	红色的土神代表土神菩萨的煞气，把人冲犯得很严重	属猪	坛神	煞气惹了人
	解读	va³⁵ ȵo⁵⁵hĩ⁵⁵, va³⁵ ȵi⁵⁵mi⁵⁵ tɕi³¹ ȵi⁵⁵, va³⁵ lu⁵⁵su⁵⁵ 猪 二十八 猪 日 一 天 猪 属 tsʰo³¹ ta⁵⁵mu⁵⁵ ŋo⁵⁵ zo³¹ko⁵⁵, sa⁵⁵ta⁵⁵ tso⁵⁵ hũ³⁵. za³⁵ 人 这种 病 得 土神 谢 需要 煞气 pu³¹ hũ³⁵. 送 需要			
	通译	八月二十八，属猪的一天，属猪的人得病，要谢土神，要送煞气。			
	补充	八月二十八日这一天，属猪的人生病，是因为犯了天上的黑煞和土神的红煞，要先送土神，然后送红煞：用红纸、苦荞花和牛奶绕着病人身体转圈，然后送出去，是哪方的土神就往哪方送。再送黑煞：烧柏香，把黑羊的毛烧在香里，绕着病人身体转圈，用苦荞花为病人擦身，把所有东西送到十字路口。			
李开华解读	国际音标	tʰa⁵⁵ba⁵⁵	va³⁵	nda⁵⁵ta⁵⁵	la³¹
	直译	赤口	猪	神枝	手
	意译	西南方的赤口	属猪	神枝在东方	北方有手伸出来，不吉利
	解读	va³⁵ lu⁵⁵ tɕi⁵⁵ ȵi⁵⁵, χɑ³⁵ tsɑ⁵⁵, tʰa⁵⁵ba⁵⁵ io³⁵sa⁵⁵gu³¹ 猪 属 一 天 日子 坏 赤口 西南方 dzo³¹. tʂo³¹tɕʰi⁵⁵kʰi³¹ la³¹ mi⁵⁵ tʂʅ³¹ lo³¹. 在 北方 手 下（方向前缀） 伸 了 hũ⁵⁵mi⁵⁵kʰi³¹ tʂo³¹tɕʰi⁵⁵kʰi³¹ ȵi⁵⁵tʂʰo⁵⁵ be⁵⁵ ma⁵⁵ hã⁵⁵. 南方 北方 西方 去 不 能			
	通译	八月二十八这一天属猪，日子坏，赤口在西南方，北方的手伸下来。南方、北方、西方不能去。			

八月二十九日

	原图				
朱小华解读	国际音标	ʁa⁵⁵la⁵⁵bu⁵⁵	χa³⁵	nda⁵⁵ta⁵⁵	qʰa⁵⁵ndʑa⁵⁵i⁵⁵to³⁵
	直译	大烧香堆堆	鼠	神枝	有蹄子的怪象
	意译	给大烧香堆堆烧香	属鼠	家神	做道场时用石头架的锅庄
	解读	χa³⁵ no⁵⁵ŋgu³⁵, χa³⁵ ɲi⁵⁵mi⁵⁵ tɕi³¹ ɲi⁵⁵, χa³⁵ lu⁵⁵su⁵⁵ 鼠 二十九 鼠 日 一 天 鼠 属 tsʰo³¹ ta⁵⁵mu⁵⁵ ŋgo⁵⁵ zo³¹ko⁵⁵, ʁa⁵⁵la⁵⁵bu⁵⁵ so³¹ vu⁵⁵ 人 这种 病 得 大烧香堆堆 香 烧 hũ³⁵. qʰa⁵⁵ndʑa⁵⁵i⁵⁵to³⁵ pu³¹ hũ³⁵. 需要 有蹄子的怪象 送 需要			
	通译	八月二十九，属鼠的一天，属鼠的人得病，要给大烧香堆堆烧香，要送牲畜的怪象。			
	补充	八月二十九日这一天，属鼠的人如果生病，是因为烧香堆堆和家里的猪怪惹了他。要烧香，然后送怪象，方法同前文所述。			
李开华解读	国际音标	ʁa⁵⁵	χa³⁵	nda⁵⁵ta⁵⁵	qa³⁵lu⁵⁵
	直译	烧香堆堆	鼠	神枝	锅庄
	意译	用于烧素香	属鼠	神枝在东方	做道场时用石头架的锅庄，用于减淤
	解读	χa³⁵ lu⁵⁵ tɕi⁵⁵ ɲi⁵⁵, ma⁵⁵ qʰa⁵⁵ ma⁵⁵ nda⁵⁵. ndʑa⁵⁵ 鼠 属 一 天 不 好 不 坏 减淤 mi⁵⁵ ʂu³¹. ʐɿ³⁵dʑu⁵⁵kʰu³¹ be⁵⁵ a⁵⁵sɿ³¹. 下（方向前缀） 减淤 四方 去 可以			
	通译	八月二十九这一天属鼠，日子不好不坏。要减淤。四方都能去。			

八月三十日

	原图				
朱小华解读	国际音标	ʁua³¹mi³¹	ɣə³⁵	nda⁵⁵ta⁵⁵	ʁa⁵⁵la⁵⁵bu⁵⁵
	直译	长刀	牛	神枝	大烧香堆堆
	意译	不干净的长刀冒犯了烧香堆堆	属牛	家神	大烧香堆堆惹了人
	解读	ɣə³⁵ so⁵⁵sɿ³¹, tsʰo³¹ ta⁵⁵mu⁵⁵ 牛 三十 人 这种	ɣə³⁵ ɲi⁵⁵mi⁵⁵ ŋo⁵⁵ zo³¹ko⁵⁵, 牛 日 病 得	tɕi³¹ ɲi⁵⁵, ʁa⁵⁵la⁵⁵bu⁵⁵ so³¹ 一 天 大烧香堆 香	ɣə³⁵ lu⁵⁵su⁵⁵ vu⁵⁵ hũ³⁵. 牛 属 烧 需要
	通译	八月三十，属牛的一天，属牛的人得病，要给大烧香堆堆烧香。			
	补充	八月三十日这一天，属牛的人生病，是因为有不好的铁器留在家，冒犯了烧香堆堆。要烧素香，把铁器送到很远的不是病人本命的地方。			
李开华解读	国际音标	ʁa³⁵mi⁵⁵	ɣə³⁵	nda⁵⁵ta⁵⁵	ʁa⁵⁵
	直译	长刀	牛	神枝	烧香堆堆
	意译	西方有祸事	属牛	神枝在东方	用于烧素香
	解读	ɣə³⁵ lu⁵⁵ tɕi⁵⁵ ɲi⁵⁵, χa³⁵ tsa⁵⁵, ɲi⁵⁵tʂʰo⁵⁵ ʁa³⁵mi⁵⁵ 牛 属 一 天 日子 坏 西方 长刀 dza³¹. sio⁵⁵ pʰi⁵⁵ lo³¹ mu⁵⁵. ŋo⁵⁵dzɿ⁵⁵ zo⁵⁵ 在 香 素 上（方向前缀） 烧 病 得 lo³¹, χa³¹lo³¹ be⁵⁵ ma⁵⁵ hã⁵⁵. 了 哪里 去 不 能			
	通译	八月三十这一天属牛，日子坏。长刀在西方。要烧素香。（属牛的人）得病了，哪儿都不能去。			

九月  la⁵⁵ndo⁵⁵tɕi³¹pə³¹
可以看见虎的一月

九月上

九月一日

	原图				
朱小华解读	国际音标	nda⁵⁵ta⁵⁵	la⁵⁵	qʰa⁵⁵ndʑa⁵⁵i⁵⁵to³⁵	a³¹kʰɚ⁵⁵
	直译	神枝	虎	有蹄子的怪象	筛子
	意译	家神	属虎	家中牲畜出的怪象惹了人	做法事的工具
	解读	la⁵⁵ tɕi³¹, la⁵⁵ ȵi⁵⁵mi⁵⁵ tɕi³¹ ȵi⁵⁵, la⁵⁵ lu⁵⁵su⁵⁵ tsʰo³¹ 虎 一 虎 日 一 天 虎 属 人 ta⁵⁵mu⁵⁵ ŋgo⁵⁵ zo³¹ko⁵⁵, a³¹kʰɚ⁵⁵ qo³¹ ʂo⁵⁵u⁵⁵ ŋa³⁵ ga³¹ 这种 病 得 筛子 里头 纸 五 张 mi⁵⁵ tʂʰɿ³¹. qʰa⁵⁵ndʑa⁵⁵i⁵⁵to³⁵ pu³¹ hũ³⁵. 下（方向前缀） 放，送 有蹄子的怪象 送 需要
	通译	九月初一，属虎的一天，属虎的人得病，在筛子里放五张纸，送牲畜的怪象。			
	补充	九月初一这一天，属虎的人如果生病，就会相当严重，是因为最大的红煞惹了他。要杀一只羊，用糌粑坨坨捏九个面人，在面人上滴一些羊血，把面人和九种颜色的纸、九张纸钱一起，往九方送。			
李开华解读	国际音标	nda⁵⁵ta⁵⁵	la⁵⁵	qa³⁵lu⁵⁵	ʂɿ³¹tʰo⁵⁵
	直译	神枝	虎	锅庄	牛皮船
	意译	神枝在西方	属虎	做道场时用石头架的锅庄，安放在东方	牛皮船正在北方，吉利
	解读	la⁵⁵ lu⁵⁵ tɕi⁵⁵ ȵi⁵⁵, χa³⁵ tsa⁵⁵, ndʑa⁵⁵ mi⁵⁵ ʂu³¹. 虎 属 一 天 日子 坏 减淤 下（方向前缀） 减淤 ʂɿ³¹tʰo⁵⁵ tʂo³¹tɕi⁵⁵kʰi³¹ a⁵⁵ dʑa³¹. ʂa⁵⁵tʂʰo⁵⁵ qa³⁵lu⁵⁵ lo³¹ du⁵⁵ 牛皮船 北方 （方位词） 在 东方 锅庄 上（方向前缀） 安放 nda⁵⁵ta⁵⁵ ȵi⁵⁵tʂʰo⁵⁵ dʑa³¹. zɿ³⁵dʑu⁵⁵kʰu³¹ be⁵⁵ a⁵⁵ʂɿ³¹. 神枝 西方 在 四方 去 可以
	通译	九月初一这一天属虎，日子坏。要减淤。牛皮船在北方，锅庄安放在东方，神枝在西方。四方都可以去。			

九月二日

	原图					
朱小华解读	国际音标	ʁa⁵⁵bu⁵⁵ta⁵⁵ta⁵⁵	li³¹bu⁵⁵	tʰo⁵⁵li⁵⁵	pu⁵⁵mba³¹	ɲi⁵⁵mi⁵⁵
	直译	小烧香堆堆	海螺	兔	岸子	太阳
	意译	小烧香堆堆惹了人	烧香时要吹海螺	属兔	坛神	被云遮着的太阳
	解读	tʰo⁵⁵li⁵⁵ 兔　ɲi⁵⁵ 二，　tʰo⁵⁵li⁵⁵ 兔　ɲi⁵⁵mi⁵⁵ 日，　tɕi³¹ 一　ɲi⁵⁵ 天，　tʰo⁵⁵li⁵⁵ 兔　lu⁵⁵su⁵⁵ 属　tsʰo³¹ 人　ta⁵⁵mu⁵⁵ 这种　ŋo⁵⁵ 病　zo³¹ko⁵⁵ 得，　ʁa⁵⁵bu⁵⁵ta⁵⁵ta⁵⁵ 小烧香堆堆　so³¹ 香　vu⁵⁵ 烧　hũ³⁵ 需要，　ɲi⁵⁵mi⁵⁵ 太阳　ɬa³¹ 神　pu³¹ 送　hũ³⁵，　li³¹bu⁵⁵ 海螺　fu⁵⁵ 吹　hũ³⁵. 需要				
	通译	九月初二，属兔的一天，属兔的人得病，要给小烧香堆堆烧香，要送太阳神，要吹海螺。				
	补充	九月初二这一天，属兔的人生病，是因为小烧香堆堆和太阳神惹了他，烧素香吹海螺即可。				
李开华解读	国际音标	pu⁵⁵mba³¹	hĩ³¹mbo⁵⁵kʰu⁵⁵	tʰo⁵⁵li⁵⁵	nda⁵⁵ta⁵⁵	hĩ⁵⁵mi⁵⁵
	直译	神器	海螺	兔	神枝	太阳
	意译	和尚的法器（用于敬山神）	海螺在前面	属兔	神枝在西方	太阳被云遮着
	解读	tʰo⁵⁵li⁵⁵ 兔　lu⁵⁵ 属　tɕi⁵⁵ 一　ɲi⁵⁵ 天，　χa³⁵ 日子　pʰio³⁵. 好　hĩ³¹mbo⁵⁵kʰu⁵⁵ 海螺　ɣua⁵⁵ 前面　dza³¹. 在　pu⁵⁵mba³¹ 神器　ɲi⁵⁵tʂʰo⁵⁵ 西方　dza³¹. 在　nda⁵⁵ta⁵⁵ 神枝　ʂa⁵⁵tsʰo⁵⁵ 东方　dza³¹. 在　mu⁵⁵ 天　a⁵⁵ 上（方位词）　tsu³⁵ 云　lu⁵⁵lu⁵⁵, 遮着　hĩ⁵⁵mi⁵⁵ 太阳　tʂʰʅ⁵⁵ 光　ma⁵⁵ 不　ndo⁵⁵. 看见　zʅ³⁵ɖu⁵⁵kʰu³¹ 四方　be⁵⁵ 去　a⁵⁵ʂʅ³¹, 可以　ŋo⁵⁵dzɿ⁵⁵ 疾病　za⁵⁵ 得　lo³¹. 了　χa³¹lo³¹ 哪里　be⁵⁵ 去　ma⁵⁵ 不　pʰa⁵⁵ 能够　lo³¹. 了				
	通译	九月初二这一天属兔，日子好，海螺在前面，神器在西方，神枝在东方，天上的云遮着，看不见阳光。这一天四方都能去，但是（属兔的人）病了，哪都去不成。				

九月三日

	原图					
朱小华解读	国际音标	nda⁵⁵ta⁵⁵	ɚ⁵⁵dzɑ³¹	ɬo³⁵	ɬi⁵⁵mi⁵⁵	ŋgu³¹gi⁵⁵/zu̩⁵⁵
	直译	神枝	龙	水神	月亮	八方神/咒神[1]
	意译	家神	属龙	属龙的人犯了水神	月亮菩萨惹了人	八方神（咒神）惹了人
	解读	ɚ⁵⁵dzɑ³¹ so⁵⁵, ɚ⁵⁵dzɑ³¹ ȵi⁵⁵mi⁵⁵ tɕi³¹ ȵi⁵⁵, ɚ⁵⁵dzɑ³¹ lu⁵⁵su⁵⁵ tsho³¹ ta⁵⁵mu⁵⁵ 龙 三 龙 日 一 天 龙 属 人 这种 ŋo⁵⁵ zo³¹ko⁵⁵, ɬi⁵⁵mi⁵⁵ ɬa³¹ pu³¹ hũ³⁵, ŋgu³¹gi⁵⁵ pu³¹ 病 得 月亮 神 送 需要 八方神 送 hũ³⁵, ɬo³⁵ tso⁵⁵ hũ³⁵. 需要 水神 谢 需要					
	通译	九月初三，属龙的一天，属龙的人得病，要送月亮神，要送八方神，要谢水神。					
	补充	九月初三这一天，属龙的人如果生病，是因为犯了水神和咒神，他的儿女会养不大。要先做两天的法事，从九月十五开始：第一天的白天在最高的山上烧香，杀一只白羊，印十二盘糌粑坨坨，在上面滴羊血。再栽一棵树，把九种颜色的布一绺一绺地拴在绳子上，挂在山梁子上。再把羊心放在香炉上烧。这一天的法事称作"tʂhu⁵⁵sʅ⁵⁵ɣa³¹ndo⁵⁵pi³⁵"。第二天在家里的房顶上烧香，杀一只红鸡公，再砍三颗松树，在房顶正中插一棵，两边各插一棵，把系着布的绳子绑在树枝上，然后念经、烧香。这一天的法事称作"iu⁵⁵gu⁵⁵pa⁵kʰu³¹mba⁵⁵"。第三天，举行送咒神的法事，称为"zʅ³¹kʰe⁵⁵pi³⁵"。[2]					
李开华解读	国际音标	ta³⁵pʰi⁵⁵	zʅ⁵⁵bi⁵⁵	xə³⁵	hĩ⁵⁵gu⁵⁵	hi⁵⁵mi⁵⁵	pʰɚ⁵⁵pa³¹
	直译	旗子	龙	湖	晚上	太阳	法器（类似于印章）
	意译	旗子头朝下看	属龙	赤口落在湖里	月亮		和尚用法器在糌粑坨坨上印图案
	解读	zʅ⁵⁵bi⁵⁵ lu⁵⁵ tɕi⁵⁵ ȵi⁵⁵, χɑ³⁵ tsɑ⁵⁵, ta³⁵pʰi⁵⁵ tsʰʅ⁵⁵tsʰʅ⁵⁵ 龙 属 一 天 日子 坏 旗子 下 mi⁵⁵ ly³⁵. tʰa⁵⁵ba⁵⁵ χe³⁵ o⁵⁵ dzo³¹. ʁɚ³⁵sa⁵⁵gu³¹ 下（方向前缀）看 赤口 湖 里 在 东北方 pʰɚ⁵⁵pa³¹ dzɑ³¹. zʅ³⁵dʑu⁵⁵kʰu³¹ be⁵⁵ ma⁵⁵ hã⁵⁵. 糌粑坨坨 在 四方 去 不 能					
	通译	九月初三这一天属龙，日子坏，旗子头朝下看。土神在湖里，糌粑坨坨在东北方。这一天四方都不能去。					

---

[1] 这一天该图幅也代表咒神。

[2] 上面这些法事都要在九月做，在其他时候做不管用（三月也勉强可以，但最好在九月）。这些法事做完以后要打扫水井，因为死去的儿女吃过的水不干净，所以要给水菩萨"减淤"。

九月四日

	原图				
朱小华解读	国际音标	ŋgu³¹gi⁵⁵	dzɑ³¹	pu⁵⁵mbɑ³¹	y³¹ɚ⁵⁵tsʅ⁵⁵i⁵⁵to³⁵
	直译	八方神	蛇	岸子	有爪子的怪象
	意译	八方神很严重地惹了人	属蛇	坛神	天上的雀鸟出的怪象惹了人
	解读	dzɑ³¹ zʅ³⁵, dzɑ³¹ n̠i⁵⁵mi⁵⁵ tɕi³¹ n̠i⁵⁵, dzɑ³¹ lu⁵⁵su⁵⁵ tsʰo³¹ 蛇　　四，　蛇　　日　　一　　天，　蛇　　属　　人 tã⁵⁵mu⁵⁵ ŋo⁵⁵ zo³¹ko⁵⁵, ŋgu³¹gi⁵⁵ pu³¹ hũ³⁵. y³¹ɚ⁵⁵tsʅ⁵⁵i⁵⁵to³⁵ 这种　　病　　得，　　八方神　　送　需要．有爪子的怪象 pu³¹ hũ³⁵. 送　 需要．			
	通译	九月初四，属蛇的一天，属蛇的人得病，要送大的八方神，要送雀鸟的怪象。			
	补充	九月初四这一天，属蛇的人生病，是因为八方神犯了他，要捏八个菩萨，用干净的清茶和酒送八方神。八方神是素神，这天不可杀生。			

李开华解读	国际音标	zʅ³⁵dʑu⁵⁵kʰu³¹	dzɑ³¹	nda⁵⁵ta⁵⁵	n̠ɑ⁵⁵
	直译	四方	蛇	神枝	眼睛
	意译	四方都不能去	属蛇	神枝在东方	天上有眼睛
	解读	dzɑ³¹ lu⁵⁵ tɕi⁵⁵ n̠i⁵⁵, χa³⁵ tsa⁵⁵, mu⁵⁵ a⁵⁵ n̠ɑ⁵⁵ 蛇　　属　一　天，　日子　坏，　天　上（方位词）眼睛 ndʐa³⁵. nda⁵⁵ta⁵⁵ ʂa⁵⁵tʂʰo⁵⁵ dzɑ³¹. zʅ³⁵dʑu⁵⁵kʰu³¹ mu⁵⁵ be⁵⁵ 有．　神枝　　西方　　在．　四方　　　　（助词）[1] 去 a⁵⁵ʂʅ³¹, be⁵⁵ ma⁵⁵ pʰa⁵⁵ lo³¹. 可以，　去　不　能够　了．			
	通译	九月初四这一天属蛇，日子坏，天上有眼睛，神枝在东方。四方都可以去，但是去不了（因为属蛇的人生病了）。			

---

[1] 此助词在这样的句式中有时可以省略。

九月五日

	原图				
朱小华解读	国际音标	ʁa⁵⁵la⁵⁵bu⁵⁵	mo⁵⁵	nda⁵⁵ta⁵⁵	la³¹
	直译	大烧香堆堆	马	神枝	手
	意译	烧香堆堆惹了人	属马	家神	黑煞
	解读	mo⁵⁵ ŋa³⁵, mo⁵⁵ n̠i⁵⁵mi⁵⁵ tɕi³¹ n̠i⁵⁵, mo⁵⁵ lu⁵⁵su⁵⁵ 马　五　　马　　日　　一　　天　　马　属 tsʰo³¹ ta⁵⁵mu⁵⁵ ŋo⁵⁵ zo³¹ko⁵⁵, ʁa⁵⁵la⁵⁵bu⁵⁵ so³¹ vu⁵⁵ 人　这种　　病　得　　　大烧香堆堆　　香　烧 hũ³⁵. za³⁵ pu³¹ hũ³⁵. 需要　煞气　送　需要				
	通译	九月初五，属马的一天，属马的人得病，要给大烧香堆堆烧香，要送煞气。				
	补充	九月初五这一天，属马的人生病，是因为被黑煞和烧香堆堆冒犯了，做法同前文所述。				
李开华解读	国际音标	ʁa⁵⁵	mo⁵⁵	ta³⁵pʰi⁵⁵	la³¹
	直译	烧香堆堆	马	旗子	手
	意译	用于烧素香	属马	头朝下的旗子	北方伸出了手
	解读	mo⁵⁵ lu⁵⁵ tɕi⁵⁵ n̠i⁵⁵, χa³⁵ tsa⁵⁵, tʂo³¹tɕʰi⁵⁵kʰi³¹ 马　属　一　天　日子　坏　北方 la³¹ tʂɻ̍⁵⁵, sio⁵⁵ pʰi⁵⁵ mu⁵⁵ qa⁵⁵. ʂa⁵⁵tʂʰo⁵⁵ 手　伸　香　素　烧　（将行体标记）　东方 ta³⁵pʰi⁵⁵ tsʰɻ̍⁵⁵tsʰɻ̍⁵⁵ mi⁵⁵ ly³⁵. tʂo³¹tɕʰi⁵⁵kʰi³¹ be⁵⁵ 旗子　下　　　下（方向前缀）　看　北方　　　　去 ma⁵⁵ hã⁵⁵. ʂa⁵⁵tʂʰo⁵⁵ be⁵⁵ ma⁵⁵ hã⁵⁵. 不　能　　东方　　去　不　能				
	通译	九月初五这一天属马，日子坏，北方伸出了手，要烧素香。东方的旗子都朝下看。北方、东方不能去。				

九月六日

	原图					
朱小华解读	国际音标	pu⁵⁵mba³¹	ɣe³⁵kʰu⁵⁵	io⁵⁵	ʁa⁵⁵la⁵⁵bu⁵⁵	tʂɿ³¹
	直译	岸子	牛角	羊	大烧香堆堆	星宿
	意译	坛神	牛王会菩萨惹了人	属羊	大烧香堆堆惹了人	星宿惹了人
	解读	io⁵⁵ kʰu³¹, io⁵⁵ n̩i⁵⁵mi⁵⁵ tɕi³¹ n̩i⁵⁵, io⁵⁵ lu⁵⁵su⁵⁵ tsʰo³¹ ta⁵⁵mu⁵⁵ 羊　六　羊　日　一　天　羊　属　人　这种 ŋgo⁵⁵ zo³¹ko⁵⁵, ɣe³⁵pi³⁵sɿ⁵⁵ pu³¹ hũ³⁵. mu⁵⁵ a⁵⁵ 病　　得　　牛王会菩萨　送　需要　天　上（方位词） tʂɿ³¹ pu³¹ hũ³⁵. ʁa⁵⁵la⁵⁵bu⁵⁵ so³¹ vu⁵⁵ hũ³⁵. 星宿　送　需要　大烧香堆堆　香　烧　需要				
	通译	九月初六，属羊的人得病，要送牛王会菩萨，要送天上的星宿，要给大烧香堆堆烧香。				
	补充	九月初六这一天，属羊的人如果生病，是因为犯了牛王会菩萨的煞气，做法同前。				
李开华解读	国际音标	nda⁵⁵ta⁵⁵	ɣɔ³⁵kʰu⁵⁵	io⁵⁵	ʁa⁵⁵	tʰa⁵⁵ba⁵⁵
	直译	神枝	牛角	羊	烧香堆堆	赤口
	意译	神枝在西方	西南方要出祸事	属羊	用于烧素香	赤口在东北方
	解读	io⁵⁵ lu⁵⁵ tɕi⁵⁵ n̩i⁵⁵, ma⁵⁵ qʰa⁵⁵ ma⁵⁵ nda⁵⁵. io³⁵sa⁵⁵gu³¹ 羊　属　一　天　不　好　不　坏　西南方 ɣɔ³⁵kʰu⁵⁵ dza³¹. tʰa⁵⁵ba⁵⁵ ʁɔ³⁵sa⁵⁵gu³¹ dzɔ³¹. sio⁵⁵ pʰi⁵⁵ 牛角　在　赤口　东北方　在　香　素 lo³¹ mu⁵⁵. tso³¹tɕʰi⁵⁵kʰi³¹ hũ⁵⁵mi⁵⁵kʰi³¹ io³⁵sa⁵⁵gu³¹ be⁵⁵ 上（方向前缀）烧　北方　南方　西南方　去 ma⁵⁵ hã⁵⁵. 不　能				
	通译	九月初六这一天属羊，不好不坏。牛角在西南方，赤口在东北方。烧素香。北方、南方和西南方不能去。				

九月七日

	原图					
朱小华解读	国际音标	li^{31}bu^{55}	mi^{35}	nda^{55}ta^{55}	qʰa^{55}ndʐa^{55}i^{55}to^{35}	tʂʅ^{31}
	直译	海螺	猴	神枝	有蹄子的怪象	星宿
	意译	烧香时吹海螺	属猴	家神	家中牲畜出的怪象惹了人	要送天上的星宿
	解读	mi^{35} ʂʅ^{31}， 猴　七 ta^{55}mu^{55} 这种 a^{55} 上（方位词）	mi^{35} 猴 ŋgo^{55} 病 tʂʅ^{31} 星宿	ȵi^{55}mi^{55} 日 zo^{31}ko^{55}, 得 pu^{31} 送	tɕi^{31} ȵi^{55}, mi^{35} lu^{55}su^{55} tsʰo^{31} 一　天　猴　属　人 y^{31}ɚ^{55}tʂʅ^{55}i^{55}to^{35} pu^{31} hũ^{35}, mu^{55} 有爪子的怪象　送　需要　天 hũ^{35}，li^{31}bu^{55} fu^{55} hũ^{35}. 需要　海螺　吹　需要	
	通译	九月初七，属猴的一天，属猴的人得病，要送牲畜的怪象，要送天上的星宿，要吹海螺。				
	补充	九月初七这一天，属猴的人生病，是因为家里的牲畜出了怪象[1]，解决方法同前，用丝茅草和羊或猪的毛。				
李开华解读	国际音标	hĩ^{31}mbo^{55}kʰu^{55}	mi^{35}	nda^{55}ta^{55}	qa^{35}lu^{55}	tʰa^{55}ba^{55}
	直译	海螺	猴	神枝	锅庄	赤口
	意译	在前面的海螺	属猴	神枝在东方	做道场时用石头架的锅庄	赤口在东北方
	解读	mi^{35} lu^{55} tɕi^{55} ȵi^{55}, χa^{35} pʰio^{35}. ndʐa^{55} mi^{55} ʂu^{31}. 猴　属　一　天　日子　好　减淤　下（方向前缀）　减淤 hĩ^{31}mbo^{55}kʰu^{55} yua^{55} dʐa^{31}. tʰa^{55}ba^{55} ʁə^{35}sa^{55}gu^{31} a^{55} dzo^{31}. 海螺　前面　在　赤口　东北方　（方位词）　在 ʁə^{35}sa^{55}gu^{31} tʂo^{31}tɕi^{55}kʰi^{31} be^{55} ma^{55} hã^{55}. 东北方　北方　去　不　能				
	通译	九月初七这一天属猴，日子好，要减淤。海螺在前面，赤口在东北方。东北方、北方不能去。				

---

[1] 要打卦确定是羊还是猪的怪象。

九月八日

原图					
	(神枝图)	(鸡图)	(土神图)	(海螺图)	(筛子图)

	国际音标	nda^{55}ta^{55}	dzu^{55}	sa^{55}ta^{55}	li^{31}bu^{55}	a^{31}khɚ^{55}
	直译	神枝	鸡	土神	海螺	筛子
	意译	家神惹了人	属鸡	土神惹了人	烧香时吹海螺	做法事的工具
朱小华解读	解读	dzu^{55} hĩ^{31}, dzu^{55} ɲi^{55}mi^{55} tɕi^{31} ɲi^{55}, dzu^{55} lu^{55}su^{55} tsho^{31} ta^{55}mu^{55} 鸡　　八　　鸡　　日　　一　　天　　鸡　　属　　人　　这种 ŋgo^{55} zo^{31}ko^{55}, a^{31}khɚ^{55} qo^{31} ʂo^{55}u^{55} ŋa^{35} ga^{31} mi^{55} 病　　得　　筛子　　里头　　纸　　五　　张　　下（方向前缀） tʂhɿ^{31} hũ^{35}bu^{55} mi^{55} tʂhɿ^{31}, pu^{31} hũ^{35}, sa^{55}ta^{55} tso^{55} hũ^{35}. 放，送　　荞花　　下（方向前缀）　　放，送　　送　　需要　　土神　　谢　　需要 li^{31}bu^{55} fu^{55} hũ^{35}. 海螺　　吹　　需要
	通译	九月初八，属鸡的一天，属鸡的人得病，在筛子里放五张纸，撒荞花，以此谢土神。要吹海螺。
	补充	九月初八这一天，属鸡的人生病，是因为被家神和土神犯了。要烧香敬家神，再用苦荞花和五色纸谢土神。

	国际音标	nda^{55}ta^{55}	bi^{55}	tha^{55}ba^{55}	hĩ^{31}mbo^{55}khu^{55}	ʂɭ^{31}tho^{55}
	直译	神枝	鸡	赤口	海螺	牛皮船
	意译	神枝在西方	属鸡	东南方的赤口	海螺在东方	牛皮船在北方
李开华解读	解读	bi^{55} lu^{55} tɕi^{55} ɲi^{55}, χa^{35} phio^{35}. hĩ^{31}mbo^{55}khu^{55} ʂa^{55}tsho^{55} 鸡　　属　　一　　天　　日子　　好　　海螺　　东方 dza^{31}. tha^{55}ba^{55} na^{55}gu^{55}tʂhɿ^{31} dzo^{31}. ʂɭ^{31}tho^{55} tso^{31}tɕi^{55}khi^{31} a^{55} 在　　赤口　　东南方　　在　　牛皮船　　北方　　（方位词） dza^{31}. na^{55}gu^{55}tʂhɿ^{31} be^{55} ma^{55} hã^{55}. 在　　东南方　　去　　不　　能
	通译	九月初八这一天属鸡，日子好，海螺在东方，赤口在东南方，牛皮船在北方，东南方不能去。

九月九日

	原图					
朱小华解读	国际音标	nda⁵⁵ta⁵⁵	tʂʰɿ³⁵	sa⁵⁵ta⁵⁵	ȵi⁵⁵mi⁵⁵	ʁa⁵⁵bu⁵⁵ta⁵⁵ta⁵⁵
	直译	神枝	狗	土神	太阳	小烧香堆堆
	意译	家神	属狗	土神菩萨的黑煞，冲犯人很凶	被太阳神惹了	给香神烧素香
	解读	tʂʰɿ³⁵ ŋgu³⁵ 狗 九 ŋo⁵⁵ zo³¹ko⁵⁵， 病 得 vu⁵⁵ hũ³⁵． 烧 需要	tʂʰɿ³⁵ 狗 sa⁵⁵ta⁵⁵ tʂo⁵⁵ 土神 谢	ȵi⁵⁵mi⁵⁵ tɕi³¹ ȵi⁵⁵， 日 一 天 ȵi⁵⁵mi⁵⁵ ɬa³¹ pu³¹ 太阳 神 送 hũ³⁵． 需要	tʂʰɿ³⁵ lu⁵⁵su⁵⁵ 狗 属 hũ³⁵ ʁa⁵⁵bu⁵⁵ta⁵⁵ 需要 小烧香堆堆	tsʰo³¹ ta⁵⁵mu⁵⁵ 人 这种 so³¹ 香
	通译	九月初九，属狗的一天，属狗的人得病，要送太阳神，要给小烧香堆堆烧香，要谢土神。				
	补充	九月初九这一天，属狗的人如果生病，是因为他曾经在太阳落的时候动土，冒犯了土神，被土神和太阳神惹了。要给香神烧素香，用苦荞花、鲜牛奶擦身体，在太阳落的时候把苦荞花送到与病人本命不同的方向。				
李开华解读	国际音标	ta³⁵pʰi⁵⁵	tʂʰɿ⁵⁵	tʰa⁵⁵ba⁵⁵	hĩ⁵⁵mi⁵⁵	ʁa⁵⁵
	直译	旗子	狗	赤口	太阳	烧香堆堆
	意译	西方旗子头朝下	属狗	东南方的赤口	在天上飞的太阳	用于烧素香
	解读	tʂʰɿ⁵⁵ lu⁵⁵ tɕi⁵⁵ ȵi⁵⁵， 狗 属 一 天 ia³¹． （进行体标记） dzo³¹． 在 ly³⁵． 看	χa³⁵ tsa⁵⁵． 日子 坏 sio⁵⁵ pʰi⁵⁵ 香 素 ȵi⁵⁵tʂo⁵⁵ 西方	mu⁵⁵ a⁵⁵ 天 上（方位词） lo³¹ 上（方向前缀） te³¹ 在……地方（方位介词） ȵi⁵⁵tʂo⁵⁵ 西方	hĩ⁵⁵mi⁵⁵ bi⁵⁵ 太阳 飞 mu⁵⁵ tʰa⁵⁵ba⁵⁵ 烧 赤口 ta³⁵pʰi⁵⁵ 旗子 na⁵⁵gu⁵⁵tʂʰɿ³¹ 东南方	na⁵⁵gu⁵⁵tʂʰɿ³¹ 东南方 tsʰɿ⁵⁵tʂʰɿ⁵⁵ 下 mi⁵⁵ 下（方向前缀） be⁵⁵ ma⁵⁵ hã⁵⁵． 去 不 能
	通译	九月初九这一天属狗，日子坏，太阳在天上飞。要烧素香。赤口在东南方，西方旗子朝下看。东方、西方、东南方不能去。				

九月十日

	原图					
朱小华解读	国际音标	nda⁵⁵ta⁵⁵	va³⁵	ʁa⁵⁵bu⁵⁵ta⁵⁵ta⁵⁵	sa⁵⁵ta⁵⁵	hĩ⁵⁵mi⁵⁵
	直译	神枝	猪	小烧香堆堆	土神	月亮
	意译	家神	属猪	用于烧素香	干净的土神，不犯人	天上的月亮
	解读	va³⁵ χo³¹, va³⁵ ɲi⁵⁵mi⁵⁵ tɕi³¹ ɲi⁵⁵, va³⁵ lu⁵⁵su⁵⁵ tsʰo³¹ ta⁵⁵mu⁵⁵ 猪　十　猪　日　一　天　猪　属　人　这种 ŋgo⁵⁵ zo³¹ko⁵⁵, hĩ⁵⁵mi⁵⁵ ɬa³¹ pu³¹ hũ³⁵. ʁa⁵⁵bu⁵⁵ta⁵⁵ta⁵⁵ so³¹ 病　得　月亮　神　送　需要　小烧香堆堆　香 vu⁵⁵ hũ³⁵. 烧　需要				
	通译	九月初十，属猪的一天，属猪的人得病，要送月亮神，要给小烧香堆堆烧香。				
	补充	九月初十这一天，属猪的人如果生病，是因为冒犯了土神，要在九月十五那一天烧素香敬月亮神。				
李开华解读	国际音标	ta³⁵pʰi⁵⁵	va³⁵	ʁa⁵⁵	tʰa⁵⁵ba⁵⁵	hĩ⁵⁵gu⁵⁵	hĩ⁵⁵mi⁵⁵
	直译	旗子	猪	烧香堆堆	赤口	晚上	太阳
	意译	头朝下的旗子	属猪	用于烧素香	赤口在东北方		天上的月亮
	解读	va³⁵ lu⁵⁵ tɕi⁵⁵ ɲi⁵⁵, χa³⁵ tsa⁵⁵. ta³⁵pʰi⁵⁵ tsʰɻ⁵⁵tsʰɻ⁵⁵ 猪　属　一　天　日子　坏　旗子　下 mi⁵⁵ ly³⁵. mu⁵⁵ a⁵⁵ hĩ⁵⁵gu⁵⁵ hĩ⁵mi⁵⁵. dzo³¹ sio⁵⁵ pʰi⁵⁵ 下（方向前缀）　看你　天　上（方位词）　月亮　在　香　素 lo³¹ mu⁵⁵. tʰa⁵⁵ba⁵⁵ ʁɑ³⁵sa⁵⁵gu³¹ a⁵⁵ dzo³¹. 上（方向前缀）　烧　赤口　东北方　（方位词）　在 ʂa⁵⁵tʂʰo⁵⁵ ɲi⁵⁵tʂʰo⁵⁵ hũ⁵⁵mi⁵⁵kʰi³¹ be⁵⁵ ma⁵⁵ hã⁵⁵. 东方　西方　南方　去　不　能					
	通译	九月初十这一天属猪，日子坏，旗子头朝下看。天上有月亮，烧素香。赤口在东北方。东方、西方、南方不能去。					

九月十一日

	原图				
朱小华解读	国际音标	nda⁵⁵ta⁵⁵	χa³⁵	sa⁵⁵ta⁵⁵	y³¹ɚ⁵⁵tsʅ⁵⁵i⁵⁵to³⁵
	直译	神枝	鼠	土神	鸟的怪象
	意译	家神	属鼠	土神菩萨的红煞惹了人	天上的雀鸟出的怪象惹了人
	解读	χa³⁵ χo³¹tɕi³¹, χa³⁵ ȵi⁵⁵mi⁵⁵ tɕi³¹ ȵi⁵⁵, χa³⁵ lu⁵⁵su⁵⁵ tsʰo³¹ 鼠　十一　　鼠　日　一　天　鼠　属　人 ta⁵⁵mu⁵⁵ ŋo⁵⁵ zo³¹ko⁵⁵, y³¹ɚ⁵⁵tsʅ⁵⁵i⁵⁵to³⁵ pu³¹ hũ³⁵. sa⁵⁵ta⁵⁵ tʂo⁵⁵ hũ³⁵. 这种　病　得　　有爪子的怪象　送　需要　土神　谢　需要
	通译	九月十一，属鼠的一天，属鼠的人得病，要送牲畜的怪象，要谢土神。
	补充	九月十一日这一天，属鼠的人生病，是因为犯了土神的红煞，土神勾引鸡惹人。这一天不能杀生，要把五种颜色的纸、苦荞花、柏香和鸡毛烧在香上，以此送土神。
李开华解读	国际音标	nda⁵⁵ta⁵⁵	χa³⁵	tʰa⁵⁵ba⁵⁵	na⁵⁵
	直译	神枝	鼠	赤口	眼
	意译	神枝在西方	属鼠	东方的赤口染了血，脏了，千万不能去东方	在天上的眼睛
	解读	χa³⁵ lu⁵⁵ tɕi⁵⁵ ȵi⁵⁵, χa³⁵ tsa⁵⁵. mu⁵⁵ a⁵⁵ na⁵⁵ ndʑa³⁵. 鼠　属　一　日子　日子　坏　天　上（方位词）眼　在 tʰa⁵⁵ba⁵⁵ ʂa⁵⁵tʂʰo⁵⁵ dzo³¹. ʂa⁵⁵tʂʰo⁵⁵ be⁵⁵ ma⁵⁵ hã⁵⁵. 赤口　东方　在　东方　去　不　能
	通译	九月十一这一天属鼠，日子坏，眼睛在天上看。赤口在东方。东方不能去。

九月十二日

	原图				
朱小华解读	国际音标	nda⁵⁵ta⁵⁵	ɣe³⁵	ʁɑ⁵⁵bu⁵⁵tɑ⁵⁵tɑ⁵⁵	la³¹
	直译	神枝	牛	小烧香堆堆	手
	意译	头朝下的旗子	属牛	小烧香堆堆惹了人	严重的红煞
	解读	ɣe³⁵ χo³¹ȵi⁵⁵, ɣe³⁵ ȵi⁵⁵mi⁵⁵ tɕi³¹ ȵi⁵⁵, ɣe³⁵ lu⁵⁵su⁵⁵ 牛 十二 牛 日 一 天 牛 属 tsʰo³¹ tɑ⁵⁵mu⁵⁵ ŋgo⁵⁵ zo³¹ko⁵⁵, za³⁵ pu³¹ hũ³⁵. 人 这种 病 得 煞气 送 需要 ʁɑ⁵⁵bu⁵⁵tɑ⁵⁵tɑ⁵⁵ so³¹ vu⁵⁵ hũ³⁵. 小烧香堆堆 香 烧 需要			
	通译	九月十二，属牛的一天，属牛的人得病，要送煞气，要给小烧香堆堆烧香。			
	补充	九月十二日这一天，属牛的人生病，是因为犯了很严重的红煞，要绑一个三只脚的毛人，糌粑面上印了图案以后放在毛人里[1]，再印五个"za³⁵"[2]，放在筛子里，把苦荞花、五色纸、五色布、五张纸钱和五坨那个牲畜的肉，五滴血，五根毛，都放在筛子里，和毛人一起往五个方向送。			
李开华解读	国际音标	ta³⁵pʰi⁵⁵	ɣə³⁵	ʁɑ⁵⁵	la³¹
	直译	旗子	牛	烧香堆堆	手
	意译	头朝下的旗子	属牛	用于烧素香	天上伸出的手
	解读	ɣə³⁵ lu⁵⁵ tɕi⁵⁵ ȵi⁵⁵, χɑ³⁵ tsa⁵⁵. ta³⁵pʰi⁵⁵ tʂʅ⁵⁵tʂʅ⁵⁵ 牛 属 一 日子 日子 坏 旗子 下 ndʐa³⁵. mi⁵⁵ ly³⁵ lo³¹. tʂo³¹tɕi⁵⁵kʰi³¹ la³¹ 在 下（方向前缀） 看 了 北方 手 tsʅ⁵⁵ lo³¹. sio⁵⁵ pʰi⁵⁵ lo³¹ mu⁵⁵. ȵi⁵⁵tʂʰo⁵⁵ 伸 了 香 素 上（方向前缀） 烧 西方 tʂo³¹tɕi⁵⁵kʰi³¹ be⁵⁵ ma⁵⁵ hã⁵⁵. 北方 去 不 能			
	通译	九月十二这一天属牛，日子坏，旗子头朝下看。北方有手伸出来，要烧素香，西方、北方不能去。			

---

[1] 采用的那一排印棒图案的名称是"ʁɑ⁵⁵la⁵⁵bu⁵⁵"，共有十二个图案。前四个分别是"ʁɑ⁵⁵la⁵⁵bu⁵⁵"（大烧香堆堆）、"pɑ⁵⁵kʰu³¹"、"ku³⁵"（男人）、"mi³⁵"（女人），后八个都是"ʁɑ⁵⁵bu⁵⁵tɑ⁵⁵tɑ⁵⁵"（小烧香堆堆）。

[2] 用印棒"tʂʰa⁵⁵pu³¹pi³⁵"（送最不好的鬼）那一排的第一个图案。

九月十三日

	原图				
朱小华解读	国际音标	nda⁵⁵ta⁵⁵	la⁵⁵	ʁa⁵⁵la⁵⁵bu⁵⁵	tʂɿ³¹
	直译	神枝	虎	大烧香堆堆	星宿
	意译	家神	属虎	大烧香堆堆惹了人	惹了四次星宿，有两次没关系，有两次着了红煞
	解读	la⁵⁵ 虎　χo³¹so⁵⁵, 十三　la⁵⁵ 虎　ȵi⁵⁵mi⁵⁵ 日　tɕi³¹ 一　ȵi⁵⁵, 天　la⁵⁵ 虎　lu⁵⁵su⁵⁵ 属 tsʰo³¹ 人　ta⁵⁵mu⁵⁵ 这种　ŋgo⁵⁵ 病　zo³¹ko⁵⁵, 得　mu⁵⁵ 天　a⁵⁵ 上（方位词）　tʂɿ³¹ 星宿　pu³¹ 送 hũ³⁵. 需要　ʁa⁵⁵la⁵⁵bu⁵⁵ 大烧香堆堆　so³¹ 香　vu⁵⁵ 烧　hũ³⁵. 需要				
	通译	九月十三，属虎的一天，属虎的人得病，要送天上的星宿，要给大烧香堆堆烧香。				
	补充	九月十三日这一天，属虎的人如果生病，是因为犯了很重的红煞，有很大的危险。绑七个毛人[1]，再扎一个像人的毛人，把病人的整套衣服（帽子、衣服、鞋子）穿在毛人身上。再用丝茅草扎一个小毛人，把所有毛人送到很远的，看不到自家房子的地方去。再烧荤香，杀鸡。				
李开华解读	国际音标	nda⁵⁵ta⁵⁵	la⁵⁵	ʁa⁵⁵	tʂo³¹	tʂʰu⁵⁵	ʐɿ³⁵
	直译	神枝	虎	烧香堆堆	祸	罩	四
	意译	神枝在西方	属虎	用于烧素香	天上的四斗星，有两颗见了血，不能去西北方		
	解读	la⁵⁵ 虎　lu⁵⁵ 属　tɕi⁵⁵ 一　ȵi⁵⁵, 天　χa³⁵ 日子　tsa⁵⁵. 坏　mu⁵⁵ 天　a⁵⁵ 上（方位词）　tʂo³¹ 祸 tʂʰu⁵⁵ 罩　ʐɿ³⁵. 四　sio⁵⁵ 香　pʰi⁵⁵ 素　lo³¹ 上（方向前缀）　mu⁵⁵. 烧　na⁵⁵gu⁵⁵mbə³¹ 西北方 be⁵⁵ 去　ma⁵⁵ 不　hã⁵⁵. 能				
	通译	九月十三这一天属虎，日子坏。天上有四颗星（祸事），要烧素香。西北方不能去。				

[1] 这七个毛人的名称分别是：1.一个像狗的毛人："ʂu⁵⁵tʂʰɿ³¹tɕi³¹lu⁵⁵"；2.一个毛狗："da⁵⁵tɕi³¹lu⁵⁵"；3.一个像猴子的毛人："mi³⁵tɕi³¹lu⁵⁵"；4.一只鸭："tʰo³¹na⁵⁵tɕi³¹lu⁵⁵"；5.一个像蛇的毛人："li⁵⁵ŋka³¹tɕi³¹lu⁵⁵"；6.一个像山鸡的毛人："na³¹ɚ³¹tɕi³¹pu⁵⁵"。7.第七个毛人名称不详。

九月十四日

	原图	长刀图	兔图	有蹄子的怪象图
朱小华解读	国际音标	ʁua³¹mi³¹	tʰo⁵⁵li⁵⁵	qʰa⁵⁵ndʐa⁵⁵i⁵⁵to³⁵
	直译	长刀	兔	有蹄子的怪象
	意译	不干净的刀	属兔	家中牲畜出的怪象惹了人
	解读	tʰo⁵⁵li⁵⁵ χo³¹ʐ̩³⁵, tsʰo³¹ ta⁵⁵mu⁵⁵ ŋo⁵⁵ 兔 十四 人 这种 病 tʰo⁵⁵li⁵⁵ ȵi⁵⁵mi⁵⁵ tɕi³¹ ȵi⁵⁵, zo³¹ko⁵⁵, 兔 日 一 天 得 tʰo⁵⁵li⁵⁵ lu⁵⁵su⁵⁵ qʰa⁵⁵ndʐa⁵⁵i⁵⁵to³⁵ pu³¹ hũ³⁵. 兔 属 有蹄子的怪象 送 需要		
	通译	九月十四，属兔的一天，属兔的人得病，要送牲畜的怪象。		
	补充	九月十四日这一天，属兔的人生病，是因为有不好的刀在家里，使牲畜出怪象，要把刀送出去，同时烧油香，把出怪象的牲畜的毛放在油香上烧，然后把香在病人身上转三圈，再送到与病人本命不同的地方。		
李开华解读	国际音标	ʁa³⁵mi⁵⁵	tʰo⁵⁵li⁵⁵	qa³⁵lu⁵⁵
	直译	长刀	兔	锅庄
	意译	长刀在西方	属兔	做道场时用石头架的锅庄
	解读	tʰo⁵⁵li⁵⁵ lu⁵⁵ tɕi⁵⁵ ȵi⁵⁵, χa³⁵ tsa⁵⁵. ȵi⁵⁵tʂʰo⁵⁵ ʁa³⁵mi⁵⁵ dza³¹. 兔 属 一 天 日子 坏 西方 长刀 在 ʂa⁵⁵tʂo⁵⁵ ndʐa⁵⁵ mi⁵⁵ ʂu³¹. ȵi⁵⁵tʂʰo⁵⁵ hũ⁵⁵mi⁵⁵kʰi³¹ be⁵⁵ 东方 减淤 下（方向前缀） 减淤 西方 南方 去 ma⁵⁵ hã⁵⁵. 不 能		
	通译	九月十四这一天属兔，日子坏。西方有长刀（祸事），要在东方减淤。西方、南方不能去。		

九月十五日

原图					
国际音标	ŋgu³¹gi⁵⁵	ɚ⁵⁵dzɑ³¹	nda⁵⁵ta⁵⁵	a³¹kʰɚ⁵⁵	li³¹bu⁵⁵
直译	八方神	龙	神枝	筛子	海螺
意译	八方神严重地惹了人	属龙	家神	做法事的工具	烧香时吹海螺

朱小华解读

解读：

ɚ⁵⁵dzɑ³¹	χo³¹ŋa³⁵,	ɚ⁵⁵dzɑ³¹	ȵi⁵⁵mi⁵⁵	tɕi³¹	ȵi⁵⁵,	ɚ⁵⁵dzɑ³¹	lu⁵⁵su⁵⁵	tsʰo³¹
龙	十五	龙	日	一	天	龙	属	人
ta⁵⁵mu⁵⁵	ŋgo⁵⁵	zo³¹ko⁵⁵,	ŋgu³¹gi⁵⁵	pu³¹	hũ³⁵.	a³¹kʰɚ⁵⁵	qo³¹	ʂo⁵⁵u⁵⁵
这种	病	得	八方神	送	需要	筛子	里头	纸
ŋa³⁵	ga³¹	mi⁵⁵	tʂʅ³¹,	hũ³⁵bu⁵⁵		mi⁵⁵		tʂʅ³¹,
五	张	下（方向前缀）	放，送	荞花		下（方向前缀）		放，送
pu³¹	hũ³⁵.	li³¹bu⁵⁵	fu⁵⁵	hũ³⁵.				
送	需要	海螺	吹	需要				

通译：九月十五，属龙的一天，属龙的人得病，要送八方神，要在筛子里放五张纸，撒荞花。要吹海螺。

补充：九月十五日这一天，属龙的人生病，是因为被八方神犯了。把八笼柏香往八个方向送，每个方向吹一声海螺。然后给神敬茶。

国际音标	zʅ³⁵dʑu⁵⁵kʰu³¹	zʅ⁵⁵bi⁵⁵	nda⁵⁵ta⁵⁵	ʂʅ³¹tʰo⁵⁵	hĩ³¹mbo⁵⁵kʰu⁵⁵
直译	四方	龙	神枝	牛皮船	海螺
意译	四方都能去	属龙	神枝在西方	牛皮船在北方	海螺在东北方

李开华解读

解读：

zʅ⁵⁵bi⁵⁵	lu⁵⁵	tɕi³¹	ȵi⁵⁵,	ma⁵⁵	qʰɑ⁵⁵	ma⁵⁵	nda⁵⁵.	hĩ³¹mbo⁵⁵kʰu⁵⁵
龙	属	一	天	不	好	不	坏	海螺
ʁɚ³⁵sa⁵⁵gu³¹	a⁵⁵	dzo³¹.	nda⁵⁵ta⁵⁵	ʂa⁵⁵tsʰo⁵⁵	a⁵⁵		dzo³¹.	ʂʅ³¹tʰo⁵⁵
东北方	（方位词）	在	神枝	东方	（方位词）		在	牛皮船
tʂo³¹tɕi⁵⁵kʰi³¹	a⁵⁵	dzo³¹.	zʅ³⁵dʑu⁵⁵kʰu³¹	be⁵⁵	a⁵⁵ʂʅ³¹			
北方	（方位词）	在	四方	去	可以			

通译：九月十五这一天属龙，不好不坏。海螺在东北方，神枝在东方，牛皮船在北方，四方都可以去。

九月下

九月十六日

	原图	(神枝图)	(蛇图)	(大烧香堆堆图)	(太阳图)	(有爪子的怪象图)	(星宿图)
朱小华解读	国际音标	nda⁵⁵ta⁵⁵	dzɑ³¹	ʁa⁵⁵lɑ⁵⁵bu⁵⁵	n̠i⁵⁵mi⁵⁵	y³¹ɚ⁵⁵tsɿ⁵⁵i⁵⁵to³⁵	tʂɿ³¹
	直译	神枝	蛇	大烧香堆堆	太阳	有爪子的怪象	星宿
	意译	家神	属蛇	要给大烧香堆堆烧香	太阳神惹了人	天上的雀鸟出的怪象惹了人	干净的星宿，不犯人
	解读	dzɑ³¹ 蛇　χo³¹kʰu³¹ 十六　dzɑ³¹ 蛇　n̠i⁵⁵mi⁵⁵ 日　tɕi³¹ 一　n̠i⁵⁵, 天　dzɑ³¹ 蛇　lu⁵⁵su⁵⁵ 属　tsʰo³¹ 人　ta⁵⁵mu⁵⁵ 这种　ŋgo⁵⁵ 病　zo³¹ko⁵⁵, 得　n̠i⁵⁵mi⁵⁵ 太阳　ɬa³¹ 神　pu³¹ 送　hũ³⁵ 需要　y³¹ɚ⁵⁵tsɿ⁵⁵i⁵⁵to³⁵ 有爪子的怪象　pu³¹ 送　hũ³⁵ 需要　ʁa⁵⁵lɑ⁵⁵bu⁵⁵ 大烧香堆堆　so³¹ 香　vu⁵⁵ 烧　hũ³⁵ 需要					
	通译	九月十六，属蛇的一天，属蛇的人得病，要送太阳神，要送牲畜的怪象，要给大烧香堆堆烧香。					
	补充	九月十六日这一天，属蛇的人生病，是因为太阳菩萨和屋里的鸡惹他，用丝茅草和鸡毛驱赶怪象，再给太阳菩萨和香神烧素香。					
李开华解读	国际音标	nda⁵⁵ta⁵⁵	dzɑ³⁵	ʁa⁵⁵	hĩ⁵⁵mi⁵⁵	n̠a⁵⁵	tʰa⁵⁵ba⁵⁵
	直译	神枝	蛇	烧香堆堆	太阳	眼	赤口
	意译	神枝在西方	属蛇	用于烧素香	在天上飞的太阳	天上的眼睛	赤口在东北方
	解读	dzɑ³⁵ 蛇　lu⁵⁵ 属　tɕi⁵⁵ 一　n̠i⁵⁵, 天　ma⁵⁵ 不　qʰɑ⁵⁵ 好　ma⁵⁵ 不　nda⁵⁵. 坏　tʰa⁵⁵ba⁵⁵ 赤口　ʁə³⁵sa⁵⁵gu³¹ 东北方　ɑ⁵⁵（方位词）　dzo³¹ 在　mu⁵⁵ 天　ɑ⁵⁵上（方位词）　ŋa⁵⁵ 眼　ndʑa³⁵. 在　mu⁵⁵ 天　ɑ⁵⁵上（方位词）　hĩ⁵⁵mi⁵⁵ 太阳　bi⁵⁵ 飞　sio⁵⁵ 香　pʰi⁵⁵ 素　lo³¹ 上（方向前缀）　mu⁵⁵. 烧　ʂa⁵⁵tʂʰo⁵⁵ 东方　tʂo³¹tɕʰi⁵⁵kʰi³¹ 北方　be⁵⁵ 去　ma⁵⁵ 不　hã⁵⁵. 能					
	通译	九月十六这一天属蛇，日子不好不坏。赤口在东北方，天上有眼睛。太阳在天上飞。烧素香。北方不能去。					

九月十七日

	原图				
朱小华解读	国际音标	nda⁵⁵ta⁵⁵	mo⁵⁵	li³¹bu⁵⁵	ɬi⁵⁵mi⁵⁵
	直译	神枝	马	海螺	月亮
	意译	家神	属马	在后面的海螺	月亮菩萨惹了人
	解读	mo⁵⁵ 马　χo³¹ʂʅ³¹ 十七， tsʰo³¹ 人　ta⁵⁵mu⁵⁵ 这种 li³¹bu⁵⁵ 海螺　fu⁵⁵ 吹　hũ³⁵. 需要	mo⁵⁵ 马　n̠i⁵⁵mi⁵⁵ 日， ŋgo⁵⁵ 病　zo³¹ko⁵⁵ 得，	tɕi³¹ 一　n̠i⁵⁵ 天， ɬi⁵⁵mi⁵⁵ 月亮　ɬa³¹ 神	mo⁵⁵ 马　lu⁵⁵su⁵⁵ 属 pu³¹ 送　hũ³⁵，需要
	通译	九月十七，属马的一天，属马的人得病，要送月亮神，要吹海螺。			
	补充	九月十七日这一天，属马的人生病，是冒犯了月亮菩萨，要烧素香。			
李开华解读	国际音标	nda⁵⁵ta⁵⁵	mo⁵⁵	hĩ³¹mbo⁵⁵kʰu⁵⁵	hĩ⁵⁵gu⁵⁵	hĩ⁵⁵mi⁵⁵
	直译	神枝	马	海螺	晚上	太阳
	意译	神枝在西方	属马	海螺	月亮	
	解读	mo⁵⁵ 马　lu⁵⁵ 属　tɕi⁵⁵ 一　n̠i⁵⁵ 天， hĩ⁵⁵gu⁵⁵ hĩ⁵⁵mi⁵⁵ 月亮　ndʐa³⁵. 在　sa⁵⁵tʂʰo⁵⁵ 东方 n̠i⁵⁵tʂʰo⁵⁵ 西方　dʐa³¹. 在		χɑ³⁵ 日子　pʰio³⁵ 好， hĩ³¹mbo⁵⁵kʰu⁵⁵ 海螺 zʐ̩³⁵dʑu⁵⁵kʰu³¹ 四方	mu⁵⁵ 天　ɑ⁵⁵ 上（方位词） dzɑ³¹. 在　nda⁵⁵ta⁵⁵ 神枝 be⁵⁵ 去　ɑ⁵⁵ʂʅ³¹. 可以	
	通译	九月十七这一天属马，日子好，月亮在天上，海螺在东方，神枝在西方，四方都可以去。				

九月十八日

	原图				
朱小华解读	国际音标	nda⁵⁵ta⁵⁵	io⁵⁵	qʰo⁵⁵tsɿ⁵⁵	y³¹ɚ⁵⁵tsɿ⁵⁵i⁵⁵to³⁵
	直译	神枝	羊	七姊妹星	有爪子的怪象
	意译	家神	属羊	这一天是七星过渡的日子	天上的雀鸟出的怪象惹了人
	解读	io⁵⁵ 羊　χo³¹hi³¹ 十八　io⁵⁵ 羊　ȵi⁵⁵mi⁵⁵ 日　tɕi³¹ 一　ȵi⁵⁵ 天　io⁵⁵ 羊　lu⁵⁵su⁵⁵ 属　tsʰo³¹ 人　ta⁵⁵mu⁵⁵ 这种　ŋo⁵⁵ 病　zo³¹ko⁵⁵ 得，y³¹ɚ⁵⁵tsɿ⁵⁵i⁵⁵to³⁵ 有爪子的怪象　pu³¹ 送　hũ³⁵ 需要。			
	通译	九月十八，属羊的一天，属羊的人得病，要送雀鸟的怪象。			
	补充	九月十八是星宿过渡的日子，属羊的人如果在这一天生病，是被雀鸟的怪象惹了，病情会很严重。用糌粑面捏一个雀鸟和一个人，把红、白、黑三种颜色的纸剪成三个雀鸟，同面鸟和面人一起送到很高的山上，挂在干净的树枝上。然后念经、吹海螺。			
李开华解读	国际音标	nda⁵⁵ta⁵⁵	io⁵⁵	qʰo⁵⁵tsɿ⁵⁵	ȵɑ⁵⁵
	直译	神枝	羊	七姊妹星	眼
	意译	神枝在西方	属羊	这一天是七星过渡的日子	眼睛在北方，不能去
	解读	io⁵⁵ 羊　lu⁵⁵ 属　tɕi³¹ 一　ȵi⁵⁵ 天，ma⁵⁵ 不　qʰɑ⁵⁵ 好　ma⁵⁵ 不　nda⁵⁵ 坏　ʁɚ³⁵sa⁵⁵gu³¹ 东北方　ȵɑ⁵⁵ 眼　ndza³⁵ 在，nda⁵⁵ta⁵⁵ 神枝　ȵi⁵⁵tʂʰo⁵⁵ 西方　dzɑ³¹ 在，qʰo⁵⁵tsɿ⁵⁵ 七姊妹星　zo³¹ 过渡　tʂo³¹tɕʰi⁵⁵kʰi³¹ 北方　be⁵⁵ 去　ma⁵⁵ 不　hã⁵⁵ 能。			
	通译	九月十八这一天属羊，日子不好不坏，眼睛在东北方。这一天七星过渡，北方不能去。			

九月十九日

	原图	长刀图	猴头图	圆点图	神枝图	手图
朱小华解读	国际音标	ʁua³¹mi³¹	mi³⁵	tʂɿ³¹	nda⁵⁵ta⁵⁵	la³¹
	直译	长刀	猴	星宿	神枝	手
	意译	不干净的长刀冲犯了属猴的人	属猴	干净的星宿	家神	鬼手
	解读	mi³⁵ χo³¹ŋgu³⁵, 猴 十九　　mi³⁵ ȵi⁵⁵mi⁵⁵ tɕi³¹ ȵi⁵⁵, 猴　日　一　天　mi³⁵ lu⁵⁵su⁵⁵ tsʰo³¹ 猴　属　人　ta⁵⁵mu⁵⁵ ŋo⁵⁵ zo³¹ko⁵⁵, ʁua³¹mi³¹ pu³¹ hũ³⁵. za³⁵ pu³¹ hũ³⁵. 这种　病　得　长刀　送　需要　煞气　送　需要				
	通译	九月十九，属猴的一天，属猴的人得病，要送长刀，要送煞气。				
	补充	九月十九日这一天，属猴的人如果生病，就会感觉有刀在他的心上剜，有鬼手在挠他的心；如果没生病，他要当心，可能会有人用刀杀他；如果他的上一代有人被杀死，凶魂就会来找他。要撑这个凶魂，做三天法事：绑四十九个不同的毛人；在山坡上杀一只黑羊，念三天经，然后把毛人送到不是病人本命的方向[1]。				
李开华解读	国际音标	bu⁵⁵tʂa³¹	mi³⁵	tʰa⁵⁵ba⁵⁵	nda⁵⁵ta⁵⁵	la³¹
	直译	刀子	猴	赤口	神枝	手
	意译	用刀子杀猴	属猴	赤口在西方	神枝在东方	天上的手伸下来
	解读	mi³⁵ lu⁵⁵ tɕi⁵⁵ ȵi⁵⁵, χa³⁵ tsa⁵⁵. tʰa⁵⁵ba⁵⁵ ȵi⁵⁵tʂʰo⁵⁵ dzo³¹. 猴　属　一　天　日子　坏　赤口　西方　在　mu⁵⁵ a⁵⁵ la³¹ mi⁵⁵ tʂɿ⁵⁵ nda⁵⁵ta⁵⁵ ʂa⁵⁵tʂʰo⁵⁵ 天　上（方法词）手　下（方向前缀）伸　神枝　东方　dza³¹. ȵi⁵⁵tʂʰo⁵⁵ bu⁵⁵tʂa³¹ NGO³⁵ su⁵⁵ dzo³¹. 在　西方　刀子　杀　人（名物化）　有　ȵi⁵⁵tʂʰo⁵⁵ be⁵⁵ ma⁵⁵ hã⁵⁵. 西方　去　不　能				
	通译	九月十九这一天属猴，日子坏。赤口在西方，天上有手朝下伸。西方有人用刀子杀人，西方不能去。				

---

[1] 这种法事也只能在九月做，也勉强可以在三月做。

九月二十日

原图				
	(神枝图)	(鸡图)	(星宿图)	(小烧香堆堆图)

朱小华解读	国际音标	nda⁵⁵ta⁵⁵	dzu⁵⁵	tʂʅ³¹	ʁa⁵⁵bu⁵⁵ta⁵⁵ta⁵⁵
	直译	神枝	鸡	星宿	小烧香堆堆
	意译	家神	属鸡	红煞	用于烧素香
	解读	dzu⁵⁵ no⁵⁵，dzu⁵⁵ ɲi⁵⁵mi⁵⁵ tɕi³¹ ɲi⁵⁵，dzu⁵⁵ lu⁵⁵su⁵⁵ 鸡　　二十　　鸡　　　日　　一　　天　　　鸡　　属 tsʰo³¹ ta⁵⁵mu⁵⁵ ŋgo⁵⁵ zo³¹ko⁵⁵，mu⁵⁵ a⁵⁵ tʂʅ³¹ pu³¹ 人　　这种　　病　　得　　天　　上（方位词）星宿　送 hũ³⁵. ʁa⁵⁵bu⁵⁵ta⁵⁵ta⁵⁵ so³¹ vu⁵⁵ hũ³⁵. 需要　小烧香堆堆　　　香　　烧　　需要			
	通译	九月二十，属鸡的一天，属鸡的人得病，要送天上的星宿，要给小烧香堆堆烧香。			
	补充	九月二十日这一天，属鸡的人如果生病，是很小的烧香堆堆和星宿惹他，烧素香即可。			

李开华解读	国际音标	nda⁵⁵ta⁵⁵	bi⁵⁵	tʰa⁵⁵ba⁵⁵	ʁa⁵⁵
	直译	神枝	鸡	赤口	烧香堆堆
	意译	神枝在西方	属鸡	赤口在西北方，赤口不干净	用于烧素香
	解读	bi⁵⁵ lu⁵⁵ tɕi⁵⁵ ɲi⁵⁵，χa³⁵ tsa⁵⁵. sio⁵⁵ pʰi⁵⁵ 鸡　　属　　一　　天　　日子　坏　　香　　素 lo³¹ mu⁵⁵. tʰa⁵⁵ba⁵⁵ na⁵⁵gu⁵⁵mbɚ⁵⁵ dzo³¹. tʂo³¹tɕi⁵⁵kʰi³¹ 上（方向前缀）烧　　赤口　　西北方　　　　在　　　北方 na⁵⁵gu⁵⁵mbɚ⁵⁵ be⁵⁵ ma⁵⁵ hã⁵⁵. 西北方　　　　去　　不　　能			
	通译	九月二十这一天属鸡，日子坏，烧素香。赤口在西北方，北方和西北方不能去。			

九月二十一日

	原图				
朱小华解读	国际音标	nda⁵⁵ta⁵⁵	tʂʰɿ³⁵	li³¹bu⁵⁵	qʰa⁵⁵ndʐa⁵⁵i⁵⁵to³⁵
	直译	神枝	狗	海螺	有蹄子的怪象
	意译	家神	属狗	烧香时吹海螺	家中牲畜出的怪象惹了人
	解读	tʂʰɿ³⁵ ɲo⁵⁵tɕi³¹，狗 二十一　　tsʰo³¹ ta⁵⁵mu⁵⁵ ŋgo⁵⁵　人 这种 病 得　qʰa⁵⁵ndʐa⁵⁵i⁵⁵to³⁵ pu³¹ hũ³⁵．有蹄子的怪象 送 需要	tʂʰɿ³⁵ ɲi⁵⁵mi⁵⁵ tɕi³¹ ɲi⁵⁵，狗 日 一 天　zo³¹ko⁵⁵，	tʂʰɿ³⁵ lu⁵⁵su⁵⁵ 狗 属　nu⁵⁵ɬa³¹ pu³¹ hũ³⁵．家神 送 需要　li³¹bu⁵⁵ fu⁵⁵ hũ³⁵．海螺 吹 需要	
	通译	九月二十一，属狗的一天，属狗的人得病，要送牲畜的怪象，要吹海螺。			
	补充	九月二十一日这一天，属狗的人如果生病，是因为家神和猪的怪象惹了他，要送猪的怪象，方法同前文所述，即用丝茅草扎小人，把猪毛扎进小人里，把小人绕病人身体转三圈以后送到不是病人本命的方向即可。			
李开华解读	国际音标	nda⁵⁵ta⁵⁵	tʂʰɿ⁵⁵	hĩ³¹mbo⁵⁵kʰu⁵⁵	qa³⁵lu⁵⁵
	直译	神枝	狗	海螺	锅庄
	意译	神枝在西方	属狗	在后面的海螺	做道场时用石头架的锅庄，用于减淤
	解读	tʂʰɿ⁵⁵ lu⁵⁵ tɕi⁵⁵ ɲi⁵⁵，狗 属 一 天　dza³¹． ndʐa⁵⁵ mi⁵⁵ ʂu³¹．在 减淤 下（方向前缀）减淤　qa³⁵ o⁵⁵ na⁵⁵tʂa⁵⁵ lo³¹锅 里 黑的 上（方向前缀）　be⁵⁵ ma⁵⁵ hã⁵⁵．去 不 能	χa³⁵ pʰio³⁵．日子 好　qa³⁵lu⁵⁵ 锅庄　tʂa³⁵．煮	hĩ³¹mbo⁵⁵kʰu⁵⁵ ʂa⁵⁵tʂʰo⁵⁵海螺 东方　lo³¹ du⁵⁵，上（方向前缀）安放　ʐɿ³⁵dʐu⁵⁵kʰu³¹四方	
	通译	九月二十一这一天属狗，日子好，海螺在东方。要减淤，在锅里煮黑的动物。四方都不能去。			

九月二十二日

	原图					
	国际音标	nda⁵⁵ta⁵⁵	va³⁵	ʁa⁵⁵bu⁵⁵ta⁵⁵ta⁵⁵	ɬi⁵⁵mi⁵⁵	a³¹kʰɚ⁵⁵
	直译	神枝	猪	小烧香堆堆	月亮	筛子
	意译	家神不干净	属猪	小烧香堆堆惹了人	月亮神惹了人	做法事的工具
朱小华解读	解读	va³⁵ ȵo⁵⁵ȵi⁵⁵, va³⁵ ȵi⁵⁵mi⁵⁵ tɕi³¹ ȵi⁵⁵, va³⁵ lu⁵⁵su⁵⁵ tsʰo³¹ 猪 二十二 猪 日 一 天 猪 属 人 ta⁵⁵mu⁵⁵ ŋgo⁵⁵ zo³¹ko⁵⁵, ɬi⁵⁵mi⁵⁵ ɬa³¹ pu³¹ hũ³⁵. a³¹kʰɚ⁵⁵ qo³¹ 这种 病 得 月亮 神 送 需要 筛子 里头 ʂo⁵⁵u⁵⁵ ŋa³⁵ ga³¹ mi⁵⁵ tʂʰɿ³¹. pu³¹ hũ³⁵. ʁa⁵⁵bu⁵⁵ta⁵⁵ta⁵⁵ 纸 五 张 下（方向前缀）放，送 送 需要 小烧香堆堆 so³¹ vu⁵⁵ hũ³⁵. 香 烧 需要
	通译	九月二十二，属猪的一天，属猪的人得病，要送月亮神，在筛子里放五张纸，送出去。要给小烧香堆堆烧香。
	补充	九月二十二日这一天，属猪的人生病是因为烧香堆堆不干净，香神和月亮菩萨惹了他，要给香炉"减淤"，然后烧香，在筛子里放红、白、黑三种颜色的纸以及五张纸钱，把这些东西绕着病人身体转几圈以后往高处送。再用一笼柏香送月亮神。

	国际音标	ta³⁵pʰi⁵⁵	va³⁵	ʁa⁵⁵	hĩ⁵⁵gu⁵⁵	hĩ⁵⁵mi⁵⁵	ʂɿ³¹tʰo⁵⁵
	直译	旗子	猪	烧香堆堆	晚上	太阳	牛皮船
	意译	头朝下的旗子	属猪	烧素香		月亮	牛皮船在北方
李开华解读	解读	va³⁵ lu⁵⁵ tɕi⁵⁵ ȵi⁵⁵, χa³⁵ tsa⁵⁵. ndza⁵⁵ mi⁵⁵ ʂu³¹. 猪 属 一 天 日子 坏 减淤 下（方向前缀）减淤 ʂɿ³¹tʰo⁵⁵ tʂo³¹tɕʰi⁵⁵kʰi³¹ a⁵⁵ dza³¹. mu⁵⁵ a⁵⁵ hĩ⁵⁵gu⁵⁵hĩ⁵⁵mi⁵⁵ 牛皮船 北方 （方位词） 在 天 上（方位词） 月亮 bi⁵⁵. ta³⁵pʰi⁵⁵ tsʰɿ⁵⁵tsʰɿ⁵⁵ mi⁵⁵ ly³⁵. ʂa⁵⁵tʂʰo⁵⁵ be⁵⁵ ma⁵⁵ hã⁵⁵. 飞 旗子 朝下 下（方向前缀）看 东方 去 不 能
	通译	九月二十二这一天属猪，日子坏，减淤。牛皮船在北方，月亮在天上飞，旗子朝下看。东方不能去。

九月二十三日

	原图					
朱小华解读	国际音标	nda⁵⁵ta⁵⁵	χa³⁵	sa⁵⁵ta⁵⁵	ȵi⁵⁵mi⁵⁵	ʁa⁵⁵bu⁵⁵ta⁵⁵ta⁵⁵
	直译	神枝	鼠	土神	太阳	小烧香堆堆
	意译	家神	属鼠	土神惹了人	太阳神惹了人	小烧香堆堆惹了人
	解读	χa³⁵ no⁵⁵so⁵⁵, χa³⁵ ȵi⁵⁵mi⁵⁵ tɕi³¹ ȵi⁵⁵, χa³⁵ lu⁵⁵su⁵⁵ tsho³¹ 鼠　二十三　鼠　日　一　天　鼠　属　人 ta⁵⁵mu⁵⁵ ŋo⁵⁵ zo³¹ko⁵⁵, ȵi⁵⁵mi⁵⁵ ɬa³¹ pu³¹ hũ³⁵. ʁa⁵⁵bu⁵⁵ta⁵⁵ta⁵⁵ 这种　病　得　太阳　神　送　需要　小烧香堆堆 so³¹ vu⁵⁵ hũ³⁵. sa⁵⁵ta⁵⁵ tso⁵⁵ hũ³⁵. 香　烧　需要　土神　谢　需要				
	通译	九月二十三，属鼠的一天，属鼠的人得病，要送太阳神，给小烧香堆堆烧香。				
	补充	九月二十三日这一天，属鼠的人如果生病，是因为香神、太阳神和土神一起惹了他。要烧香，然后用柏香送太阳神，用苦荞花送土神。				
李开华解读	国际音标	nda⁵⁵ta⁵⁵	χa³⁵	tha⁵⁵ba⁵⁵	ȵi⁵⁵mi⁵⁵	ʁa⁵⁵
	直译	神枝	鼠	赤口	太阳	烧香堆堆
	意译	神枝在西方	属鼠	赤口在东方	太阳在天上飞	烧素香
	解读	χa³⁵ lu⁵⁵ tɕi⁵⁵ ȵi⁵⁵, ma⁵⁵ qha⁵⁵ ma⁵⁵ nda⁵⁵. tha⁵⁵ba⁵⁵ ʂa⁵⁵tʂho⁵⁵ 鼠　属　一　日子　不　好　不　坏　赤口　东方 dzo³¹. ȵi⁵⁵tʂho⁵⁵ nda⁵⁵ta⁵⁵ dza³¹ sio⁵⁵ phi⁵⁵ lo³¹ mu⁵⁵ 在　西方　神枝　在　香　素　上（方向前缀）　烧 ȵi⁵⁵mi⁵⁵ mu⁵⁵ a⁵⁵ bi⁵⁵. ʂa⁵⁵tʂho⁵⁵ be⁵⁵ ma⁵⁵ hã⁵⁵. 太阳　天　上（方位词）　飞　东方　去　不　能				
	通译	九月二十三日这一天属鼠，日子不好不坏，赤口在东方，神枝在西方。要烧素香。太阳在天上飞。东方不能去。				

九月二十四日

	原图					
	国际音标	nda⁵⁵ta⁵⁵	ɣe³⁵	ɬo³⁵	ɬi⁵⁵mi⁵⁵	tʂʅ³¹
	直译	神枝	牛	水神	月亮	星宿
	意译	家神	属牛	比较大的湖，惹了人	月亮神惹了人	星宿惹了人
朱小华解读	解读	ɣe³⁵ ɳo⁵⁵zʅ³⁵, ɣe³⁵ ȵi⁵⁵mi⁵⁵ tɕi³¹ ȵi⁵⁵, ɣe³⁵ lu⁵⁵su⁵⁵ tʂʰo³¹ ta⁵⁵mu⁵⁵ 牛　二十四　牛　日　一　天　牛　属　人　这种 ŋgo⁵⁵ zo³¹ko⁵⁵, ɬi⁵⁵mi⁵⁵ ɬa³¹ pu³¹ hũ³⁵. mu⁵⁵ a⁵⁵ tʂʅ³¹ 病　得　月亮　神　送　需要　天　上（方位词）　星宿 pu³¹ hũ³⁵. ɬo³⁵ pu³¹ hũ³⁵. 送　需要　水神　送　需要				
	通译	九月二十四，属牛的一天，属牛的人得病，要送月亮神，要送天上的星宿，要送水神。				
	补充	九月二十四日这一天，属牛的人如果生病，是因为水神、月亮神惹了他。先要送水神[1]，把三排印了图案的糌粑坨坨[2]放在石板上，再送进水里；把苦荞花、鲜牛奶和在一起撒在水里。				
	国际音标	ta³⁵pʰi⁵⁵	ɣə³⁵	xə³⁵	hĩ⁵⁵gu⁵⁵	hĩ⁵⁵mi⁵⁵	tʰa⁵⁵ba⁵⁵
	直译	旗子	牛	湖	晚上	太阳	赤口
	意译	头朝下的旗子	属牛	湖在东南方		月亮	赤口在东北方
李开华解读	解读	ɣə³⁵ lu⁵⁵ tɕi⁵⁵ ȵi⁵⁵, χa³⁵ tsa⁵⁵, ta³⁵pʰi⁵⁵ tʂʅ⁵⁵tʂʅ⁵⁵ mi⁵⁵ 牛　属　一　天　日子　坏　旗子　下　下（方向前缀） ly³⁵. na⁵⁵gu⁵⁵tʂʰʅ³¹ xə³⁵ ndʐa³⁵. tʰa⁵⁵ba⁵⁵ ʁə³⁵sa⁵⁵gu³¹ a⁵⁵ 看　东南方　湖　在　赤口　东北方　（方位词） dzo³¹. ʂa⁵⁵tʂʰo⁵⁵ ȵi⁵⁵tʂʰo⁵⁵ hũ⁵⁵mi⁵⁵kʰi³¹ be⁵⁵ ma⁵⁵ hã⁵⁵. 在　东方　西方　南方　去　不　能				
	通译	九月二十四这一天属牛，日子坏，旗子头朝下看。湖在东南方，赤口在东北方。东方、西方、南方不能去。				

---

[1] 送水神的仪式有几种，一种叫做"ɬo³⁵pu³¹"，规模比较小；一种叫做"ɬo³⁵pi³⁵"，规模大一些；还有一种叫做"ɬo³⁵tʂʰo⁵⁵"，规模更小。本文中的是"ɬo³⁵pu³¹"。

[2] 采用的三排图案分别称作"ɬa³¹ka⁵⁵"，"ɬo³⁵ntʂo⁵⁵"，"ȵi⁵⁵ndzo⁵⁵"。

九月二十五日

	原图					
朱小华解读	国际音标	nda55ta55	la55	ɣe35kʰu55	y31ɚ55tsʅ55i55to35	tʂʅ31
	直译	神枝	虎	牛角	有爪子的怪象	星宿
	意译	家神	属虎	牛王会菩萨惹了人	天上的雀鸟出的怪象惹了人	干净的星宿，不惹人
	解读	la55 ȵo55ŋa35, la55 ȵi55mi55 tɕi31 ȵi55, la55 lu55su55 tsho31 虎 二十五 虎 日 一 天 虎 属 人 ta55mu55 ŋo55 zo31ko55, y31ɚ55tsʅ55i55to35 pu31 hũ35. ɣe35pi35sʅ55 pu31. 这种 病 得 有爪子的怪象 送 需要 牛王会菩萨 送				
	通译	九月二十五，属虎的一天，属虎的人得病，要送雀鸟的怪象，要送牛王会菩萨。				
	补充	九月二十五日这一天，属虎的人如果生病，是被雀鸟（天神的鬼）、牛王菩萨的鬼惹了。用丝茅草扎一个小人，用青稞面捏一个雀儿，把它们送到十字路口，挖个洞，把五色纸、毛人和雀儿放进去，盖起来。[1]				
李开华解读	国际音标	ta35phi55	la55	tʂa55kha55	ȵa55	tha55ba55
	直译	旗子	虎	交叉的刀	眼睛	赤口
	意译	头朝下的旗子	属虎	祸事	天上的怪物	赤口在北方
	解读	la55 lu55 tɕi55 ȵi55, χa35 tsa55, tʂa55kha55 tʂʅ55 虎 属 一 天 日子 坏 交叉的刀 放 su55 dzo31 mu55 a55 to35 dzu55dzu55 dʐɿ55 人（名物化） 有 天 上（方位词） 怪 出现 吃 su55 dzo31. na55gu55tʂʅ31 be55 a55ʂʅ31. 人（名物化） 在 东南方 去 可以				
	通译	九月二十五这一天属虎，日子坏，有人放祸，天上有怪物来吃属虎的人。可以去东南方。				

---

[1] 如果病人是在下午得病，把这些东西送到十字路口就行，如果是在早上得病，就要埋进去。如果煞气犯得重，就要把这些东西送到一公里以外。

九月二十六日

	原图				
朱小华解读	国际音标	sɑ⁵⁵tɑ⁵⁵	tʰo⁵⁵li⁵⁵	nda⁵⁵tɑ⁵⁵	la³¹
	直译	土神	兔	神枝	手
	意译	土神惹了人	属兔	家神	红煞
	解读	tʰo⁵⁵li⁵⁵　　ŋo⁵⁵kʰu³¹,　　tʰo⁵⁵li⁵⁵　　ȵi⁵⁵mi⁵⁵　tɕi³¹　　ȵi⁵⁵,　　tʰo⁵⁵li⁵⁵ 兔　　　　二十六　　　　兔　　　　日　　一　　　天　　　兔 lu⁵⁵su⁵⁵　　　tsʰo³¹　　　ta⁵⁵mu⁵⁵　　ŋgo⁵⁵　zo³¹ko⁵⁵,　sɑ⁵⁵tɑ⁵⁵　　tʂo⁵⁵　　hũ³⁵, 属　　　　　人　　　　　这种　　　　病　　　得　　　　土神　　　谢　　　需要 za³⁵　　pu³¹　　hũ³⁵. 煞气　　送　　需要				
	通译	九月二十六，属兔的一天，属兔的人得病，要谢土神，要送煞气。				
	补充	九月二十六日这一天，属兔的人如果生病，是因为被土神的红煞犯了，但是犯得不重[1]。烧一盘柏香，敬茶敬酒，再用苦荞花为病人擦身，一起送到不是病人本命的方向即可。				
李开华解读	国际音标	tʰa⁵⁵ba⁵⁵	tʰo⁵⁵li⁵⁵	nda⁵⁵tɑ⁵⁵	la³¹
	直译	赤口	兔	神枝	手
	意译	赤口在西南方	属兔	神枝在东方	西方的手伸出来
	解读	tʰo⁵⁵li⁵⁵　lu⁵⁵　　tɕi⁵⁵　ȵi⁵⁵,　　ma⁵⁵　　qʰɑ⁵⁵　　ma⁵⁵　　nda⁵⁵. 兔　　　属　　一　　　天　　不　　　好　　　不　　　坏 tʰa⁵⁵ba⁵⁵　　io³⁵sa⁵⁵gu³¹　dzo³¹.　ȵi⁵⁵tʂʰo⁵⁵　la³¹ka⁵⁵　tʂɿ⁵⁵　　su⁵⁵ 赤口　　　　西南方　　　在　　　西方　　　手　　　伸　　人（名物化） dzo³¹.　ȵi⁵⁵tʂʰo⁵⁵　hũ⁵⁵mi⁵⁵kʰi³¹　be⁵⁵　　ma⁵⁵　　hã⁵⁵. 在　　　西方　　　南方　　　　　去　　　不　　　能				
	通译	九月二十六这一天属兔，日子不好不坏，赤口在西南方，西方有人伸手（要账）。西方和南方不能去。				

---

[1] 只有土神，说明不严重。如果有红色的刀、海螺，或者有黑色的刀，就说明很严重。

九月二十七日

	原图				
朱小华解读	国际音标	ʁa⁵⁵la⁵⁵bu⁵⁵	ɚ⁵⁵dzɑ³¹	nda⁵⁵ta⁵⁵	tsʰɿ⁵⁵ɚ⁵⁵
	直译	大烧香堆堆	龙	神枝	羊肩胛骨
	意译	烧香堆堆惹了人	属龙	家神	杀羊减淤
	解读	ɚ⁵⁵dzɑ³¹ ȵo⁵⁵sʅ³¹, 龙 二十七 tsʰo³¹ ta⁵⁵mu⁵⁵ 人 这种 so³¹ vu⁵⁵ hũ³⁵. 香 烧 需要	ɚ⁵⁵dzɑ³¹ ȵi⁵⁵mi⁵⁵ tɕi³¹ ȵi⁵⁵, 龙 日 一 天 ŋgo⁵⁵ zo³¹ko⁵⁵, 病 得 tsʰɿ⁵⁵ zy⁵⁵ hũ³⁵. 羊 用 需要	ɚ⁵⁵dzɑ³¹ lu⁵⁵su⁵⁵ 龙 属 ʁa⁵⁵la⁵⁵bu⁵⁵ 大烧香堆	pi³⁵ hũ³⁵. 送 需要
	通译	九月二十七，属龙的一天，属龙的人得病，要送大烧香堆堆，要烧香，要用羊。				
	补充	九月二十七日这一天，如果是属龙的小孩儿（不满十二岁）生病，就要送小孩的鬼，在河边做法事[1]：扎一个毛人，给它穿上小孩全身的衣服（衣帽鞋）；再杀一只羊，把羊皮披在毛人身上，羊头顶在毛人头上；然后扎一只小船，把毛人放在船里，让水把船带走，代表着小孩的病灾被永远冲走了，这种法事要做一天一夜，同时念经。如果是属龙的成人生病，就是因为家里的烧香堆堆不干净，要给烧香堆堆"减淤"，然后烧素香。				
李开华解读	国际音标	ʁa⁵⁵	zɿ⁵⁵bi⁵⁵	nda⁵⁵ta⁵⁵	sa³⁵qʰa⁵⁵
	直译	烧香堆堆	龙	神枝	血碗
	意译	用于烧素香	属龙	神枝在东方	没放血的干净血碗
	解读	zɿ⁵⁵bi⁵⁵ lu⁵⁵ 龙 属 ɣua⁵⁵ sa³⁵qʰa⁵⁵ 前面 血碗 tʂo³¹tɕi⁵⁵kʰi³¹ 北方	tɕi⁵⁵ ȵi⁵⁵, 一 天 dzɑ³¹. sio⁵⁵ 在 香 be⁵⁵ 去	ma⁵⁵ qʰa⁵⁵ 不 好 pʰi⁵⁵ 素 ma⁵⁵ 不	ma⁵⁵ nda⁵⁵. 不 坏 lo³¹ 上（方向前缀） mu⁵⁵. 烧 hã⁵⁵ 能
	通译	九月二十七这一天属龙，日子不好不坏。没放血的干净血碗在前面，要烧素香。北方不能去。				

---

[1] 这种法事叫做"tʂʰu⁵⁵sʅ⁵⁵ŋgu³¹kʰu⁵⁵"，意为"送小孩的鬼"，"tʂʰu⁵⁵sʅ⁵⁵"意为"小孩的鬼"。

九月二十八日

	原图	（长刀图）	（蛇图）	（牛角图）	（海螺图）
朱小华解读	国际音标	ʁua³¹mi³¹	dzɑ³¹	ɣe³⁵kʰu⁵⁵	li³¹bu⁵⁵
	直译	长刀	蛇	牛角	海螺
	意译	不干净的凶器	属蛇	牛王会菩萨惹了人	烧香时要吹海螺
	解读	dzɑ³¹ no⁵⁵hĩ³¹, dzɑ³¹ ɲi⁵⁵mi⁵⁵ tɕi³¹ ɲi⁵⁵, dzɑ³¹ 蛇　二十八　　蛇　　日　一　天　蛇 lu⁵⁵su⁵⁵ tsʰo³¹ ta⁵⁵mu⁵⁵ ŋgo⁵⁵ zo³¹ko⁵⁵, li³¹bu⁵⁵ fu⁵⁵ hũ³⁵. 属　　人　　这种　　病　得　　海螺　吹　需要 ɣe³⁵pi³⁵sɿ⁵⁵ pu³¹ hũ³⁵. 牛王会菩萨　送　需要			
	通译	九月二十八，属蛇的一天，属蛇的人得病，要吹海螺，要送牛王会菩萨。			
	补充	九月二十八日这一天，属蛇的人如果生病，是因为犯了牛王菩萨的鬼，要给牛王菩萨送一把剑，送一排香，在上次做牛王会的地方，吹五声牛角，吹三声海螺。			
李开华解读	国际音标	ʁɑ³⁵mi⁵⁵	dzɑ³¹	tʂa⁵⁵kʰa⁵⁵	hĩ³¹mbo⁵⁵kʰu⁵⁵
	直译	长刀	蛇	交叉的刀	海螺
	意译	不吉利的祸事	属蛇	不吉利的祸事	海螺可以压住不吉利的刀和祸事
	解读	dzɑ³¹ lu⁵⁵ tɕi⁵⁵ ɲi⁵⁵, ma⁵⁵ qʰa⁵⁵ ma⁵⁵ nda⁵⁵. 蛇　属　一　天　不　好　不　坏 ɲi⁵⁵tʂʰo⁵⁵ ʁɑ³⁵mi⁵⁵ dzɑ³¹. ʂa⁵⁵tʂʰo⁵⁵ tʂa⁵⁵kʰa⁵⁵ dzɑ³¹. tʂo³¹tɕʰi⁵⁵kʰi³¹ 西方　　长刀　　在　　东方　　交叉的刀　在　　北方 be⁵⁵ a⁵⁵sɿ³¹. 去　可以			
	通译	九月二十八这一天属蛇，日子不好不坏，西方有长刀，东方有祸事。可以去北方。			

九月二十九日

	原图				
朱小华解读	国际音标	nda⁵⁵ta⁵⁵	mo⁵⁵	li³¹bu⁵⁵	a³¹kə˞⁵⁵
	直译	神枝	马	海螺	筛子
	意译	家神惹了人	属马	烧香时要吹海螺	做法事的工具
	解读	mo⁵⁵ ɲo⁵⁵ŋgu³⁵, mo⁵⁵ ɲi⁵⁵mi⁵⁵ tɕi³¹ ɲi⁵⁵, mo⁵⁵ 马　　二十九　　 马　　 日　　 一　　天　　 马 lu⁵⁵su⁵⁵　tsʰo³¹　ta⁵⁵mu⁵⁵　ŋgo⁵⁵　zo³¹ko⁵⁵,　a³¹kʰə˞⁵⁵　qo³¹　ʂo⁵⁵u⁵⁵ 属　　 人　　这种　　 病　　 得　　筛子　　里头　　纸 ŋa³⁵　ga³¹　　　 mi⁵⁵　　 tʂʰɿ³¹,　pu³¹　hũ³⁵.　li³¹bu⁵⁵ 五　　 张　　下（方向前缀）　 放，送　　送　　需要　　海螺 fu⁵⁵　hũ³⁵. 吹　　需要			
	通译	九月二十九，属马的一天，属马的人得病，在筛子里放五张纸，送出去，要吹海螺。			
	补充	九月二十九日这一天，属马的人如果生病，因为是家神惹了他，把五色纸和五张纸钱放在筛子里，在病人身上绕过之后送到不是病人本命的地方。[1]			
李开华解读	国际音标	nda⁵⁵ta⁵⁵	mo⁵⁵	hĩ³¹mbo⁵⁵kʰu⁵⁵	ʂɿ³¹tʰo⁵⁵
	直译	神枝	马	海螺	牛皮船
	意译	神枝在西方	属马	海螺在东方	牛皮船在北方
	解读	mo⁵⁵　lu⁵⁵　tɕi⁵⁵　ɲi⁵⁵,　χa³⁵　pʰio³⁵.　ʂɿ³¹tʰo⁵⁵ 马　　 属　　 一　　 天　　日子　　好　　牛皮船 tʂo³¹tɕʰi⁵⁵kʰi³¹　a⁵⁵　dza³¹.　ʂa⁵⁵tʂʰo⁵⁵　hĩ³¹mbo⁵⁵kʰu⁵⁵　dza³¹. 北方　　　（方位词）　在　　 东方　　　 海螺　　　 在 zɿ³⁵dʐu⁵⁵kʰu³¹　be⁵⁵　a⁵⁵ʂɿ³¹. 四方　　 去　　 可以			
	通译	九月二十九这一天属马，日子好，牛皮船在北方，海螺在东方，四方都可以去。			

---

[1] 有手艺的人敬家神时要宰杀牲畜，一般的人烧素香即可。

九月三十日

原图		🪵	🐏	🔥	☀	⭐
朱小华解读	国际音标	nda⁵⁵ta⁵⁵	io⁵⁵	ʁa⁵⁵la⁵⁵bu⁵⁵	ȵi⁵⁵mi⁵⁵	tʂʅ³¹
	直译	神枝	羊	大烧香堆堆	太阳	星宿
	意译	家神	属羊	用于烧素香	太阳神惹了人	星宿惹了人
	解读	io⁵⁵ so⁵⁵ʂʅ³¹, io⁵⁵ ȵi⁵⁵mi⁵⁵ tɕi³¹ ȵi⁵⁵, io⁵⁵ lu⁵⁵su⁵⁵ tsʰo³¹ ta⁵⁵mu⁵⁵ ŋgo⁵⁵ zo³¹ko⁵⁵, ȵi⁵⁵mi⁵⁵ ɬa³¹ pu³¹ hũ³⁵. mu⁵⁵ a⁵⁵ tʂʅ³¹ pu³¹ hũ³⁵. ʁa⁵⁵la⁵⁵bu⁵⁵ so³¹ vu⁵⁵ hũ³⁵. 羊 三十 羊 日 一 天 羊 属 人 这种 病 得 太阳 神 送 需要 天 上（方位词）星宿 送 需要 大烧香堆 香 烧 需要					
	通译	九月三十，属羊的一天，属羊的人得病，要送太阳神，要送天上的星宿，要给大烧香堆堆烧香。					
	补充	九月三十日这一天，属羊的人如果生病，是因为烧香堆堆、星宿和太阳神惹了他。烧素香即可（不需要五色纸，因为图中没有筛子）。					
李开华解读	国际音标	nda⁵⁵ta⁵⁵	io⁵⁵	ʁa⁵⁵	hĩ⁵⁵mi⁵⁵	tʰa⁵⁵ba⁵⁵
	直译	神枝	羊	烧香堆堆	太阳	赤口
	意译	神枝在西方	属羊	用于烧素香	太阳在天上	赤口在东北方
	解读	io⁵⁵ lu⁵⁵ tɕi⁵⁵ ȵi⁵⁵, ma⁵⁵ qʰa⁵⁵ ma⁵⁵ nda⁵⁵. sio⁵⁵ pʰi⁵⁵ lo³¹ mu⁵⁵ tʰa⁵⁵ba⁵⁵ ʁə³⁵sa⁵⁵gu³¹ a⁵⁵ dzo³¹. hĩ⁵⁵mi⁵⁵ mu⁵⁵ a⁵⁵ dzo³¹. hũ⁵⁵mi⁵⁵kʰi³¹ ʁə³⁵sa⁵⁵gu³¹ be⁵⁵ ma⁵⁵ hã⁵⁵. 羊 属 一 天 不 好 不 坏 香 素 上（方向前缀）烧 赤口 东北方（方位词）在 太阳 天 上（方位词）在 南方 东北方 去 不 能					
	通译	九月三十这一天属羊，日子不好不坏，要烧素香。赤口在东北方，太阳在天上。南方和东北方不能去。					

第三章 文献精选精译

十月  mi³⁵ndo⁵⁵tɕi³¹pə³¹
可以看见猴的一月

十月上

十月一日

	原图	![神枝]	![猴]	![海螺]	![月亮]	![星宿]
朱小华解读	国际音标	nda⁵⁵ta⁵⁵	mi³⁵	li³¹bu⁵⁵	ɬi⁵⁵mi⁵⁵	tʂɿ³¹
	直译	神枝	猴	海螺	月亮	星宿
	意译	家神	属猴	烧香时吹海螺	月亮神惹了人	干净的星宿
	解读	mi³⁵ tɕi³¹, mi³⁵ ɲi⁵⁵mi⁵⁵ tɕi³¹ ɲi⁵⁵, mi³⁵ lu⁵⁵su⁵⁵ tʂʰo³¹ ta⁵⁵mu⁵⁵ 猴 一 猴 日 一 天 猴 属 人 这种 ŋo⁵⁵ zo³¹ko⁵⁵, ɬi⁵⁵mi⁵⁵ ɬa³¹ pu³¹ hũ³⁵ mu⁵⁵ a⁵⁵ 病 得 月亮 神 送 需要 天 上（方位词） tʂɿ³¹ pu³¹ hũ³⁵, li³¹bu⁵⁵ fu⁵⁵ hũ³⁵. 星宿 送 需要 海螺 吹 需要				
	通译	十月初一，属猴的一天，属猴的人得病，要送月亮神，要送天上的星宿，要吹海螺。				
	补充	十月初一这一天，属猴的人如果生病，是因为山神和月亮神惹了他，要给山神菩萨和月亮菩萨烧素香，吹三声或五声海螺。				
李开华解读	国际音标	nda⁵⁵ta⁵⁵	mi³⁵	hĩ³¹mbo⁵⁵kʰu⁵⁵	hĩ⁵⁵gu⁵⁵	tʰa⁵⁵ba⁵⁵
	直译	神枝	猴	海螺	晚上	太阳	赤口
	意译	神枝在西方	属猴	海螺在东方	月亮	赤口在东北方
	解读	mi³⁵ lu⁵⁵ tɕi⁵⁵ ɲi⁵⁵, χa³⁵ pʰio³⁵. hĩ³¹mbo⁵⁵kʰu⁵⁵ ʂa⁵⁵tʂo⁵⁵ 猴 属 一 天 日子 好 海螺 东方 dza³¹ ndza⁵⁵ mi⁵⁵ ʂu³¹. tʰa⁵⁵ba⁵⁵ ʁə³⁵sa⁵⁵gu³¹ dzo³¹ 在 减淤 下（方向前缀） 减淤 赤口 东北方 在 tʂo³¹tɕi⁵⁵kʰi³¹ be⁵⁵ ma⁵⁵ hã⁵⁵. 北方 去 不 能				
	通译	十月初一这一天属猴，日子好，海螺在东方。要减淤。赤口在东北方。北方不能去。				

第三章　文献精选精译

十月二日

	原图				
朱小华解读	国际音标	nda⁵⁵ta⁵⁵	dzu⁵⁵	y³¹ɚ⁵⁵tsʅ⁵⁵i⁵⁵to³⁵	qʰa⁵⁵ndza⁵⁵i⁵⁵to³⁵
	直译	神枝	鸡	有爪子的怪象	有蹄子的怪象
	意译	家神	属鸡	天上的雀鸟出的怪象惹了人	家中牲畜出的怪象惹了人
	解读	dzu⁵⁵ ȵi⁵⁵, dzu⁵⁵ ȵi⁵⁵mi⁵⁵ tɕi³¹ ȵi⁵⁵, dzu⁵⁵ lu⁵⁵su⁵⁵ tsʰo³¹ 鸡　　二　　鸡　　日　　一　　天　　鸡　　属　　人 ta⁵⁵mu⁵⁵ ŋo⁵⁵ zo³¹ko⁵⁵, y³¹ɚ⁵⁵tsʅ⁵⁵i⁵⁵to³⁵ pu³¹ hũ³⁵, 这种　　病　　得　　　有爪子的怪象　　送　需要 qʰa⁵⁵ndza⁵⁵i⁵⁵to³⁵ pu³¹ hũ³⁵. 有蹄子的怪象　　送　需要			
	通译	十月初二，属鸡的一天，属鸡的人得病，要送雀鸟的怪象，要送牲畜的怪象。			
	补充	十月初二这一天，属鸡的人如果生病，是因为猪和鸡的怪象惹了他。用丝茅草扎一个小人，再用糌粑面捏一个小人，把猪毛和鸡毛扎在小人里，然后，放在石板上，送到不是病人本命的地方。			
李开华解读	国际音标	ta³⁵pʰi⁵⁵	bi⁵⁵	ȵa⁵⁵	qa³⁵lu⁵⁵
	直译	旗子	鸡	眼睛	锅庄
	意译	头朝下的旗子	属鸡	老天爷的眼睛	做道场时用石头架的锅庄，用于减淤
	解读	bi⁵⁵ lu⁵⁵ tɕi⁵⁵ ȵi⁵⁵, χa³⁵ tsa⁵⁵. mu⁵⁵ a⁵⁵ 鸡　属　一　天　日子　坏　天　上（方位词） ȵa⁵⁵ ndza³⁵. ndza⁵⁵ mi⁵⁵ ʂu³¹. ta³⁵pʰi⁵⁵ tsʰʅ⁵⁵tsʰʅ⁵⁵ 眼睛　在　减淤　下（方向前缀）　减淤　旗子　下 mi⁵⁵ ly³⁵. ȵi⁵⁵tʂo⁵⁵ tso³¹tɕi⁵⁵kʰi³¹ be⁵⁵ ma⁵⁵ hã⁵⁵. 下（方向前缀）看　西方　　北方　　去　不　能			
	通译	十月初二这一天属鸡，日子坏，眼睛在天上。要减淤。旗子头朝下看。西方和北方不能去。			

十月三日

	原图	（海螺）	（狗）	（神枝）	（手）	（八方菩萨）
朱小华解读	国际音标	li³¹bu⁵⁵	tʂʰɿ³⁵	nda⁵⁵ta⁵⁵	la³¹ka³¹	ŋgu³¹gi⁵⁵
	直译	海螺	狗	神枝	手	八方菩萨
	意译	烧香时吹海螺	属狗	家神	严重的煞气	八方菩萨的红煞
	解读	tʂʰɿ³⁵ so⁵⁵, ŋgo⁵⁵ zo³¹ko⁵⁵, 狗 三 病 得	tʂʰɿ³⁵ ȵi⁵⁵mi⁵⁵ ŋgu³¹gi⁵⁵ 狗 日 八方菩萨	tɕi³¹ ȵi⁵⁵, za³⁵ pu³¹ 一 天 煞气 送	tʂʰɿ³⁵ lu⁵⁵su⁵⁵ hũ³⁵, li³¹bu⁵⁵ fu⁵⁵ 狗 属 需要 海螺 吹	tʂʰo³¹ ta⁵⁵mu⁵⁵ hũ³⁵. 这种 人 需要
	通译	十月初三，属狗的一天，属狗的人得病，要送八方菩萨煞气，要吹海螺。				
	补充	十月初三这一天，属狗的人生病，是因为有很严重的煞气惹他。鬼手和八方神都是红的，说明煞气很严重，还带有凶邪。要扎两个大毛人和一个小毛人，把病人的衣服穿在大毛人的身上，在上面滴一些鸡血，然后送到不是病人本命的地方。				
李开华解读	国际音标	hĩ³¹mbo⁵⁵kʰu⁵⁵	tʂʰɿ⁵⁵	ta³⁵pʰi⁵⁵	la³¹	pʰɚ⁵⁵pa³¹
	直译	海螺	狗	旗子	手	法器（类似于印章）
	意译	海螺在西方	属狗	头朝下的旗子	天上伸出的手	在糌粑坨坨上印图案
	解读	tʂʰɿ⁵⁵ lu⁵⁵ tɕi⁵⁵ ȵi⁵⁵, ɑ⁵⁵ la³¹ mi⁵⁵ 狗 属 一 天 上（方位词） 手 下（方向前缀） dza³¹. ʂa⁵⁵tʂʰo⁵⁵ tʂo³¹tɕi⁵⁵kʰi³¹ be⁵⁵ ma⁵⁵ hã⁵⁵. 在 东方 北方 去 不 能	ma⁵⁵ qʰa⁵⁵ ma⁵⁵ nda⁵⁵. mu⁵⁵ 不 好 不 坏 天 ʁu⁵⁵ ɑ⁵⁵ pʰɚ⁵⁵pa³¹ 头 上（方位词） 糌粑坨坨			
	通译	十月初三这一天属狗，日子不好不坏，天上有手伸出来。头顶有糌粑坨坨。东方、北方不能去。				

第三章 文献精选精译

十月四日

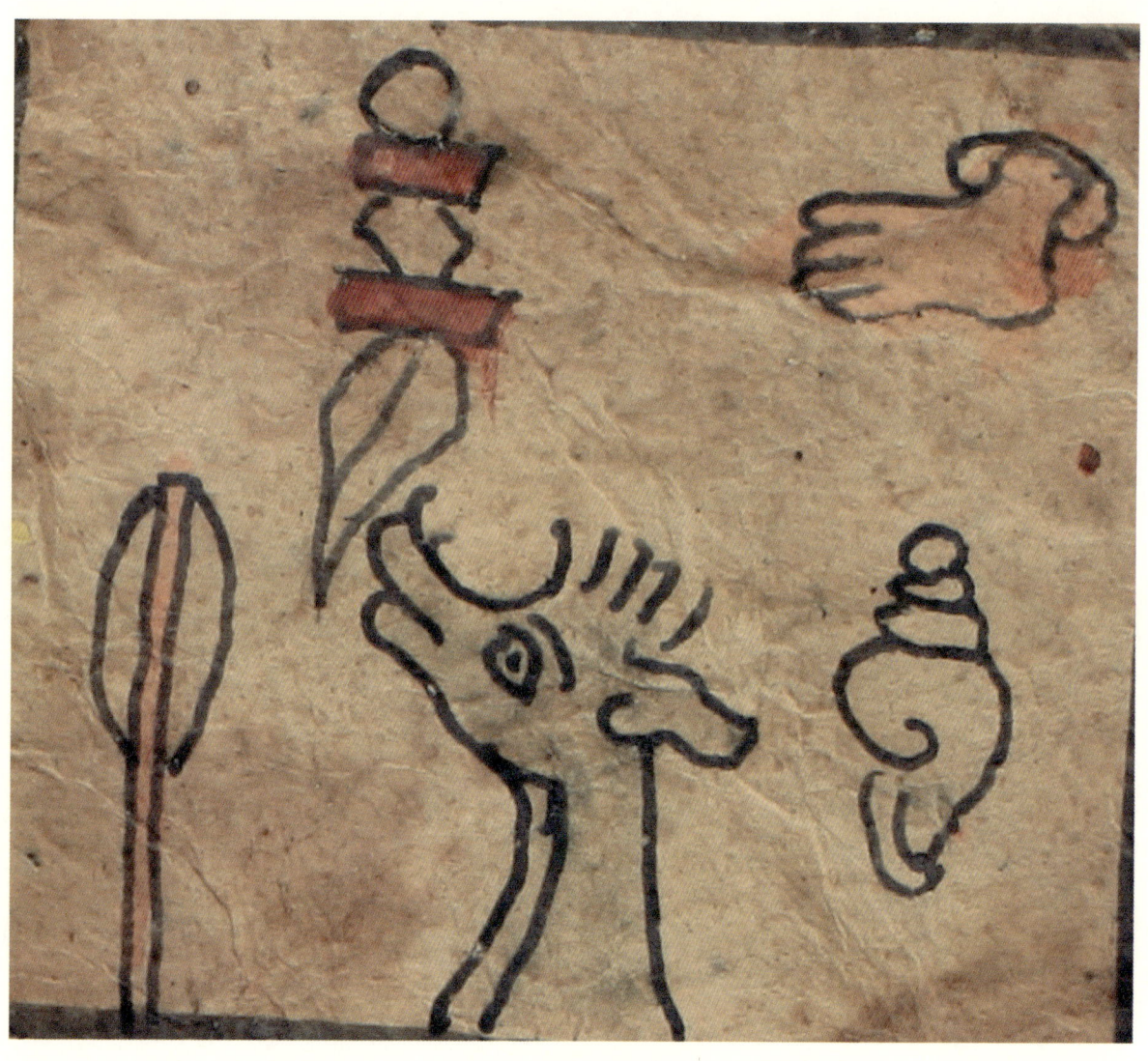

	原图					
	国际音标	nda⁵⁵ta⁵⁵	va³⁵	li³¹bu⁵⁵	ʁa⁵⁵la⁵⁵bu⁵⁵	tʂʰɿ⁵⁵ka⁵⁵
	直译	神枝	猪	海螺	大烧香堆堆	脚
	意译	家神	属猪	烧香时吹海螺	大烧香堆堆惹了人	属猪的人脚痛
朱小华解读	解读	va³⁵ zɿ³⁵,　va³⁵　ȵi⁵⁵mi⁵⁵　tɕi³¹　ȵi⁵⁵,　va³⁵　lu⁵⁵su⁵⁵　tsʰo³¹　ta⁵⁵mu⁵⁵ 猪　四　　　猪　　日　　一　天　　猪　　属　　人　　这种 ŋgo⁵⁵　zo³¹ko⁵⁵,　ʁa⁵⁵la⁵⁵bu⁵⁵　so³¹　vu⁵⁵　hũ³⁵.　za³⁵　pu³¹ 病　　得　　　大烧香堆堆　　香　　烧　　需要　煞气　送 hũ³⁵.　tʂɿ⁵⁵　pu³¹　hũ³⁵.　li³¹bu⁵⁵　fu⁵⁵　hũ³⁵. 需要　凶死鬼　送　需要　海螺　　吹　需要
	通译	十月初四，属猪的一天，属猪的人得病，要给大烧香堆堆烧香，要送煞气，要送凶死鬼，要吹海螺。
	补充	十月初四这一天，属猪的人如果生病，就会脚痛，原因是他冒犯了香神。要敬山神，烧素香，吹海螺。
	国际音标	nda⁵⁵ta⁵⁵	va³⁵	hĩ³¹mbo⁵⁵kʰu⁵⁵	ʁa⁵⁵	ʂɿ⁵⁵ka³⁵
	直译	神枝	猪	海螺	烧香堆堆	脚
	意译	神枝在西方	属猪	东方的海螺	用于烧素香	东北方的脚伸出来
李开华解读	解读	va³⁵　lu⁵⁵　tɕi⁵⁵　ȵi⁵⁵,　χa³⁵　pʰio³⁵.　hĩ³¹mbo⁵⁵kʰu⁵⁵　ʂa⁵⁵tʂʰo⁵⁵ 猪　属　一　天　　日子　好　　海螺　　　　东方 dzɑ³¹.　mu⁵⁵　a⁵⁵　ʁɑ³⁵sa⁵⁵gu³¹　ka³⁵　mi⁵⁵　tʂɿ³¹ 在　　　天　　上(方位词)　东北方　　脚　　下(方向前缀)　伸 lo³¹.　sio⁵⁵　pʰi⁵⁵　lo³¹　mu⁵⁵.　ʁɑ³⁵sa⁵⁵gu³¹　be⁵⁵ 了　　香　　素　　上(方向前缀)　烧　　东北方　　去 ma⁵⁵　hã⁵⁵. 不　　能
	通译	十月初四这一天属猪，日子好。海螺在东方，天上东北方有脚伸下来。烧素香。东北方不能去。

十月五日

	原图	长刀图	鼠图	神枝图	脚图	星宿图
朱小华解读	国际音标	ʁua³¹mi³¹	χa³⁵	nda⁵⁵ta⁵⁵	tʂʰɿ⁵⁵ka⁵⁵	tʂɿ³¹
	直译	长刀	鼠	神枝	脚	星宿
	意译	干净的长刀	属鼠	家神	脚穿了不干净的鞋	干净的星宿
	解读	χa³⁵ ŋa³⁵, χa³⁵ ɲi⁵⁵mi⁵⁵ tɕi³¹ ɲi⁵⁵, χa³⁵ lu⁵⁵su⁵⁵ tsʰo³¹ ta⁵⁵mu⁵⁵ 鼠 五 鼠 日 一 天 鼠 属 人 这种 ŋo⁵⁵ zo³¹ko⁵⁵, za³⁵ pu³¹ hũ³⁵. mu⁵⁵ a⁵⁵ tʂɿ³¹ 病 得 煞气 送 需要 天 上（方位词）星宿 pu³¹ hũ³⁵. tʂɿ⁵⁵tʰo⁵⁵ tʂʰɿ³¹. 送 需要 凶邪 送				
	通译	十月初五，属鼠的一天，属鼠的人得病，要送煞气，送天上的星宿，撵凶邪。				
	补充	十月初五这一天，属鼠的人如果穿了不干净的带有人血的鞋，拿了动过凶的刀子，就犯了凶邪，会生病。要撵凶邪：扎九个不同的毛人（具体的毛人名称见五月十一日注），念完经以后送到一公里以外看不到家的地方。				
李开华解读	国际音标	ʁa³⁵mi⁵⁵	χa³⁵	ta³⁵po⁵⁵	ʂɿ⁵⁵ka³⁵	tʰa⁵⁵ba⁵⁵
	直译	长刀	鼠	旗子	脚	赤口
	意译	长刀在西方	属鼠	头朝下的旗子	天上的脚伸出来	赤口在东北方
	解读	χa³⁵ lu⁵⁵ tɕi⁵⁵ ɲi⁵⁵, χa³⁵ tsa⁵⁵. ʂa⁵⁵tsʰo⁵⁵ ta³⁵po⁵⁵ 鼠 属 一 日子 日子 坏 东方 旗子 tsʰɿ⁵⁵tsɿ⁵⁵ mi⁵⁵ lo³¹ tʰa⁵⁵ba⁵⁵ ʁa³⁵sa⁵⁵gu³¹ 下 下（方向前缀） 了 赤口 东北方 a⁵⁵ dzo³¹. mu⁵⁵ a⁵⁵ ka³⁵ mi⁵⁵ tʂɿ³¹ lo³¹ （方位词）在 天 上（方位词）脚 了 伸 了 ɲi⁵⁵tʂʰo⁵⁵ ʁa³⁵mi⁵⁵ dza³¹. hũ⁵⁵mi⁵⁵kʰi³¹ be⁵⁵ a⁵⁵ʂɿ³¹. 西方 长刀 在 南方 去 可以				
	通译	十月初五这一天属鼠，日子坏，东方的旗子头朝下，赤口在东北方。天上的脚伸出来。长刀在西方。可以去南方。				

十月六日

	原图				
朱小华解读	国际音标	nda⁵⁵ta⁵⁵	ɣe³⁵	ʁɑ⁵⁵lɑ⁵⁵bu⁵⁵	a³¹kʰɚ⁵⁵
	直译	神枝	牛	大烧香堆堆	筛子
	意译	家神	属牛	用于烧素香	挡在天上的筛子
	解读	ɣe³⁵ kʰu³¹, ɣe³⁵ ɲi⁵⁵mi⁵⁵ tɕi³¹ ɲi⁵⁵, ɣe³⁵ lu⁵⁵su⁵⁵ tsʰo³¹ 牛　六　　牛　　日　　一　天　牛　属　　人 ta⁵⁵mu⁵⁵ ŋgo⁵⁵ zo³¹ko⁵⁵, a³¹kʰɚ⁵⁵ qo³¹ ʂo⁵⁵u⁵⁵ ŋa³⁵ ga³¹ 这种　　病　　得　　　筛子　里头　纸　五　张 mi⁵⁵ tʂʰl̩³¹, pu³¹ hũ³⁵. ʁɑ⁵⁵lɑ⁵⁵bu⁵⁵ so³¹ vu⁵⁵ hũ³⁵. 下（方向前缀）放，送 送 需要　大烧香堆堆 香 烧 需要			
	通译	十月初六，属牛的一天，属牛的人得病，在筛子里放五张纸，送出去。要给大烧香堆堆烧香。			
	补充	十月初六这一天，属牛的人生病，是因为他家的烧香堆堆不干净，要给烧香堆堆"减淤"，再把五种或九种颜色的纸和九张纸钱放在筛子里，把筛子和一碗水饭绕着病人的身体转圈，然后送到十字路口。			
李开华解读	国际音标	nda⁵⁵ta⁵⁵	ɣə³⁵	ʁɑ⁵⁵	ʂl̩³¹tʰo⁵⁵
	直译	神枝	牛	烧香堆堆	牛皮船
	意译	神枝在西方	属牛	用于烧素香	牛皮船在北方
	解读	ɣə³⁵ lu⁵⁵ tɕi⁵⁵ ɲi⁵⁵, ma⁵⁵ qʰa⁵⁵ ma⁵⁵ nda⁵⁵. ʂl̩³¹tʰo⁵⁵ 牛　属　一　天　不　好　不　坏　牛皮船 tʂo³¹tɕʰi⁵⁵kʰi³¹ a⁵⁵ dza³¹ sio⁵⁵ pʰi⁵⁵ lo³¹ mu⁵⁵ 北方　　　（方位词） 在 香 素 上（方向前缀）烧 zl̩³⁵dzu⁵⁵kʰu³¹ be⁵⁵ a⁵⁵ʂl̩³¹. 四方　　　去　　可以			
	通译	十月初六这一天属牛，日子不好不坏，牛皮船在北方。烧素香。四方都可以去。			

十月七日

原图				
	（神枝图）	（虎图）	（太阳图）	（星宿图）

朱小华解读					
国际音标	nda⁵⁵ta⁵⁵		lɑ⁵⁵	ȵi⁵⁵mi⁵⁵	tʂʅ³¹
直译	神枝		虎	太阳	星宿
意译	家神		属虎	太阳神惹了人	星宿惹了人
解读	lɑ⁵⁵ 虎　ʂʅ³¹, 七　　lɑ⁵⁵ 虎　　ȵi⁵⁵mi⁵⁵ 日　　tɕi³¹ 一　　ȵi⁵⁵ 天　　lɑ⁵⁵ 虎　　lu⁵⁵su⁵⁵ 属　　tsʰo³¹ 人　　ta⁵⁵mu⁵⁵ 这种　　ŋgo⁵⁵ 病　　zo³¹ko⁵⁵, 得　　ȵi⁵⁵mi⁵⁵ 太阳　　ɬa³¹ 神　　pu³¹ 送　　hũ³⁵, 需要　　mu⁵⁵ 天　　a⁵⁵ 上（方位词）　　tʂʅ³¹ 星宿　　pu³¹ 送　　hũ³⁵. 需要				
通译	十月初七，属虎的一天，属虎的人得病，要送太阳神，要送天上的星宿。				
补充	十月初七这一天，属虎的人如果生病，是因为太阳菩萨和星宿惹了他，症状是头昏、想吐。要在早上太阳刚出来的时候准备一盘干净的柏香，在上面放茶叶、青稞面和酒，然后往向东送。				

李开华解读					
国际音标	ta³⁵pʰi⁵⁵		lɑ⁵⁵	hĩ⁵⁵mi⁵⁵	tʰa⁵⁵ba⁵⁵
直译	旗子		虎	太阳	赤口
意译	头朝下的旗子		属虎	飞在天上的太阳	东北方的赤口
解读	lɑ⁵⁵ 虎　　lu⁵⁵ 属　　tɕi⁵⁵ 一　　ȵi⁵⁵, 天　　χa³⁵ 日子　　tsa⁵⁵. 坏　　tʰa⁵⁵ba⁵⁵ 赤口　　ʁə³⁵sa⁵⁵gu³¹ 东北方　　dzo³¹. 在　　mu⁵⁵ 天　　a⁵⁵ 上（方位词）　　hĩ⁵⁵mi⁵⁵ 太阳　　bi⁵⁵ 飞　　ta³⁵pʰi⁵⁵ 旗子　　tsʰʅ⁵⁵tsʰʅ⁵⁵ 下　　mi⁵⁵ 下（方向前缀）　　ly³⁵. 看　　ȵi⁵⁵tsʰo⁵⁵ 西方　　tʂo³¹tɕʰi⁵⁵kʰi³¹ 北方　　ʂa⁵⁵tʂʰo⁵⁵ 东方　　be⁵⁵ 去　　ma⁵⁵ 不　　hã⁵⁵. 能				
通译	十月初七这一天属虎，日子坏，赤口在东北方，太阳在天上飞，旗子头朝下看，西方、北方、东方不能去。				

十月八日

	原图	🐚	🦌	🥄	🌙
朱小华解读	国际音标	li³¹bu⁵⁵	tʰo⁵⁵li⁵⁵	nda⁵⁵ta⁵⁵	ɬi⁵⁵mi⁵⁵
	直译	海螺	兔	神枝	月亮
	意译	烧香时吹海螺	属兔	家神惹了人	月亮神惹了人
	解读	tʰo⁵⁵li⁵⁵ hĩ³¹, tsʰo³¹ ta⁵⁵mu⁵⁵ li³¹bu⁵⁵ fu⁵⁵ hũ³⁵. 兔 八 人 这种 海螺 吹 需要	tʰo⁵⁵li⁵⁵ ȵi⁵⁵mi⁵⁵ ŋgo⁵⁵ zo³¹ko⁵⁵, 兔 日 病 得	tɕi³¹ ȵi⁵⁵, ɬi⁵⁵mi⁵⁵ ɬa³¹ 一 天 月亮 神	tʰo⁵⁵li⁵⁵ lu⁵⁵su⁵⁵ pu³¹ hũ³⁵, 兔 属 送 需要
	通译	十月初八，属兔的一天，属兔的人得病，要吹海螺。			
	补充	十月初八这一天，属兔的人生病，是因为月亮菩萨和家神惹了他，烧素香即可。			
李开华解读	国际音标	hĩ³¹mbo⁵⁵kʰu⁵⁵	tʰo⁵⁵li⁵⁵	nda⁵⁵ta⁵⁵	hĩ⁵⁵mi⁵⁵
	直译	海螺	兔	神枝	太阳
	意译	海螺在西方	属兔	神枝在东方	太阳在天上飞
	解读	tʰo⁵⁵li⁵⁵ lu⁵⁵ tɕi⁵⁵ ȵi⁵⁵, χa³⁵ pʰio³⁵. hĩ³¹mbo⁵⁵kʰu⁵⁵ ȵi⁵⁵tʂʰo⁵⁵ dza³¹. mu⁵⁵ a⁵⁵ hĩ⁵⁵mi⁵⁵ bi⁵⁵, nda⁵⁵ta⁵⁵ pʰio³⁵. ʐɿ³⁵ɖʐu⁵⁵kʰu³¹ be⁵⁵ a⁵⁵ʂɿ³¹. 兔 属 一 天 日子 好 海螺 西方 在 天 上（方位词） 太阳 飞 神枝 好 四方 去 可以			
	通译	十月初八这一天属兔，日子好，海螺在西方，太阳在天上飞，神枝吉利。可以去四方。			

十月九日

	原图					
朱小华解读	国际音标	nda⁵⁵ta⁵⁵	ɚ⁵⁵dzɑ³¹	qa⁵⁵tu⁵⁵	y³¹ɚ⁵⁵tsʅ⁵⁵i⁵⁵to³⁵	tsʅ³¹
	直译	神枝	龙	糌粑坨坨	有爪子的怪象	星宿
	意译	家神	属龙	用印棒印出图案的糌粑	天上的雀鸟出的怪象惹了人	星宿惹人惹得比较严重
	解读	ɚ⁵⁵dzɑ³¹ ŋgu³⁵, 龙 九 ŋgo⁵⁵ 病	ɚ⁵⁵dzɑ³¹ ɳi⁵⁵mi⁵⁵ 龙 日 zo³¹ko⁵⁵, 得	tɕi³¹ ɳi⁵⁵, 一 天 y³¹ɚ⁵⁵tsʅ⁵⁵i⁵⁵to³⁵ 有爪子的怪象	ɚ⁵⁵dzɑ³¹ lu⁵⁵su⁵⁵ 龙 属 pu³¹ hũ³⁵ 送 需要	tsʰo³¹ ta⁵⁵mu⁵⁵ 人 这种 pu³¹ hũ³⁵. 送 需要
				pu³¹ hũ³⁵, 送 需要	qa⁵⁵tu⁵⁵ 糌粑坨坨	
	通译	十月初九，属龙的一天，属龙的人得病，要送雀鸟的怪象，要送糌粑坨坨。				
	补充	十月初九这一天，属龙的人如果生病，是因为星宿和带爪子的怪象惹了他。要先打卦，如果犯得严重，要扎三个毛人，印一排糌粑坨坨[1]，然后杀动物，把血滴在毛人身上，再送到与病人本命不同的地方。如果犯得不严重，就只要丝茅草，不用扎毛人，直接把丝茅草和动物毛一起送出去即可。				
李开华解读	国际音标	nda⁵⁵ta⁵⁵	zʅ⁵⁵bi⁵⁵	pu⁵⁵mba³¹	ɳa⁵⁵	tʰa⁵⁵ba⁵⁵
	直译	神枝	龙	神器	眼睛	赤口
	意译	神枝在西方	属龙	装敬神器物的货柜	天上的眼睛	东北方的赤口
	解读	zʅ⁵⁵bi⁵⁵ lu⁵⁵ 龙 属 mu⁵⁵ 天（方位词） nda⁵⁵ta⁵⁵ 神枝	tɕi⁵⁵ ɳi⁵⁵, 一 天 a⁵⁵ 上 ʂa⁵⁵tsʰo⁵⁵ 东方	χa³⁵ 日子 ɳa⁵⁵ 眼睛 ndʐa³⁵. 在 dzɑ³¹. 在	tsa⁵⁵ tʰa⁵⁵ba⁵⁵ 坏 赤口 sio⁵⁵ pʰi⁵⁵ 香 素 ʂa⁵⁵tsʰo⁵⁵ 东方	ʁɚ³⁵sa⁵⁵gu³¹ dzo³¹ 东北方 在 lo³¹ mu⁵⁵ 上（方向前缀）烧 be⁵⁵ a⁵⁵ŋ³¹. 去 可以
	通译	十月初九这一天属龙，日子坏，赤口在东北方，眼睛在天上，要烧素香。神枝在东方。可以去东方。				

---

[1] 采用的那一排印棒图案称为 "tsʰa³¹ndzo³¹ɚ⁵⁵"，共有十三个图案，第一个是 "tsʰa⁵⁵ndzo³¹"（凶死鬼），第二、四、六、八、十、十二个都是 "mi³⁵tɕi³¹ku³¹"（女），剩下的都是 "ku³⁵tɕi³¹ku³¹"（男）。

十月十日

原图							
朱小华解读	国际音标	tsʰʅ⁵⁵ɚ⁵⁵	dzɑ³¹	nda⁵⁵ta⁵⁵	qʰɑ⁵⁵ndʑɑ⁵⁵i⁵⁵to³⁵	tṣʅ³¹	
	直译	羊肩胛骨	蛇	神枝	有蹄子的怪象	星宿	
	意译	用羊给病人除病	属蛇，属蛇的人病得严重	家神	家中的牲畜出的怪象惹了人	属蛇的人犯了四次星宿	
	解读	dzɑ³¹ 蛇　χo³¹ 十，　dzɑ³¹ 蛇　ȵi⁵⁵mi⁵⁵ 日　tɕi³¹ 一　ȵi⁵⁵，天　dzɑ³¹ 蛇　lu⁵⁵su⁵⁵ 属　tsʰo³¹ 人　ta⁵⁵mu⁵⁵ 这种　ŋo⁵⁵ 病　zo³¹ko⁵⁵，得　tsʰʅ⁵⁵ 羊　zy⁵⁵ 用　hũ³⁵ 需要　mu⁵⁵ 天　ta³¹ 上（方位词）　tṣʅ³¹ 星宿　pu³¹ 送　hũ³⁵ 需要					
	通译	十月初十，属蛇的一天，属蛇的人得病，要用羊，要送天上的星宿。					
	补充	十月初十这一天，属蛇的人如果生病，是因为家里的羊出了怪象。要杀一只羊，绑一个毛人，在毛人上滴羊血，念完经之后把毛人送到不是病人本命的地方。					
李开华解读	国际音标	sa³⁵qʰɑ⁵⁵	dzɑ³⁵	nda⁵⁵ta⁵⁵	qɑ³⁵lu⁵⁵	tṣo³¹	tsʰu⁵⁵	zʅ³⁵
	直译	血碗	蛇	神枝	锅庄	祸	罩	四
	意译	干净的血碗	属蛇，属蛇的人病得严重	神枝在西方	用于减淤，不同的日子锅庄摆的方向不同	天上的四颗星，不吉利		
	解读	dzɑ³⁵ 蛇　lu⁵⁵ 属　tɕi⁵⁵ 一　ȵi⁵⁵，天　ma⁵⁵ 不　qʰɑ⁵⁵ 好　ma⁵⁵ 不　nda⁵⁵ 坏　ȵi⁵⁵tṣʰo⁵⁵ 西方　sa³⁵qʰɑ⁵⁵ 血碗　dzɑ³¹ 在　sio⁵⁵ 香　pʰi⁵⁵ 素　lo³¹ 上（方向前缀）　mu⁵⁵ 烧　mu⁵⁵ 天　a⁵⁵ 上（方位词）　tṣo³¹ 祸　tsʰu⁵⁵ 罩　zʅ³⁵ 四　ŋo⁵⁵dzɑ⁵⁵ 疾病　za⁵⁵ 得　lo³¹ 了　χa³¹lo³¹ 哪里　be⁵⁵ 去　ma⁵⁵ 不　pʰa⁵⁵ 能够　lo³¹ 了						
	通译	十月初十这一天属蛇，日子不好不坏。没放血的血碗在西方，要烧素香，天上有四颗星（祸事）罩着。（属蛇的人）得病了，哪儿都不能去。						

十月十一日

原图			
	ʁa⁵⁵la⁵⁵bu⁵⁵	mo⁵⁵	nda⁵⁵ta⁵⁵
朱小华解读	国际音标	ʁa⁵⁵la⁵⁵bu⁵⁵	mo⁵⁵	nda⁵⁵ta⁵⁵
	直译	大烧香堆堆	马	神枝
	意译	用于烧素香	属马	家神
	解读	mo⁵⁵ χo³¹tɕi³¹, mo⁵⁵ ȵi⁵⁵mi⁵⁵ tɕi³¹ ȵi⁵⁵, mo⁵⁵ lu⁵⁵su⁵⁵ 马 十一 马 日 一 天 马 属 tsʰo³¹ ta⁵⁵mu⁵⁵ ŋgo⁵⁵ zo³¹ko⁵⁵, ʁa⁵⁵la⁵⁵bu⁵⁵ so³¹ vu⁵⁵ hũ³⁵. 人 这种 病 得 大烧香堆堆 香 烧 需要		
	通译	十月十一,属马的一天,属马的人得病,要给大烧香堆堆烧香。		
	补充	十月十一日这一天,属马的人如果生病,是因为好多年都没有给家里祖传的烧香堆堆烧香,要给山菩萨烧素香。		
李开华解读	国际音标	ʁa⁵⁵	mo⁵⁵	nda⁵⁵ta⁵⁵
	直译	烧香堆堆	马	神枝
	意译	用于烧素香	属马	神枝在东方
	解读	mo⁵⁵ lu⁵⁵ tɕi⁵⁵ ȵi⁵⁵, ma⁵⁵ qʰa⁵⁵ ma⁵⁵ nda⁵⁵. sio⁵⁵ pʰi⁵⁵ 马 属 一 天 不 好 不 坏 香 素 lo³¹ mu⁵⁵. nda⁵⁵ta⁵⁵ ʂa⁵⁵tʂʰo⁵⁵ dza³¹ ʐɿ³⁵dʑu⁵⁵kʰu³¹ 上(方向前缀) 烧 神枝 东方 在 四方 be⁵⁵ a⁵⁵ʂɿ³¹. 去 可以		
	通译	十月十一这一天属马,日子不好不坏。烧素香。神枝在东方。四方都能去。		

十月十二日

	原图					
朱小华解读	国际音标	nda⁵⁵ta⁵⁵	io⁵⁵	sa⁵⁵ta⁵⁵	ʁa⁵⁵bu⁵⁵ta⁵⁵ta⁵⁵	ʁua³¹mi³¹
	直译	神枝	羊	土神	小烧香堆堆	长刀
	意译	家神	属羊	属羊的人冒犯了两次土神	小烧香堆堆不干净	天上的黑煞
	解读	io⁵⁵ χo³¹ɲi⁵⁵, io⁵⁵ ɲi⁵⁵mi⁵⁵ tɕi³¹ ɲi⁵⁵, io⁵⁵ lu⁵⁵su⁵⁵ tsho³¹ 羊 十二 羊 日 一 天 羊 属 人 ta⁵⁵mu⁵⁵ ŋgo⁵⁵ zo³¹ko⁵⁵, ʁua³¹mi³¹ pu³¹ hũ³⁵, sa⁵⁵ta⁵⁵ tʂo⁵⁵ hũ³⁵. 这种 病 得 长刀 送 需要 土神 谢 需要					
	通译	十月十二，属羊的一天，属羊的人得病，要送长刀，要谢土神。					
	补充	十月十二日这一天，属羊的人如果生病，是因为这个人冒犯了两次土神，这天被天上的黑煞和土神犯了，并且家中的烧香堆不干净。要"减淤"、烧香、谢土。用荞花、鲜牛奶和柏香送土神，用五盘柏香送黑煞。再把五把荞花、五杯清茶、五杯酒送到东、南、西、北、天五个方向。					
李开华解读	国际音标	nda⁵⁵ta⁵⁵	io⁵⁵	tha⁵⁵ba⁵⁵（ɲi⁵⁵ku⁵⁵）	ʁa⁵⁵	ʁa³⁵mi⁵⁵
	直译	神枝	羊	（两个）赤口	烧香堆堆	长刀
	意译	神枝在西方	属羊	这天的赤口和这个月的赤口碰见了	用于烧素香	刀子在天上
	解读	io⁵⁵ lu⁵⁵ tɕi⁵⁵ ɲi⁵⁵, ma⁵⁵ qha⁵⁵ ma⁵⁵ nda⁵⁵, sio⁵⁵ phi⁵⁵ 羊 属 一 天 不 好 不 坏 香 素 lo³¹ mu⁵⁵. mu⁵⁵ a⁵⁵ ʁa³⁵mi⁵⁵ dza³¹. na⁵⁵gu⁵⁵mbə³¹ 上（方向前缀） 烧 天 上（方位词） 刀子 在 西北方 tʂo³¹tɕhi⁵⁵khi³¹ na⁵⁵gu⁵⁵tʂhʅ³¹ be⁵⁵ ma⁵⁵ hã⁵⁵. 北方 东南方 去 不 能					
	通译	十月十二这一天属羊，日子不好不坏，烧素香。刀子在天上。西北方、北方、东南方不能去。					

十月十三日

	原图				
朱小华解读	国际音标	nda⁵⁵ta⁵⁵	mi³⁵	ʁa⁵⁵la⁵⁵bu⁵⁵	a³¹khɚ⁵⁵
	直译	神枝	猴	大烧香堆堆	筛子
	意译	家神	属猴	给大烧香堆堆烧香	做法事的工具
	解读	mi³⁵ χo³¹so⁵⁵, 猴 十三, mi³⁵ ȵi⁵⁵mi⁵⁵ tɕi³¹ ȵi⁵⁵, 猴 日 一 天, mi³⁵ lu⁵⁵su⁵⁵ 猴 属 tsho³¹ ta⁵⁵mu⁵⁵ ŋo⁵⁵ zo³¹ko⁵⁵, hũ⁵⁵bu⁵⁵ mi⁵⁵ pu³¹ 人 这种 病 得 荞花 下（方向前缀）送 hũ³⁵, ʁa⁵⁵la⁵⁵bu⁵⁵ so³¹ vu⁵⁵ hũ³⁵. 需要 大烧香堆堆 香 烧 需要			
	通译	十月十三，属猴的一天，属猴的人得病，要撒荞花，要给大烧香堆堆烧香。				
	补充	十月十三日这一天，属猴的人生病要烧香，把五色纸、五张纸钱和一碗滴了一滴鸡冠血的水饭放在筛子里，然后向东送。				
李开华解读	国际音标	nda⁵⁵ta⁵⁵	mi³⁵	ʁa⁵⁵	ʂl̩³¹tho⁵⁵
	直译	神枝	猴	烧香堆堆	牛皮船
	意译	神枝在西方	属猴	用于烧素香	挡在天上的牛皮船
	解读	mi³⁵ lu⁵⁵ tɕi⁵⁵ ȵi⁵⁵, ma⁵⁵ qha⁵⁵ ma⁵⁵ nda⁵⁵. 猴 属 一 天 不 好 不 坏 ʂa⁵⁵tʂho⁵⁵ sio⁵⁵ phi⁵⁵ lo³¹ mu⁵⁵. mu⁵⁵ a⁵⁵ 东方 香 素 上（方向前缀）烧 天 上（方位词） dza³¹. zl̩³⁵dʑu⁵⁵khu³¹ be⁵⁵ a⁵⁵ʂl̩. 在 四方 去 可以			
	通译	十月十三这一天属猴，日子不好不坏。在东方烧素香，牛皮船在北方。四方都能去。				

十月十四日

	原图					
	国际音标	nda⁵⁵ta⁵⁵	dzu̜⁵⁵	sa⁵⁵ta⁵⁵	tʂɿ³¹	ȵi⁵⁵mi⁵⁵
	直译	神枝	鸡	土神	星宿	太阳
	意译	家神	属鸡	干净的土神，犯得不严重	星宿朝天指，惹了人	要送太阳神
朱小华解读	解读	dzu̜⁵⁵ 鸡　χo³¹ʐɿ³⁵，十四　dzu̜⁵⁵ 鸡　ȵi⁵⁵mi⁵⁵ 日　tɕi³¹ 一　ȵi⁵⁵, 天　dzu̜⁵⁵ 鸡　lu⁵⁵su⁵⁵ 属　tsʰo³¹ 人　ta⁵⁵mu⁵⁵ 这种　ŋo⁵⁵ 病　zo³¹ko⁵⁵ 得　ȵi⁵⁵mi⁵⁵ 太阳　ɬa³¹ 神　pu³¹ 送　hũ³⁵, 需要　mu⁵⁵ 天　a⁵⁵ 上（方位词）　tʂɿ³¹ 星宿　pu³¹ 送　hũ³⁵. 需要　sa⁵⁵ta⁵⁵ 土神　tʂo⁵⁵ 谢　hũ³⁵. 需要				
	通译	十月十四，属鸡的一天，属鸡的人得病，要送太阳神，要送天上的星宿，要谢土神。				
	补充	十月十四日这一天，属鸡的人生病，是因为被土神犯了。这天他不能杀生，要谢土神。把鲜牛奶、擦过病人身体的荞花、干净的柏香、一杯净茶以及干净的酒，送往高处干净的树上。				
	国际音标	ta³⁵pʰi⁵⁵	bi⁵⁵	tʰa⁵⁵ba⁵⁵	tʰa⁵⁵ba⁵⁵	hĩ⁵⁵mi⁵⁵
	直译	旗子	鸡	（本月的）赤口	（本日的）赤口	太阳
	意译	旗子头朝下	属鸡	两处的赤口碰在了一起		太阳在天上飞
李开华解读	解读	bi⁵⁵ 鸡　lu⁵⁵ 属　tɕi⁵⁵ 一　ȵi⁵⁵, 天　χa³⁵ 日子　tsa⁵⁵. 坏　tʰa⁵⁵ba⁵⁵ 赤口　ȵi⁵⁵ 两　ku³¹ 个　ndzu³¹ 坐、放　mu⁵⁵ 天　a⁵⁵ 上（方位词）　hĩ⁵⁵mi⁵⁵ 太阳　bi⁵⁵ 飞　ia³¹. （进行体标记）　ta³⁵pʰi⁵⁵ 旗子　tʂʰɿ⁵⁵tʂʰɿ⁵⁵ 下　mi⁵⁵ 下（方向前缀）　ly³⁵ 看　lo³¹. 了　ȵi⁵⁵tʂʰo⁵⁵ 西方　ʂa⁵⁵tʂʰo⁵⁵ 东方　tʂo³¹tɕʰi⁵⁵kʰi³¹ 北方　be⁵⁵ 去　ma⁵⁵ 不　hã⁵⁵. 能				
	通译	十月十四这一天属鸡，日子坏。赤口在两处地方出现。西方、北方、东方不能去。				

十月十五日

原图					
朱小华解读	国际音标	nda⁵⁵ta⁵⁵	tʂʰʅ³⁵	ɬi⁵⁵mi⁵⁵	qʰo⁵⁵tsʅ⁵⁵
	直译	神枝	狗	月亮	七姊妹星
	意译	家神	属狗	月亮神惹了人	七星过渡，是最吉利的一天
	解读	tʂʰʅ³⁵ χo³¹ŋa³⁵, tʂʰʅ³⁵ ɲi⁵⁵mi⁵⁵ tɕi³¹ ɲi⁵⁵, tʂʰʅ³⁵ lu⁵⁵su⁵⁵ tsʰo³¹ 狗 十五 狗 日 一 天 狗 属 人 ta⁵⁵mu⁵⁵ ŋo⁵⁵ zo³¹ko⁵⁵, ɬi⁵⁵mi⁵⁵ ɬa³¹ pu³¹ hũ³⁵ mu⁵⁵ 这种 病 得 月亮 神 送 需要 天 a⁵⁵ tsʅ³¹ su⁵⁵ hũ³⁵. 上（方位词） 星宿 观，看 需要			
	通译	十月十五，属狗的一天，属狗的人得病，要送月亮神，要看天上的星象。			
	补充	十月十五这天是"七姊妹"过渡的日子，属狗的人如果生病，就是因为犯了天上的星星，天上的白煞、月亮菩萨和星宿来惹这个人。要烧九盘柏香，敬九杯清茶，把九把荞花在病人身上擦，然后一起放在石板上，朝九个方向送。每送一盘柏香要走满一百步。然后给月亮菩萨烧素香。			
李开华解读	国际音标	nda⁵⁵ta⁵⁵	tʂʰʅ⁵⁵	hĩ⁵⁵gu⁵⁵	hĩ⁵⁵mi⁵⁵	qʰo⁵⁵tsʅ⁵⁵
	直译	神枝	狗	晚上	太阳	七姊妹星
	意译	神枝在西方	属狗	在天上飞的月亮		七星过渡
	解读	tʂʰʅ⁵⁵ lu⁵⁵ tɕi⁵⁵ ɲi⁵⁵, ma⁵⁵ qʰa⁵⁵ ma⁵⁵ nda⁵⁵. mu⁵⁵ a⁵⁵ 狗 属 一 天 不 好 不 坏 天 上（方位词） qʰo⁵⁵tsʅ⁵⁵ zo⁵⁵ mu⁵⁵ a⁵⁵ hĩ⁵⁵gu⁵⁵ hĩ⁵⁵mi⁵⁵ bi⁵⁵. 七姊妹星 过渡 天 上（方位词） 月亮 飞 zʅ³⁵dʑu⁵⁵kʰu³¹ be⁵⁵ a⁵⁵ʂʅ³¹. 四方 去 可以				
	通译	十月十五这一天属狗，日子不好不坏。天上七姊妹过渡，月亮在天上飞。四方都能去。				

十月下

十月十六日

	原图				
朱小华解读	国际音标	nda⁵⁵ta⁵⁵	va³⁵	sɑ⁵⁵ta⁵⁵	y³¹ɚ⁵⁵tsʅ⁵⁵i⁵⁵to³⁵
	直译	神枝	猪	土神	有爪子的怪象
	意译	家神	属猪	土神菩萨的煞气	天上的雀鸟出的怪象惹了人
	解读	va³⁵ 猪　　χo³¹kʰu³¹ 十六　　tsʰo³¹ 人　　ta⁵⁵mu⁵⁵ 这种　　sɑ⁵⁵ta⁵⁵ 土神　　tʂo⁵⁵ 谢　　hũ³⁵. 需要	va³⁵ 猪　　ȵi⁵⁵mi⁵⁵ 日　　ŋgo⁵⁵ 病　　zo³¹ko⁵⁵, 得	tɕi³¹ 一　　ȵi⁵⁵, 天　　y³¹ɚ⁵⁵tsʅ⁵⁵i⁵⁵to³⁵ 有爪子的怪象	va³⁵ 猪　　lu⁵⁵su⁵⁵ 属　　pu³¹ 送　　hũ³⁵, 需要
	通译	十月十六，属猪的一天，属猪的人得病，要送雀鸟的怪象，要谢土神。			
	补充	十月十六日这一天，属猪的人得病，是因为被红煞犯了，并且屋里有鸡的怪象。用丝茅草扎一个毛人，把鸡毛扎进去，然后烧一盆油香，把毛人往不是病人本命的地方送。然后用苦荞花和鲜牛奶谢土神。			
李开华解读	国际音标	ta³⁵pʰi⁵⁵	va³⁵	tʰa⁵⁵bɑ⁵⁵	ȵɑ⁵⁵
	直译	旗子	猪	赤口	眼睛
	意译	头朝下的旗子	属猪	赤口在东方	在天上的眼睛
	解读	va³⁵ 猪　　lu⁵⁵ 属　　tɕi⁵⁵ 一　　ȵi⁵⁵, 天　　χa³⁵ 日子　　tsa⁵⁵. 坏　　mu⁵⁵ 天　　ɑ⁵⁵ 上（方位词）　　ȵɑ⁵⁵ 眼睛　　ndza³⁵. 在　　ly³⁵ 看　　lo³¹. 了		tʰa⁵⁵bɑ⁵⁵ 赤口　　ta³⁵pʰi⁵⁵ 旗子　　tsʅ⁵⁵tsʅ⁵⁵ 下　　tʂo³¹tɕʰi⁵⁵kʰi³¹ 去　　ʂɑ⁵⁵tʂʰo⁵⁵ 东方　　be⁵⁵ 不	ʂɑ⁵⁵tʂʰo⁵⁵ 东方　　dzo³¹. 在　　mi⁵⁵ 下（方向前缀）　　ȵi⁵⁵tʂʰo⁵⁵ 西方　　ma⁵⁵ 不　　hã⁵⁵. 能
	通译	十月十六这一天属猪，日子坏。赤口在东方，眼睛在天上看。旗子头朝下看。东方、西方、北方不能去。			

757

十月十七日

	原图	![神枝]	![鼠]	![水神]	![手]	![有蹄子的怪象]
朱小华解读	国际音标	nda⁵⁵ta⁵⁵	χa³⁵	ɬo³⁵	la³¹ka³¹	qʰa⁵⁵ndʐa⁵⁵i⁵⁵to³⁵
	直译	神枝	鼠	水神	手	有蹄子的怪象
	意译	家神	属鼠	大的水神惹了人	红煞	家中的牲畜出的怪象惹了人
	解读	χa³⁵ 鼠 χo³¹ʂl̩³¹ 十七, χa³⁵ 鼠 n̩i⁵⁵mi⁵⁵tɕi³¹ 日一 n̩i⁵⁵ 天, χa³⁵ 鼠 lu⁵⁵su⁵⁵ 属 tsʰo³¹ 人 ta⁵⁵mu⁵⁵ 这种 ŋgo⁵⁵ 病 zo³¹ko⁵⁵ 得, za³⁵ 煞气 pu³¹ 送 hũ³⁵ 需要. qʰa⁵⁵ndʐa⁵⁵i⁵⁵to³⁵ 有蹄子的怪象 pu³¹ 送 hũ³⁵ 需要. ɬo³⁵ 水神 pu³¹ 送 hũ³⁵ 需要, ɬo³⁵ 水神 ndzo⁵⁵ 送.				
	通译	十月十七，属鼠的一天，属鼠的人得病，要送煞气，要送牲畜的怪象，要送水神。				
	补充	十月十七日这一天，属鼠的人如果生病，是被水菩萨惹了，家里的猪出了怪象。要先用糌粑坨坨和苦荞花送水神，然后用丝茅草和猪毛送怪象。				
李开华解读	国际音标	nda⁵⁵ta⁵⁵	χa³⁵	xə³⁵	la³¹	qa³⁵lu⁵⁵
	直译	神枝	鼠	湖	手	锅庄
	意译	神枝在西方	属鼠	东南方有两个湖碰在了一起	天上的手伸出来	做道场时用石头架的锅庄，用于减淤
	解读	χa³⁵ 鼠 lu⁵⁵ 属 tɕi⁵⁵ 一 n̩i⁵⁵ 日子, mi⁵⁵ 下（方向前缀） ʂu³¹ 减淤. ma⁵⁵ 不 mu⁵⁵ 天 qʰa⁵⁵ 好 a⁵⁵ 上（方位词） ma⁵⁵ 不 la³¹ 手 nda⁵⁵ 坏. mi⁵⁵ 下（方向前缀） ndza⁵⁵ 减淤 tʂl̩⁵⁵ 伸 lo³¹ 了. na⁵⁵gu⁵⁵tʂʰl̩³¹ 东南方 xə³⁵ 湖 n̩i⁵⁵ 两 lu⁵⁵ 个（量词） tɕi⁵⁵ 一 ga⁵⁵ 起 to³¹ 碰、挨 lo³¹ 了. tso³¹tɕʰi⁵⁵kʰi³¹ 北方 be⁵⁵ 去 ma⁵⁵ 不 hã⁵⁵ 能.				
	通译	十月十七这一天属鼠，日子不好不坏，要减淤。天上的手伸了出来。东南边有两个湖碰在一起。北方不能去。				

十月十八日

	原图	🐚	🪄	🦌	🗡	🗡
朱小华解读	国际音标	li³¹bu⁵⁵	nda⁵⁵ta⁵⁵	ɣe³⁵	ʁa⁵⁵la⁵⁵bu⁵⁵	ʁa⁵⁵bu⁵⁵ta⁵⁵ta⁵⁵
	直译	海螺	神枝	牛	大烧香堆堆	小烧香堆堆
	意译	烧香时吹海螺	家神惹了人	属牛	给大烧香堆堆烧香	给小烧香堆堆烧香
	解读	ɣe³⁵ 牛 χo³¹hĩ³¹ 十八 ɣe³⁵ 牛 ni⁵⁵mi⁵⁵ tɕi³¹ 日一 ni⁵⁵ 天 ɣe³⁵ 牛 lu⁵⁵su⁵⁵ 属 tsʰo³¹ 人 ta⁵⁵mu⁵⁵ 这种 ŋgo⁵⁵ 病 zo³¹ko⁵⁵ 得, ʁa⁵⁵la⁵⁵bu⁵⁵ 大烧香堆堆 ʁa⁵⁵bu⁵⁵ta⁵⁵ta⁵⁵ 小烧香堆堆 so³¹ 香 vu⁵⁵ 烧 hũ³⁵ 需要 li³¹bu⁵⁵ 海螺 fu⁵⁵ 吹 hũ³⁵ 需要.					
	通译	十月十八，属牛的一天，属牛的人得病，要给大烧香堆堆和小烧香堆堆烧香，要吹海螺。					
	补充	十月十八日这一天，属牛的人如果生病，是家神、山神、庙神[1]惹了他，要用酥油、奶渣、柏香烧素香。					
李开华解读	国际音标	hĩ³¹mbo⁵⁵kʰu⁵⁵	nda⁵⁵ta⁵⁵	ɣə³⁵	qa³⁵	ʁa⁵⁵
	直译	海螺	神枝	牛	斗	烧香堆堆
	意译	海螺在西方	摆在前面的神枝	属牛	在斗里装了粮食，然后朝天烧香	朝下烧香
	解读	ɣə³⁵ 牛 lu⁵⁵ 属 tɕi⁵⁵ 一 ni⁵⁵ 天, χa³⁵ 日子 pʰio³⁵ 好 qa³⁵ 香炉 ʂa⁵⁵tsʰo⁵⁵ 东方 dʐa³¹ 在. mu⁵⁵ 天 a⁵⁵ 上(方位词) sio⁵⁵ 香 pʰi⁵⁵ 素 lo³¹ 上(方向前缀) mu⁵⁵ 烧. nda⁵⁵ta⁵⁵ 神枝 yua⁵⁵ 前面 dʐa³¹ 在. hĩ³¹mbo⁵⁵kʰu⁵⁵ 海螺 ni⁵⁵tʂo⁵⁵ 西方 dʐa³¹ 在. zɿ³⁵dʐu⁵⁵kʰu³¹ 四方 be⁵⁵ 去 a⁵⁵ʟɿ³¹ 可以.					
	通译	十月十八这一天属牛，日子好。香炉在东方，朝天烧素香。神枝和海螺摆在前面。四方都能去。					

---

[1] 触犯庙神的原因是病人在庙里许的愿没有还，要先打卦确定是什么愿，然后去还愿。

十月十九日

	原图						
朱小华解读	国际音标	nda⁵⁵ta⁵⁵	ȵi⁵⁵mi⁵⁵	la⁵⁵	ʁua³¹mi³¹	li³¹bu⁵⁵	tʂʅ³¹
	直译	神枝	太阳	虎	长刀	海螺	星宿
	意译	家神	太阳神	属虎	不吉利的铁器	烧香时吹海螺	星宿的红煞惹了人
	解读	la⁵⁵ χo³¹ŋgu³⁵, la⁵⁵ ȵi⁵⁵mi⁵⁵ tɕi³¹ ȵi⁵⁵, la⁵⁵ lu⁵⁵su⁵⁵ tsʰo³¹ 虎　　十九　　　虎　　　日　　一　天　　虎　　属　　人 ta⁵⁵mu⁵⁵　ŋo⁵⁵　zo³¹ko⁵⁵,　li³¹bu⁵⁵　fu⁵⁵　hũ³⁵.　za³⁵　pu³¹　hũ³⁵. 这种　　　病　　得　　　　海螺　　吹　　需要　煞气　送　需要 mu⁵⁵　a⁵⁵　tʂʅ³¹　pu³¹　hũ³⁵. 天　　上（方位词）星宿　送　需要					
	通译	十月十九，属虎的一天，属虎的人得病，要吹海螺，要送煞气，送天上的星宿。					
	补充	十月十九日这一天，属虎的人生病，是因为太阳神的红煞惹了他。同前文一样，要用毛人和糌粑坨坨驱赶红煞。					
李开华解读	国际音标	nda⁵⁵ta⁵⁵	hĩ⁵⁵mi⁵⁵	la⁵⁵	ʁa³⁵mi⁵⁵	hĩ³¹mbo⁵⁵kʰu⁵⁵	tʰa⁵⁵ba⁵⁵
	直译	神枝	太阳	虎	长刀	海螺	赤口
	意译	神枝在西方	刚出山的太阳	属虎	长刀在东方	海螺在西方	东北方的赤口
	解读	la⁵⁵ lu⁵⁵ tɕi⁵⁵ ȵi⁵⁵, χa³⁵ pʰio⁵⁵ ʁa³⁵mi⁵⁵ ʂa⁵⁵tʂʰo⁵⁵ dza³¹. 虎　属　一　天　　日子　好　　长刀　　东方　　在 tʰa⁵⁵ba⁵⁵　ʁə³⁵sa⁵⁵gu³¹　a⁵⁵　dzɑ³¹.　hĩ³¹mbo⁵⁵kʰu⁵⁵　ʁu⁵⁵　a⁵⁵ 赤口　　　东北方　　　（方位词）在　　海螺　　　　　头　　上（方位词） dzɑ³¹.　nda⁵⁵ta⁵⁵　ȵi⁵⁵tʂʰo⁵⁵　dzɑ³¹.　hĩ⁵⁵mi⁵⁵　ga³⁵　u⁵⁵lu³¹　bi⁵⁵ 在　　　神枝　　　　西方　　　　在　　　太阳　　　山　　上　　飞 hĩ³¹mbo⁵⁵kʰu⁵⁵　ȵi⁵⁵tʂʰo⁵⁵　dzɑ³¹.　ʁa³⁵sa⁵⁵gu³¹　ʂa⁵⁵tʂʰo⁵⁵ 海螺　　　　　　西方　　　　在　　　东北方　　　　东方 be⁵⁵　ma⁵⁵　hã⁵⁵. 去　　　不　　能					
	通译	十月十九这一天属虎，日子好，长刀在东方，赤口在东北方，海螺在西方，神枝在西方。东北方和东方不能去。					

十月二十日

	原图					
朱小华解读	国际音标	nda⁵⁵ta⁵⁵	tʰo⁵⁵li⁵⁵	sɑ⁵⁵tɑ⁵⁵	ndo³⁵	a³¹kʰɚ⁵⁵
	直译	神枝	兔	土神	箭	筛子
	意译	家神	属兔	土神	做法事的工具，用于射糌粑坨坨	做法事的工具
	解读	tʰo⁵⁵li⁵⁵ no⁵⁵, 兔 二十 tʰo⁵⁵li⁵⁵ ȵi⁵⁵mi⁵⁵ tɕi³¹ 兔 日 一 ȵi⁵⁵, tʰo⁵⁵li⁵⁵ lu⁵⁵su⁵⁵ 天 兔 属 tsʰo³¹ ta⁵⁵mu⁵⁵ 人 这种 ŋgo⁵⁵ zo³¹ko⁵⁵, qɑ⁵⁵tu⁵⁵ mi⁵⁵ tʂʰɿ³¹ pu³¹ hũ³⁵, 病 得 糌粑坨坨 下（方向前缀） 放 送 需要 ŋɑ³⁵ gi⁵⁵ pu³¹ hũ³⁵, sɑ⁵⁵tɑ⁵⁵ tʂo⁵⁵ hũ³⁵. 五 方 送 需要 土神 谢 需要				
	通译	十月二十，属兔的一天，属兔的人得病，要送糌粑坨坨，朝五方送，送土神。				
	补充	十月二十日这一天，属兔的人如果生病，是犯了相当严重的黑煞。制作五个糌粑坨坨和五根箭，把五色布拴在箭上，用五把苦荞花擦病人的身体，然后杀一只鸡，在五个糌粑坨坨上放五坨肉，把鸡血放干。最后把所有东西送往东方的十字路口，每个方向送一个，分别往每个方向打一箭。				
李开华解读	国际音标	nda⁵⁵ta⁵⁵	tʰo⁵⁵li⁵⁵	tʰa⁵⁵ba⁵⁵	li⁵⁵bu⁵⁵	ʂɿ³¹tʰo⁵⁵
	直译	神枝	兔	赤口	弓弩	牛皮船
	意译	神枝在西方	属兔	赤口在东南方	东方有人射箭	牛皮船在天上
	解读	tʰo⁵⁵li⁵⁵ lu⁵⁵ tɕi⁵⁵ ȵi⁵⁵, ma⁵⁵ qʰa⁵⁵ ma⁵⁵ nda⁵⁵. li⁵⁵bu⁵⁵ dzɑ³¹ 兔 属 一 天 不 好 不 坏 弓弩 在 ʂɿ³¹tʰo⁵⁵ mu⁵⁵ a⁵⁵ dzɑ³¹. tʰa⁵⁵ba⁵⁵ na⁵⁵gu⁵⁵tʂʰɿ³¹ a⁵⁵ 牛皮船 天 上（方位词） 在 赤口 东南方 （方位词） dzo³¹. nda⁵⁵ta⁵⁵ ȵi⁵⁵tʂʰo⁵⁵ dzɑ³¹. ʂɿ⁵⁵li⁵⁵ qʰa³⁵ qɑ⁵⁵. 在 神枝 西方 在 箭 射 （将行体标记） ʂɑ⁵⁵tʂʰo⁵⁵ be⁵⁵ ma⁵⁵ hã⁵⁵. 东方 去 不 能				
	通译	十月二十这一天属兔，日子不好不坏。东方有人射箭，牛皮船在天上，赤口在东南方，神枝在西方，东方有人射箭。东方不能去。				

十月二十一日

	原图				
朱小华解读	国际音标	nda⁵⁵ta⁵⁵	ʑ⁵⁵dzɑ³¹	ɲi⁵⁵mi⁵⁵	tʂʅ³¹
	直译	神枝	龙	太阳	星宿
	意译	家神	属龙	太阳神惹了人	星宿惹了人

朱小华解读 解读：

ʑ⁵⁵dzɑ³¹	ȵo⁵⁵tɕi³¹,	ʑ⁵⁵dzɑ³¹	ɲi⁵⁵mi⁵⁵	tɕi³¹	ɲi⁵⁵,	ʑ⁵⁵dzɑ³¹	lu⁵⁵su⁵⁵
龙	二十一	龙	日	一	天	龙	属
tsʰo³¹	ta⁵⁵mu⁵⁵	ŋgo⁵⁵	zo³¹ko⁵⁵,	mu⁵⁵	a⁵⁵	ɲi⁵⁵mi⁵⁵	ɬa³¹
人	这种	病	得	天	上（方位词）	太阳	神
pu³¹	hũ³⁵,	mu⁵⁵	a⁵⁵	tʂʅ³¹	pu³¹	hũ³⁵.	
送	需要	天	上（方位词）	星宿	送	需要	

通译：十月二十一，属龙的一天，属龙的人得病，要送天上的太阳神，送天上的星宿。

补充：十月二十一日这一天，属龙的人如果生病，是因为太阳神和星宿惹了他，要给太阳神和星宿烧一盘柏香，再敬茶，然后把香和茶送到高山的青树枝上。

	国际音标	ta³⁵pʰi⁵⁵	zʅ⁵⁵bi⁵⁵	hĩ⁵⁵mi⁵⁵	tʰa⁵⁵ba⁵⁵
李开华解读	直译	旗子	龙	太阳	赤口
	意译	头朝下的旗子	属龙	在天上飞的太阳	东北方的赤口

李开华解读 解读：

zʅ⁵⁵bi⁵⁵	lu⁵⁵	tɕi⁵⁵	ɲi⁵⁵,	χa³⁵	tsa⁵⁵.	tʰa⁵⁵ba⁵⁵	ʁə³⁵sa⁵⁵gu⁵⁵
龙	属	一	天	日子	坏	赤口	东北方
a⁵⁵	dzo³¹.	mu⁵⁵	a⁵⁵	hĩ⁵⁵mi⁵⁵	bi⁵⁵.	ta³⁵pʰi⁵⁵	tsʰʅ⁵⁵tsʰʅ⁵⁵
（方位词）	在	天	上（方位词）	太阳	飞	旗子	下
mi⁵⁵		ly³⁵		lo³¹.		ȵi⁵⁵tʂʰo⁵⁵	tʂo³¹tɕʰi⁵⁵kʰi³¹
下（方向前缀）		看		了		西方	北方
ʂa⁵⁵tʂʰo⁵⁵	be⁵⁵	ma⁵⁵	hã⁵⁵.				
东方	去	不	能				

通译：十月二十一这一天属龙，日子坏，赤口在东北方，太阳在天上飞，旗子头朝下。西方、北方和东方不能去。

十月二十二日

原图					
	海螺图	蛇图	土神图	月亮图	有蹄怪象图

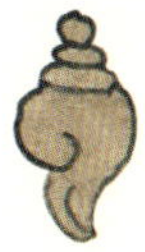

朱小华解读

国际音标	li³¹bu⁵⁵	dzɑ³¹	sa⁵⁵ta⁵⁵	ɬi⁵⁵mi⁵⁵	qʰa⁵⁵ndʑa⁵⁵i⁵⁵to³⁵
直译	海螺	蛇	土神	月亮	有蹄子的怪象
意译	烧香时要吹海螺	属蛇	土神惹了人	要送月亮神	家中的牲畜出的怪象惹了人

解读：

dzɑ³¹ no⁵⁵ni⁵⁵, dzɑ³¹ dzɑ³¹ ɲi⁵⁵mi⁵⁵ tɕi³¹ ɲi⁵⁵, dzɑ³¹ lu⁵⁵su⁵⁵
蛇　　二十二　　蛇　　蛇　　日　　一　　天　　蛇　　属

tsʰo³¹ ta⁵⁵mu⁵⁵ ŋgo⁵⁵ zo³¹ko⁵⁵, ɬi⁵⁵mi⁵⁵ ɬa³¹ pu³¹ hũ³⁵,
人　　这种　　病　　得　　月亮　　神　　送　　需要

qʰa⁵⁵ndʑa⁵⁵i⁵⁵to³⁵ pu³¹ hũ³⁵, sa⁵⁵ta⁵⁵ tso⁵⁵ hũ³⁵.
有蹄子的怪象　　送　　需要　　土神　　谢　　需要

通译： 十月二十二，属蛇的一天，属蛇的人得病，要送月亮神，要送牲畜的怪象，要谢土神。

补充： 十月二十二日这一天，属蛇的人生病，是因为猪的怪象和土神惹他。先谢土神，再用丝茅草送怪象，然后给月亮菩萨烧香，吹三声海螺。

李开华解读

国际音标	hĩ³¹mbo⁵⁵kʰu⁵⁵	dzɑ³⁵	tʰa⁵⁵ba⁵⁵	hĩ⁵⁵gu⁵⁵ hĩ⁵⁵mi⁵⁵	qa³⁵lu⁵⁵
直译	海螺	蛇	赤口	晚上　太阳	锅庄
意译	海螺在西方	属蛇	赤口在东方	在天上飞的月亮	做道场时用石头架的锅庄，用于减淤

解读：

dzɑ³⁵ lu⁵⁵ tɕi⁵⁵ ɲi⁵⁵, χa³⁵ pʰio³⁵. hĩ³¹mbo⁵⁵kʰu⁵⁵ ɲi⁵⁵tʂʰo⁵⁵
蛇　　属　　一　　天　　日子　　好　　海螺　　西方

dzɑ³¹. tʰa⁵⁵ba⁵⁵ ʂa⁵⁵tʂʰo⁵⁵ dzo³¹. ʂa⁵⁵tʂʰo⁵⁵ ndzɑ⁵⁵
在　　赤口　　东方　　在　　东方　　减淤

mi⁵⁵ ʂu³¹. hĩ⁵⁵gu⁵⁵ hĩ⁵⁵mi⁵⁵ mu⁵⁵ a⁵⁵ bi⁵⁵ ʂa⁵⁵tʂʰo⁵⁵
下（方向前缀）　减淤　月亮　　天　上（方位词）　飞　东方

ʁə³⁵sa⁵⁵gu³¹ be⁵⁵ ma⁵⁵ hã⁵⁵.
东北方　　去　　不　　能

通译： 十月二十二这一天属蛇，日子好，海螺在西方，赤口在东方。在东方减淤。月亮在天上飞。东方和东北方不能去。

十月二十三日

原图				
朱小华解读	国际音标	nda⁵⁵ta⁵⁵	mo⁵⁵	sa⁵⁵ta⁵⁵	y³¹ɚ⁵⁵tʂʅ⁵⁵i⁵⁵to³⁵
	直译	神枝	马	土神	有爪子的怪象
	意译	家神	属马	土神不干净，犯了人	天上的雀鸟出的怪象惹了人
	解读	mo⁵⁵ ȵo⁵⁵so⁵⁵, tsʰo³¹ ta⁵⁵mu⁵⁵ sa⁵⁵ta⁵⁵ tʂo⁵⁵ hũ³⁵. 马 二十三 人 这种 土神 谢 需要	mo⁵⁵ ȵi⁵⁵mi⁵⁵ ŋgo⁵⁵ zo³¹ko⁵⁵, 马 日 病 得	tɕi³¹ ȵi⁵⁵, y³¹ɚ⁵⁵tʂʅ⁵⁵i⁵⁵to³⁵ 一 天 有爪子的怪象	mo⁵⁵ lu⁵⁵su⁵⁵ pu³¹ hũ³⁵, 马 属 送 需要
	通译	十月二十三，属马的一天，属马的人得病，要送雀鸟的怪象，要谢土神。			
	补充	十月二十三日这一天，属马的人如果生病，是因为有土神和鸡的怪象犯了他，要用苦荞花谢土神，用丝茅草送怪象。			
李开华解读	国际音标	nda⁵⁵ta⁵⁵	mo⁵⁵	tʰa⁵⁵ba⁵⁵	ȵa⁵⁵
	直译	神枝	马	赤口	眼睛
	意译	神枝在西方	属马	东方的赤口	在天上的眼睛
	解读	mo⁵⁵ lu⁵⁵ tʰa⁵⁵ba⁵⁵ ʂa⁵⁵tʂʰo⁵⁵ tʂo³¹tɕʰi⁵⁵kʰi³¹ 马 属 赤口 东方 北方	tɕi⁵⁵ ȵi⁵⁵, dzo³¹. mu⁵⁵ be⁵⁵ 一 天 在 天 去	ma⁵⁵ qʰa⁵⁵ a⁵⁵ ma⁵⁵ 不 好 上（方位词） 不	ma⁵⁵ nda⁵⁵. ȵa⁵⁵ ndʑa³⁵. ʂa⁵⁵tʂʰo⁵⁵ hã⁵⁵. 不 坏 眼睛 在 东方 能
	通译	十月二十三这一天属马，日子不好不坏，赤口在东方，眼睛在天上，东方和北方不能去。			

十月二十四日

	原图					
朱小华解读	国际音标	nda^{55}ta^{55}	li^{31}bu^{55}	io^{55}	ȵi^{55}mi^{55}	la^{31}
	直译	神枝	海螺	羊	太阳	手
	意译	家神惹了人	烧香时吹海螺	属羊	太阳神惹了人	红煞
	解读	io^{55} ȵo^{55}zl̩^{35}, io^{55} ȵi^{55}mi^{55} tɕi^{31} ȵi^{55}, io^{55} lu^{55}su^{55} tsʰo^{31} 羊　二十四　　　羊　日　一　天　羊　属　人 ta^{55}mu^{55} ŋgo^{55} zo^{31}ko^{55}, za^{35} pu^{31} hũ^{35} ȵi^{55}mi^{55} ɬa^{31} 这种　　病　　得　　煞气　送　需要　太阳　神 pu^{31} hũ^{35} li^{31}bu^{55} fu^{55} hũ^{35}. 送　需要　海螺　吹　需要				
	通译	十月二十四，属羊的一天，属羊的人得病，要送煞气，要送太阳神，要吹海螺。				
	补充	十月二十四日这一天，属羊的人生病，是因为太阳神的煞气和家神惹了他，要烧一盆柏香，在其中放一个鸡蛋，然后烧五张纸钱，往东送。				
李开华解读	国际音标	nda^{55}ta^{55}	hĩ^{31}mbo^{55}hu^{55}	io^{55}	hĩ^{55}mi^{55}	la^{31}
	直译	神枝	海螺	羊	太阳	手
	意译	神枝在西方	海螺在前面	属羊	在东方升起的太阳	在天上伸出的手
	解读	io^{55} lu^{55} tɕi^{55} ȵi^{55}, χa^{35} pʰio^{35} hĩ^{31}mbo^{55}kʰu^{55} ɣua^{55} dʑa^{31}. 羊　属　一　天　日子　好　海螺　前面　在 ʂa^{55}tʂʰo^{55} hĩ^{55}mi^{55} bi^{55} mu^{55} a^{55} la^{31} ndʑa^{35}. la^{31} 东方　太阳　飞　天　上（方位词）　手　在　手 mi^{55} tʂɿ^{55} lo^{31}. tʂo^{31}tɕi^{55}kʰi^{31} be^{55} ma^{55} hã^{55}. 下（方向前缀）　伸　了　北方　去　不　能				
	通译	十月二十四这一天属羊，日子好，海螺在前面。太阳在东方升起。天上有手伸出来。北方不能去。				

十月二十五日

	原图					
朱小华解读	国际音标	pu⁵⁵mba³¹	mi³⁵	sa⁵⁵ta⁵⁵	li³¹bu⁵⁵	ʁa⁵⁵la⁵⁵bu⁵⁵
	直译	岸子	猴	土神	海螺	大烧香堆堆
	意译	坛神惹了人	属猴	土神不干净，惹了人	烧香时吹海螺	大烧香堆堆不干净，惹了人
	解读	mi³⁵ ȵo⁵⁵ŋa³⁵, mi³⁵ ȵi⁵⁵mi⁵⁵ tɕi³¹ ȵi⁵⁵, mi³⁵ lu⁵⁵su⁵⁵ tsʰo³¹ ta⁵⁵mu⁵⁵ ŋo⁵⁵ zo³¹ko⁵⁵, li³¹bu⁵⁵ fu⁵⁵ hũ³⁵. sa⁵⁵ta⁵⁵ tʂo⁵⁵ hũ³⁵. 猴 二十五 猴 日 一 天 猴 属 人 这种 病 得 海螺 吹 需要 土神 谢 需要				
	通译	十月二十五，属猴的一天，属猴的人得病，要吹海螺，要谢土神。				
	补充	十月二十五日这一天，属猴的人生病，是因为家里的烧香堆堆不干净，坛神和土神惹了他，要给烧香堆堆"减淤"，然后烧素香，吹三声海螺。				
李开华解读	国际音标	nda⁵⁵ta⁵⁵	mi³⁵	tʰa⁵⁵ba⁵⁵	hĩ³¹mbo⁵⁵kʰu⁵⁵	ʁa⁵⁵
	直译	神枝	猴	赤口	海螺	烧香堆堆
	意译	神枝在西方	属猴	赤口在东南方	东方的海螺	用于烧素香
	解读	mi³⁵ lu⁵⁵ tɕi⁵⁵ ȵi⁵⁵, χa³⁵ pʰio³⁵. hĩ³¹mbo⁵⁵kʰu⁵⁵ ʂa⁵⁵tʂʰo⁵⁵ 猴 属 一 天 日子 好 海螺 东方 dza³¹. tʰa⁵⁵ba⁵⁵ na⁵⁵gu⁵⁵tʂʰʅ³¹ dzo³¹ sio⁵⁵ pʰi⁵⁵ lo³¹ mu⁵⁵. 在 赤口 东南方 在 香 素 上（方向前缀） 烧 hũ⁵⁵mi⁵⁵kʰi³¹ ʂa⁵⁵tʂʰo⁵⁵ be⁵⁵ ma⁵⁵ hã⁵⁵. 南方 东方 去 不 能				
	通译	十月二十五这一天属猴，日子好。海螺在东方，要烧素香。南方和东方不能去。				

十月二十六日

	原图					
朱小华解读	国际音标	nda⁵⁵ta⁵⁵	ʁuɑ³¹mi³¹	dzu⁵⁵	ɬo³⁵	tʂʅ³¹
	直译	神枝	长刀	鸡	水神	星宿
	意译	家神	不吉利的铁器	属鸡	大的水神惹了人	带尾巴的星宿，惹人惹得严重
	解读	dzu⁵⁵ 鸡　ȵo⁵⁵kʰu³¹ 二十六，ta⁵⁵mu⁵⁵ 这种　ŋgo⁵⁵ 病　zo³¹ko⁵⁵, 得　pu³¹ 送　hũ³⁵ 需要　ɬo³⁵ 水神　tʂo⁵⁵tʂʅ⁵⁵. 送	dzu⁵⁵ 鸡　ȵi⁵⁵mi⁵⁵ 日　tɕi³¹ 一，mu⁵⁵ 天　ɑ⁵⁵ 上（方位词）	ȵi⁵⁵, 天　tʂʅ³¹ 星宿	dzu⁵⁵ 鸡　pu³¹ 送	lu⁵⁵su⁵⁵ 属　hũ³⁵, 需要	tʂʰo³¹ 人　ɬo³⁵ 水神
	通译	十月二十六，属鸡的一天，属鸡的人得病，要送天上的星宿，要送水神，用大规模送。					
	补充	十月二十六日这一天，属鸡的人生病，是因为犯了水煞[1]，要举行大规模的送水神仪式（为期三天）。					
李开华解读	国际音标	nda⁵⁵ta⁵⁵	ʁɑ³⁵mi⁵⁵	bi⁵⁵	xə³⁵	tʰa⁵⁵ba⁵⁵
	直译	神枝	长刀	鸡	湖	赤口
	意译	神枝在西方	长刀在前面	属鸡	东南方的湖	东北方的赤口
	解读	bi⁵⁵ 鸡　lu⁵⁵ 属　tɕi⁵⁵ 一　ȵi⁵⁵, 天　ʁə³⁵sa⁵⁵gu³¹ 东北方　xə³⁵ 湖　ndʑa³⁵. 在	ma⁵⁵ 不　qʰɑ⁵⁵ 好　ɑ⁵⁵（方位词）　dzo³¹. 在　ʁə³⁵sa⁵⁵gu³¹ 东北方	ma⁵⁵ 不　yua⁵⁵ 前面　ȵi⁵⁵tʂʰo⁵⁵ 西方	nda⁵⁵ 坏　ʁɑ³⁵mi⁵⁵ 长刀　be⁵⁵ 去	tʰa⁵⁵ba⁵⁵ 赤口　dzɑ³¹. 在　ma⁵⁵ 不	na⁵⁵gu⁵⁵tʂʅ³¹ 东南方　hã⁵⁵. 能
	通译	十月二十六这一天属鸡，日子不好不坏。赤口在东北方，长刀在前面，湖在东南方。东北方和西方不能去。					

[1] 图中黄色的水表示水煞，这种水煞比黑煞要严重（白、黑、黄、红的严重程度依次加深）。

十月二十七日

	原图				
朱小华解读	国际音标	nda⁵⁵ta⁵⁵	tʂʰɿ³⁵	ɬo³⁵	a³¹kʰɚ⁵⁵
	直译	神枝	狗	水神	筛子
	意译	家神	属狗	水神惹了人	在天上的筛子
	解读	tʂʰɿ³⁵ n̠o⁵⁵ʂɿ³¹, tʂʰɿ³⁵ ȵi⁵⁵mi⁵⁵ tɕi³¹ ȵi⁵⁵, tʂʰɿ³⁵ lu⁵⁵su⁵⁵ 狗　二十七　狗　日　一　天　狗　属 tʂʰo³¹ ta⁵⁵mu⁵⁵ ŋgo⁵⁵ zo³¹ko⁵⁵, a³¹kʰɚ⁵⁵ qo³¹ su⁵⁵u⁵⁵ ŋa³⁵ 人　这种　病　得　筛子　里头　纸　五 ga³¹ mi⁵⁵ tʂʰɿ³¹, hũ³⁵bu⁵⁵ mi⁵⁵ tʂʰɿ³¹, 张　下（方向前缀）放，送　荞花　下（方向前缀）放，送 ɬo³⁵ tʂʰo⁵⁵tʂʰɿ⁵⁵. 水神　送				
	通译	十月二十七，属狗的一天，属狗的人得病，在筛子里放五张纸，撒荞花。				
	补充	十月二十七日这一天，属狗的人生病，是因为冒犯了水神。要送水，把五种颜色的布绑在树上，然后把鲜牛奶、苦荞花、十二盘糌粑面和五种颜色的纸送到水中。				
李开华解读	国际音标	nda⁵ta⁵⁵	tʂʰɿ⁵⁵	xə³⁵	ʂɿ³¹tʰo⁵⁵
	直译	神枝	狗	湖	牛皮船
	意译	神枝在西方	属狗	东南方的湖	在天上的牛皮船
	解读	tʂʰɿ⁵⁵ lu⁵⁵ tɕi⁵⁵ ȵi⁵⁵, ma⁵⁵ qʰa⁵⁵ ma⁵⁵ nda⁵⁵. 狗　属　一　天　不　好　不　坏 ʂɿ³¹tʰo⁵⁵ ʁə³⁵sa⁵⁵gu³¹ a⁵⁵ dzo³¹. na⁵⁵gu⁵⁵tʂʰɿ³¹ xə³⁵ 牛皮船　东北方　（方位词）在　东南方　湖 ndʐa³⁵. na⁵⁵gu⁵⁵tʂʰɿ³¹ be⁵⁵ ma⁵⁵ hã⁵⁵. 在　东南方　去　不　能				
	通译	十月二十七这一天属狗，日子不好不坏，牛皮船在东北方，湖在东方，东南方不能去。				

十月二十八日

	原图				
朱小华解读	国际音标	nda^{55}ta^{55}	va^{35}	ȵi^{55}mi^{55}	bu^{55}ɚ^{31}to^{35}
	直译	神枝	猪	太阳	蛇怪
	意译	家神	属猪	要送太阳神	天神菩萨的鬼惹人
	解读	va^{35} ȵo^{55}hĩ^{31}, 猪 二十八 tsʰo^{31} ta^{55}mu^{55} 人 这种 bu^{55}ɚ^{31}to^{35} pu^{31} hũ^{35}. 蛇 送 需要	va^{35} ȵi^{55}mi^{55} 猪 日 ŋo^{55} zo^{31}ko^{55}, 病 得	tɕi^{31} ȵi^{55}, 一 天 ȵi^{55}mi^{55} ɬa^{31} 太阳 神	va^{35} lu^{55}su^{55} 猪 属 pu^{31} hũ^{35}. 送 需要
	通译	十月二十八，属猪的一天，属猪的人得病，要送太阳神，要送蛇的怪象。			
	补充	十月二十八日这一天，属猪的人如果生病，是因为有蛇（天神菩萨的鬼）惹他，用丝茅草扎一个毛人，用糌粑面捏一个蛇和人，绕病人身体转圈，再把这些东西送到与病人本命不同的地方。			
李开华解读	国际音标	nda^{55}ta^{55}	va^{35}	hĩ^{55}mi^{55}	bu^{55}ɚ^{55}
	直译	神枝	猪	太阳	蛇
	意译	神枝在西方	属猪	在天上飞的太阳	朝天上爬的蛇
	解读	va^{35} lu^{55} 猪 属 a^{55} xə^{55}, 上（方位词） 去 ia^{55}. （进行体标记） ʂa^{55}tʂʰo^{55} 东方	tɕi^{55} ȵi^{55}, 一 天 lo^{31}. 上（方向前缀） ȵi^{55}tʂʰo^{55} 西方 hũ^{55}mi^{55}kʰi^{31} 南方	χa^{35} tsa^{55}. 日子 坏 mu^{55} a^{55} 天 上（方位词） nda^{55}ta^{55} dza^{31}. 神枝 在 be^{55} ma^{55} 去 不	bu^{55}ɚ^{55} mu^{55} 蛇 天 hĩ^{55}mi^{55} bi^{55} 太阳 飞 tʂo^{31}tɕʰi^{55}kʰi^{31} 北方 hã^{55}. 能
	通译	十月二十八这一天属猪，日子坏，蛇朝天上爬，太阳在天上飞，神枝在西方。北方、东方、南方不能去。			

十月二十九日

原图					
朱小华解读	国际音标	nda⁵⁵ta⁵⁵	χa³⁵	li³¹bu⁵⁵	ɬi⁵⁵mi⁵⁵
	直译	神枝	鼠	海螺	月亮
	意译	家神惹了人	属鼠	烧香时吹海螺	月亮神惹了人
	解读	χa³⁵ 鼠　ȵo⁵⁵ŋgu³⁵, 二十九　　lu⁵⁵su⁵⁵ 属　tsʰo³¹ 人　ta⁵⁵mu⁵⁵ 这种	χa³⁵ 鼠　ȵi⁵⁵mi⁵⁵ 日　tɕi³¹ 一　ȵi⁵⁵, 天　χa³⁵ 鼠　ŋgo⁵⁵ 病　zo³¹ko⁵⁵, 得	ȵi⁵⁵, 天　ɬi⁵⁵mi⁵⁵ 月亮　ɬa³¹ 神　pu³¹ 送　hũ³⁵, 需要　li³¹bu⁵⁵ 海螺　fu⁵⁵ 吹　hũ³⁵. 需要		
	通译	十月二十九，属鼠的一天，属鼠的人得病，要送月亮神，要吹海螺。				
	补充	十月二十九日这一天，属鼠的人如果生病，是被月亮菩萨和家神惹了。在十五那一天烧素香，把酥油、奶渣、清茶和茶叶放在香炉中。然后吹三声海螺。				
李开华解读	国际音标	nda⁵⁵ta⁵⁵	χa³⁵	hĩ³¹mbo⁵⁵kʰu⁵⁵	hĩ⁵⁵gu⁵⁵	ɬi⁵⁵mi⁵⁵
	直译	神枝	鼠	海螺	晚上	太阳
	意译	神枝在西方	属鼠	海螺在东方	在天上飞的月亮	
	解读	χa³⁵ 鼠　lu⁵⁵ 属　tɕi⁵⁵ 一　ȵi⁵⁵, 日子　ʂa⁵⁵tʂʰo⁵⁵ 东方　dza³¹. 在　mu⁵⁵ 天　a⁵⁵ 上（方位词）	χa³⁵ 日子　pʰio³⁵. 好　hĩ⁵⁵gu⁵⁵hĩ⁵⁵mi⁵⁵ 月亮　dzo³¹. 在　hĩ³¹mbo⁵⁵kʰu⁵⁵ 海螺　nda⁵⁵ta⁵⁵ 神枝　ȵi⁵⁵tʂʰo⁵⁵ 西方　dza'³¹ 在　zɿ³⁵dʑu⁵⁵kʰu³¹ 四方　be⁵⁵ 去　a⁵⁵ʂɿ³¹. 可以				
	通译	十月二十九这一天属鼠，日子好，海螺在东方，天上有月亮。神枝在西方。四方都能去。				

十月三十日

	原图					
朱小华解读	国际音标	nda^{55}ta^{55}	ɤe^{35}	sa^{55}ta^{55}	y^{31}ɚ^{55}tsɿ^{55}i^{55}to^{35}	li^{55}ŋga^{31}
	直译	神枝	牛	土神	有爪子的怪象	不吉利的东西
	意译	家神	属牛	要送土神	天上的雀鸟出的怪象惹了人	这一天很不吉利
	解读	ɤe^{35}　　so^{55}ʂɿ^{31},　　ɤe^{35}　　n̠i^{55}mi^{55}　　tɕi^{31}　　n̠i^{55},　　ɤe^{35}　　lu^{55}su^{55}　　tsho^{31} 牛　　三十　　牛　　日　　一　　天　　牛　　属　　人 ta^{55}mu^{55}　　ŋgo^{55}　　zo^{31}ko^{55},　　li^{55}ŋga^{31}　　pu^{31}　　hũ^{35}　　sa^{55}ta^{55}　　tʂo^{55}　　hũ^{35}. 这种　　病　　得　　不吉利的东西　　送　　需要　　土神　　谢　　需要				
	通译	十月三十，属牛的一天，属牛的人得病，要送不吉利的东西，要谢土神。				
	补充	十月三十日这一天，属牛的人生病是因为被死煞（横死的人的煞气）和雀鸟的煞气惹了。用一把稻草绑一个九头毛人，再用丝茅草扎一个小毛人，捏一个面的雀鸟，念经以后把这些东西往西方送。然后用苦荞花和鲜牛奶谢土神。				
李开华解读	国际音标	nda^{55}ta^{55}	ɤə^{35}	tha^{55}ba^{55}	n̠a^{55}	藏文，意义不详[1]
	直译	神枝	牛	赤口	眼睛	
	意译	神枝在西方	属牛	赤口在东方	老天爷的眼睛	
	解读	ɤə^{35}　　lu^{55}　　tɕi^{55}　　n̠i^{55},　　ma^{55}　　qha^{55}　　ma^{55}　　nda^{55}　　nda^{55}ta^{55}　　n̠i^{55}tʂho^{55} 牛　　属　　一　　天　　不　　好　　不　　坏　　神枝　　西方 dzo^{31}.　　mu^{55}　　a^{55}　　n̠a^{55}　　ndʑa^{35}.　　tʂo^{31}tɕi^{55}khi^{31}　　ʂa^{55}tʂho^{55} 在　　天　　上（方位词）　　眼睛　　在　　北方　　东方 hũ^{55}mi^{55}khi^{31}　　be^{55}　　ma^{55}　　hã^{55}. 南方　　去　　不　　能				
	通译	十月三十这一天属牛，日子不好不坏，神枝在西方，眼睛在天上。北方、东方和南方不能去。				

---

[1] 图中藏文作"ཨ"，与"牛"无直接关系。

十一月

lɑ⁵⁵ndo⁵⁵tɕi³¹pə³¹
可以看见虎的一月

十一月上

十一月一日

	原图				
朱小华解读	国际音标	li³¹bu⁵⁵	la⁵⁵	nda⁵⁵ta⁵⁵	ʯ³¹ɚ⁵⁵tsʅ⁵⁵i⁵⁵to³⁵
	直译	海螺	虎	神枝	有爪子的怪象
	意译	烧香时要吹海螺	属虎	家神	天上的雀鸟出的怪象惹了人
	解读	la⁵⁵ tɕi³¹, tsʰo³¹ ta⁵⁵mu⁵⁵ li³¹bu⁵⁵ fu⁵⁵ hũ³⁵. 虎 一 人 这种 海螺 吹 需要	la⁵⁵ ɲi⁵⁵mi⁵⁵ ŋgo⁵⁵ zo³¹ko⁵⁵, so³¹ vu⁵⁵ hũ³⁵. 虎 日 病 得 香 烧 需要	tɕi³¹ ɲi⁵⁵, ʯ³¹ɚ⁵⁵tsʅ⁵⁵i⁵⁵to³⁵ 一 天 有爪子的怪象	la⁵⁵ lu⁵⁵su⁵⁵ pu³¹ hũ³⁵. 虎 属 送 需要
	通译	十一月初一，属虎的一天，属虎的人得病，要送雀鸟的怪象，要吹海螺、烧香。			
	补充	十一月初一这一天，属虎的人如果生病，是家神和天上带红煞的雀鸟惹了他。用糌粑面捏一个小人和一个雀鸟放在石板上，把擦过病人身体的苦荞花放在石板上，把石板绕着病人身体转三圈，然后往高处送。			
李开华解读	国际音标	hĩ³¹mbo⁵⁵kʰu⁵⁵	la⁵⁵	nda⁵⁵ta⁵⁵	ɲa⁵⁵
	直译	海螺	虎	神枝	眼睛
	意译	海螺在西方	属虎	神枝摆在东方	眼睛在天上看
	解读	la⁵⁵ lu⁵⁵ ɲi⁵⁵tʂo⁵⁵ dza³¹. ndʐa³⁵. tʂo³¹tɕʰi⁵⁵kʰi³¹ 虎 属 西方 在 在 北方	tɕi⁵⁵ ɲi⁵⁵, nda⁵⁵ta⁵⁵ ʂa⁵⁵tʂʰo⁵⁵ be⁵⁵ 一 天 神枝 东方 去	χa³⁵ pʰio³⁵. mu⁵⁵ a⁵⁵ ma⁵⁵ 日子 好 天 上（方位词） 不	hĩ³¹mbo⁵⁵kʰu⁵⁵ ɲa⁵⁵ hã⁵⁵. 海螺 眼睛 能
	通译	十一月初一这一天属虎，日子好。海螺在西方，神枝在东方，天上有眼睛。北方不能去。			

十一月二日

	原图				
朱小华解读	国际音标	pu⁵⁵mba³¹	tʰo⁵⁵li⁵⁵	ʁɑ⁵⁵lɑ⁵⁵bu⁵⁵	la³¹
	直译	岸子	兔	大烧香堆堆	手
	意译	坛神	属兔	大烧香堆堆惹了人	天上伸出的手
	解读	tʰo⁵⁵li⁵⁵ ȵi⁵⁵，兔 二；tʰo⁵⁵li⁵⁵ ȵi⁵⁵mi⁵⁵ tɕi³¹ ȵi⁵⁵，兔 日 一 天；tʰo⁵⁵li⁵⁵ lu⁵⁵su⁵⁵ tsʰo³¹ tɑ⁵⁵mu⁵⁵ 兔 属 人 这种；ŋgo⁵⁵ zo³¹ko⁵⁵，病 得；za³⁵ pu³¹ 煞气 送；hũ³⁵ 需要；mu⁵⁵ 天；ɑ⁵⁵ 上（方位词）；tsʅ³¹ pu³¹ 星宿 送；hũ³⁵ 需要；ʁɑ⁵⁵lɑ⁵⁵bu⁵⁵ 大烧香堆堆；so³¹ 香；vu⁵⁵ 烧；hũ³⁵ 需要			
	通译	十一月初二，属兔的一天，属兔的人得病，要送煞气，要送天上的星宿，要给大烧香堆堆烧香。			
	补充	十一月初二这一天，属兔的人如果生病，是因为山神、烧香堆堆和天上的小红煞[1]惹了他，要先烧香，然后送红煞：把擦过病人身体的苦荞花烧在一笼柏香里，在香上滴一滴鸡冠血，然后把柏香往上送。			
李开华解读	国际音标	nda⁵⁵ta⁵⁵	tʰo⁵⁵li⁵⁵	ʁɑ⁵⁵	la³¹
	直译	神枝	兔	烧香堆堆	手
	意译	神枝在西方	属兔	烧素香	天上伸出的手
	解读	tʰo⁵⁵li⁵⁵ lu⁵⁵ tɕi⁵⁵ ȵi⁵⁵，兔 属 一 天；ma⁵⁵ qʰɑ⁵⁵ ma⁵⁵ 不 好 不；nda⁵⁵ nda⁵⁵ta⁵⁵ 坏 神枝；ȵi⁵⁵tʂʰo⁵⁵ dza³¹ sio⁵⁵ pʰi⁵⁵ lo³¹ 西方 在 香 素 上（方向前缀）；mu⁵⁵ la³¹ 烧 手；mi⁵⁵ tsʅ³¹ ȵi⁵⁵tʂʰo⁵⁵ tso³¹tɕi⁵⁵kʰi⁵⁵ be⁵⁵ ma⁵⁵ hã⁵⁵ 下（方向前缀）伸 西方 北方 去 不 能			
	通译	十一月初二这一天属兔，日子不好不坏，神枝摆在西方，烧素香。天上有手伸出来。西方和北方不能去。			

---

[1] 煞的大小与天日有关，如果虎日，则红煞大，如果兔日，则红煞小。

十一月三日

	原图					
朱小华解读	国际音标	nda⁵⁵ta⁵⁵	ɚ⁵⁵dzɑ³¹	li³¹bu⁵⁵	ʁa⁵⁵la⁵⁵bu⁵⁵	tʂɿ³¹
	直译	神枝	龙	海螺	大烧香堆堆	星宿
	意译	家神惹了人	属龙	烧香时吹海螺	大烧香堆堆惹了人	要送星宿
	解读	ɚ⁵⁵dzɑ³¹ so⁵⁵, ɚ⁵⁵dzɑ³¹ ȵi⁵⁵mi⁵⁵ tɕi³¹ ȵi⁵⁵, ɚ⁵⁵dzɑ³¹ lu⁵⁵su⁵⁵ tsʰo³¹ ta⁵⁵mu⁵⁵ 龙　三　龙　日　一　天　龙　属　人　这种 ŋo⁵⁵ zo³¹ko⁵⁵, ʁa⁵⁵la⁵⁵bu⁵⁵ so³¹ vu⁵⁵ hũ³⁵. mu⁵⁵ 病　得　大烧香堆堆　香　烧　需要　天 ɑ⁵⁵ tʂɿ³¹ pu³¹ hũ³⁵, li³¹bu⁵⁵ fu⁵⁵ hũ³⁵. 上（方位词）　星宿　送　需要　海螺　吹　需要				
	通译	十一月初三，属龙的一天，属龙的人得病，要给大烧香堆堆烧香，要送天上的星宿，要吹海螺。				
	补充	十一月初三这一天，属龙的人生病，是因为家神和烧香堆堆惹他，要烧香，吹三声海螺；然后给家神烧香，敬酒敬茶。				
李开华解读	国际音标	nda⁵⁵ta⁵⁵	ʐɿ⁵⁵bi⁵⁵	hĩ³¹mbo⁵⁵kʰu⁵⁵	ʁa⁵⁵	tʰa⁵⁵ba⁵⁵
	直译	神枝	龙	海螺	烧香堆堆	赤口
	意译	神枝在西方	属龙	海螺在东北方	用于烧素香	赤口在东北方
	解读	ʐɿ⁵⁵bi⁵⁵ lu⁵⁵ tɕi⁵⁵ ȵi⁵⁵, χa³⁵ pʰio³⁵. nda⁵⁵ta⁵⁵ ȵi⁵⁵tʂʰo⁵⁵ dzɑ³¹. 龙　属　一　天　日子　好　神枝　西方　在 hĩ³¹mbo⁵⁵kʰu⁵⁵ ʂa⁵⁵tʂʰo⁵⁵ dzɑ³¹. tʰa⁵⁵ba⁵⁵ ʁa³⁵sa⁵⁵gu³¹ ɑ⁵⁵ 海螺　东方　在　赤口　东北方　（方位词） dzo³¹. sio⁵⁵ pʰi⁵⁵ lo³¹ mu⁵⁵ tʂo³¹tɕi⁵⁵kʰi³¹ ʁa³⁵sa⁵⁵gu³¹ 在　香　素　上（方向前缀）　烧　北方　东北方 be⁵⁵ ma⁵⁵ hã⁵⁵. 去　不　能				
	通译	十一月初三这一天属龙，日子好，神枝在西方，海螺在东方。赤口在东北方。要烧素香。北方、东北方不能去。				

第三章　文献精选精译　　793

十一月四日

	原图	长刀图	蛇图	神枝图	星宿图
朱小华解读	国际音标	ʁuɑ³¹mi³¹	dzɑ³¹	nda⁵⁵ta⁵⁵	tʂʅ³¹
	直译	长刀	蛇	神枝	星宿
	意译	不干净的长刀	属蛇	家神	星宿的红煞犯人
	解读	dzɑ³¹ zʅ³⁵，蛇 四　　　　ta⁵⁵mu⁵⁵ ŋgo⁵⁵ 这种 病	dzɑ³¹ ȵi⁵⁵mi⁵⁵ tɕi³¹ ȵi⁵⁵，蛇 日 一 天　　zo³¹ko⁵⁵，得	mu⁵⁵ a⁵⁵ 天 上（方位词）	dzɑ³¹ lu⁵⁵su⁵⁵ tsʰo³¹ 蛇 属 人　　tʂʅ³¹ pu³¹ hũ³⁵. 星宿 送 需要
	通译	十一月初四，属蛇的一天，属蛇的人得病，要送天上的星宿。			
	补充	十一月初四这一天，属蛇的人生病，是因为家里有不干净的刀，冒犯了星宿。要把刀和一碗水饭送到与病人不同本命的方向，同时烧油香。			
李开华解读	国际音标	ʁɑ³⁵mi⁵⁵	dzɑ³⁵	nda⁵⁵ta⁵⁵	tʰa⁵⁵ba⁵⁵
	直译	长刀	蛇	神枝	赤口
	意译	长刀在西方，有祸事	属蛇	神枝在东方	北方的赤口
	解读	dzɑ³⁵ lu⁵⁵ 蛇 属　　ʁɑ³⁵mi⁵⁵ dzɑ³¹. 长刀 在　　tʂo³¹tɕʰi⁵⁵kʰi³¹ 北方	tɕi⁵⁵ ȵi⁵⁵，一 天　　tʰa⁵⁵ba⁵⁵ 赤口　　be⁵⁵ 去	ma⁵⁵ qʰa⁵⁵ ma⁵⁵ nda⁵⁵.不 好 不 坏　　tʂo³¹tɕʰi⁵⁵kʰi³¹ 北方　　ma⁵⁵ hã⁵⁵. 不 能	ȵi⁵⁵tʂʰo⁵⁵ 西方　　a⁵⁵ dzo³¹ ȵi⁵⁵tʂʰo⁵⁵（方位词）在 西方
	通译	十一月初四这一天属蛇，日子不好不坏。长刀在西方，神枝在东方，赤口在北方。北方不能去。			

十一月五日

	原图				
	国际音标	nda⁵⁵ta⁵⁵	mo⁵⁵	ɬo³⁵	a³¹kɚ⁵⁵
	直译	神枝	马	水神	筛子
	意译	家神	属马	相当大的水神，犯了属马的人	做法事的工具
朱小华解读	解读	mo⁵⁵ ŋa³⁵, tsʰo³¹ ga³¹ 马 五 人 张	mo⁵⁵ ȵi⁵⁵mi⁵⁵ 马 日 ta⁵⁵mu⁵⁵ ŋgo⁵⁵ mi⁵⁵ 这种 病 下（方向前缀）	tɕi³¹ ȵi⁵⁵, 一 天 zo³¹ko⁵⁵, a³¹kʰɚ⁵⁵ tʂʰʅ³¹. ɬo³⁵ 得 筛子 放，送 水神	mo⁵⁵ lu⁵⁵su⁵⁵ 马 属 qo³¹ ʂo⁵⁵u⁵⁵ ŋa³⁵ 里头 纸 五 tso⁵⁵ hũ³⁵. 谢 需要
	通译	十一月初五，属马的一天，属马的人得病，要在筛子里放五张纸，要谢水神。			
	补充	十一月初五这一天，属马的人如果生病，是因为家神和水神惹他，要送水神［ɬo⁵⁵ntʂʰo⁵⁵tʂʅ⁵⁵］，要做一天的法事：用印棒在五盘糌粑坨坨上印上图案，在筛子上放五张红钱[1]，把五种颜色的布挂在绳子上，再把绳子绑在树上，然后把所有东西送到水中。			
	国际音标	nda⁵⁵ta⁵⁵	mo⁵⁵	xə³⁵	ʂʅ³¹tʰo⁵⁵
	直译	神枝	马	湖	牛皮船
	意译	神枝在西方	属马	东方的湖	牛皮船在东北方
李开华解读	解读	mo⁵⁵ lu⁵⁵ 马 属 ʂa⁵⁵tʂʰo⁵⁵ 东方 ʁə³⁵sa⁵⁵gu³¹ 东北方 ʂa⁵⁵tʂʰo⁵⁵ 东方	tɕi⁵⁵ ȵi⁵⁵, 一 天 xə³⁵ tɕi⁵⁵ 湖 一 a⁵⁵ （方位词） be⁵⁵ 去	ma⁵⁵ qʰa⁵⁵ 不 好 lu⁵⁵ 个（量词） dza³¹. nda⁵⁵ta⁵⁵ 在 神枝 ma⁵⁵ hã⁵⁵. 不 能	ma⁵⁵ nda⁵⁵. 不 坏 ndʐa³⁵. ʂʅ³¹tʰo⁵⁵ 在 牛皮船 ȵi⁵⁵tʂʰo⁵⁵ dza³¹. 西方 在
	通译	十一月初五这一天属马，日子不好不坏，东方有一个湖。牛皮船在东北方。神枝摆在西方。东方不能去。			

---

[1] 图中的筛子是红黄相间的，里面放五种颜色的纸也可。

十一月六日

	原图					
朱小华解读	国际音标	nda⁵⁵ta⁵⁵	io⁵⁵	li³¹bu⁵⁵	n̠i⁵⁵mi⁵⁵	qʰa⁵⁵ndʐa⁵⁵i⁵⁵to³⁵
	直译	神枝	羊	海螺	太阳	有蹄子的怪象
	意译	家神惹了人	属羊	烧香时吹海螺	要送太阳神	家中牲畜出的怪象惹了人
	解读	io⁵⁵ kʰu³¹, io⁵⁵ n̠i⁵⁵mi⁵⁵ tɕi³¹ n̠i⁵⁵, io⁵⁵ lu⁵⁵su⁵⁵ tsʰo³¹ ta⁵⁵mu⁵⁵ 羊　六　羊　日　一　天　羊　属　人　这种 ŋgo⁵⁵ zo³¹ko⁵⁵, n̠i⁵⁵mi⁵⁵ ɬa³¹ pu³¹ hũ³⁵, qʰa⁵⁵ndʐa⁵⁵i⁵⁵to³⁵ pu³¹ 病　得　太阳　神　送　需要　有蹄子的怪象　送 hũ³⁵, li³¹bu⁵⁵ fu⁵⁵ hũ³⁵. 需要　海螺　吹　需要				
	通译	十一月初六，属羊的一天，属羊的人得病，要送太阳神，送牲畜的怪象，要吹海螺。				
	补充	十一月初六这一天，属羊的人如果生病，是因为太阳神、羊的怪象和家神惹了他。要先给家神烧素香；再用丝茅草扎一个毛人，把羊毛扎进毛人里，念完经以后把毛人送到与病人本命不同的方向。				
李开华解读	国际音标	nda⁵⁵ta⁵⁵	io⁵⁵	hĩ³¹mbo⁵⁵kʰu⁵⁵	hĩ⁵⁵mi⁵⁵	qa³⁵lu⁵⁵
	直译	神枝	羊	海螺	太阳	锅庄
	意译	神枝在西方	属羊	东方的海螺	太阳在天上飞	做道场时用石头架的锅庄，用于减淤
	解读	io⁵⁵ lu⁵⁵ tɕi⁵⁵ n̠i⁵⁵, χa³⁵ pʰio³⁵. hĩ³¹mbo⁵⁵kʰu⁵⁵ ʂa⁵⁵tʂʰo⁵⁵ dza³¹. 羊　属　一　天　日子　好　海螺　东方　在 mu⁵⁵ a⁵⁵ hĩ⁵⁵mi⁵⁵ bi⁵⁵. ndza⁵⁵ mi⁵⁵ ʂu³¹. nda⁵⁵ta⁵⁵ 天　上（方位词）　太阳　飞　减淤　下（方向前缀）　减淤　神枝 n̠i⁵⁵tʂʰo⁵⁵ dza³¹. ʐɿ³⁵dzu⁵⁵kʰu³¹ be⁵⁵ a⁵⁵ʂɿ³¹. 西方　在　四方　去　可以				
	通译	十一月初六这一天属羊，日子好，海螺摆在东方。太阳在天上飞。要减淤。神枝在西方。四方都可以去。				

十一月七日

原图					
	国际音标	pu⁵⁵mba³¹	mi³⁵	ʁa⁵⁵bu⁵⁵ta⁵⁵	ɬi⁵⁵mi⁵⁵
	直译	岸子	猴	小烧香堆堆	月亮
	意译	坛神	属猴	小烧香堆堆惹了人	月亮神惹了人
朱小华解读	解读	mi³⁵ ʂɿ³¹，mi³⁵ ȵi⁵⁵mi⁵⁵ tɕi³¹ ȵi⁵⁵，mi³⁵ lu⁵⁵su⁵⁵ tsʰo³¹ ta⁵⁵mu⁵⁵ ŋgo⁵⁵ zo³¹ko⁵⁵，ɬi⁵⁵mi⁵⁵ ɬa³¹ pu³¹ hū³⁵，ʁa⁵⁵bu⁵⁵ta⁵⁵ pu³¹ hū³⁵. 猴 七 猴 日 一 天 猴 属 人 这种 病 得 月亮 神 送 需要 小烧香堆堆 送 需要				
	通译	十一月初七，属猴的一天，属猴的人得病，要送月亮神，要送小烧香堆堆。				
	补充	十一月初七这一天，属猴的人如果生病，是因为小烧香堆堆和月亮神惹他，要在山坡上烧素香，把素的柏香送出去，再用酒和茶叶敬月亮神。				
	国际音标	nda⁵⁵ta⁵⁵	mi³⁵	ʁa⁵⁵	hĩ⁵⁵gu⁵⁵	hĩ⁵⁵mi⁵⁵
	直译	神枝	猴	烧香堆堆	晚上	太阳
	意译	神枝在西方	属猴	用于烧素香	在天上飞的月亮	
李开华解读	解读	mi³⁵ lu⁵⁵ tɕi⁵⁵ ȵi⁵⁵，ma⁵⁵ qʰa⁵⁵ ma⁵⁵ nda⁵⁵. ʂa⁵⁵tsʰo⁵⁵ sio⁵⁵ pʰi⁵⁵ lo³¹ mu⁵⁵. mu⁵⁵ a⁵⁵ hĩ⁵⁵gu⁵⁵hĩ⁵⁵mi⁵⁵ bi⁵⁵. ȵi⁵⁵tsʰo⁵⁵ nda⁵⁵ta⁵⁵ dza³¹. ʐɿ³⁵dʑu⁵⁵kʰu³¹ be⁵⁵ a⁵⁵ʂɿ³¹. 猴 属 一 天 不 好 不 坏 东方 香 素 上（方向助词） 烧 天 上（方位词） 月亮 飞 西方 神枝 在 四方 去 可以				
	通译	十一月初七这一天属猴，日子不好不坏，在东方烧素香。月亮在天上飞，神枝在西方。四方都可以去。				

第三章 文献精选精译　801

十一月八日

	原图	(神枝图)	(鸡图)	(有爪子的怪象图)	(星宿图)
朱小华解读	国际音标	nda⁵⁵ta⁵⁵	dzu⁵⁵	y³¹ɚ⁵⁵tsʅ⁵⁵i⁵⁵to³⁵	tsʅ³¹
	直译	神枝	鸡	有爪子的怪象	星宿
	意译	家神	属鸡	天上的雀鸟出的怪象惹了人	星宿惹了人
	解读	dzu⁵⁵ hĩ³¹, dzu⁵⁵ ȵi⁵⁵mi⁵⁵ tɕi³¹ ȵi⁵⁵, dzu⁵⁵ lu⁵⁵su⁵⁵ tsʰo³¹ 鸡　　八　　鸡　　日　　一　　天　　鸡　　属　　人 ta⁵⁵mu⁵⁵ ŋo⁵⁵ zo³¹ko⁵⁵, y³¹ɚ⁵⁵tsʅ⁵⁵i⁵⁵to³⁵ pu³¹ hũ³⁵, mu⁵⁵ 这种　　病　　得　　有爪子的怪象　　送　　需要　　天 ɑ⁵⁵ tsʅ³¹ pu³¹ hũ³⁵. 上（方位词）　星宿　送　需要			
	通译	十一月初八，属鸡的一天，属鸡的人得病，要送雀鸟的怪象，送天上的星宿。			
	补充	十一月初八这一天，属鸡的人如果生病，是因为犯了天上的红星宿和白星宿，有红煞和白煞两种煞气惹这个人。要把干净的柏香、苦荞花和酒在病人身上转了以后往高处送。			
李开华解读	国际音标	nda⁵⁵ta⁵⁵	bi⁵⁵	ȵɑ⁵⁵	tʂo³¹ tsʰu⁵⁵ zʅ³⁵
	直译	神枝	鸡	眼睛	祸　罩　四
	意译	神枝在西方	属鸡	老天爷的眼睛	天上的四颗星，不吉利
	解读	bi⁵⁵ lu⁵⁵ tɕi⁵⁵ ȵi⁵⁵, ma⁵⁵ qʰɑ⁵⁵ ma⁵⁵ nda⁵⁵. nda⁵⁵ta⁵⁵ 鸡　属　一　天　　不　好　不　坏　神枝 ȵi⁵⁵tsʰo⁵⁵ dza³¹. mu⁵⁵ ɑ⁵⁵ ȵɑ⁵⁵ ndza³⁵. tʂo³¹ tsʰu⁵⁵ zʅ³⁵ 西方　　　在　　天　上（方位词）眼睛　在　祸　罩　四 ʁə³⁵sa⁵⁵gu³¹ ɑ⁵⁵ dzo³¹. tʂo³¹tɕi⁵⁵kʰi³¹ be⁵⁵ ma⁵⁵ hã⁵⁵. 东北方　（方位词）在　　北方　　　去　不　能			
	通译	十一月初八这一天属鸡，日子不好不坏，神枝在西方，眼睛在天上看，东北方有四颗星。北方不能去。			

十一月九日

	原图					
朱小华解读	国际音标	nda⁵⁵ta⁵⁵	tʂʰɿ³⁵	sɑ⁵⁵ta⁵⁵	la³¹	tsɿ³¹
	直译	神枝	狗	土神	手	星宿
	意译	家神	属狗	要谢土神	煞气惹了人	星宿惹了人
	解读	tʂʰɿ³⁵ 狗　ŋgu³⁵ 九　　ta⁵⁵mu⁵⁵ 这种　ŋgo⁵⁵ 病	tʂɿ³⁵ 狗　　zo³¹ko⁵⁵, 得	n̠i⁵⁵mi⁵⁵ 日　　za³⁵ 煞气	tɕi³¹ 一　　pu³¹ 送	n̠i⁵⁵, 天　　hũ³⁵, 需要	tʂɿ³⁵ 狗　　sɑ⁵⁵ta⁵⁵ 土神	lu⁵⁵su⁵⁵ 属　　tʂo⁵⁵ 谢	tsʰo³¹ 人　　hũ³⁵. 需要
	通译	十一月初九，属狗的一天，属狗的人得病，要送煞气，要谢土神。				
	补充	十一月初九这一天，属狗的人生病，是因为犯了红煞、不好的星宿和土神，要送星宿"za³⁵tsɿ³¹pi³⁵"：用印棒在糍粑坨坨上印图案[1]，把擦过病人身体的苦荞花揉进面里，用稻草扎一个三只脚的毛人（类似于三只脚的楼层架子），把揉有苦荞花的面团放在三脚毛人里，绕着病人转三圈，然后念经，把毛人送出去。				
李开华解读	国际音标	nda⁵⁵ta⁵⁵	tʂʰɿ⁵⁵	tʰa⁵⁵ba⁵⁵	la³¹	xə³⁵
	直译	神枝	狗	赤口	手	湖
	意译	神枝在西方	属狗	赤口在东方	天上的手伸出来	湖在东北方
	解读	tʂʰɿ⁵⁵ 狗　n̠i⁵⁵tʂʰo⁵⁵ 西方　la³¹ 手　ndʑa³⁵. 在	lu⁵⁵ 属　　dzɑ³¹. 在　　mi⁵⁵ 下（方向前缀）　tʂo³¹tɕʰi⁵⁵kʰi³¹ 北方	tɕi⁵⁵ 一　　tʰa⁵⁵ba⁵⁵ 赤口　tsɿ⁵⁵. 伸　　sa⁵⁵tʂʰo⁵⁵ 东方	n̠i⁵⁵, 天　　sɑ⁵⁵tʂʰo⁵⁵ 东方　ʁə³⁵sa⁵⁵gu³¹ 东北方　be⁵⁵ 去	ma⁵⁵ 不　dzo³¹. 在　xə³⁵ 湖　ma⁵⁵ 不	qʰa⁵⁵ 好　mu⁵⁵ 天　tɕi⁵⁵ 一　hã⁵⁵. 能	ma⁵⁵ 不　a⁵⁵ 上（方位词）　lu⁵⁵ 个（量词）	nda⁵⁵. 坏	nda⁵⁵ta⁵⁵ 神枝
	通译	十一月初九这一天属狗，日子不好不坏，神枝在西方，赤口在东方，天上有手伸出来。东北方有一个湖。北方、东方不能去。				

---

[1] 采用的那一排图案名称为"ɬa⁵⁵kʰa⁵⁵"，包括十三个图案，前四个分别是"io⁵⁵"（绵羊）、"tsʰɿ⁵⁵"（山羊）、"va³⁵"（猪）、"fia⁵⁵"（鸡），第五到九个图案都是"ma³¹mi⁵⁵"（灯），后两个图案分别是"mi³⁵"（女）、"ku³⁵"（男），第十二和十三都是"sɿ³⁵po⁵⁵"（树），最后一个是"ɬi⁵⁵mi⁵⁵"（月亮）。

十一月十日

	原图				
朱小华解读	国际音标	nda⁵⁵ta⁵⁵	va³⁵	tʂɿ³¹	ʁɑ⁵⁵lɑ⁵⁵bu⁵⁵
	直译	神枝	猪	星宿	大烧香堆堆
	意译	家神	属猪	干净的星宿	大烧香堆堆惹了人
	解读	va³⁵ χo³¹, va³⁵ ȵi⁵⁵mi⁵⁵ tɕi³¹ ȵi⁵⁵, va³⁵ lu⁵⁵su⁵⁵ tsʰo³¹ 猪　　十　　猪　　日　　一　　天　　猪　　属　　人 ta⁵⁵mu⁵⁵ ŋgo⁵⁵ zo³¹ko⁵⁵, mu⁵⁵ ɑ⁵⁵ tʂɿ³¹ pu³¹ hũ³⁵. 这种　　病　　得　　　天　　上（方位词）　星宿　送　需要 ʁɑ⁵⁵lɑ⁵⁵bu⁵⁵ so³¹ vu⁵⁵ hũ³⁵. 大烧香堆堆　　香　　烧　　需要			
	通译	十一月初十，属猪的一天，属猪的人得病，要送天上的星宿，要给大烧香堆堆烧香。			
	补充	十一月初十这一天，属猪的人如果生病，是犯了天上的星宿和一个很大的烧香堆堆，要把酥油、茶叶、酒、清茶、奶渣和鸡蛋放在香炉里烧，同时念经。			
李开华解读	国际音标	nda⁵⁵ta⁵⁵	va³⁵	tʰa⁵⁵ba⁵⁵	ʁɑ⁵⁵
	直译	神枝	猪	赤口	烧香堆堆
	意译	西方的神枝	属猪	北方的赤口	用于烧素香
	解读	va³⁵ lu⁵⁵ tɕi⁵⁵ ȵi⁵⁵, ma⁵⁵ qʰa⁵⁵ ma⁵⁵ nda⁵⁵. nda⁵⁵ta⁵⁵ 猪　　属　　一　　天　　不　　好　　不　　坏　　神枝 ȵi⁵⁵tʂʰo⁵⁵ dza³¹ tʰa⁵⁵ba⁵⁵ tso³¹tɕʰi⁵⁵kʰi³¹ dzo³¹. sio⁵⁵ pʰi⁵⁵ 西方　　在　　赤口　　北方　　　　　在　　香　　素 lo³¹ mu⁵⁵ tso³¹tɕʰi⁵⁵kʰi³¹ be⁵⁵ ma⁵⁵ hã⁵⁵. 上（方向前缀）烧　北方　　　　　去　　不　　能			
	通译	十一月初十这一天属猪，日子不好不坏。神枝在西方，赤口在北方，要烧素香。北方不能去。			

十一月十一日

原图				
朱小华解读	国际音标	nda⁵⁵ta⁵⁵	χɑ³⁵	li³¹bu⁵⁵	tʂʰɿ⁵⁵kɑ⁵⁵
	直译	神枝	鼠	海螺	脚
	意译	家神	属鼠	东方的海螺	代表黑煞
	解读	χɑ³⁵ χo³¹tɕi³¹, 鼠 十一 tsʰo³¹ tɑ⁵⁵mu⁵⁵ ŋgo⁵⁵ 人 这种 病 na⁵⁵ŋkʰa⁵⁵ pu³¹ 天 送	χɑ³⁵ ȵi⁵⁵mi⁵⁵ tɕi³¹ ȵi⁵⁵, 鼠 日 一 天 zo³¹ko⁵⁵, 得 hũ³⁵. li³¹bu⁵⁵ 需要 海螺	tɕi³¹ ȵi⁵⁵, 一 天 za³⁵ pu³¹ 煞气 送 fu⁵⁵ 吹	χɑ³⁵ lu⁵⁵su⁵⁵ 鼠 属 hũ³⁵, za³⁵ 需要 煞气 hũ³⁵. 需要
	通译	十一月十一，属鼠的一天，属鼠的人得病，要送煞气，要送天上的煞气，要吹海螺。			
	补充	十一月十一日这一天，属鼠的人如果穿了别人不干净的鞋子，家神就会不安宁，就会惹这个人，使他生病。要给家神"减淤"，然后在本人身上"减淤"，再烧油香，在油香上面放猪油和骨头等，最后把鞋子送到十字路口。			
李开华解读	国际音标	nda⁵⁵ta⁵⁵	χɑ³⁵	hĩ³¹mbo⁵⁵kʰu⁵⁵	kɑ³⁵
	直译	神枝	鼠	海螺	脚
	意译	西方头朝下的神枝	属鼠	东方的海螺	头顶的脚朝下踢
	解读	χɑ³⁵ lu⁵⁵ tɕi⁵⁵ 鼠 属 一 ʂa³⁵tʂʰo⁵⁵ 东方 mi⁵⁵ 下（方向前缀） mi⁵⁵ 下（方向前缀）	ȵi⁵⁵, ma⁵⁵ 日子 不 hĩ³¹mbo⁵⁵kʰu⁵⁵ 海螺 tʰu³¹ 伸、踢 ly³⁵. 看	qʰa⁵⁵ ma⁵⁵ 好 不 dza³¹. ku⁵⁵ 在 头 lo³¹. 了 tʂo³¹tɕʰi⁵⁵kʰi³¹ 北方	nda⁵⁵. ma³⁵ 坏 后面 a⁵⁵ kɑ³⁵ 上（方位词）脚 nda⁵⁵ta⁵⁵ ȵi⁵⁵ʂo⁵⁵ tsʰɿ⁵⁵tsʰɿ⁵⁵ 神枝 西方 下 ȵi⁵⁵tʂo⁵⁵ be⁵⁵ ma⁵⁵ hã⁵⁵. 西方 去 不 能
	通译	十一月十一这一天属鼠，日子不好不坏，海螺在东方，头顶有脚踢，神枝在西方，头朝下看。北方、西方不能去。			

十一月十二日

	原图	（神枝）	（牛）	（海螺）	（筛子）	（星宿）
	国际音标	nda⁵⁵ta⁵⁵	ɣe³⁵	li³¹bu⁵⁵	a³¹kɚ⁵⁵	tsʅ³¹
	直译	神枝	牛	海螺	筛子	星宿
	意译	家神	属牛	烧香时吹海螺	做法事的工具	星宿的红煞
朱小华解读	解读	ɣe³⁵ 牛　χo³¹ɲi⁵⁵ 十二，　ɣe³⁵ 牛　ɲi⁵⁵mi⁵⁵ 日　tɕi³¹ 一　ɲi⁵⁵, 天　ɣe³⁵ 牛　lu⁵⁵su⁵⁵ 属　tsʰo³¹ 人　ta⁵⁵mu⁵⁵ 这种　ŋo⁵⁵ 病　zo³¹ko⁵⁵ 得　a³¹kɚ⁵⁵ 筛子　ʂo⁵⁵u⁵⁵ 纸　ŋa³⁵ 五　ga³¹ 张　mi⁵⁵ 下（方向前缀）　tsʰʅ³¹ 放，送　hu⁵⁵bu⁵⁵ 荞花　mi⁵⁵ 下（方向前缀）　tsʅ³¹. 放，送　za³⁵ 煞气　pu³¹ 送　hũ³⁵ 需要　mu⁵⁵ 天　a⁵⁵ 上（方位词）　tsʅ³¹ 星宿　pu³¹ 送　hũ³⁵, 需要　li³¹bu⁵⁵ 海螺　fu⁵⁵ 吹　hũ³⁵. 需要　ʁɚ³⁵sa⁵⁵gu³¹ 东北方　be⁵⁵ 去　ma⁵⁵ 不　hã⁵⁵. 能
	通译	十一月十二，属牛的一天，属牛的人得病，在筛子里放五张纸，撒荞花，要送煞气，送天上的星宿，要吹海螺。不能去东北方。				
	补充	十一月十二日这一天，属牛的人如果生病，是因为屋里的家神、天上的星宿和红煞惹他，不用杀生，只需要准备一盘干净的柏香，在上面放清茶和酒，然后送往干净的地方（即没有人畜便溺的地方）。				
	国际音标	nda⁵⁵ta⁵⁵	ɣə³⁵	hĩ³¹mbo⁵⁵kʰu⁵⁵	ʂʅ³¹tʰo⁵⁵	tʰa⁵⁵ba⁵⁵
	直译	神枝	牛	海螺	牛皮船	赤口
	意译	神枝在西方	属牛	东方的海螺	牛皮船在北方，北方吉利	赤口在东北方
李开华解读	解读	ɣə³⁵ 牛　lu⁵⁵ 属　tɕi⁵⁵ 一　ɲi⁵⁵, 天　χa³⁵ 日子　pʰio³⁵. 好　hĩ³¹mbo⁵⁵kʰu⁵⁵ 海螺　ʂa⁵⁵tʂʰo⁵⁵ 东方　dza³¹. 在　tʰa⁵⁵ba⁵⁵ 赤口　ʁɚ³⁵sa⁵⁵gu³¹ 东北方　a⁵⁵ （方位词）　dzo³¹ 在　ʂʅ³¹tʰo⁵⁵ 牛皮船　tʂʰo³¹tɕi⁵⁵kʰi³¹ 北方　dza³¹. 在　tʂʰo³¹tɕi⁵⁵kʰi³¹ 北方　be⁵⁵ 去　ma⁵⁵ 不　hã⁵⁵. 能
	通译	十一月十二这一天属牛，日子好。海螺在东方，赤口在东北方，牛皮船在北方。北方不能去。				

第三章　文献精选精译　811

十一月十三日

	原图	(神枝)	(虎)	(海螺)	(太阳)	(七姊妹星)
朱小华解读	国际音标	nda⁵⁵ta⁵⁵	lɑ⁵⁵	li³¹bu⁵⁵	ȵi⁵⁵mi⁵⁵	qʰo⁵⁵tsɿ⁵⁵
	直译	神枝	虎	海螺	太阳	七姊妹星
	意译	家神	属虎	烧香时吹海螺	太阳神惹了人	七星过渡，日子最好最硬
	解读	lɑ⁵⁵ 虎　χo³¹so⁵⁵ 十三　lɑ⁵⁵ 虎　ȵi⁵⁵mi⁵⁵ 日　tɕi³¹ 一　ȵi⁵⁵, 天　lɑ⁵⁵ 虎　lu⁵⁵su⁵⁵ 属　tsʰo³¹ 人　ta⁵⁵mu⁵⁵ 这种　ŋo⁵⁵ 病　zo³¹ko⁵⁵, 得　ȵi⁵⁵mi⁵⁵ 太阳　ɬɑ³¹ 神　pu³¹ 送　hũ³⁵ 需要　so³¹ 香　vu⁵⁵ 烧　hũ³⁵. 需要　li³¹bu⁵⁵ 海螺　fu⁵⁵ 吹　hũ³⁵. 需要				
	通译	十一月十三，属虎的一天，属虎的人得病，要送太阳神，要烧香，要吹海螺。				
	补充	十一月十三日这一天，属虎的人这天不能生病，如果生病病情就相当严重，要烧香敬太阳神和天上的星宿，吹七声海螺。				
李开华解读	国际音标	nda⁵⁵ta⁵⁵	lɑ⁵⁵	hĩ³¹mbo⁵⁵kʰu⁵⁵	hĩ⁵⁵mi⁵⁵	qʰo⁵⁵tsɿ⁵⁵
	直译	神枝	虎	海螺	太阳	七姊妹星
	意译	神枝在西方	属虎	海螺在东方	在天上飞的太阳	七星过渡
	解读	lɑ⁵⁵ 虎　lu⁵⁵ 属　tɕi⁵⁵ 一　ȵi⁵⁵, 天　χɑ³⁵ 日子　pʰio³⁵. 好　hĩ³¹mbo⁵⁵kʰu⁵⁵ 海螺　ʂɑ⁵⁵tsʰo⁵⁵ 东方　dzɑ³¹. 在　mu⁵⁵ 天　a⁵⁵ 上（方位词）　qʰo⁵⁵tsɿ⁵⁵ 七姊妹星　zo³¹ 过渡　hĩ⁵⁵mi⁵⁵ 太阳　mu⁵⁵ 天　a⁵⁵ 上（方位词）　bi⁵⁵ 飞　nda⁵⁵ta⁵⁵ 神枝　ȵi⁵⁵tʂʰo⁵⁵ 西方　dzɑ³¹. 在　zɿ³⁵ɖu⁵⁵kʰu³¹ 四方　be⁵⁵ 去　a⁵⁵ɳ³¹. 可以				
	通译	十一月十三这一天属虎，日子好，海螺在东方，天上七星过渡，太阳在天上飞，神枝在西方。四方都能去。				

十一月十四日

	原图	神枝图	兔图	土图	月亮图
朱小华解读	国际音标	nda⁵⁵ta⁵⁵	tʰo⁵⁵li⁵⁵	sa⁵⁵ta⁵⁵	ɬi⁵⁵mi⁵⁵
	直译	神枝	兔	土神	月亮
	意译	家神	属兔	土神惹了人	月亮神惹了人
	解读	tʰo⁵⁵li⁵⁵ χo³¹ʐɿ³⁵, tʰo⁵⁵li⁵⁵ ȵi⁵⁵mi⁵⁵ tɕi³¹ ȵi⁵⁵, tʰo⁵⁵li⁵⁵ lu⁵⁵su⁵⁵ tsʰo³¹ 兔　　十四　　兔　　日　　一　　天　　兔　　属　　人 ta⁵⁵mu⁵⁵ ŋo⁵⁵ zo³¹ko⁵⁵, ɬi⁵⁵mi⁵⁵ ɬa³¹ pu³¹ hũ³⁵, sa⁵⁵ta⁵⁵ tʂo⁵⁵ hũ³⁵. 这种　病　得　月亮　神　送　需要　土神　谢　需要			
	通译	十一月十四，属兔的一天，属兔的人得病，要送月亮神，要谢土神。			
	补充	十一月十四日这一天，属兔的人如果生病，是被土神犯了，要在十五月亮明亮的时候，把苦荞花在病人身上擦后，送到不是病人本命的方向，以此谢土神。			
李开华解读	国际音标	nda⁵⁵ta⁵⁵	tʰo⁵⁵li⁵⁵	tʰa⁵⁵ba⁵⁵	hĩ⁵⁵gu⁵⁵	hĩ⁵⁵mi⁵⁵
	直译	神枝	兔	赤口	晚上	太阳
	意译	神枝在西方	属兔	赤口在东方	在天上飞的月亮	
	解读	tʰo⁵⁵li⁵⁵ lu⁵⁵ tɕi⁵⁵ ȵi⁵⁵, ma⁵⁵ qʰa⁵⁵ ma⁵⁵ nda⁵⁵. tʰa⁵⁵ba⁵⁵ 兔　属　一　天　不　好　不　坏　赤口 ʂa⁵⁵tʂʰo⁵⁵ dzo³¹. hĩ⁵⁵gu⁵⁵ hĩ⁵⁵mi⁵⁵ mu⁵⁵ a⁵⁵ bi⁵⁵. nda⁵⁵ta⁵⁵ 东方　在　晚上　太阳　天　上（方位词）　飞　神枝 ȵi⁵⁵tʂʰo⁵⁵ dza³¹. ʂa⁵⁵tʂʰo⁵⁵ be⁵⁵ ma⁵⁵ hã⁵⁵. 西方　在　东方　去　不　能			
	通译	十一月十四这一天属兔，日子不好不坏，赤口在东方，太阳在天上飞，神枝在西方。东方不能去。			

十一月十五日

	原图				
朱小华解读	国际音标	nda⁵⁵ta⁵⁵	ə˞⁵⁵dzɑ³¹	ndo³⁵	y³¹ə˞⁵⁵tsɿ⁵⁵i⁵⁵to³⁵
	直译	神枝	龙	箭	有爪子的怪象
	意译	家神	属龙	用箭射糌粑坨坨	天上的雀鸟出的怪象惹了人
	解读	ə˞⁵⁵dzɑ³¹ 龙　χo³¹ŋa³⁵, 十五　ə˞⁵⁵dzɑ³¹ 龙　n.i⁵⁵mi⁵⁵ 日　tɕi³¹ 一　n.i⁵⁵, 天　ə˞⁵⁵dzɑ³¹ 龙　lu⁵⁵su⁵⁵ 属　tsʰo³¹ 人　ta⁵⁵mu⁵⁵ 这种　ŋgo⁵⁵ 病　zo³¹ko⁵⁵, 得　y³¹ə˞⁵⁵tsɿ⁵⁵i⁵⁵to³⁵ 有爪子的怪象　pu³¹ 送　hũ³⁵, 需要　za³⁵ 煞气　pu³¹ 送　hũ³⁵, 需要　za³⁵ 煞气　i⁵⁵（定语助词）　ʂa⁵⁵tu⁵⁵ 糌粑坨坨　qʰa³¹ 射　hũ³⁵. 需要			
	通译	十一月十五，属龙的一天，属龙的人得病，要送雀鸟的怪象，要送煞气，要射带有煞气的糌粑坨坨。			
	补充	十一月十五日这一天，属龙的人生病，是有雀鸟的怪象和黑煞（箭代表黑煞）惹他，用糌粑坨坨印五个"za³⁵"，用苦荞花为病人擦身，用一只黑鸡（如果黑煞比较严重就用黑羊）在人身上打扫，然后做五根竹箭和弓，把动物毛和五种颜色的布绑在箭上，把糌粑坨坨放在筛子里，朝五个方向扔，每扔出去一个就打一箭。			
李开华解读	国际音标	nda⁵⁵ta⁵⁵	zɿ⁵⁵bi⁵⁵	li⁵⁵bu⁵⁵	ŋɑ⁵⁵
	直译	神枝	龙	弓	眼睛
	意译	神枝在西方	属龙	东方的弓	天上的眼睛
	解读	zɿ⁵⁵bi⁵⁵ 龙　lu⁵⁵ 属　tɕi⁵⁵ 一　n.i⁵⁵, 天　ma⁵⁵ 不　qʰa⁵⁵ 好　ma⁵⁵ 不　nda⁵⁵. 坏　n.i⁵⁵tsʰo⁵⁵ 西方　nda⁵⁵ta⁵⁵ 神枝　dzɑ³¹. 在　mu⁵⁵ 天　a⁵⁵ 上（方位词）　ŋa⁵⁵ 眼睛　ndza³⁵. 在　ʂa⁵⁵tsʰo⁵⁵ 东方　ʂɿ⁵⁵li⁵⁵ 箭　qʰa³¹ 射　qa³⁵,（将来体标记）　ʂa⁵⁵tsʰo⁵⁵ 东方　tʂo³¹tɕʰi⁵⁵kʰi³¹ 北方　be⁵⁵ 去　ma⁵⁵ 不　hã⁵⁵. 能			
	通译	十一月十五这一天属龙，日子不好不坏，神枝在西方。眼睛在天上看。东方有人射箭。东方和北方不能去。			

十一月下

十一月十六日

	原图					
朱小华解读	国际音标	nda^{55}ta^{55}	dzɑ^{31}	ȵi^{55}mi^{55}	la^{31}ka^{31}	qʰa^{55}ndʑa^{55}i^{55}to^{35}
	直译	神枝	蛇	太阳	手	有蹄子的怪象
	意译	家神	属蛇	太阳神惹了人	煞气	家中牲畜出的怪象惹了人
	解读	dzɑ^{31} χo^{31}kʰu^{31}, dzɑ^{31} ȵi^{55}mi^{55} tɕi^{31} ȵi^{55}, dzɑ^{31} lu^{55}su^{55} tsʰo^{31} 蛇 十六 蛇 日 一 天 蛇 属 人 ta^{55}mu^{55} ŋgo^{55} zo^{31}ko^{55}, qʰa^{55}ndʑa^{55}i^{55}to^{35} pu^{31} hũ^{35}, ȵi^{55}mi^{55} 这种 病 得 有蹄子的怪象 送 需要 太阳 ɬa^{31} pu^{31} hũ^{35}. 神 送 需要				
	通译	十一月十六，属蛇的一天，属蛇的人得病，要送牲畜的怪象，要送太阳神。				
	补充	十一月十六日这一天，属蛇的人如果在太阳出来的时候生病，是有红煞和家里猪的怪象惹他（这种怪象不严重），用丝茅草扎一个毛人，把牲畜的毛扎进去，然后送出去即可。				
李开华解读	国际音标	nda^{55}ta^{55}	dzɑ^{35}	hĩ^{55}mi^{55}	la^{31}	qa^{35}lu^{55}
	直译	神枝	蛇	太阳	手	锅庄
	意译	神枝在西方	属蛇	太阳从东方升起	天上的手伸出来	用于减淤
	解读	dzɑ^{35} lu^{55} tɕi^{55} ȵi^{55}, ma^{55} qʰa^{55} ma^{55} nda^{55}. hĩ^{55}mi^{55} ʂa^{55}tʂʰo^{55} 蛇 属 一 天 不 好 不 坏 太阳 东方 bi^{55}. sio^{55} pʰi^{55} lo^{31} mu^{55}. tʂo^{31}tɕi^{55}kʰi^{31} la^{31} mi^{55} 飞 香 素 上（方向前缀） 烧 北方 手 下（方向前缀） tʂʅ^{31} lo^{31}, nda^{55}ta^{55} ȵi^{55}tʂʰo^{55} dzɑ^{31}. ʂa^{55}tʂʰo^{55} 伸 上（方向前缀） 神枝 西方 在 东方 tʂo^{31}tɕi^{55}kʰi^{31} be^{55} ma^{55} hã^{55}. 北方 去 不 能				
	通译	十一月十六这一天属蛇，日子不好不坏，太阳从东方升起。要烧素香，北方有手伸出来。神枝在西方。东方和北方不能去。				

十一月十七日

	原图					
朱小华解读	国际音标	nda⁵⁵ta⁵⁵	mo⁵⁵	li³¹bu⁵⁵	ʁa⁵⁵la⁵⁵bu⁵⁵	qʰa⁵⁵ndʐa⁵⁵i⁵⁵to³⁵
	直译	神枝	马	海螺	大烧香堆堆	有蹄子的怪象
	意译	家神	属马	烧香时吹海螺	用于烧素香	家中牲畜出的怪象惹了人
	解读	mo⁵⁵ χo³¹ʂʅ³¹, 马 十七　ta⁵⁵mu⁵⁵ ŋgo⁵⁵ 这种　病　qʰa⁵⁵ndʐa⁵⁵i⁵⁵to³⁵ pu³¹ hũ³⁵. 有蹄子的怪象　送　需要	mo⁵⁵ 马 zo³¹ko⁵⁵ 得 li³¹bu⁵⁵ 海螺	ȵi⁵⁵mi⁵⁵ tɕi³¹ 日　一 ʁa⁵⁵la⁵⁵bu⁵⁵ 大烧香堆堆 fu⁵⁵ 吹	ȵi⁵⁵, 天 so³¹ 香 hũ³⁵. 需要	mo⁵⁵ lu⁵⁵su⁵⁵ tsʰo³¹ 马　属　人 vu⁵⁵ hũ³⁵. 烧　需要
	通译	十一月十七，属马的一天，属马的人得病，要给大烧香堆堆烧香，要送牲畜的怪象，要吹海螺。				
	补充	十一月十七日这一天，属马的人生病，是因为山神菩萨勾引家里的猪惹人（蓝色的怪象表示犯得重），先给山神烧素香，再用丝茅草和猪毛送怪象。				
李开华解读	国际音标	nda⁵⁵ta⁵⁵	mo⁵⁵	hĩ³¹mbo⁵⁵kʰu⁵⁵	ʁa⁵⁵	qa³⁵lu⁵⁵
	直译	神枝	马	海螺	烧香堆堆	锅庄
	意译	神枝在西方	属马	海螺在东方	用于烧素香	用于减淤
	解读	mo⁵⁵ lu⁵⁵ tɕi⁵⁵ ȵi⁵⁵, 马　属　一　天　dza³¹. qa³⁵lu⁵⁵ 在　锅庄　mu⁵⁵. tɕʰi⁵⁵ mu⁵⁵ 烧　什么　做　dza³¹. ȵi⁵⁵tʂʰo⁵⁵ 在　西方	χa³⁵ pʰio³⁵. 日子　好 lo³¹ 上（方向前缀） tɕʰi⁵⁵ qʰa³⁵ 什么　好，顺当 hũ⁵⁵mi⁵⁵kʰi³¹ 南方	hĩ³¹mbo⁵⁵kʰu⁵⁵ 海螺 bu⁵⁵ 安 qa³⁵. 对 be⁵⁵ 去	ʂa⁵⁵tʂʰo⁵⁵ 东方 pʰi⁵⁵ 素 nda⁵⁵ta⁵⁵ 神枝 ma⁵⁵ 不	sio⁵⁵ 香 lo³¹ 上（方向前缀） ȵi⁵⁵tʂʰo⁵⁵ 西方 hã⁵⁵. 能
	通译	十一月十七这一天属马，日子好，海螺放在东方。安放锅庄，烧素香。这一天做什么都顺当。神枝在西方。西方和南方不能去。				

十一月十八日

	原图					
朱小华解读	国际音标	ʁua³¹mi³¹	io⁵⁵	nda⁵⁵ta⁵⁵	la³¹ka³¹	tsʅ³¹
	直译	长刀	羊	神枝	手	星宿
	意译	不干净的铁器惹了人	属羊	家神	煞气	星宿惹了人
	解读	io⁵⁵ χo³¹hĩ³¹, io⁵⁵ ȵi⁵⁵mi⁵⁵tɕi³¹ ȵi⁵⁵, io⁵⁵ lu⁵⁵su⁵⁵ tsho³¹ ta⁵⁵mu⁵⁵ ŋgo⁵⁵ zo³¹ko⁵⁵, za³⁵ pu³¹ hũ³⁵. mu⁵⁵ ɑ⁵⁵ tsʅ³¹ pu³¹ hũ³⁵. 羊 十八 羊 日 一 天 羊 属 人 这种 病 得 煞气 送 需要 天 上（方位词）星宿 送 需要				
	通译	十一月十八，属羊的一天，属羊的人得病，要送煞气，要送天上的星宿。				
	补充	十一月十八日这一天，属羊的人生病，是因为把不好的刀拿回家了，犯了天上的星宿。把一盘柏香，一个丝茅草扎的小人，五个白色纸人，以及柏香、铁器一起送到与病人本命不同的地方。				
李开华解读	国际音标	ʁɑ³⁵mi⁵⁵	io⁵⁵	nda⁵⁵ta⁵⁵	la³¹	tʰa⁵⁵ba⁵⁵
	直译	长刀	羊	神枝	手	赤口
	意译	西方有长刀	属羊	东方的神枝	天上伸出的手	东北方的赤口
	解读	io⁵⁵ lu⁵⁵ tɕi⁵⁵ ȵi⁵⁵, ma⁵⁵ qʰa⁵⁵ ma⁵⁵ nda⁵⁵. ȵi⁵⁵tsho⁵⁵ ʁɑ³⁵mi⁵⁵ dza³¹. ʂa⁵⁵tʂho⁵⁵ nda⁵⁵ta⁵⁵ dza³¹. tʰa⁵⁵ba⁵⁵ ʁə³⁵sa⁵⁵gu³¹ ɑ⁵⁵ dzo³¹. la³¹ mi⁵⁵ tsʅ³¹ lo³¹. ȵi⁵⁵tsho⁵⁵ tʂo³¹tɕhi⁵⁵kʰi³¹ ʁɑ³⁵sa⁵⁵gu³¹ ʂa⁵⁵tʂho⁵⁵ be⁵⁵ ma⁵⁵ hã⁵⁵. 羊 属 一 天 不 好 不 坏 西方 长刀 在 东方 神枝 在 赤口 东北方 （方位词）在 手 下（方向前缀） 伸 了 西方 北方 东北方 东方 去 不 能				
	通译	十一月十八这一天属羊，日子不好不坏，长刀在西方，神枝在东方，赤口在东北方，天上伸出了手，西方、北方、东北方、东方不能去。				

十一月十九日

原图					
	(猴头图)	(神枝图)	(土神图)	(蛇图)	(筛子图)
国际音标	mi³⁵	nda⁵⁵ta⁵⁵	sa⁵⁵ta⁵⁵	sa⁵⁵ta⁵⁵ʂʅ⁵⁵i⁵⁵to³⁵	a³¹kʰɚ⁵⁵
直译	猴	神枝	土神	蛇怪	筛子
意译	属猴	家神	要送土神	土神菩萨的怪象惹了人	用于做法事

朱小华解读

解读：
mi³⁵ χo³¹ŋgu³⁵, mi³⁵ ȵi⁵⁵mi⁵⁵ tɕi³¹ ȵi⁵⁵, mi³⁵ lu⁵⁵su⁵⁵
猴　十九　　猴　日　一　天　猴　属

tsʰo³¹ ta⁵⁵mu⁵⁵ ŋgo⁵⁵ zo³¹ko⁵⁵, a³¹kʰɚ⁵⁵ qo³¹ ʂo⁵⁵u⁵⁵ ŋa³⁵
人　这种　病　得　筛子　里头　纸　五

ga³¹ mi⁵⁵ tʂʰʅ³¹, hũ⁵⁵bu⁵⁵ mi⁵⁵ tʂʰʅ³¹, pu³¹
张　下（方向前缀）放，送　荞花　下（方向前缀）放，送　送

hũ³⁵. sa⁵⁵ta⁵⁵ʂʅ⁵⁵ i⁵⁵ to³⁵ pu³¹ hũ³⁵. sa⁵⁵ta⁵⁵ tso⁵⁵ hũ³⁵.
需要　土神　的　怪象　送　需要　土神　送　需要

通译：十一月十九，属猴的一天，属猴的人得病，要在筛子里放五张纸送出去，把荞花送出去。要送土神的怪象，要送土神。

补充：十一月十九日这一天，属猴的人生病，是触犯到了土神菩萨的怪（红煞），用糌粑面做一个人、一条蛇，放在一张石板上，在筛子里放五张纸钱和五色的纸，用丝茅草扎一个小人，念经以后用染料将蛇染红，然后把所有东西送到与病人本命不同的地方。送出去以后把纸钱烧掉，筛子拿回来。

国际音标	mi³⁵	nda⁵⁵ta⁵⁵	tʰa⁵⁵ba⁵⁵	bu⁵⁵ɚ⁵⁵	ʂʅ³¹tʰo⁵⁵
直译	猴	神枝	赤口	蛇	牛皮船
意译	属猴	神枝在西方	赤口在东方	蛇上树	牛皮船在北方，吉利

李开华解读

解读：
mi³⁵ lu⁵⁵ tɕi⁵⁵ ȵi⁵⁵, ma⁵⁵ qʰa⁵⁵ ma⁵⁵ nda⁵⁵. tʰa⁵⁵ba⁵⁵
猴　属　一　天　不　好　不　坏　赤口

ʂa⁵⁵tʂʰo⁵⁵ dzo³¹. bu⁵⁵ɚ⁵⁵ ʂʅ³¹po⁵⁵ xo⁵⁵. ʂʅ³¹tʰo⁵⁵ tʂo³¹tɕi⁴⁴kʰi³¹
东方　在　蛇　树枝　去　牛皮船　北方

a⁵⁵ dza³¹. nda⁵⁵ta⁵⁵ ȵi⁵⁵tʂʰo⁵⁵ dza³¹. sa⁵⁵tʂʰo⁵⁵
（方位词）在　神枝　西方　在　东方

hũ⁵⁵mi⁵⁵kʰi³¹ be⁵⁵ ma⁵⁵ hã⁵⁵.
南方　去　不　能

通译：十一月十九这一天属猴，日子不好不坏。赤口在东方，蛇爬上树，牛皮船在北方，神枝在西方。东方和南方不能去。

十一月二十日

	原图				
朱小华解读	国际音标	nda⁵⁵ta⁵⁵	dzu⁵⁵	ɬo³⁵	ȵi⁵⁵mi⁵⁵
	直译	神枝	鸡	水神	太阳
	意译	家神	属鸡	非常大的水神，犯了属鸡的人	要送太阳神
	解读	dzu⁵⁵ 鸡　ȵo⁵⁵ 二十，　dzu⁵⁵ 鸡　ȵi⁵⁵mi⁵⁵ 日　tɕi³¹ 一　ȵi⁵⁵, 天　dzu⁵⁵ 鸡　lu⁵⁵su⁵⁵ 属　tsʰo³¹ 人　ta⁵⁵mu⁵⁵ 这种　ŋgo⁵⁵ 病　zo³¹ko⁵⁵, 得　ȵi⁵⁵mi⁵⁵ 太阳　ɬa³¹ 神　pu³¹ 送　hũ³⁵ 需要　ɬo³⁵ 水神　pu³¹ 送　hũ³⁵. 需要			
	通译	十一月二十，属鸡的一天，属鸡的人得病，要送太阳神，要送水神。			
	补充	十一月二十日这一天，属鸡的人如果生病，是太阳神和水神惹他，要送水神，送三天。捏十二排糌粑坨坨，同苦荞花、酥油、奶渣、鲜牛奶、五色布一起送出去。方法同前文。			
李开华解读	国际音标	nda⁵⁵ta⁵⁵	bi⁵⁵	xə³⁵	hi⁵⁵mi⁵⁵
	直译	神枝	鸡	湖	太阳
	意译	神枝在西方	属鸡	东方的湖	在天上飞的太阳
	解读	bi⁵⁵ 鸡　lu⁵⁵ 属　tɕi⁵⁵ 一　ȵi⁵⁵, 天　ma⁵⁵ 不　qʰa⁵⁵ 好　ma⁵⁵ 不　nda⁵⁵. 坏　ʂa⁵⁵tʂʰo⁵⁵ 东方　xə³⁵ 湖　ndza³⁵. 在　hi⁵⁵mi⁵⁵ 太阳　mu⁵⁵ 天　a⁵⁵ 上（方位词）　bi⁵⁵ 飞　ʂa⁵⁵tʂʰo⁵⁵ 东方　be⁵⁵ 去　ma⁵⁵ 不　hã⁵⁵. 能			
	通译	十一月二十这一天属鸡，日子不好不坏。湖在东方，太阳在天上飞。东方不能去。			

十一月二十一日

	原图					
朱小华解读	国际音标	nda⁵⁵ta⁵⁵	tʂʰɿ³⁵	li³¹bu⁵⁵	ɬi⁵⁵mi⁵⁵	tsɿ³¹
	直译	神枝	狗	海螺	月亮	星宿
	意译	家神	属狗	烧香时要吹海螺	月亮神惹了人	星宿惹了人
	解读	tʂʰɿ³⁵ ɲo⁵⁵tɕi³¹, tʂʰɿ³⁵ ɲi⁵⁵mi⁵⁵ tɕi³¹ ɲi⁵⁵, tʂʰɿ³⁵ lu⁵⁵su⁵⁵ tsʰo³¹ 狗 二十一 狗 日 一 天 狗 属 人 ta⁵⁵mu⁵⁵ ŋo⁵⁵ zo³¹ko⁵⁵, ɬi⁵⁵mi⁵⁵ ɬa³¹ pu³¹ hũ³⁵. mu⁵⁵ 这种 病 得 月亮 神 送 需要 天 ta³¹ tsɿ³¹ pu³¹ hũ³⁵. li³¹bu⁵⁵ fu⁵⁵ hũ³⁵. 上（方位词）星宿 送 需要 海螺 吹 需要				
	通译	十一月二十一，属狗的一天，属狗的人得病，要送月亮神，要送天上的星宿，要吹海螺。				
	补充	十一月二十一日这一天，属狗的人生病，是屋里的家神、星宿、月亮神惹他。要给家神烧香，在坡上给星宿和月亮菩萨烧素香，念经，吹三声海螺。				
李开华解读	国际音标	nda⁵⁵ta⁵⁵	tʂʰɿ⁵⁵	hĩ³¹mbo⁵⁵kʰu⁵⁵	hĩ⁵⁵gu⁵⁵	hĩ⁵⁵mi⁵⁵	tʰa⁵⁵ba⁵⁵
	直译	神枝	狗	海螺	晚上	太阳	赤口
	意译	神枝在西方	属狗	海螺在东方	在天上飞的月亮		赤口在东北方
	解读	tʂʰɿ⁵⁵ lu⁵⁵ tɕi⁵⁵ ɲi⁵⁵, χa³⁵ pʰio³⁵. hĩ³¹mbo⁵⁵kʰu⁵⁵ ʂa⁵⁵tsʰo⁵⁵ 狗 属 一 天 日子 好 海螺 东方 dza³¹. tʰa⁵⁵ba⁵⁵ ʁə³⁵sa⁵⁵gu³¹ a⁵⁵ dzo³¹. mu⁵⁵ a⁵⁵ 在 赤口 东北方 （方位词）在 天 上（方位词） hĩ⁵⁵gu⁵⁵hĩ⁵⁵mi⁵⁵ bi⁵⁵. ʁə³⁵sa⁵⁵gu³¹ be⁵⁵ ma⁵⁵ hã⁵⁵. 月亮 飞 东北方 去 不 能				
	通译	十一月二十一这一天属狗，日子好。海螺在东方，赤口在东北方，天上有月亮飞。东北方不能去。				

十一月二十二日

	原图				
朱小华解读	国际音标	qʰa⁵⁵ndʑa⁵⁵i⁵⁵to³⁵	va³⁵	tsʅ³¹	y³¹ɚ⁵⁵tsʅ⁵⁵i⁵⁵to³⁵
	直译	有蹄子的怪象	猪	星宿	有爪子的怪象
	意译	家中牲畜出的怪象惹了人	属猪	星宿惹了人	家中的鸡出的怪象惹了人
	解读	va³⁵ ȵo⁵⁵ȵi⁵⁵, tsʰo³¹ ta⁵⁵mu⁵⁵ ŋgo⁵⁵ mu⁵⁵ a⁵⁵ 猪 二十二　人　这种　病　天　上（方位词）	va³⁵ ȵi⁵⁵mi⁵⁵ zo³¹ko⁵⁵, 猪　日　得	tɕi³¹ ȵi⁵⁵, y³¹ɚ⁵⁵tsʅ⁵⁵i⁵⁵to³⁵ tsʅ³¹ pu³¹ hũ³⁵. 一　天　有爪子的怪象　星宿　送　需要	va³⁵ lu⁵⁵su⁵⁵ pu³¹ hũ³⁵. 猪　属　送　需要
	通译	十一月二十二，属猪的一天，属猪的人得病，要送牲畜的怪象，要送天上的星宿。			
	补充	十一月二十二日这一天，属猪的人如果生病，是因为天上的星宿勾引家里的羊和鸡惹人，送星宿的方法同十一月初九，送怪象的方法同前文所述。			

	国际音标	qa³⁵lu⁵⁵	va³⁵	tʰo⁵⁵li⁵⁵	ȵa⁵⁵ly³⁵
李开华解读	直译	锅庄	猪	兔子	眼睛
	意译	用于减淤	属猪	东北方有一只兔子	天上有眼睛
	解读	va³⁵ lu⁵⁵ tɕi⁵⁵ ȵi⁵⁵, χa³⁵ tsa⁵⁵ ʁa³⁵sa⁵⁵gu³¹ a⁵⁵ 猪　属　一　天　日子　坏　东北方　（方位词） tʰo⁵⁵li⁵⁵ tɕi⁵⁵ ia⁵⁵ dzo³¹. mu⁵⁵ a⁵⁵ ȵa⁵⁵ly³⁵ tɕi⁵⁵ 兔子　一　个　在　天　上（方位词）　眼睛　一 ka⁵⁵ ndʑa³⁵. ȵi⁵⁵tsʰo⁵⁵ ndza⁵⁵ mi⁵⁵ ʂu³¹. 只　在　西方　减淤　下（方向前缀）　减淤 tʂo³¹tɕi⁵⁵kʰi³¹ be⁵⁵ ma⁵⁵ hã⁵⁵. 北方　去　不　能			
	通译	十一月二十二这一天属猪，日子好，一个兔子在东北方，天上有一个眼睛。要在西方减淤。北方不能去。			

十一月二十三日

	原图				
朱小华解读	国际音标	nda⁵⁵ta⁵⁵	χɑ³⁵	la³¹	n̠i⁵⁵mi⁵⁵
	直译	神枝	鼠	手	太阳
	意译	家神	属鼠	煞气惹了人	太阳神惹了人
	朱小华解读	χɑ³⁵ n̠o⁵⁵so⁵⁵， 鼠　二十三 tsʰo³¹　ta⁵⁵mu⁵⁵ 人　　这种	χɑ³⁵　n̠i⁵⁵mi⁵⁵ 鼠　　日 ŋgo⁵⁵　zo³¹ko⁵⁵， 病　　得	tɕi³¹　n̠i⁵⁵， 一　　天 n̠i⁵⁵mi⁵⁵　ɬa³¹ 太阳　　神	χɑ³⁵　lu⁵⁵su⁵⁵ 鼠　　属 pu³¹　hũ³⁵. 送　　需要
	通译	十一月二十三，属鼠的一天，属鼠的人得病，要送太阳神。			
	补充	十一月二十三日这一天，属鼠的人生病，是犯了太阳神和天上的红煞，要给太阳神烧素香，然后送煞气：把一盘柏香、苦荞花、酒和清茶送到不是病人本命的方向。			
李开华解读	国际音标	nda⁵⁵ta⁵⁵	χɑ³⁵	la³¹	hĩ⁵⁵mi⁵⁵
	直译	神枝	鼠	手	太阳
	意译	神枝在西方	属鼠	天上伸出的手	东北方的太阳
	解读	χɑ³⁵　lu⁵⁵　tɕi⁵⁵　n̠i⁵⁵　ma⁵⁵　qʰɑ⁵⁵　ma⁵⁵　nda⁵⁵. 鼠　　属　　一　　日子　不　　好　　不　　坏 ʁo³⁵sa⁵⁵gu³¹　ɑ⁵⁵　hĩ⁵⁵mi⁵⁵　dzo³¹.　mu⁵⁵　ɑ⁵⁵ 东北方　　（方位词）　太阳　　在　　天　　上（方位词） la³¹　mi⁵⁵　tʂɿ⁵⁵.　nda⁵⁵ta⁵⁵　n̠i⁵⁵tʂʰo⁵⁵　dzɑ³¹. 手　　下（方向前缀）　伸　　神枝　　西方　　在 tʂo³¹tɕʰi⁵⁵kʰi³¹　be⁵⁵　ma⁵⁵　hã⁵⁵. 北方　　　去　　不　　能			
	通译	十一月二十三这一天属鼠，日子不好不坏，太阳在东北方。天上的手伸出来，神枝在西方。北方不能去。			

十一月二十四日

	原图				
朱小华解读	国际音标	ʁɑ⁵⁵lɑ⁵⁵bu⁵⁵	ɣe³⁵	ndɑ⁵⁵tɑ⁵⁵	tʂɿ³¹
	直译	大烧香堆堆	牛	神枝	星宿
	意译	大烧香堆堆惹了人	属牛	家神	星宿下凡惹人
	解读	ɣe³⁵ ȵo⁵⁵zɿ³⁵, tsʰo³¹ tɑ⁵⁵mu⁵⁵ ŋgo⁵⁵ zo³¹ko⁵⁵, ʁɑ⁵⁵lɑ⁵⁵bu⁵⁵ ɣe³⁵ lu⁵⁵su⁵⁵ so³¹ vu⁵⁵ hũ³⁵. mu⁵⁵ ɑ⁵⁵ tʂɿ³¹ pu³¹ hũ³⁵. 牛 二十四 人 这种 病 得 大烧香堆堆 牛 属 香 烧 需要 天 上（方位词）星宿 送 需要			
	通译	十一月二十四，属牛的一天，属牛的人得病，要给大烧香堆堆烧香，要送星宿。				
	补充	十一月二十四日这一天，属牛的人如果生病，是天上的星宿和烧香堆堆犯他，要给烧香堆堆烧素香，同时念烧香的经。不用送星宿。				
李开华解读	国际音标	ʁɑ⁵⁵	ɣə³⁵	ndɑ⁵⁵tɑ⁵⁵	tʰɑ⁵⁵bɑ⁵⁵
	直译	烧香堆堆	牛	神枝	赤口
	意译	用于烧素香	属牛	神枝在东方	赤口在东北方
	解读	ɣə³⁵ lu⁵⁵ tɕi⁵⁵ ȵi⁵⁵, mɑ⁵⁵ qʰɑ⁵⁵ mɑ⁵⁵ ndɑ⁵⁵ ndɑ⁵⁵tɑ⁵⁵ ʂɑ⁵⁵tʂʰo⁵⁵ dzɑ³¹. tʰɑ⁵⁵bɑ⁵⁵ ʁɑ³⁵sɑ⁵⁵gu³¹ ɑ⁵⁵ dzo³¹ sio⁵⁵ pʰi⁵⁵ ȵi⁵⁵tʂʰo⁵⁵ sio⁵⁵ pʰi⁵⁵ lo³¹ mu⁵⁵ ngo⁵⁵dzɿ⁵⁵ zɑ⁵⁵ lo³¹ χɑ³¹lo³¹ be⁵⁵ mɑ⁵⁵ pʰɑ⁵⁵ lo³¹. tʂo³¹tɕʰi⁵⁵kʰi³¹ ʂɑ⁵⁵tʂʰo⁵⁵ be⁵⁵ mɑ⁵⁵ hã⁵⁵. 牛 属 一 天 不 好 不 坏 神枝 东方 在 赤口 东北方 （方位词）在 香 素 西方 香 素 上（方向前缀）烧 疾病 得 了 哪里 去 不 能够 了 北方 东方 去 不 能			
	通译	十一月二十四这一天属牛，日子不好不坏，神枝在东方，赤口在东北方，要在西方烧素香。这一天得病，哪儿都不能去。				

十一月二十五日

	原图					
朱小华解读	国际音标	pu⁵⁵mba³¹	ʁa⁵⁵bu⁵⁵ta⁵⁵ta⁵⁵	la⁵⁵	ɬo³⁵	tʂʰɿ⁵⁵ka⁵⁵
	直译	岸子	小烧香堆堆	虎	水神	脚
	意译	坛神	烧香堆堆带了红煞	属虎	一般大的水神，惹了人	黑煞
	解读	la⁵⁵ ȵo⁵⁵ŋa³⁵, la⁵⁵ ȵi⁵⁵mi⁵⁵ tɕi³¹ ȵi⁵⁵, la⁵⁵ lu⁵⁵su⁵⁵ tsʰo³¹ 虎　二十五　　虎　　日　一　天　虎　属　　人 ta⁵⁵mu⁵⁵ ŋgo⁵⁵ zo³¹ko⁵⁵, ʁa⁵⁵bu⁵⁵ta⁵⁵ so³¹ vu⁵⁵ hũ³⁵. za³⁵ 这种　病　得　　小烧香堆堆　香　烧　需要　煞气 pu³¹ hũ³⁵, ɬo³⁵ pi³⁵ hũ³⁵. 送　需要　水神　送　需要				
	通译	十一月二十五，属虎的一天，属虎的人得病，要给小烧香堆堆烧香，要送煞气，要送水神。				
	补充	十一月二十五日这一天，属虎的人生病，是冒犯了水神和山神，症状是脚痛，不能穿鞋，要举行小规模的送水神仪式，送法同前。				
李开华解读	国际音标	nda⁵⁵ta⁵⁵	ʁa⁵⁵	la⁵⁵	xə³⁵	ʂɿ⁵⁵ka³⁵
	直译	神枝	烧香堆	虎	湖	脚
	意译	神枝在西方	在西方烧香	属虎	东方有一个湖	脚从北方蹬下来
	解读	la⁵⁵ lu⁵⁵ tɕi⁵⁵ ȵi⁵⁵, χa³⁵ ko³⁵, ma⁵⁵ qʰa⁵⁵ ma⁵⁵ nda⁵⁵. 虎　属　一　天　日子　硬　不　好　不　坏 ʂa³tʂʰo⁵⁵ xə³⁵ tɕi⁵⁵ lu⁵⁵ ndza³⁵. tso³¹tɕʰi⁵⁵kʰi³¹ ka³⁵ 东方　湖　一　个　在　　北方　　脚 mi⁵⁵ tʰu⁵⁵ lo³¹. ȵi⁵⁵tʂʰo⁵⁵ sio⁵⁵ pʰi⁵⁵ lo³¹ 下（方向前缀）伸、踢　了　西方　　香　素　上（方向前缀） mu⁵⁵. tso³¹tɕʰi⁵⁵kʰi³¹ ʂa⁵⁵tʂʰo⁵⁵ be⁵⁵ ma⁵⁵ hã⁵⁵. 烧　　北方　　东方　去　不　能				
	通译	十一月二十五这一天属虎，日子硬（红煞日），不好不坏。东方有一个湖，脚从北方蹬下来，在西边烧素香做法事。北方和东方不能去。				

十一月二十六日

	原图					
朱小华解读	国际音标	nda⁵⁵ta⁵⁵	tʰo⁵⁵li⁵⁵	ɬo³⁵	a³¹kʰɚ	li³¹bu⁵⁵
	直译	神枝	兔	水神	筛子	海螺
	意译	家神	属兔	小的水神犯了人	用于做法事	烧香时要吹海螺
	解读	tʰo⁵⁵li⁵⁵ no⁵⁵kʰu³¹, tʰo⁵⁵li⁵⁵ ȵi⁵⁵mi⁵⁵ tɕi³¹ ȵi⁵⁵, tʰo⁵⁵li⁵⁵ lu⁵⁵su⁵⁵ tsʰo³¹ 兔　二十六　兔　日　一　天　兔　属　人 ta⁵⁵mu⁵⁵ ŋo⁵⁵ zo³¹ko⁵⁵, a³¹kʰɚ⁵⁵ ʂo⁵⁵u⁵⁵ ŋa³⁵ ga³¹ 这种　病　得　筛子　纸　五　张 mi⁵⁵ tʂʰɿ³¹. hũ⁵⁵bu⁵⁵ mi⁵⁵ tʂʰɿ³¹. li³¹bu⁵⁵ fu⁵⁵ hũ³⁵. 下（方向前缀）放，送　荞花　下（方向前缀）放，送　海螺　吹　需要				
	通译	十一月二十六，属兔的一天，属兔的人得病，在筛子里放五张纸，撒荞花，要吹海螺。				
	补充	十一月二十六日这一天，属兔的人生病，是犯了水神，送法同二十五日。				
李开华解读	国际音标	nda⁵⁵ta⁵⁵	tʰo⁵⁵li⁵⁵	xə³⁵	ʂɿ³¹tʰo⁵⁵	hĩ³¹mbo⁵⁵kʰu⁵⁵
	直译	神枝	兔	湖	牛皮船	海螺
	意译	神枝在西方	属兔	东方有湖	牛皮船在北方	海螺在东北方
	解读	tʰo⁵⁵li⁵⁵ lu⁵⁵ tɕi⁵⁵ ȵi⁵⁵, χa³⁵ pʰio³⁵. ʂa⁵⁵tʂʰo⁵⁵ xə³⁵ ndʐa³⁵. 兔　属　一　天　日子　好　东方　湖　在 ʁə³⁵sa⁵⁵gu³¹　a⁵⁵　dzo³¹ te³¹ hĩ³¹mbo⁵⁵kʰu⁵⁵ dzʐa³¹. 东北方　（方位词）在　（连词）　海螺　在 tʂo³¹tɕʰi⁵⁵kʰi³¹　a⁵⁵　ʂɿ³¹tʰo⁵⁵ dzʐa³¹. nda⁵⁵ta⁵⁵ ȵi⁵⁵tʂʰo⁵⁵ 北方　（方位词）牛皮船　在　神枝　西方 dzʐa³¹. ʂa⁵⁵tʂʰo⁵⁵ be⁵⁵ ma⁵⁵ hã⁵⁵. 在　东方　去　不　能				
	通译	十一月二十六这一天属兔，日子好，湖在东方，海螺在东北方。头顶有筛子挡着，神枝放在西方。东方不能去				

第三章　文献精选精译　　841

十一月二十七日

	原图					
朱小华解读	国际音标	ʁa⁵⁵bu⁵⁵ta⁵⁵ta⁵⁵	ʑ⁵⁵dza³¹	li³¹bu⁵⁵	ɣe³⁵kʰu⁵⁵	ȵi⁵⁵mi⁵⁵
	直译	小烧香堆堆	龙	海螺	牛角	太阳
	意译	用于烧素香	属龙	烧香时要吹海螺	牛王会菩萨惹了人	太阳神惹了人
	解读	ʑ⁵⁵dza³¹ ȵo⁵⁵ʂɿ³¹, ʑ⁵⁵dza³¹ ȵi⁵⁵mi⁵⁵ tɕi³¹ ȵi⁵⁵, ʑ⁵⁵dza³¹ lu⁵⁵su⁵⁵ tsʰo³¹ 龙　　二十七　　龙　　日　一　天　龙　属　人 ta⁵⁵mu⁵⁵ ŋo⁵⁵ zo³¹ko⁵⁵, ʁa⁵⁵bu⁵⁵ta⁵⁵ta⁵⁵ so³¹ vu⁵⁵ hũ³⁵. ɣe³⁵pi³⁵sɿ⁵⁵ 这种　　病　　得　　小烧香堆堆　　香　烧　需要　牛王会菩萨 pu³¹ hũ³⁵. ȵi⁵⁵mi⁵⁵ ɬa³¹ pu³¹ hũ³⁵ li³¹bu⁵⁵ fu⁵⁵ hũ³⁵. 送　需要　太阳　神　送　需要　海螺　吹　需要				
	通译	十一月二十七，属龙的一天，属龙的人得病，要给小烧香堆堆烧香，要送牛王会菩萨，要送太阳神，要吹海螺。				
	补充	十一月二十七日这一天，属龙的人如果生病，是因为牛王会的菩萨、太阳神和家神惹他，要送牛王会的菩萨：做一个面人，把一张白纸剪成衣服，给面人穿上；把一只牛角和一笼柏香送到做牛王会的地方。				
李开华解读	国际音标	ʁa⁵⁵	zɿ⁵⁵bi⁵⁵	hĩ³¹mbo⁵⁵kʰu⁵⁵	ɣe³⁵kʰu⁵⁵	hĩ⁵⁵mi⁵⁵
	直译	烧香堆堆	龙	海螺	牛角	太阳
	意译	用于烧素香	属龙	放在东方的海螺	不能去西北，否则会遭凶星	在天上飞的太阳
	解读	zɿ⁵⁵bi⁵⁵ lu⁵⁵ tɕi⁵⁵ ȵi⁵⁵, χa³⁵ pʰio³⁵. hĩ³¹mbo⁵⁵kʰu⁵⁵ ʂa⁵⁵tʂʰo⁵⁵ dza³¹ 龙　属　一　天　日子　好　海螺　东方　在 hĩ⁵⁵mi⁵⁵ mu⁵⁵ a⁵⁵ bi⁵⁵ na⁵⁵gu⁵⁵mbʑ⁵⁵ te³¹ ɣe³⁵kʰu⁵⁵ ndza³⁵. 太阳　天　上（方位词）　飞　西北方　（连词）　牛角　在 sio⁵⁵ pʰi⁵⁵ lo³¹ mu⁵⁵. na⁵⁵gu⁵⁵mbʑ³¹ be⁵⁵ ma⁵⁵ hã⁵⁵ 香　素　上（方向前缀）　烧　西北方　去　不　能				
	通译	十一月二十七这一天属龙，日子好。海螺放在东方，太阳在天上飞。牛角在西北方。烧素香。西北方不能去。				

十一月二十八日

	原图				
朱小华解读	国际音标	nda⁵⁵ta⁵⁵	dza³¹	ʁa⁵⁵la⁵⁵bu⁵⁵	ɬi⁵⁵mi⁵⁵
	直译	神枝	蛇	大烧香堆堆	月亮
	意译	摆在西方的神枝	属蛇	大烧香堆堆惹了人	月亮惹了人
	解读	dza³¹ ȵo⁵⁵hĩ³¹, dza³¹ ȵi⁵⁵mi⁵⁵ tɕi³¹ ȵi⁵⁵, dza³¹ 蛇　　二十八　　　蛇　　　日　　一　　天　　蛇 lu⁵⁵su⁵⁵ tsʰo³¹ ta⁵⁵mu⁵⁵ ŋo⁵⁵ zo³¹ko⁵⁵, ɬi⁵⁵mi⁵⁵ ɬa³¹ 属　　　人　　这种　　病　　得　　　月亮　　神 pu³¹ hũ³⁵ ʁa⁵⁵la⁵⁵bu⁵⁵ so³¹ vu⁵⁵ hũ³⁵. 送　　需要　　大烧香堆堆　　香　　烧　　需要			
	通译	十一月二十八，属蛇的一天，属蛇的人得病，要送月亮神，要给大烧香堆堆烧香。				
	补充	十一月二十八日这一天，属蛇的人生病，是冒犯了山神和月亮神，要烧素香。				
李开华解读	国际音标	nda⁵⁵ta⁵⁵	dza³⁵	ʁa⁵⁵	hĩ⁵⁵gu⁵⁵	hĩ⁵⁵mi⁵⁵
	直译	神枝	蛇	烧香堆堆	晚上	太阳
	意译	神枝在西方	属蛇	用于烧素香	在天上飞的月亮	
	解读	dza³⁵ lu⁵⁵ tɕi⁵⁵ ȵi⁵⁵, ma⁵⁵ qʰa⁵⁵ ma⁵⁵ nda⁵⁵. 蛇　　属　　一　　天　　不　　好　　不　　坏 ʂa⁵⁵tʂʰo⁵⁵ sio⁵⁵ pʰi⁵⁵ lo³¹ mu⁵⁵. mu⁵⁵ a⁵⁵ 东方　　　香　　素　　上（方向前缀）　烧　　天　　上（方位词） te³¹ hĩ⁵⁵gu⁵⁵ hĩ⁵⁵mi⁵⁵ nda³⁵ ȵi⁵⁵tʂʰo⁵⁵ nda⁵⁵ta⁵⁵ dza³¹. （连词）　月亮　　月亮　　在　　西方　　　神枝　　　在 zɿ³⁵dʐu⁵⁵kʰu³¹ be⁵⁵ a⁵⁵sɿ³¹. 四方　　　　　去　　可以				
	通译	十一月二十八这一天属蛇，日子不好不坏。在东方烧素香，月亮在天上。神枝在西方。四方都可以去。				

十一月二十九日

	原图					
朱小华解读	国际音标	nda^{55}ta^{55}	mo^{55}	ʁa^{55}la^{55}bu^{55}	y^{31}ɚ^{55}tsɿ^{55}i^{55}to^{35}	q^{h}a^{55}ndʑa^{55}i^{55}to^{35}
	直译	神枝	马	大烧香堆堆	有爪子的怪象	有蹄子的怪象
	意译	家神惹了人	属马	给大烧香堆堆烧香	天上的雀鸟出的怪象惹了人	家中牲畜出的怪象惹了人
	解读	mo^{55} ɳo^{55}ŋgu^{35}, ta^{55}mu^{55} ŋgo^{55} so^{31} vu^{55} hũ^{35}. 马 二十九 这种 病 得 香 烧 需要	mo^{55} 马 zo^{31}ko^{55}, 	ɲi^{55}mi^{55} tɕi^{31} 日 一 y^{31}ɚ^{55}tsɿ^{55}i^{55}to^{35} 有爪子的怪象	ɲi^{55}, 天 pu^{31} 送	mo^{55} 马 hũ^{35}. 需要	lu^{55}su^{55} tsho^{31} 属 人 ʁa^{55}la^{55}bu^{55} 大烧香堆堆
	通译	十一月二十九，属马的一天，属马的人得病，要送雀鸟的怪象，要给大烧香堆堆烧香。					
	补充	十一月二十九日这一天，属马的人生病，是因为山神和家神勾引家里的猪和鸡惹人，要用面做一只鸡和一只猪，用苦荞花为病人擦身体，用丝茅草扎一个毛人，念完经以后往不是本命的地方送。					
李开华解读	国际音标	nda^{55}ta^{55}	mo^{55}	ʁa^{55}	ɯa^{55}ly^{35}	qa^{35}
	直译	神枝	马	烧香堆堆	眼睛	锅庄
	意译	神枝在西方	属马	用于烧素香	天上的眼睛	用于减淤
	解读	mo^{55} lu^{55} tɕi^{55} ɲi^{55}, 马 属 一 天 sio^{55} p^{h}i^{55} lo^{31} 香 素 上（方向前缀） ʂu^{31}. mu^{55} a^{55} 减淤 天 上（方位词） dʑa^{31}. tʂo^{31}tɕi^{55}k^{h}i^{31} 在 北方	ma^{55} q^{h}a^{55} 不 好 mu^{55}. 烧 te^{31} （连词） ʂa^{55}tʂ^{h}o^{55} 东方	ma^{55} nda^{55}. 不 坏 ʁa^{35}sa^{55}gu^{31} 东北方 ɳa^{55}ly^{35} 眼睛 be^{55} 去	ʂa^{55}tʂ^{h}o^{55} 东方 ndʑa^{55} 减淤 ndʑa^{35} 在 ma^{55} 不	mi^{55} 下（方向前缀） nda^{55}ta^{55} 神枝 hã^{55}. 能	ɲi^{55}tʂ^{h}o^{55} 西方
	通译	十一月二十九这一天属马，日子不好不坏，在东方烧素香，在东北方减淤。眼睛在天上，神枝在西方。北方和东方不能去。					

第三章 文献精选精译　847

十一月三十日

	原图				
朱小华解读	国际音标	nda⁵⁵ta⁵⁵	io⁵⁵	la³¹ka³¹	tʂɿ³¹
	直译	神枝	羊	手	星宿
	意译	家神	属羊	天上伸出的手	星宿下凡犯人
	解读	io⁵⁵ so⁵⁵ʂɿ³¹, io⁵⁵ n̠i⁵⁵mi⁵⁵ tɕi³¹ n̠i⁵⁵, io⁵⁵ lu⁵⁵su⁵⁵ 羊　　三十　　　羊　　日　　一　　天　　羊　　属 tsʰo³¹ ta⁵⁵mu⁵⁵ ŋgo⁵⁵ zo³¹ko⁵⁵, za³⁵ pu³¹ hũ³⁵ mu⁵⁵ 人　　这种　　　病　　得　　　　煞气　送　需要　天 a⁵⁵ tʂɿ³¹ pu³¹ hũ³⁵. 上（方位词）星宿　送　需要				
	通译	十一月三十，属羊的一天，属羊的人得病，要送煞气，要送天上的星宿。				
	补充	十一月三十日这一天，属羊的人生病，是被天神菩萨的黑煞犯了，烧柏香，把清茶、酒和黑颜色的羊毛放在香上，往西方送。				
李开华解读	国际音标	nda⁵⁵ta⁵⁵	io⁵⁵	la³¹	tʰa⁵⁵ba⁵⁵
	直译	神枝	羊	手	赤口
	意译	西方有神枝	属羊	天上伸出的手	赤口在东北方
	解读	io⁵⁵ lu⁵⁵ tɕi⁵⁵ n̠i⁵⁵, ma⁵⁵ qʰa⁵⁵ ma⁵⁵ nda⁵⁵. tʰa⁵⁵ba⁵⁵ 羊　　属　　一　　天　　不　　好　　不　　坏　　赤口 ʁɔ³⁵sa⁵⁵gu³¹　　　　a⁵⁵　　dzo³¹ mu⁵⁵ a⁵⁵ te³¹ la³¹ 东北方　　　（方位词）在　　天　　上（方位词）（连词）手 mi⁵⁵　　　　tʂɿ³¹　　lo³¹. n̠i⁵⁵tʂʰo⁵⁵ te³¹ nda⁵⁵ta⁵⁵ dzɿ³¹. 下（方向前缀）伸　　了　　西方　（连词）神枝　　在 tʂoʔ³¹tɕʰi⁵⁵kʰi³¹ ʂa⁵⁵tʂʰo⁵⁵ be⁵⁵ ma⁵⁵ hã⁵⁵. 北方　　　　　东方　　去　　不　　能				
	通译	十一月三十这一天属羊，日子不好不坏，赤口在东北方，手在天上伸出来。神枝在西方。北方和东方不能去。				

十二月  mi³⁵ndo⁵⁵tɕi³¹pə·³¹
可以看见猴的一月

十二月上

十二月一日

	原图				
朱小华解读	国际音标	nda⁵⁵ta⁵⁵	mi³⁵	li³¹bu⁵⁵	ʁɑ⁵⁵lɑ⁵⁵bu⁵⁵
	直译	神枝	猴	海螺	大烧香堆堆
	意译	家神惹了人	属猴	烧香时吹海螺	大烧香堆堆惹了人
	解读	mi³⁵ tɕi³¹, mi³⁵ n̠i⁵⁵mi⁵⁵ tɕi³¹ n̠i⁵⁵, mi³⁵ lu⁵⁵su⁵⁵ tsʰo³¹ 猴　一　猴　日　一　天　猴　属　人 ta⁵⁵mu⁵⁵ ŋgo⁵⁵ zo³¹ko⁵⁵, ʁɑ⁵⁵lɑ⁵⁵bu⁵⁵ so³¹ vu⁵⁵ hũ³⁵. 这种　病　得　大烧香堆堆　香　烧　需要
	通译	十二月初一，属猴的一天，属猴的人得病，要给大烧香堆堆烧香。
	补充	十二月初一这一天，属猴的人生病，是家里的家神和祖传的烧香堆堆惹他，要敬家神和烧香堆堆，方法同前文。
李开华解读	国际音标	nda⁵⁵ta⁵⁵	mi³⁵	hĩ³¹mbo⁵⁵kʰu⁵⁵	ʁɑ⁵⁵
	直译	神枝	猴	海螺	烧香堆堆
	意译	西方的神枝	属猴	东方的海螺	用于烧素香
	解读	mi³⁵ lu⁵⁵ tɕi⁵⁵ n̠i⁵⁵, ma⁵⁵ qʰa⁵⁵ ma⁵⁵ nda⁵⁵. hĩ³¹mbo⁵⁵kʰu⁵⁵ 猴　属　一　天　不　好　不　坏　海螺 ʂɑ⁵⁵tʂʰo⁵⁵ dzɑ³¹. tʂo⁵⁵tɕʰi⁵⁵kʰi⁵⁵ sio⁵⁵ pʰi⁵⁵ lo³¹ mu⁵⁵. 东方　在　北方　香　素　上（方向前缀）　烧 n̠i⁵⁵tʂʰo⁵⁵ nda⁵⁵ta⁵⁵ dzɑ³¹. zɿ³⁵ndʑu⁵⁵kʰu³¹ be⁵⁵ a⁵⁵ʂɿ³¹. 西方　神枝　在　四方　去　可以
	通译	十二月初一这一天属猴，日子不好不坏，海螺放在东方。在北方烧素香，神枝摆在西方。四方都可以去。

十二月二日

	原图					
朱小华解读	国际音标	nda⁵⁵ta⁵⁵	ʁua³¹mi³¹	dzu̥⁵⁵	ʁa⁵⁵bu⁵⁵ta⁵⁵ta⁵⁵	tʂʅ³¹
	直译	神枝	长刀	鸡	小烧香堆堆	星宿
	意译	家神惹了人	不干净的刀冒犯了家神，惹了人	属鸡	小烧香堆堆惹了人	星宿惹了人
	解读	dzu̥⁵⁵ ȵi⁵⁵，dzu̥⁵⁵ ȵi⁵⁵mi⁵⁵ tɕi³¹ ȵi⁵⁵，dzu̥⁵⁵ lu⁵⁵su⁵⁵ tsʰo³¹ ta⁵⁵mu⁵⁵ 鸡 二 鸡 日 一 天 鸡 属 人 这种 ŋo⁵⁵ zo³¹ko⁵⁵，mu⁵⁵ a⁵⁵ tʂʅ³¹ pu³¹ hũ³⁵. ʁa⁵⁵bu⁵⁵ta⁵⁵ta⁵⁵ 病 得 天 上（方位词） 星宿 送 需要 小烧香堆堆 so³¹ vu⁵⁵ hũ³⁵. 香 烧 需要				
	通译	十二月初二，属鸡的一天，属鸡的人得病，要送天上的星宿，要给小烧香堆堆烧香。				
	补充	十二月初二这一天，属鸡的人生病，是因为家里祖传的刀不干净，冒犯了家神，要给刀和家神"减淤"，然后烧素香。同时小烧香堆堆和星宿也不干净，要给小烧香堆堆和星宿烧香。				
李开华解读	国际音标	nda⁵⁵ta⁵⁵	ʁa³⁵mi⁵⁵	bi⁵⁵	ʁa⁵⁵	tʰa⁵⁵ba⁵⁵
	直译	神枝	长刀	鸡	烧香堆堆	赤口
	意译	神枝在西方	西方的长刀，不吉利	属鸡	用于烧素香	赤口在北方
	解读	bi⁵⁵ lu⁵⁵ tɕi⁵⁵ ȵi⁵⁵，ma⁵⁵ qʰa⁵⁵ ma⁵⁵ nda⁵⁵. ʁə³⁵sa⁵⁵gu³¹ 鸡 属 一 天 不 好 不 坏 东北方 a⁵⁵ sio⁵⁵ pʰi⁵⁵ lo³¹ mu⁵⁵. tʰa⁵⁵ba⁵⁵ tso³¹tɕi⁵⁵kʰi³¹ dzo̥³¹ （方位词） 香 素 上（方向前缀） 烧 赤口 北方 在 ȵi⁵⁵tʂʰo⁵⁵ ʁa³⁵mi⁵⁵ dza³¹. ȵi⁵⁵tʂʰo⁵⁵ nda⁵⁵ta⁵⁵ dza³¹. ŋo⁵⁵dzʅ⁵⁵ 西方 长刀 在 西方 神枝 在 疾病 za⁵⁵ lo³¹. χa³¹lo³¹ be⁵⁵ ma⁵⁵ pʰa⁵⁵ lo³¹. 得 了 哪里 去 不 能够 了				
	通译	十二月初二这一天属鸡，日子不好不坏。在东北方烧素香。赤口在北方，西方有长刀（祸事），神枝在西方。（属鸡的人）得了病，哪里都不能去了。				

十二月三日

	原图				
朱小华解读	国际音标	nda⁵⁵ta⁵⁵	tʂʰɿ³⁵	sa⁵⁵ta⁵⁵	a³¹kɚ⁵⁵
	直译	神枝	狗	土神	筛子
	意译	放在西方的神枝	属狗	要送土神	做法事的工具
	解读	tʂʰɿ³⁵ so⁵⁵ tʂʰɿ³⁵ ȵi⁵⁵mi⁵⁵ tɕi³¹ ȵi⁵⁵, tʂʰɿ³⁵ lu⁵⁵su⁵⁵ 狗　　三　　狗　　日　　一　　天　　狗　　属 tsʰo³¹ ta⁵⁵mu⁵⁵ ŋgo⁵⁵ zo³¹ko⁵⁵, a³¹kɚ⁵⁵ qo³¹ so⁵⁵u⁵⁵ ŋa³⁵ 人　　这种　　病　　得　　筛子　　里头　　纸　　五 ga³¹ mi⁵⁵ tʂʰɿ³¹, hũ⁵⁵bu⁵⁵ mi⁵⁵ tʂʰɿ³¹, 张　　下（方向前缀）　　放，送　　荞花　　下（方向前缀）　　放，送 pu³¹ hũ³⁵. sa⁵⁵ta⁵⁵ tso⁵⁵ hũ³⁵. 送　　需要　　土神　　谢　　需要				
	通译	十二月初三，属狗的一天，属狗的人得病，在筛子里放五张纸，送出去。				
	补充	十二月初三这一天，属狗的人生病，是因为犯了黑煞气。把五张黑纸和五张纸钱放入筛子中，把筛子和五碗水饭、五把苦荞花绕着病人身体转几圈，念经，在天黑以后把这些东西往西方送。				
李开华解读	国际音标	nda⁵⁵ta⁵⁵	tʂʰɿ⁵⁵	tʰa⁵⁵ba⁵⁵	ʂɿ³¹tʰo⁵⁵
	直译	神枝	狗	赤口	牛皮船
	意译	神枝在西方	属狗	赤口在东方	天上的牛皮船，吉利
	解读	tʂʰɿ⁵⁵ lu⁵⁵ tɕi⁵⁵ ȵi⁵⁵, ma⁵⁵ qʰa⁵⁵ ma⁵⁵ nda⁵⁵. 狗　　属　　一　　天　　不　　好　　不　　坏 tʰa⁵⁵ba⁵⁵ sa⁵⁵tʂʰo⁵⁵ dza³¹. ʂɿ³¹tʰo⁵⁵ mu⁵⁵ a⁵⁵ dza³¹. 赤口　　东方　　在　　牛皮船　　天　　上（方位词）　　在 ȵi⁵⁵tʂʰo⁵⁵ nda⁵⁵ta⁵⁵ dza³¹. sa⁵⁵tʂʰo⁵⁵ be⁵⁵ ma⁵⁵ hã⁵⁵. 西方　　神枝　　在　　东方　　去　　不　　能				
	通译	十二月初三这一天属狗，日子不好不坏，赤口在东方，牛皮船在天上，神枝在西方。东方不能去。				

十二月四日

原图				
朱小华解读	国际音标	nda⁵⁵ta⁵⁵	li³¹bu⁵⁵	va³⁵	ɲi⁵⁵mi⁵⁵
	直译	神枝	海螺	猪	太阳
	意译	家神惹了人	烧香时吹海螺	属猪	太阳神惹了人
	解读	va³⁵ zɿ³⁵, ta⁵⁵mu⁵⁵ ŋgo³¹ vu⁵⁵ hũ³⁵, 猪　　四　　这种　　病　　　烧　　需要 va³⁵ ɲi⁵⁵mi⁵⁵ zo³¹ko⁵⁵, li³¹bu⁵⁵ fu⁵⁵ 猪　　日　　　　　得　　　海螺　　吹 tɕi³¹ ɲi⁵⁵, ɲi⁵⁵mi⁵⁵ ɬa³¹ hũ³⁵. 一　　天　　太阳　　神　　需要 va³⁵ pu³¹ 猪　送 lu⁵⁵su⁵⁵ tsʰo³¹ so³¹ 属　　人　　香			
	通译	十二月初四，属猪的一天，属猪的人得病，要送太阳神，要烧香吹海螺。			
	补充	十二月初四这一天，属猪的人生病，是因为屋里的家神和太阳神犯他。要在家里给家神烧素香，在山上给太阳神烧素香，各吹三声海螺。			
李开华解读	国际音标	nda⁵⁵ta⁵⁵	hĩ³¹mbo⁵⁵kʰu⁵⁵	va³⁵	hĩ⁵⁵mi⁵⁵
	直译	神枝	海螺	猪	太阳
	意译	神枝在西方	海螺摆在面前	属猪，蓝色属相表示属猪的人病了	在天上飞的太阳
	解读	va³⁵ lu⁵⁵ tɕi⁵⁵ ɲi⁵⁵, dzɑ³¹. ɲi⁵⁵tʂo⁵⁵ nda⁵⁵ta⁵⁵ dzɑ³¹. zɿ³⁵ndzu⁵⁵kʰu³¹ χɑ³¹lo³¹ 猪　属　一　天　在　西方　神枝　在　四方　哪里 χɑ³⁵ pʰio³⁵. pa³⁵ mu⁵⁵ ɑ⁵⁵ be⁵⁵ ɑ⁵⁵sɿ³¹ be⁵⁵ ma⁵⁵ pʰa⁵⁵ 日子　好　面前　天　上（方位词）去　可以　去　不　能够 ŋgo⁵⁵dzɑ⁵⁵ za⁵⁵ lo³¹. 疾病　得　了 hĩ³¹mbo⁵⁵kʰu⁵⁵ hĩ⁵⁵mi⁵⁵ bi⁵⁵. lo³¹. 海螺　太阳　飞　了			
	通译	十二月初四这一天属猪，日子好，海螺放在面前，神枝在西方，太阳在天上飞。四方都能去，但是属猪的人病了，哪儿都去不了。			

十二月五日

原图				
	国际音标	ɬo³⁵	χa³⁵	nda⁵⁵ta⁵⁵	ɬi⁵⁵mi⁵⁵
	直译	水神	鼠	神枝	月亮
	意译	相当大的水神惹了人	属鼠	家神	月亮神惹了人
朱小华解读	解读	χa³⁵ ŋa³⁵, 鼠 五 tsʰo³¹ ta⁵⁵mu⁵⁵ 人 这种 ɬa³¹ pu³¹ hũ³⁵. 神 送 需要	χa³⁵ ni⁵⁵mi⁵⁵ 鼠 日 ŋgo⁵⁵ zo³¹ko⁵⁵, 病 得	tɕi³¹ ni⁵⁵, 一 天 ɬo³⁵ pu³¹ 水神 送	χa³⁵ lu⁵⁵su⁵⁵ 鼠 属 hũ³⁵. ɬi⁵⁵mi⁵⁵ 需要 月亮
	通译	十二月初五,属鼠的一天,属鼠的人得病,要送水神,送月亮神。			
	补充	十二月初五这一天,属鼠的人生病,是因为西方的水神勾引了月亮惹他,要举行大规模的送水神仪式,做法同前文所述。			
	国际音标	hĩ⁵⁵mi⁵⁵	χa³⁵	nda⁵⁵ta⁵⁵	hĩ⁵⁵gu⁵⁵	hĩ⁵⁵mi⁵⁵
	直译	太阳	鼠	神枝	晚上	太阳
	意译	落到西边的太阳	属鼠	神枝在东方	在天上飞的月亮	
李开华解读	解读	χa³⁵ lu⁵⁵ 鼠 属 hĩ⁵⁵gu⁵⁵hĩ⁵⁵mi⁵⁵ 月亮 dza³¹. ni⁵⁵tʂʰo⁵⁵ 在 西方	tɕi⁵⁵ ni⁵⁵, 一 日子 bi⁵⁵. 飞 be⁵⁵ 去	χa³⁵ tsa⁵⁵. 日子 坏 ni⁵⁵tʂʰo⁵⁵ 西方 ma⁵⁵ 不	mu⁵⁵ 天 xə³⁵ 湖 hã⁵⁵. 能	a⁵⁵ 上(方位词) ndʐa³⁵. sa⁵⁵tʂʰo⁵⁵ nda⁵⁵ta⁵⁵ 有 东方 神枝
	通译	十二月初五这一天属鼠,日子坏。月亮在天上飞,西方有个湖,神枝在东方,西方不能去。				

十二月六日

	原图				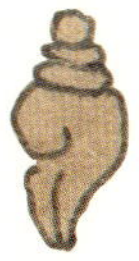		
朱小华解读	国际音标	nda⁵⁵ta⁵⁵	y³¹ɚ⁵⁵tsʅ⁵⁵i⁵⁵to³⁵	ɣe³⁵	li³¹bu⁵⁵	tʂʅ³¹	ɣe³⁵kʰu⁵⁵
	直译	神枝	有爪子的怪象	牛	海螺	星宿	牛角
	意译	家神惹了人	天上的雀鸟出的怪象惹了人	属牛	烧香时要吹海螺	属牛的人犯了四次星宿，星宿惹他	牛王会菩萨惹了人
	解读	ɣe³⁵ kʰu³¹, 牛 六 ɣe³⁵ ȵi⁵⁵mi⁵⁵ 牛 日 tɕi³¹ ȵi⁵⁵, 一 天 ɣe³⁵ lu⁵⁵su⁵⁵ 牛 属 tsʰo³¹ ta⁵⁵mu⁵⁵ 人 这种 ŋgo⁵⁵ 病 zo³¹ko⁵⁵, 得 y³¹ɚ⁵⁵tsʅ⁵⁵i⁵⁵to³⁵ 有爪子的怪象 pu³¹ hũ³⁵, 送 需要 mu⁵⁵ 天 a⁵⁵ 上（方位词） tsʅ³¹ 星宿 pu³¹ 送 hũ³⁵, 需要 ɣe³⁵pi³⁵sʅ⁵⁵ 牛王会菩萨 pu³¹ 送 hũ³⁵, 需要 li³¹bu⁵⁵ 海螺 fu⁵⁵ 吹 hũ³⁵. 需要					
	通译	十二月初六，属牛的一天，属牛的人得病，要送牲畜的怪象，送天上的星宿，送牛王会菩萨，要吹海螺。					
	补充	十二月初六这一天，属牛的人如果生病，是家神作怪[1]。要给家神烧香，送雀鸟的怪象（送法同前文），然后送牛王会的菩萨：捏一个面人，给它穿上白纸衣服，送往曾经做牛王会的地方，再吹三声海螺。					
李开华解读	国际音标	nda⁵⁵ta⁵⁵	ȵa⁵⁵	ɣə³⁵	hĩ³¹mbo⁵⁵kʰu⁵⁵	tʂo³¹ tʂʰu⁵⁵ zʅ³⁵	bu⁵⁵tʂʰa³¹
	直译	神枝	眼睛	牛	海螺	祸 罩 四	短刀
	意译	神枝在西方	西方有眼睛，不好不坏	属牛	东方的海螺	一种星象，不吉利	东北方的短刀
	解读	ɣə³⁵ lu⁵⁵ tɕi⁵⁵ ȵi⁵⁵, 牛 属 一 天 χa³⁵ ʁo³⁵, 日子 硬 ʂa⁵⁵tʂo⁵⁵ 东方 te³¹ （连词） hĩ³¹mbo⁵⁵kʰu⁵⁵ 海螺 dza³¹. ʁə³¹sa⁵⁵gu³¹ 在 东北方 a⁵⁵ （方位词） bu⁵⁵tʂʰa³¹ 短刀 dza³¹. 在 tʂo³¹tɕʰi⁵⁵kʰi³¹ 北方 tʂo³¹ tʂʰu⁵⁵ zʅ³⁵ 祸 罩 四 pa³⁵ 面前 te³¹ （连词）, ȵa⁵⁵ 眼睛 ndza³⁵ 在 ȵi⁵⁵tʂo⁵⁵ 西方 tʂo³¹tɕʰi⁵⁵kʰi³¹ 北方 ʁə³⁵sa⁵⁵gu³¹ 东北方 be⁵⁵ 去 ma⁵⁵ 不 hã⁵⁵. 能					
	通译	十二月初六这一天属牛，日子硬，海螺在东北方，短刀（祸事）在东北方，北方有四颗星，西方有眼睛。西方、北方、东北方不能去。					

---

[1] 公鸡在晚上叫，是怪象。图中的公鸡怪象挨着家神，意为家神在作怪。

十二月七日

	原图					
朱小华解读	国际音标	nda⁵⁵ta⁵⁵	ɬo³⁵	la⁵⁵	ʁa⁵⁵la⁵⁵bu⁵⁵	la³¹
	直译	神枝	水神	虎	大烧香堆堆	手
	意译	家神	小的水神犯了人	属虎	带着红煞的烧香堆堆惹了人	天上的煞气
	解读	la⁵⁵ ʂʅ³¹, la⁵⁵ ȵi⁵⁵mi⁵⁵ tɕi³¹ ȵi⁵⁵, la⁵⁵ lu⁵⁵su⁵⁵ tsʰo³¹ ta⁵⁵mu⁵⁵ 虎 七 虎 日 一 天 虎 属 人 这种 ŋgo⁵⁵ zo³¹ko⁵⁵, ɬo³⁵ pu³¹ hũ³⁵ za³⁵ pu³¹ hũ³⁵. za³⁵ 病 得 水神 送 需要 煞气 送 需要 煞气 na⁵⁵ŋkʰa⁵⁵ pu³¹ hũ³⁵, ʁa⁵⁵la⁵⁵bu⁵⁵ so³¹ vu⁵⁵ hũ³⁵. 天 送 需要 大烧香堆堆 香 烧 需要				
	通译	十二月初七，属虎的一天，属虎的人得病，要送水神，要送天上的煞气，要给大烧香堆堆烧香。				
	补充	十二月初七这一天，属虎的人生病，是因为冒犯了水神和天上的黑煞。要先送水神，方法同冬月二十五。再送黑煞：用糌粑面捏一个小人。把小人染黑放在石板上；把黑羊毛或黑猪毛也放在石板上；用苦荞花为病人擦身，把一张黑纸剪成衣服，给小人穿上。然后把石板、苦荞花和小人往西送[1]。				
李开华解读	国际音标	nda⁵⁵ta⁵⁵	xə³⁵	la⁵⁵	ʁa⁵⁵	la³¹
	直译	神枝	湖	虎	烧香堆堆	手
	意译	神枝在西方	南方的湖	属虎	用于烧素香	天上的手伸出来
	解读	la⁵⁵ lu⁵⁵ tɕi⁵⁵ ȵi⁵⁵, ma⁵⁵ qʰa⁵⁵ ma⁵⁵ nda⁵⁵. hũ⁵⁵mi⁵⁵kʰi³¹ 虎 属 一 天 不 好 不 坏 南方 te³¹ xə³⁵ ndza³⁵. ʂa⁵⁵tʂʰo⁵⁵ sio⁵⁵ pʰi⁵⁵ lo³¹ mu⁵⁵. （连词） 湖 在 东方 香 素 上（方向前缀） 烧 tʂo³¹tɕi⁵⁵kʰi³¹ la³¹ na⁵⁵ tʂʅ⁵⁵ lo³¹. tʂo³¹tɕi⁵⁵kʰi³¹ 北方 手 黑的 伸 了 北方 hũ⁵⁵mi⁵⁵kʰi³¹ be⁵⁵ ma⁵⁵ hã⁵⁵. ʂa⁵⁵tʂʰo⁵⁵ be⁵⁵ a⁵⁵ʂʅ³¹. 南方 去 不 能 东方 去 可以				
	通译	十二月初七这一天属虎，日子不好不坏。湖在南方，在东方烧素香，西方伸出了黑手。不能去北方和南方，可以去东方。				

---

[1] 黑煞要往西送，红煞往东送，蓝煞往南送，白煞往北送。

十二月八日

	原图					
朱小华解读	国际音标	qʰa⁵⁵ndʑa⁵⁵i⁵⁵to³⁵	tʰo⁵⁵li⁵⁵	nda⁵⁵ta⁵⁵	ʁa⁵⁵bu⁵⁵ta⁵⁵ta⁵⁵	tsʅ³¹
	直译	有蹄子的怪象	兔	神枝	小烧香堆堆	星宿
	意译	家中牲畜出的怪象惹了人	属兔	家神惹了人	小烧香堆堆惹了人	干净的星宿
	解读	tʰo⁵⁵li⁵⁵ hĩ³¹, ta⁵⁵mu⁵⁵ ŋo⁵⁵ pu³¹ hũ³⁵, 兔 八 这种 病 送 需要	tʰo⁵⁵li⁵⁵ ɲi⁵⁵mi⁵⁵ zo³¹ko⁵⁵, mu⁵⁵ 兔 日 得 天	tɕi³¹ ɲi⁵⁵, qʰa⁵⁵ndʑa⁵⁵i⁵⁵to³⁵ a⁵⁵ 一 天 有蹄子的怪象 上（方位词）	tʰo⁵⁵li⁵⁵ pu³¹ tsʅ³¹ 兔 送 星宿	lu⁵⁵su⁵⁵ hũ³⁵. ʁa⁵⁵bu⁵⁵ta⁵⁵ta⁵⁵ pu³¹ hũ³⁵. 属 需要 小烧香堆堆 送 需要
	通译	十二月初八，属兔的一天，属兔的人得病，要送牲畜的怪象，要送小烧香堆堆，要送天上的星宿。				
	补充	十二月初八这一天，属兔的人生病，是因为家神、猪、山神作怪，要给家神和山神烧素香，再送猪的怪象：用丝茅草扎一个毛人，把猪毛扎进去，送到十字路口。				
李开华解读	国际音标	qa³⁵lu⁵⁵	tʰo⁵⁵li⁵⁵	nda⁵⁵ta⁵⁵	za³⁵ʂʅ⁵⁵	tʰa⁵⁵ba⁵⁵
	直译	锅庄[1]	兔	神枝	雷神	赤口
	意译	做道场时用石头架的锅庄	属兔	头指着东方，东方不能去	去西北方会遭雷击	赤口在东北方
	解读	tʰo⁵⁵li⁵⁵ lu⁵⁵ mi⁵⁵ mu⁵⁵. tʰa⁵⁵ba⁵⁵ 兔 属 下（方向前缀） 烧 赤口	tɕi⁵⁵ ɲi⁵⁵, ʂu³¹. na⁵⁵gu⁵⁵mbə⁵⁵ 一 天 减淤 西北方 ʁə³⁵sa⁵⁵gu³¹ 东北方	χa³⁵ tsa⁵⁵. 日子 坏 sio⁵⁵ 香 a⁵⁵ （方位词）	ɲi⁵⁵tʂo⁵⁵ 西方 pʰi⁵⁵ 素 dzo³¹. 在	ndʑa⁵⁵ 减淤 lo³¹ 上（方向前缀） hũ⁵⁵mi⁵⁵kʰi³¹ be⁵⁵ a⁵⁵ʂʅ⁵⁵. 南方 去 可以
	通译	十二月初八这一天属兔，日子坏。在西方减淤，在西北方烧素香，赤口在东北方。可以去南方。				

---

[1] 敬神的时候将三个石头垒成锅庄，放上锅，煮饭。

十二月九日

原图		长刀图	龙图	神枝图	星宿图
朱小华解读	国际音标	ʁua³¹mi³¹	ɚ⁵⁵dza³¹	nda⁵⁵ta⁵⁵	tʂʅ³¹
	直译	长刀	龙	神枝	星宿
	意译	长刀代表屋里所有不干净的铁器，要打卦看是什么铁器	属龙	家神惹了人	星宿下凡惹人
	解读	ɚ⁵⁵dza³¹ ŋgu³⁵, 龙 九 tsʰo³¹ ta⁵⁵mu⁵⁵ 人 这种 a⁵⁵ 上（方位词）	ɚ⁵⁵dza³¹ n̠i⁵⁵mi⁵⁵ 龙 日 ŋgo⁵⁵ zo³¹ko⁵⁵, 病 得 tsʅ³¹ 星宿	tɕi³¹ n̠i⁵⁵, 一 天 ʁua³¹mi³¹ pu³¹ 长刀 送 pu³¹ hṹ³⁵. 送 需要	ɚ⁵⁵dza³¹ lu⁵⁵su⁵⁵ 龙 属 hṹ³⁵. mu⁵⁵ 需要 天
	通译	十二月初九，属龙的一天，属龙的人得病，要送长刀的煞气，要送天上的星宿。			
	补充	十二月初九这一天，属龙的人生病，是因为他把不干净的刀带回家了，犯了家神和星宿。要给家神烧香，星宿的送法同十一月初九			
李开华解读	国际音标	ʁa³⁵mi⁵⁵	ʐʅ⁵⁵bi⁵⁵	nda⁵⁵ta⁵⁵	tʰa⁵⁵ba⁵⁵
	直译	长刀	龙	神枝	赤口
	意译	前面有长刀	属龙	东方有神枝	北方的赤口
	解读	ʐʅ⁵⁵bi⁵⁵ lu⁵⁵ 龙 属 ɣua⁵⁵ te³¹ 前面 （连词） dzo³¹. nda⁵⁵ta⁵⁵ 在 神枝 be⁵⁵ 去	tɕi⁵⁵ n̠i⁵⁵, 一 天 ʁa³⁵mi⁵⁵ dza³¹. 长刀 在 ʂa⁵⁵tsʰo⁵⁵ 东方 ma⁵⁵ 不 hã⁵⁵. 能	ma⁵⁵ qʰa⁵⁵ 不 好 tʰa⁵⁵ba⁵⁵ 赤口 tʂo³¹tɕi⁵⁵kʰi³¹ 北方 tʂo³¹tɕi⁵⁵kʰi³¹ 北方	ma⁵⁵ nda⁵⁵. 不 坏 a⁵⁵ （方位词） hṹ⁵⁵mi⁵⁵kʰi³¹ 南方 n̠i⁵⁵tʂʰo⁵⁵ 西方
	通译	十二月初九这一天属龙，日子不好不坏。前面放长刀，赤口在北方，神枝放在东方。北方、南方、西方不能去。			

十二月十日

	原图				
朱小华解读	国际音标	nda⁵⁵ta⁵⁵	dza³¹	sa⁵⁵ta⁵⁵	a³¹kə⁵⁵
	直译	神枝	蛇	土神	筛子
	意译	家神	属蛇	土神的黑煞犯了人	做法事的工具
	解读	dza³¹ χo³¹, 蛇 十 ta⁵⁵mu⁵⁵ ŋgo⁵⁵ 这种 病 mi⁵⁵ 下（方向前缀）	dza³¹ ɲi⁵⁵mi⁵⁵ 蛇 日 zo³¹ko⁵⁵, 得 tʂʅ³¹, 放，送	tɕi³¹ ɲi⁵⁵, 一 天 a³¹kə⁵⁵ qo³¹ 筛子 里头 hũ⁵⁵bu⁵⁵ mi⁵⁵ 荞花 下（方向前缀）	dza³¹ lu⁵⁵su⁵⁵ tsʰo³¹ 蛇 属 人 ʂo⁵⁵u⁵⁵ ŋa³⁵ ga³¹ 纸 五 张 tʂʅ³¹. 放，送
	通译	十二月初十，属蛇的一天，属蛇的人得病，在筛子里放五张（不同颜色的）纸送出去，撒荞花。			
	补充	十二月初十这一天，属蛇的人如果生病，是因为冒犯了天上的星宿（蓝色的筛子表示黑煞），在筛子里放五种颜色的纸、五张纸钱，把柏香、苦荞花、酒和筛子里的东西往西方干净之处送。			
李开华解读	国际音标	ta³⁵pʰi⁵⁵	dza³⁵	tʰa⁵⁵ba⁵⁵	ʂʅ³¹tʰo⁵⁵
	直译	旗子	蛇	赤口	牛皮船
	意译	旗子在面前掉下	属蛇	东北方的赤口	北方的牛皮船
	解读	dza³⁵ lu⁵⁵ 蛇 属 a⁵⁵ （方位词） ta³⁵pʰi⁵⁵ 旗子	tɕi⁵⁵ ɲi⁵⁵, 一 天 dzo³¹ 在 mi⁵⁵ 下（方向前缀）	χa³⁵ tsa⁵⁵. 日子 坏 tʂo³¹tɕi⁵⁵kʰi³¹ 北方 gi⁵⁵pa⁵⁵ 落	tʰa⁵⁵ba⁵⁵ ʁə³⁵sa⁵⁵gu³⁵ 赤口 东北方 ʂʅ³¹tʰo⁵⁵ dza³¹. pa³⁵ te³¹ 牛皮船 在 面前 （连词) lo³¹. 了
	通译	十二月初十这一天属蛇，日子坏，赤口在东北方，北方有牛皮船，旗子在面前掉下。			

十二月十一日

	原图					
	国际音标	li³¹bu⁵⁵	mo⁵⁵	nda⁵⁵ta⁵⁵	qʰo⁵⁵tsɿ⁵⁵	ȵi⁵⁵mi⁵⁵
	直译	海螺	马	神枝	七姊妹星	太阳
	意译	烧香时吹海螺	属马	在神枝的一端插了一根箭	七星过渡	太阳神惹了人
朱小华解读	解读	mo⁵⁵ χo³¹tɕi³¹, mo⁵⁵ ȵi⁵⁵mi⁵⁵ tɕi³¹ ȵi⁵⁵, mo⁵⁵ lu⁵⁵su⁵⁵ tsʰo³¹ 马　　十一　　马　　日　　一　　天　　马　　属　　人 ta⁵⁵mu⁵⁵ ŋgo⁵⁵ zo³¹ko⁵⁵, so³¹ vu⁵⁵ hũ³⁵. li³¹bu⁵⁵ fu⁵⁵ hũ³¹. 这种　　病　　得　　　香　　烧　　需要　海螺　　吹　　需要 ȵi⁵⁵mi⁵⁵ ɬa³¹ pu³¹ hũ³⁵. 太阳　　神　　送　　需要				
	通译	十二月十一，属马的一天，属马的人得病，要烧香吹海螺，要送太阳神。				
	补充	十二月十一日这一天，属马的人这天生病，是因为被山神犯了，用印棒印五排糌粑坨坨，图案分别是九棵树、女菩萨、男菩萨、骑牲畜的人和山上的动物（山鸡）等。然后在山上栽一棵树，把五色的布拴在绳子上，再把绳子绑在树上（不能用麻绳，要用羊毛绳），然后烧香吹海螺。再送太阳神。				
	国际音标	hĩ³¹mbo⁵⁵kʰu⁵⁵	mo⁵⁵	ta³⁵pʰi⁵⁵	qʰo⁵⁵tsɿ⁵⁵	hĩ⁵⁵mi⁵⁵
	直译	海螺	马	旗子	七姊妹星	太阳
	意译	海螺在前面	属马	放在东南方的旗子	七星过渡	太阳从东方升起
李开华解读	解读	mo⁵⁵ lu⁵⁵ tɕi⁵⁵ ȵi⁵⁵, χa³⁵ pʰio³⁵. ɣua⁵⁵ te³¹ hĩ³¹mbo⁵⁵kʰu⁵⁵ 马　　属　　一　　天　　日子　　好　　前面　（连词）　海螺 dza³¹. mu⁵⁵ a⁵⁵ te³¹ qʰo⁵⁵tsɿ⁵⁵ zo³¹. ʂa⁵⁵tʂʰo⁵⁵ te³¹ 在　　天　　上（方位词）（连词）七姊妹星　过渡　东方　（连词） hĩ⁵⁵mi⁵⁵ dzu³¹dzu⁵⁵ lo³¹. na⁵⁵gu⁵⁵tsɿ³¹ ta³⁵pʰi⁵⁵ dza³¹. χa³¹lo³¹ 太阳　　出现　　了（完成体标记）东南方　　旗子　　在　　哪里 be⁵⁵ a⁵⁵ʂɿ³¹. 去　　可以				
	通译	十二月十一这一天属马，日子好，海螺放在前面。天上有七姊妹过渡，太阳从东方出现，旗子放在东南方。哪儿都可以去。				

十二月十二日

原图					
国际音标	nda^{55}ta^{55}	io^{55}		sa^{55}ta^{55}	ɬĩ^{55}mi^{55}
直译	神枝	羊		土神	月亮
意译	家神	属羊		土神惹了人	月亮神惹了人

朱小华解读

解读	io^{55} 羊	χo^{31}ɲi^{55}, 十二	io^{55} 羊	ɲi^{55}mi^{55} 日	tɕi^{31} 一	ɲi^{55}, 天	io^{55} 羊	lu^{55}su^{55} 属
	tsʰo^{31} 人	ta^{55}mu^{55} 这种	ŋgo^{55} 病	zo^{31}ko^{55}, 得		ɬĩ^{55}mi^{55} 月亮	ɬa^{31} 神	pu^{31} 送	hũ^{35} 需要
	sa^{55}ta^{55} 土神	tʂo^{55} 谢	hũ^{35}. 需要					

通译	十二月十二，属羊的一天，属羊的人得病，要送月亮神，要谢土神。
补充	十二月十二日这一天，属羊的人如果生病，是因为月亮神和土神惹了他，但是惹得不重，要烧柏香送月亮神，用苦荞花送土神。

国际音标	nda^{55}ta^{55}	io^{55}	tʰa^{55}ba^{55}	hĩ^{55}gu^{55}	hĩ^{55}mi^{55}
直译	神枝	羊	赤口	晚上	太阳
意译	神枝在西方	属羊	赤口在东方	在天上飞的月亮	

李开华解读

解读	io^{55} 羊	lu^{55} 属	tɕi^{55} 一	ɲi^{55}, 天	ma^{55} 不	qʰa^{55} 好	ma^{55} 不	nda^{55}. 坏	tʰa^{55}ba^{55} 赤口
	ʂa^{55}tʂʰo^{55} 东方	dzo^{31}. 在	mu^{55} 天	a^{55} 上（方位词）		hĩ^{55}gu^{55} hĩ^{55}mi^{55} 月亮		dzo^{31}. 在	ɲi^{55}tʂʰo^{55} 西方	nda^{55}ta^{55} 神枝
	dzɑ^{31}. 在	ʂa^{55}tʂʰo^{55} 东方	be^{55} 去	ma^{55} 不	hã^{55}. 能	ŋgo^{55}dzɿ^{55} 疾病	za^{55} 得	lo^{31}. 了（完成体标记）	

通译	十二月十二这一天属羊，日子不好不坏，赤口在东方，月亮在天上，神枝摆在西方。东方不能去。这一天属羊的人病了。

十二月十三日

朱小华解读	原图				
	国际音标	nda⁵⁵ta⁵⁵	mi³⁵	ɣe³⁵kʰu⁵⁵	y³¹ɚ⁵⁵tʂʅ⁵⁵i⁵⁵to³⁵
	直译	神枝	猴	牛角	有爪子的怪象
	意译	家神	属猴	牛王会的菩萨惹了人	雀鸟的怪象是山神菩萨的鬼，惹了人
	解读	mi³⁵ 猴　χo³¹so⁵⁵ 十三， mi³⁵ 猴　ɲi⁵⁵mi⁵⁵ 日　tɕi³¹ 一　ɲi⁵⁵， 天　mi³⁵ 猴　lu⁵⁵su⁵⁵ 属　tsʰo³¹ 人　ta⁵⁵mu⁵⁵ 这种　ŋgo⁵⁵ 病　zo³¹ko⁵⁵， 得　y³¹ɚ⁵⁵tʂʅ⁵⁵i⁵⁵to³⁵ 有爪子的怪象　pu³¹ 送　hũ³⁵， 需要　ɣe³⁵pi³⁵sʅ⁵⁵ 牛王会菩萨　pu³¹ 送　hũ³⁵. 需要			
	通译	十二月十三，属猴的一天，属猴的人得病，要送雀鸟的怪象，要送牛王会菩萨。			
	补充	十二月十三日这一天，属猴的人生病，是因为被山神菩萨的鬼和牛王菩萨的鬼惹了[1]，捏一个面人、一个雀鸟和一个牛，边念经边把丝茅草扎成毛人，把面偶和毛人往做牛王会的地方送。				
李开华解读	国际音标	ta³⁵pʰi⁵⁵	mi³⁵	ɣə³⁵kʰu⁵⁵	ɳɑ⁵⁵
	直译	旗子	猴	牛角	眼睛
	意译	旗子掉头，在西方	属猴	东方两只牛打掉了牛角	天上的眼睛
	解读	mi³⁵ 猴　lu⁵⁵ 属　tɕi⁵⁵ 一　ɲi⁵⁵， 天　χa³⁵ 日子　tsa⁵⁵. 坏　ʂa⁵⁵tʂʰo⁵⁵ 东方　te³¹ （连词）　ɣə³⁵ 牛　ta⁵⁵ta⁵⁵ndo⁵⁵ 打架　qa³⁵ （将行体标记）　mu⁵⁵ 天　ɑ⁵⁵ 上（方位词）　ɳɑ⁵⁵ 眼睛　ly³⁵ 看　ndʑa³⁵. 在　ɲi⁵⁵tʂʰo⁵⁵ 西方　te³¹ （连词）　ta³⁵pʰi⁵⁵ 旗子　mi⁵⁵ 下（方向前缀）　go⁵⁵pa³¹ 掉　lo³¹ 了　tʂo³¹tɕʰi⁵⁵kʰi³¹ 北方　ʂa⁵⁵tʂʰo⁵⁵ 东方　ɲi⁵⁵tʂʰo⁵⁵ 西方　be⁵⁵ 去　ma⁵⁵ 不　hã⁵⁵. 能			
	通译	十二月十三这一天属猴，日子坏，东方两只牛打架，牛角都打掉了。天上有眼睛看，旗子在西方，头朝下看。北方、东方、西方不能去。				

---

[1] 图中雀鸟的怪象代表山神菩萨的鬼，牛角代表牛王菩萨的鬼，带有红煞。

十二月十四日

	原图						
朱小华解读	国际音标	nda⁵⁵ta⁵⁵	dzu⁵⁵	ʁa⁵⁵bu⁵⁵ta⁵⁵ta⁵⁵	la³¹ka³¹	ɬi⁵⁵mi⁵⁵	
	直译	神枝	鸡	小烧香堆堆	手	月亮	
	意译	家神	属鸡	小烧香堆堆惹了人	煞气	月亮菩萨不干净，惹了人	
	解读	dzu⁵⁵ χo³¹ʐɿ³⁵, dzu⁵⁵ ȵi⁵⁵mi⁵⁵ tɕi³¹ ȵi⁵⁵, dzu⁵⁵ lu⁵⁵su⁵⁵ tsho³¹ 鸡　　十四　　鸡　　日　一　　天　　鸡　需要　属　人 ta⁵⁵mu⁵⁵ ŋgo⁵⁵ zo³¹ko⁵⁵, ɬi⁵⁵mi⁵⁵ so³¹ vu⁵⁵ hũ³⁵ li³¹bu⁵⁵ fu⁵⁵ 这种　病　　得　　月亮　　香　烧　需要　海螺　吹 hũ³⁵. ʁa⁵⁵bu⁵⁵ta⁵⁵ta⁵⁵ pu³¹ hũ³⁵. 需要　小烧香堆堆　　　送　需要					
	通译	十二月十四，属鸡的一天，属鸡的人得病，要给月亮神烧香，要吹海螺。要送小烧香堆堆（的煞气）。					
	补充	十二月十四日这一天，属鸡的人生病，是因为月亮菩萨不干净，要减淤、烧香。然后给小烧香堆堆烧素香。					
李开华解读	国际音标	nda⁵⁵ta⁵⁵	bi⁵⁵	ʁa⁵⁵	la³¹	hĩ⁵⁵mi⁵⁵	tʂʅ⁵⁵	dʐʅ⁵⁵
	直译	神枝	鸡	碉	手	太阳	狗	吃
	意译	神枝在西北方	属鸡	用于烧素香	西北方伸出的手	日食		
	解读	bi⁵⁵ lu⁵⁵ tɕi⁵⁵ ȵi⁵⁵, ma⁵⁵ qha⁵⁵ ma⁵⁵ nda⁵⁵. ȵi⁵⁵tsho⁵⁵ 鸡　属　一　天　　不　好　不　坏　　西方 nda⁵⁵ta⁵⁵ dza³¹. na⁵⁵gu⁵⁵mbə³¹ la³¹ mi⁵⁵ tʂʅ⁵⁵. 神枝　　在　　西北方　　手　下（方向前缀）伸 tʂo⁵¹tɕhi⁵⁵khi³¹ hĩ⁵⁵mi⁵⁵ tʂhʅ⁵⁵ dʐʅ⁵⁵ lo³¹ ʂa⁵⁵tʂho⁵⁵ sio⁵⁵ 北方　　　太阳　狗　吃　了（完成体标记）东方　香 phi⁵⁵ lo³¹ mu⁵⁵ tʂo⁵¹tɕhi⁵⁵khi³¹ be⁵⁵ ma⁵⁵ hã⁵⁵. 素　上（方向前缀）烧　北方　　　　去　不　能					
	通译	十二月十四这一天属鸡，日子不好不坏，神枝放在西方，手从西北方伸出来，北方出现日食。在东方烧素香。					

十二月十五日

	原图				
朱小华解读	国际音标	nda⁵⁵ta⁵⁵	tʂʰɿ³⁵	li³¹bu⁵⁵	ʁa⁵⁵la⁵⁵bu⁵⁵
	直译	神枝	狗	海螺	大烧香堆堆
	意译	家神	属狗	要吹海螺	很长时间没有人烧香，香堆倒了，香神就会犯人
	解读	tʂʰɿ³⁵ 狗　χo³¹ŋa³⁵ 十五，　tʂʰɿ³⁵ 狗　ni⁵⁵mi⁵⁵ 日　tɕi³¹ 一　ni⁵⁵ 天　tʂʰɿ³⁵ 狗　lu⁵⁵su⁵⁵ 属　tsʰo³¹ 人　ta⁵⁵mu⁵⁵ 这种　ŋo⁵⁵ 病　zo³¹ko⁵⁵ 得，　ʁa⁵⁵la⁵⁵bu⁵⁵ 大烧香堆堆　so³¹ 香　vu⁵⁵ 烧　hũ³⁵ 需要．　li³¹bu⁵⁵ 海螺　fu⁵⁵ 吹　hũ³⁵ 需要．			
	通译	十二月十五，属狗的一天，属狗的人得病，要给大烧香堆堆烧香，要吹海螺。				
	补充	十二月十五日这一天，属狗的人生病，是因为前一代修筑的烧香堆堆垮了，惹了这个人，要把烧香堆堆重新垒起来，烧香，吹五声海螺。				
李开华解读	国际音标	nda⁵⁵ta⁵⁵	tʂʰɿ⁵⁵	hĩ³¹mbo⁵⁵kʰu⁵⁵	ʁa³⁵ta⁵⁵
	直译	神枝	狗	海螺	旗子
	意译	神枝在西方	属狗	海螺在东方	一种和尚用的旗子，用于挡祸事等
	解读	tʂʰɿ⁵⁵ 狗　lu⁵⁵ 属　tɕi⁵⁵ 一　ni⁵⁵ 天，　χa³⁵ 日子　pʰio³⁵ 好．　ʂa⁵⁵tʂʰo⁵⁵ 东方　te³¹（连词）　hĩ³¹mbo⁵⁵kʰu⁵⁵ 海螺　dza³¹ 在．　nda⁵⁵ta⁵⁵ 神枝　ni⁵⁵tʂʰo⁵⁵ 西方　dza³¹ 在．　ŋo⁵⁵dzɿ⁵⁵ 疾病　za⁵⁵ 得　lo³¹ 了，　χa³¹lo³¹ 哪里　be⁵⁵ 去　ma⁵⁵ 不　pʰa⁵⁵ 能够　lo³¹ 了（完成体标记）．　ʁa³⁵ta⁵⁵ 旗子　ɣe³⁵pi³⁵ 牛王会　tɕi⁵⁵ 一　ni⁵⁵ 天　ndzo³⁵ 冰雹　li⁵⁵（趋向助词）　qʰa³¹ 挡　zy⁵⁵ 用，　tʂa⁵⁵kʰa⁵⁵ 祸事　qʰa³¹ 挡　zy⁵⁵ 用．			
	通译	十二月十五这一天属狗，日子好，海螺在东方，神枝在西方。（属狗的人）得了病，哪儿都不能去。旗子在牛王会那一天用，在挡冰雹时使用，在挡祸事时使用。				

十二月下

十二月十六日

	原图					
朱小华解读	国际音标	ʁua³¹mi³¹	va³⁵	nda⁵⁵ta⁵⁵	tʂʅ³¹	ȵi⁵⁵mi⁵⁵
	直译	长刀	猪	神枝	星宿	太阳
	意译	不吉利的凶器	属猪	家神	星宿惹了人	太阳神惹了人
	解读	va³⁵ 猪　χo³¹kʰu³¹, 十六　va³⁵ 猪　ȵi⁵⁵mi⁵⁵ 日　tɕi³¹ 一　ȵi⁵⁵, 天　va³⁵ 猪　lu⁵⁵su⁵⁵ 属　tsʰo³¹ 人　ta⁵⁵mu⁵⁵ 这种　ŋgo⁵⁵ 病　zo³¹ko⁵⁵, 得　mu⁵⁵ 天　a⁵⁵ 上（方位词）　tʂʅ³¹ 星宿　pu³¹ 送　hũ³⁵. 需要　ȵi⁵⁵mi⁵⁵ 太阳　ɬa³¹ 神　pu³¹ 送　hũ³⁵. 需要　za³⁵ 煞气　pu³¹ 送　hũ³⁵. 需要				
	通译	十二月十六，属猪的一天，属猪的人得病，要送天上的星宿，要送太阳神，要送煞气。				
	补充	十二月十六日这一天，属猪的人如果生病，是犯了太阳神和星宿的红煞，因而被太阳神和星宿的煞气惹。要送星宿的煞气：用苦荞花为病人擦身，在柏香里滴一滴鸡冠血，吹一声海螺，把荞花往高处送。				
李开华解读	国际音标	ʁɑ³⁵mi⁵⁵	va³⁵	nda⁵⁵ta⁵⁵	tʰa⁵⁵ba⁵⁵	hĩ⁵⁵mi⁵⁵
	直译	长刀	猪	神枝	赤口	太阳
	意译	长刀在西方	属猪	神枝在西方	赤口在北方	在天上飞的太阳
	解读	va³⁵ 猪　lu⁵⁵ 属　tɕi⁵⁵ 一　ȵi⁵⁵, 天　ma⁵⁵ 不　qʰa⁵⁵ 好　ma⁵⁵ 不　nda⁵⁵ 坏　ȵi⁵⁵tʂo⁵⁵. 西方　ʁɑ³⁵mi⁵⁵ 长刀　dzɑ³¹. 在　tʂo³¹tɕi⁵⁵kʰi³¹ 北方　tʰa⁵⁵ba⁵⁵ 赤口　dzɑ³¹. 在　mu⁵⁵ 天　a⁵⁵ 上（方位词）　hĩ⁵⁵mi⁵⁵ 太阳　bi⁵⁵. 飞　ʂa⁵⁵tʂo⁵⁵ 东方　nda⁵⁵ta⁵⁵ 神枝　dzɑ³¹. 在　tʂo³¹tɕi⁵⁵kʰi³¹ 北方　ȵi⁵⁵tʂo⁵⁵ 西方　be⁵⁵ 去　ma⁵⁵ 不　hã⁵⁵. 能				
	通译	十二月十六这一天属猪，日子不好不坏，西方有长刀，赤口在北方，太阳在天上飞，神枝在西方。北方和西方不能去。				

十二月十七日

	原图					
朱小华解读	国际音标	nda^{55}ta^{55}	χa^{35}	ɬo^{35}	bu^{55}ɚ^{31}to^{35}	a^{31}kɚ^{55}
	直译	神枝	鼠	水神	蛇	筛子
	意译	家神	属鼠	小的不干净的水神犯了人	蛇上树	做法事的工具
	解读	χa^{35} 鼠　χo^{31}ʂɭ^{31}, 十七　tsʰo^{31} 人　ta^{55}mu^{55} 这种　ŋgo^{55} 病　ga^{31} 张　hũ^{35}. 需要	χa^{35} 鼠　zo^{31}ko^{55}, 得　mi^{55} 下（方向前缀）　bu^{55}ɚ^{31}to^{35} 蛇怪	n̠i^{55}mi^{55} 日　a^{31}kʰɚ^{55} 筛子　tʂʰɭ^{31}, 放，送　pu^{31} 送	tɕi^{31} 一　qo^{31} 里头　hũ^{55}bu^{55} 荞花　hũ^{35}. 需要	n̠i^{55}, 天　ʂo^{55}u^{55} 纸　mi^{55} 下（方向前缀）　ɬo^{35} 水神	χa^{35} 鼠　ŋa^{35} 五　tʂʰɭ^{31}, 放，送　pu^{31} 送	lu^{55}su^{55} 属　pu^{31} 送　hũ^{35}. 需要
	通译	十二月十七，属鼠的一天，属鼠的人得病，在筛子里五张纸送出去，把荞花撒出去。					
	补充	十二月十七日这一天，属鼠的人生病，是因为冒犯了水神的黑煞（黑蛇），很严重，要举行三天的送水神仪式：用印棒印十二排糌粑坨坨；再捏一个面蛇，染黑；把五种颜色的纸和五种颜色的布放在筛子里。然后在水边念经，把面蛇、五色纸放水中，把苦荞花撒在水里。最后把布挂在绳子上，绑在水边。					
李开华解读	国际音标	ta^{3}pʰi^{55}	χa^{35}	xə^{35}	bu^{55}ɚ^{55}	ʂɭ^{31}tʰo^{55}
	直译	旗子	鼠	湖	蛇	牛皮船
	意译	西方的旗子掉下来	属鼠	东南方的湖	蛇上树	牛皮船在北方
	解读	χa^{35} 鼠　ʂɭ^{31}tʰo^{55} 牛皮船　xə^{35} 湖	lu^{55} 属　la^{31}ga^{55} 上面　na^{55}gu^{55}tʂʰɭ^{31} 东南方	tɕi^{55} 一　dza^{31}. 在　a^{55} （方位词）	n̠i^{55}, 日子　n̠i^{55}tʂʰo^{55} 西方　ndza^{35}. 在	χa^{35} 日子　ta^{35}pʰi^{55} 旗子　tʂo^{31}tɕʰi^{31}kʰi^{31} 北方	tsa^{55}. 坏　mi^{55} 下（方向前缀）　be^{55} 去	bu^{55}ɚ^{55} 蛇　gi^{55}pa^{31}. 掉　a^{55}ʂɭ^{31}. 可以	ʂɭ^{31}tʰo^{55} 牛皮船	xə^{55} 去
	通译	十二月十七这一天属鼠，日子坏。蛇朝牛皮船去，牛皮船在上方。西方的旗子掉下来，东南方有湖，可以去北方。					

十二月十八日

	原图					
	国际音标	nda⁵⁵ta⁵⁵	ɣe³⁵	li³¹bu⁵⁵	ɑ³¹kɚ⁵⁵	ȵi⁵⁵mi⁵⁵
	直译	神枝	牛	海螺	筛子	太阳
	意译	家神	属牛	烧香时要吹海螺	做法事的工具	太阳神惹了人
朱小华解读	解读	ɣe³⁵ χo³¹hĩ³¹, ɣe³⁵ ȵi⁵⁵mi⁵⁵ tɕi³¹ ȵi⁵⁵, ɣe³⁵ lu⁵⁵su⁵⁵ tsʰo³¹ 牛 十八 牛 日 一 天 牛 属 人 ta⁵⁵mu⁵⁵ ŋgo⁵⁵ zo³¹ko⁵⁵, ɑ³¹kʰɚ⁵⁵ qo³¹ ʂo⁵⁵u⁵⁵ ŋa³⁵ ga³¹ 这种 病 得 筛子 里头 纸 五 张 mi⁵⁵ hũ⁵⁵bu⁵⁵ mi⁵⁵ tʂʅ³¹ za³⁵ pu³¹ hũ³⁵. ȵi⁵⁵mi⁵⁵ 下（方向前缀） 荞花 下（方向前缀） 放，送 煞气 送 需要 太阳 ɬa³¹ pu³¹ hũ³⁵, li³¹bu⁵⁵ fu⁵⁵ hũ³⁵. 神 送 需要 海螺 吹 需要				
	通译	十二月十八，属牛的一天，属牛的人得病，要在筛子里放五张纸，撒荞花，送煞气。要送太阳神，吹海螺。				
	补充	十二月十八日这一天，属牛的人如果生病，是因为太阳神的红煞惹了他。在筛子里放五张红纸和五张纸钱，把苦荞花、清茶和酒放在柏香上，送到山上的青树枝上。				
	国际音标	nda⁵⁵ta⁵⁵	ɣə³⁵	hĩ³¹mbo⁵⁵kʰu⁵⁵	ʂʅ³¹tʰo⁵⁵	hĩ⁵⁵mi⁵⁵
	直译	神枝	牛	海螺	牛皮船	太阳
	意译	神枝在西方	属牛	海螺在东方	牛皮船在北方	在天上飞的太阳
李开华解读	解读	ɣə³⁵ lu⁵⁵ tɕi⁵⁵ ȵi⁵⁵, χa³⁵ pʰio³⁵. yuɑ⁵⁵ te³¹ nda⁵⁵ta⁵⁵ dzɑ³¹. 牛 属 一 天 日子 好 前面 （连词） 神枝 在 ʂa⁵⁵tʂʰo⁵⁵ te³¹ hĩ³¹mbo⁵⁵kʰu⁵⁵ dzɑ³¹. ʂʅ³¹tʰo⁵⁵ tʂo³¹tɕʰi⁵⁵kʰi³¹ dzɑ³¹. mu⁵⁵ 东方 （连词） 海螺 在 牛皮船 北方 在 天 ɑ⁵⁵ hĩ⁵⁵mi⁵⁵ bi⁵⁵ iɑ³¹. zʅ³⁵ndzu⁵⁵kʰu³¹ be⁵⁵ ɑ⁵⁵ʂʅ³¹ 上（方位词） 太阳 飞 （进行体标记） 四方 去 可以				
	通译	十二月十八这一天属牛，日子好。神枝摆在西方，海螺在东方，太阳在天上飞，牛皮船在北方。四方都可以去。				

十二月十九日

	原图					
朱小华解读	国际音标	nda⁵⁵ta⁵⁵	la⁵⁵	sa⁵⁵ta⁵⁵	sa⁵⁵ta⁵⁵	ɬi⁵⁵mi⁵⁵
	直译	神枝	虎	土神	土神	月亮
	意译	家神	属虎	土神惹了两次人		月亮神惹了人
	解读	la⁵⁵ 虎　χo³¹ŋgu³⁵, 十九　la⁵⁵ 虎　ȵi⁵⁵mi⁵⁵ 日　tɕi³¹ 一　ȵi⁵⁵, 天　la⁵⁵ 虎　lu⁵⁵su⁵⁵ 属　tsʰo³¹ 人　ta⁵⁵mu⁵⁵ 这种　ŋo⁵⁵ 病　zo³¹ko⁵⁵, 得　ɬi⁵⁵mi⁵⁵ 月亮　ɬa³¹ 神　pu³¹ 送　hũ³⁵. 需要　sa⁵⁵ta⁵⁵ 土神　tʂo⁵⁵ 谢　hũ³⁵. 需要　lu⁵⁵ 本命　ɣa⁵⁵tsɿ⁵⁵. 取出				
	通译	十二月十九，属虎的一天，属虎的人得病，要送月亮神，要谢土神。				
	补充	十二月十九日这一天，属虎的人如果生病，是因为他严重地冲犯了土神，就被土神惹了。这个人的本命被压在了土里，要谢土神，把本命取出来。把鲜牛奶绕着病人的身体转圈，用苦荞花为病人擦身以后，用牛角把土挖出来，取回本命；然后要叫魂，规模小点的叫魂就是把一个鸡蛋放在一碗米中，端起来念经叫魂。				
李开华解读	国际音标	nda⁵⁵ta⁵⁵	la⁵⁵	tʰa⁵⁵ba⁵⁵	tʰa⁵⁵ba⁵⁵	hĩ⁵⁵gu⁵⁵	hĩ⁵⁵mi⁵⁵
	直译	神枝	虎	赤口	赤口	晚上	太阳
	意译	神枝在西方	属虎	两个赤口在东方		在天上飞的月亮	
	解读	la⁵⁵ 虎　lu⁵⁵ 属　tɕi⁵⁵ 一　ȵi⁵⁵, 天　ma⁵⁵ 不　qʰa⁵⁵ 好　ma⁵⁵ 不　nda⁵⁵. 坏　nda⁵⁵ta⁵⁵ 神枝　ȵi⁵⁵tʂʰo⁵⁵ 西方　mu⁵⁵ 天　a⁵⁵ 上（方位词）　te³¹ （连词）　hĩ⁵⁵gu⁵⁵ hĩ⁵⁵mi⁵⁵ 月亮　bi⁵⁵ 飞　tʰa⁵⁵ba⁵⁵ 赤口　ȵi⁵⁵ 两　ku⁵⁵ 个　ʂa⁵⁵tʂʰo⁵⁵ 东方　dzo³¹. 在　ʂa⁵⁵tʂʰo⁵⁵ 东方　be⁵⁵ 去　ma⁵⁵ 不　hã⁵⁵. 能					
	通译	十二月十九这一天属虎，日子不好不坏，神枝在西方，月亮在天上飞。两个赤口在东方，东方不能去。					

十二月二十日

原图							
朱小华解读	国际音标	nda⁵⁵ta⁵⁵	y³¹ɚ⁵⁵tsʅ⁵⁵i⁵⁵to³⁵	tʰo⁵⁵li⁵⁵	sa⁵⁵ta⁵⁵	qʰa⁵⁵ndʑa⁵⁵i⁵⁵to³⁵	ʁa⁵⁵bu⁵⁵ta⁵⁵ta⁵⁵
	直译	神枝	有爪子的怪象	兔	土神	有蹄子的怪象	小烧香堆堆
	意译	家神	天上的雀鸟出的怪象惹了人	属兔	土神惹了人	家中牲畜出的怪象惹了人	小烧香堆堆不干净
	解读	tʰo⁵⁵li⁵⁵ 兔　ȵo⁵⁵ 二十　tʰo⁵⁵li⁵⁵ 兔　ȵi⁵⁵mi⁵⁵ 日　tɕi³¹ 一　ȵi⁵⁵, 天　tʰo⁵⁵li⁵⁵ 兔　lu⁵⁵su⁵⁵ 属　tsʰo³¹ 人　ta⁵⁵mu⁵⁵ 这种　ŋgo⁵⁵ 病　zo³¹ko⁵⁵, 得　y³¹ɚ⁵⁵tsʅ⁵⁵i⁵⁵to³⁵ 有爪子的怪象　pu³¹ 送　hũ³⁵, 需要　qʰa⁵⁵ndʑa⁵⁵i⁵⁵to³⁵ 有蹄子的怪象　pu³¹ 送　hũ³⁵, 需要　ʁa⁵⁵bu⁵⁵ta⁵⁵ta⁵⁵ 小烧香堆堆　pu³¹ 送　hũ³⁵, 需要　sa⁵⁵ta⁵⁵ 土神　tʂo⁵⁵ 谢　hũ³⁵. 需要						
	通译	十二月二十，属兔的一天，属兔的人得病，要送有爪子的怪象，要送小烧香堆堆，要谢土神。						
	补充	十二月二十日这一天，属兔的人生病，是因为土神菩萨的鬼、癞蛤蟆的怪象和猪的怪象惹了他。要用苦荞花和鲜牛奶送土神；再捏一个癞蛤蟆、一只猪，送到与病人本命不同的地方。						
李开华解读	国际音标	nda⁵⁵ta⁵⁵	ȵa⁵⁵	tʰo⁵⁵li⁵⁵	tʰa⁵⁵ba⁵⁵	qa³⁵lu⁵⁵	ʁa⁵⁵
	直译	神枝	眼睛	兔	赤口	锅庄[1]	烧香堆堆
	意译	神枝在西方	眼睛在西方	属兔	东方的赤口	做道场时用石头架的锅庄	用于烧素香
	解读	tʰo⁵⁵li⁵⁵ 兔　lu⁵⁵ 属　tɕi⁵⁵ 一　ȵi⁵⁵, 天　ma⁵⁵ 不　qʰa⁵⁵ 好　ma⁵⁵ 不　nda⁵⁵. 坏　tʰa⁵⁵ba⁵⁵ 赤口　ʂa⁵⁵tʂʰo⁵⁵ 东方　dzo³¹. 在　ʁa³⁵sa⁵⁵gu⁵⁵ 东北方　sio⁵⁵ 香　pʰi⁵⁵ 素　lo³¹ 上（方向前缀）　mu⁵⁵ 烧　tʂo³¹tɕi⁵⁵kʰi³¹ 北方　ndza⁵⁵ 减淤　mi⁵⁵ 下（方向前缀）　ʂu³¹. 减淤　nda⁵⁵ta⁵⁵ 神枝　te³¹ （连词）　ȵi⁵⁵tʂʰo⁵⁵ 西方　dza³¹. 在　ȵi⁵⁵tʂʰo⁵⁵ 西方　te³¹ （连词）　ȵa⁵⁵ 眼睛　ndza³⁵. 在　ʂa⁵⁵tʂʰo⁵⁵ 东方　be⁵⁵ 去　ma⁵⁵ 不　hã⁵⁵. 能						
	通译	十二月二十这一天属兔，日子不好不坏，赤口在东方，在东北方烧素香，神枝在西方，眼睛在西方。东方不能去。						

十二月二十一日

	原图				
朱小华解读	国际音标	nda⁵⁵ta⁵⁵	ʅ⁵⁵dzɑ³¹	ʁɑ⁵⁵lɑ⁵⁵bu⁵⁵	lɑ³¹kɑ³¹
	直译	神枝	龙	大烧香堆堆	手
	意译	家神	属龙	大烧香堆堆惹了人	小红煞
	解读	ʅ⁵⁵dzɑ³¹ no⁵⁵tɕi³¹, ʅ⁵⁵dzɑ³¹ ɲi⁵⁵mi⁵⁵ tɕi³¹ ɲi⁵⁵, ʅ⁵⁵dzɑ³¹ lu⁵⁵su⁵⁵ tsʰo³¹ 龙　　二十一　　龙　　日　　一　　天　　龙　　属　　人 tɑ⁵⁵mu⁵⁵ ŋo⁵⁵ zɑ³⁵ pu³¹ hũ³⁵. ʁɑ⁵⁵lɑ⁵⁵bu⁵⁵ so³¹ vu⁵⁵. 这种　　病　　煞气　　送　　需要　　大烧香堆堆　　香　　烧			
	通译	十二月二十一，属龙的一天，属龙的人得病，要送煞气，给大烧香堆堆烧香。				
	补充	十二月二十一日这一天，属龙的人生病，是因为天上的小红煞和香神惹他，要烧素香送香神，再送红煞：在一盘柏香上放一些茶叶，把猪的骨头在火里烧焦，放在柏香上，把柏香在病人身边转三圈，送到与病人本命不同的地方。				
李开华解读	国际音标	nda⁵⁵ta⁵⁵	ʐʅ⁵⁵bi⁵⁵	ʁɑ⁵⁵	lɑ³¹
	直译	神枝	龙	烧香堆堆	手
	意译	神枝在西方	属龙	用于烧素香	天上伸出的手
	解读	ʐʅ⁵⁵bi⁵⁵ lu⁵⁵ tɕi⁵⁵ ɲi⁵⁵, ma⁵⁵ qʰɑ⁵⁵ ma⁵⁵ nda⁵⁵. ʂɑ⁵⁵tʂʰo⁵⁵ 龙　　属　　一　　天　　不　　好　　不　　坏　　东方 sio⁵⁵ pʰi⁵⁵ lo³¹ mu⁵⁵. mu⁵⁵ ɑ⁵⁵ lɑ³¹ 香　　素　　上（方向前缀）　　烧　　天　　上（方位词）　　手 mi⁵⁵ tʂʅ⁵⁵ lo³¹. nda⁵⁵tɑ⁵⁵ nda⁵⁵tɑ⁵⁵ te³¹ ɲi⁵⁵tʂʰo⁵⁵ 下（方向前缀）　　伸　　了　　神枝　　神枝　　（连词）　　西方 dzɑ³¹. tʂo³¹tɕʰi⁵⁵kʰi³¹ be⁵⁵ ma⁵⁵ hã⁵⁵. 在　　北方　　去　　不　　能			
	通译	十二月二十一这一天属龙，日子不好不坏，在东方烧素香，天上有手伸出来，神枝在西方。东方不能去。				

十二月二十二日

原图						
	国际音标	nda⁵⁵ta⁵⁵	li³¹bu⁵⁵	dza̱³¹	qʰa⁵⁵ndza̱⁵⁵i⁵⁵to³⁵	tʂʅ⁵⁵ka⁵⁵	ʁa⁵⁵bu⁵⁵ta⁵⁵ta⁵⁵
	直译	神枝	海螺	蛇	有蹄子的怪象	脚	小烧香堆堆
	意译	家神	烧香时吹海螺	属蛇	牲畜出怪象惹了人	病人脚痛	小烧香堆堆惹了人

朱小华解读

解读：

dza̱³¹　no⁵⁵ɲi⁵⁵, dza̱³¹　ɲi⁵⁵mi⁵⁵ tɕi³¹　ɲi⁵⁵, dza̱³¹　lu⁵⁵su⁵⁵ tsʰo³¹
蛇　　二十二　　　蛇　　日　　　一　　天　　蛇　　属　　人

ta⁵⁵mu⁵⁵ ŋgo⁵⁵ zo³¹ko⁵⁵, nu⁵⁵ɬa³¹ so³¹ vu⁵⁵ hũ³⁵. za³⁵ pu³¹
这种　　病　得　　　　家神　香　烧　需要　煞气　送

hũ³⁵. ʁa⁵⁵bu⁵⁵ta⁵⁵ta⁵⁵ pu³¹ hũ³⁵. qʰa⁵⁵ndza̱⁵⁵i⁵⁵to³⁵ pu³¹ hũ³⁵.
需要　小烧香堆堆　　　送　需要　有蹄子的怪象　　　送　需要

通译：十二月二十二，属蛇的一天，属蛇的人得病，要烧香，要送煞气，要送小烧香堆堆，要送有蹄子的怪象。

补充：十二月二十二日这一天，属蛇的人如果生病，是因为家神勾引家里的羊出怪（这个怪象犯得很严重），家里的祖传的烧香堆堆毁了，没有人管，于是香神就会惹人。病人的症状是一只脚痛，走不动路，要重建烧香堆堆，烧香念经，捏一个面人和一只面羊，和擦过病人身体的苦荞花一起送到与病人本命不同的地方。

	国际音标	nda⁵⁵ta⁵⁵	hĩ³¹mbo⁵⁵kʰu⁵⁵	dza̱³⁵	qa³⁵lu⁵⁵	ka³⁵	ʁa⁵⁵
	直译	神枝	海螺	蛇	锅庄	脚	小烧香堆堆
	意译	神枝在西方	海螺在前面	属蛇	做道场时用的锅庄	头顶有脚伸出来	烧素香

李开华解读

解读：

dza̱³⁵ lu⁵⁵ tɕi⁵⁵ ɲi⁵⁵, χa³⁵ pʰio³⁵. ɣua⁵⁵ te³¹ hĩ³¹mbo⁵⁵kʰu⁵⁵
蛇　属　一　天　　日子　好　　前面　（连词）　海螺

dza̱³¹. tʂo³¹tɕi⁵⁵kʰi³¹ te³¹ ka³⁵ mi⁵⁵ tʂʅ⁵⁵ lo³¹.
在　　　北方　　　（连词）脚　下（方向前缀）伸　　了

tʂo⁵⁵tɕi⁵⁵kʰi⁵⁵ sio⁵⁵ pʰi⁵⁵ lo³¹ mu⁵⁵. ŋgo⁵⁵dza̱⁵⁵ za⁵⁵ lo³¹.
北方　　　香　素　上（方向前缀）烧　疾病　　得　了

χa³¹lo³¹ be⁵⁵ ma⁵⁵ pʰa⁵⁵ lo³¹.
哪里　　去　不　能够　了

通译：十二月二十二这一天属蛇，日子好，海螺在前面，北方有脚伸出来，在北方烧素香。属蛇的人这一天得病，哪儿都不能去。

十二月二十三日

	原图					
朱小华解读	国际音标	nda⁵⁵ta⁵⁵	li³¹bu⁵⁵	mo⁵⁵	ʁua³¹mi³¹	la³¹ka³¹
	直译	神枝	海螺	马	长刀	手
	意译	家神惹了人	烧香时吹海螺	属马	不吉利的凶器	红煞
	解读	mo⁵⁵ 马　ȵo⁵⁵so⁵⁵, 二十三　mo⁵⁵ 马　ȵi⁵⁵mi⁵⁵ 日　tɕi³¹ 一　ȵi⁵⁵, 天　mo⁵⁵ 马　lu⁵⁵su⁵⁵ 属　tsʰo³¹ 人　ta⁵⁵mu⁵⁵ 这种　ŋgo⁵⁵ 病　zo³¹ko⁵⁵, 得　nu⁵⁵ɬa³¹ 家神　so³¹ 香　vu⁵⁵ 烧　hũ³⁵. 需要　za³⁵dzɿ⁵⁵ 最大的红煞　pi³⁵ 送　hũ³⁵. 需要　ʁua³¹mi³¹ 长刀　pu³¹ 送　hũ³⁵. 需要				
	通译	十二月二十三，属马的一天，属马的人得病，要给家神烧香，要送煞气，送长刀。				
	补充	十二月二十三日这一天，属马的人生病，是因为家神勾引红煞（鬼手代表大的红煞[1]）惹他。要用稻草扎三个毛人，在毛人下面搭起楼层，用印棒在三排糌粑坨坨上印图案[2]，在每个毛人里放一排。把篾条绑成十字架，把五色线缠在十字架上，插在毛人里。把三个鸡蛋放在病人的身上滚动，然后放在毛人里，把苦荞花给病人擦身后也放进去。然后把三个毛人送到三个不同的方向，如果是男病人，就送到东、南、西方；如果是女病人，就送到东、北、西方。				
李开华解读	国际音标	nda⁵⁵ta⁵⁵	hĩ³¹mbo⁵⁵kʰu⁵⁵	mo⁵⁵	ʁɑ³⁵mi⁵⁵	la³¹
	直译	神枝	海螺	马	长刀	手
	意译	神枝在西方	海螺在前面	属马	东方有长刀	天上伸出手
	解读	mo⁵⁵ 马　lu⁵⁵ 属　tɕi⁵⁵ 一　ȵi⁵⁵, 天　ma⁵⁵ 不　qʰɑ⁵⁵ 好　ma⁵⁵ 不　nda⁵⁵. 坏　ɣua⁵⁵ 前面　te³¹ （连词）　hĩ³¹mbo⁵⁵kʰu⁵⁵ 海螺　dzɑ³¹. 在　ȵi⁵⁵tʂʰo⁵⁵ 西方　te³¹ （连词）　nda⁵⁵ta⁵⁵ 神枝　dzɑ³¹ 在　mu⁵⁵ 天　ɑ⁵⁵ 上（方位词）　la³¹ 手　mi⁵⁵ 下（方向前缀）　tʂɿ⁵⁵ 伸　lo³¹. 了（完成体标记）　tʂo³¹tɕʰi⁵⁵kʰi³¹ 北方　be⁵⁵ 去　ma⁵⁵ 不　hã⁵⁵. 能　ʂɑ⁵⁵tʂʰo⁵⁵ 东方　be⁵⁵ 去　ma⁵⁵ 不　hã⁵⁵. 能				
	通译	十二月二十三这一天属马，日子不好不坏。海螺在前面，神枝在西方，天上有手伸出来，东方放着长刀。不能去北方和东方。				

[1] 最大的红煞称作"za³⁵dzɿ⁵⁵"，送红煞称作"za³⁵dzɿ⁵⁵pi³⁵"。
[2] 采用的那一排图案称作"ɬæ³¹kʰa³¹"。

十二月二十四日

原图					
国际音标	nda^{55}ta^{55}	io^{55}	tṣʰɿ^{55}ka^{55}	ɬi^{55}mi^{55}	a^{31}kʰə^{55}
直译	神枝	羊	脚	月亮	筛子
意译	家神	属羊	属羊的人穿了别人不干净的鞋	月亮神惹了人	做法事的工具
朱小华解读	解读	io^{55} ȵo^{55}zɿ^{35}, io^{55} ȵi^{55}mi^{55} tɕi^{31} ȵi^{55}, io^{55} lu^{55}su^{55} 羊 二十四 羊 日 一 天 羊 属 tsʰo^{31} ta^{55}mu^{55} ŋgo^{55} zo^{31}ko^{55}, ɬi^{55}mi^{55} ɬa^{31} pu^{31} hũ^{35}. 人 这种 病 得 月亮 神 送 需要 a^{31}kʰə^{55} qo^{31} ʂo^{55}u^{55} so^{55} ga^{31} mi^{55} tṣʰɿ^{31} hũ^{35}mbu^{55} 筛子 里头 纸 三 张 下（方向前缀） 放，送 荞花 mi^{55} tṣʰɿ^{31} pu^{31} hũ^{35}. za^{35} pu^{31} hũ^{35}. 下（方向前缀） 放，送 送 需要 煞气 送 需要				
	通译	十二月二十四，属羊的一天，属羊的人得病，要送月亮神。在筛子里放五张纸，撒荞花。要送煞气。				
	补充	十二月二十四日这一天，属羊的人生病，是因为穿了别人不干净的鞋，要"减淤"，把这只鞋送出去。再把三张纸钱和红、白、黑三种颜色的纸放在筛子里，把一盘油香放在石板上，然后把石板和一些苦荞花放在筛子里，把筛子绕着病人转三圈，送到与病人本命不同的方向。				
国际音标	ta^{35}pʰi^{55}	io^{55}	ʂɿ^{55}ka^{35}	hĩ^{55}gu^{55}	hĩ^{55}mi^{55}	ʂɿ^{31}tʰo^{55}
直译	旗子	羊	脚	晚上	太阳	牛皮船
意译	西方掉下的旗子	属羊	东方朝下蹬的脚	月亮在天上飞		东北方的牛皮船
李开华解读	解读	io^{55} lu^{55} tɕi^{55} ȵi^{55}, χa^{35} tsa^{55}. ʂa^{55}tʂʰo^{55} te^{31} tṣʰɿ^{55} 羊 属 一 天 日子 坏 东方 （连词） 脚 mi^{55} tʰu^{55} lo^{31}. ʂɿ^{31}tʰo^{55} te^{31} ʐʅ^{35}sa^{55}gu^{55} 下（方向前缀） 伸、蹬 了（完成体标记） 牛皮船 （连词） 东北方 a^{55} dza^{31}. hĩ^{55}gu^{55}hĩ^{55}mi^{55} bi^{55} ia^{31}. ȵi^{55}ʂo^{55} te^{31} （方位词） 在 月亮 飞 （进行体标记） 西方 （连词） ta^{35}pʰi^{55} mi^{55} gi^{55}pa^{31} lo^{31} ʂa^{55}tʂʰo^{55} 旗子 下（方向前缀） 掉 上（方向前缀） 东方 ȵi^{55}ʂo^{55} be^{55} ma^{55} hã^{55}. 西方 去 不 能					
	通译	十二月二十四这一天属羊，日子坏，东方有脚朝下蹬，牛皮船东北方，天上有月亮在飞。西方掉下了旗子。东方和西方不能去。					

十二月二十五日

	原图					
朱小华解读	国际音标	nda⁵⁵ta⁵⁵	sɑ⁵⁵ta⁵⁵	mi³⁵	qʰa⁵⁵ndʐa⁵⁵i⁵⁵to³⁵	ȵi⁵⁵mi⁵⁵
	直译	神枝	土神	猴	有蹄子的怪象	太阳
	意译	家神	不干净的土神	属猴	家中牲畜出的怪象惹了人	太阳神惹了人
	解读	mi³⁵ (猴) ȵo⁵⁵ŋɑ³⁵ (二十五), mi³⁵ (猴) ȵi⁵⁵mi⁵⁵ (日) tɕi³¹ (一) ȵi⁵⁵ (天), mi³⁵ (猴) lu⁵⁵su⁵⁵ (属) tsʰo³¹ (人) ta⁵⁵mu⁵⁵ (这种) ŋo⁵⁵ (病) zo³¹ko⁵⁵ (得), sɑ⁵⁵ta⁵⁵ (土神) tso⁵⁵ (谢) hũ³⁵ (需要), ȵi⁵⁵mi⁵⁵ (太阳) ɬa³¹ (神) pu³¹ (送) hũ³⁵ (需要), qʰa⁵⁵ndʐa⁵⁵i⁵⁵to³⁵ (有蹄子的怪象) pu³¹ (送) hũ³⁵ (需要).				
	通译	十二月二十五，属猴的一天，属猴的人得病，要谢土神，要送太阳神，要送牲畜的怪象。				
	补充	十二月二十五日这一天，属猴的人生病是因为被土神的煞气犯了。要用苦荞花、柏香和牛奶谢土神。然后给太阳神烧香。				
李开华解读	国际音标	nda⁵⁵ta⁵⁵	tʰa⁵⁵ba⁵⁵	mi³⁵	qɑ³⁵lu⁵⁵	hĩ⁵⁵mi⁵⁵
	直译	神枝	赤口	猴	锅庄	太阳
	意译	神枝在西方	赤口在西方	属猴	做道场时用石头架的锅庄	在天上飞的太阳
	解读	mi³⁵ (猴) lu⁵⁵ (属) tɕi⁵⁵ (一) ȵi⁵⁵ (天), ma⁵⁵ (不) qʰa⁵⁵ (好) ma⁵⁵ (不) ma⁵⁵ (不) nda⁵⁵ (坏). tʰa⁵⁵ba⁵⁵ (赤口) te³¹ (连词) ȵi⁵⁵tʂʰo⁵⁵ (西方) dzo³¹ (在). nda⁵⁵ta⁵⁵ (神枝) te³¹ (连词) ȵi⁵⁵tʂʰo⁵⁵ (西方) dzɑ³¹ (在). hĩ⁵⁵mi⁵⁵ (太阳) te³¹ (连词) mu⁵⁵ (天) a⁵⁵ (上 方位词) bi⁵⁵ (飞) ia³¹ (进行体语助). ȵi⁵⁵tʂʰo⁵⁵ (西方) hũ⁵⁵mi⁵⁵kʰi³¹ (南方) be⁵⁵ (去) ma⁵⁵ (不) hã⁵⁵ (能).				
	通译	十二月二十五这一天属猴，日子不好不坏，赤口在西方。神枝在西方，太阳在天上飞。西方、南方不能去。				

十二月二十六日

	原图					
朱小华解读	国际音标	nda⁵⁵ta⁵⁵	dzu̩⁵⁵	sa⁵⁵ta⁵⁵	ʁa⁵⁵la⁵⁵bu⁵⁵	ɬi⁵⁵mi⁵⁵
	直译	神枝	鸡	土神	大烧香堆堆	月亮
	意译	家神	属鸡	土神惹了人	烧香堆堆惹了人	月亮菩萨惹了人
	解读	dzu̩⁵⁵ no̩⁵⁵kʰu³¹, dzu̩⁵⁵ ni̩⁵⁵mi⁵⁵ tɕi³¹ ni̩⁵⁵, dzu̩⁵⁵ lu⁵⁵su⁵⁵ tsʰo³¹ 鸡　　二十六　　鸡　　日　　一　　天　　鸡　　属　　人 ta⁵⁵mu⁵⁵ ŋo⁵⁵ zo³¹ko⁵⁵, ni̩⁵⁵mi⁵⁵ ɬa³¹ pu³¹ hũ³⁵. 这种　　病　　得　　　　太阳　　神　　送　　需要 ʁa⁵⁵la⁵⁵bu⁵⁵ so³¹ vu⁵⁵ hũ³⁵. sa⁵⁵ta⁵⁵ tʂo⁵⁵ hũ³⁵. 大烧香堆堆　香　　烧　需要　土神　　谢　需要				
	通译	十二月二十六，属鸡的一天，属鸡的人得病，要送太阳神，要给大烧香堆堆烧香，要谢土神。				
	补充	十二月二十六日这一天，属鸡的人生病，是因为冒犯了烧香堆堆、月亮菩萨和土神，要在十五月亮正中的时候烧香念经即可。				
李开华解读	国际音标	nda⁵⁵ta⁵⁵	bi⁵⁵	tʰa⁵⁵ba⁵⁵	ʁa⁵⁵	hĩ⁵⁵gu⁵⁵	hĩ⁵⁵mi⁵⁵
	直译	神枝	鸡	赤口	烧香堆堆	晚上	太阳
	意译	神枝在西方	属鸡	赤口在东南方	用于烧素香	在天上飞的月亮	
	解读	bi⁵⁵ lu⁵⁵ tɕi⁵⁵ ni̩⁵⁵, ma⁵⁵ qʰa⁵⁵ ma⁵⁵ nda⁵⁵. ni̩⁵⁵tʂʰo⁵⁵ 鸡　属　一　天　　不　好　不　坏　　　西方 nda⁵⁵ta⁵⁵ dza³¹. hĩ⁵⁵gu⁵⁵hĩ⁵⁵mi⁵⁵ mu⁵⁵ a⁵⁵ bi⁵⁵ sio⁵⁵ pʰi⁵⁵ 神枝　　在　　月亮　　　　天　上（方位词）飞　香　素 lo³¹ mu⁵⁵. tʰa⁵⁵ba⁵⁵ te³¹ na⁵⁵gu⁵⁵tʂʰɿ⁵⁵ a⁵⁵ 上（方向前缀）烧　赤口　（连词）　东南方　（方位词） dzo³¹. na⁵⁵gu⁵⁵tʂʰɿ³¹ be⁵⁵ ma⁵⁵ hã⁵⁵. hũ⁵⁵mi⁵⁵kʰi³¹ be⁵⁵ ma⁵⁵ hã⁵⁵. 在　东南方　去　不　能　南方　去　不　能					
	通译	十二月二十六这一天属鸡，日子不好不坏。神枝摆在西方，天上有月亮飞，要烧素香，赤口在东南方。东南方、南方不能去。					

十二月二十七日

	原图					
朱小华解读	国际音标	nda⁵⁵ta⁵⁵	tʂʰɿ³⁵	y³¹ɚ⁵⁵tsɿ⁵⁵i⁵⁵to³⁵	bu⁵⁵ɚ³¹to³⁵	tʂɿ³¹
	直译	神枝	狗	有爪子的怪象	蛇怪	星宿
	意译	家神	属狗	天上的雀鸟出的怪象惹了人	蛇怪惹人	星宿带红煞，惹了人
	解读	tʂʰɿ³⁵ 狗　no⁵⁵ʂɿ³¹, 二十七　tʂʰɿ³⁵ 狗　ȵi⁵⁵mi⁵⁵ 日　tɕi³¹ 一　ȵi⁵⁵, 天　tʂʰɿ³⁵ 狗　lu⁵⁵su⁵⁵ 属　tʂʰo³¹ 人　ta⁵⁵mu⁵⁵ 这种　ŋgo⁵⁵ 病　zo³¹ko⁵⁵, 得　y³¹ɚ⁵⁵tsɿ⁵⁵i⁵⁵to³⁵ 有爪子的怪象　pu³¹ 送　hũ³⁵. 需要　bu⁵⁵ɚ³¹to³⁵ 蛇怪　pi³⁵ 送　hũ³⁵. 需要　mu⁵⁵ 天　a⁵⁵ 上（方位词）　tʂɿ³¹ 星宿　pu³¹ 送　hũ³⁵. 需要				
	通译	十二月二十七，属狗的一天，属狗的人得病，要送牲畜的怪象，要送蛇怪，要送天上的星宿。				
	补充	十二月二十七日这一天，属狗的人生病，是因为他看见了树上的蛇吃雀儿（蛇是天神菩萨的鬼），并且被天上的红煞（红色的星星代表红煞）犯了。用糌粑面捏一个鸟儿、一只蛇和一个人，全都放在石板上；用丝茅草扎一个小毛人，用一只鸡在人的身上打扫，然后把鸡杀了，在面人、雀鸟和蛇身上滴一些鸡血，念经以后把所有东西送到与病人本命不同的方向的十字路口上。				
李开华解读	国际音标	ta³⁵pʰi⁵⁵	tʂʰɿ⁵⁵	ȵa⁵⁵	bu⁵⁵ɚ³¹	tʰa⁵⁵ba⁵⁵
	直译	旗子	狗	眼	蛇	赤口
	意译	西方掉下的旗子	属狗	天上的眼睛	爬树的蛇	东北方的赤口
	解读	tʂʰɿ⁵⁵ 狗　lu⁵⁵ 属　tɕi⁵⁵ 一　ȵi⁵⁵, 天　χa³⁵ 日子　tsa⁵⁵. 坏　bu⁵⁵ɚ⁵⁵ 蛇　sɿ³⁵po⁵⁵ 树枝　xə⁵⁵ 去　lo³¹. 了　tʰa⁵⁵ba⁵⁵ 赤口　ʁə³⁵sa⁵⁵gu⁵⁵ 东北方　a⁵⁵ （方位词）　dzo̥³¹. 在　mu⁵⁵ 天　a⁵⁵ 上（方位词）　ȵa⁵⁵ 眼　ndza³⁵. 在　ȵi⁵⁵tʂʰo⁵⁵ 西方　te³¹ （连词）　ta³¹pʰi⁵⁵ 旗子　mi⁵⁵ 下（方向前缀）　gi⁵⁵pa³¹ 掉　lo³¹ 上（方向前缀）　hũ⁵⁵mi⁵⁵kʰi³¹ 南方　be⁵⁵ 去　a⁵⁵ʂɿ³¹. 可以				
	通译	十二月二十七这一天属狗，日子坏，蛇往树上爬，赤口在东北方，天上有眼睛，西方掉下了旗子。（只）可以去南方。				

十二月二十八日

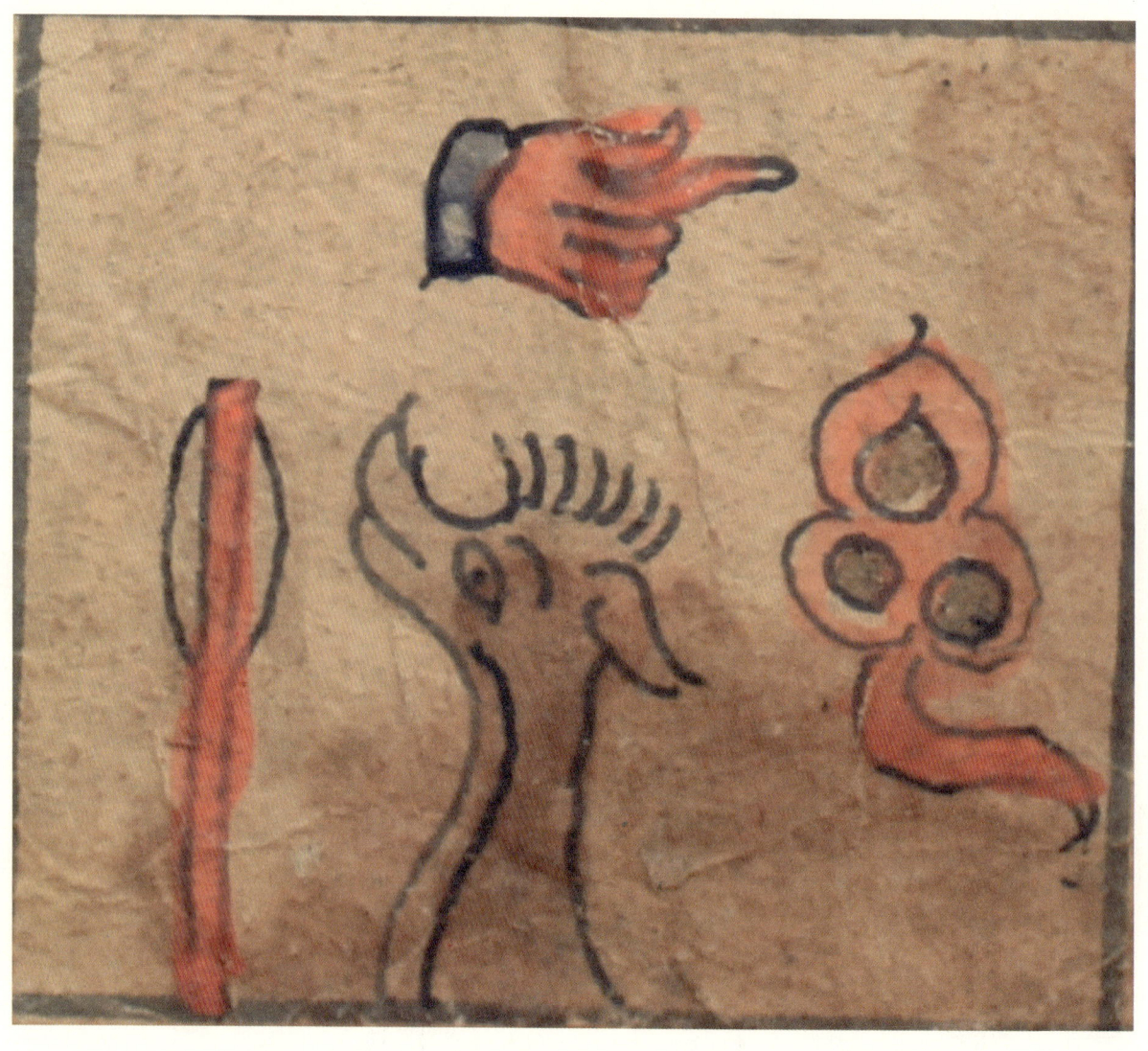

	原图				
朱小华解读	国际音标	nda⁵⁵ta⁵⁵	va³⁵	qʰa⁵⁵ndʐa⁵⁵i⁵⁵to³⁵	la³¹ka³¹
	直译	神枝	猪	有蹄子的怪象	手
	意译	家神惹了人	属猪	家中牲畜出的怪象惹了人	天上很严重的煞气
	解读	va³⁵ ȵo⁵⁵hĩ³¹, 猪 二十八　tsho³¹ ta⁵⁵mu⁵⁵ 人 这种　qʰa⁵⁵ndʐa⁵⁵i⁵⁵to³⁵ 有蹄子的怪象	va³⁵ ȵi⁵⁵mi⁵⁵ 猪 日　ŋo⁵⁵ zo³¹ko⁵⁵, 病 得　pu³¹ 送	tɕi³¹ ȵi⁵⁵, 一 天　za³⁵ 煞气	hũ³⁵. 需要	va³⁵ lu⁵⁵su⁵⁵ 猪 属　pu³¹ hũ³⁵. 送 需要
	通译	十二月二十八，属猪的一天，属猪的人得病，要送煞气，要送牲畜的怪象。				
	补充	十二月二十八日这一天，属猪的人如果生病，是天上很严重的煞气惹了他，家神勾引家里的猪来惹这个人。用糌粑面做一个人，再用丝茅草扎一个小毛人，把猪的毛扎进小人里，念完经以后把面人和毛人一起送往与病人本命不同的地方。				
李开华解读	国际音标	nda⁵⁵ta⁵⁵	va³⁵	qa³⁵lu⁵⁵	la³¹
	直译	神枝	猪	锅庄	手
	意译	神枝在西方	属猪	做道场时用石头架的锅庄，减淤	天上伸出的手
	解读	va³⁵ lu⁵⁵ 猪 属　ʂa⁵⁵tsho⁵⁵ ndza⁵⁵ 东方 减淤　mi⁵⁵ 下（方向前缀）　tʂo³¹tɕi⁵⁵kʰi³¹ 北方	tɕi⁵⁵ ȵi⁵⁵, 一 天　mi⁵⁵ 下（方向前缀）　tʂɿ⁵⁵ 伸　be⁵⁵ 去	ma⁵⁵ qʰa⁵⁵ 不 好　ʂu³¹. 减淤　lo³¹. 了（完成体标记）　ma⁵⁵ 不	ma⁵⁵ a⁵⁵ 不 上（方位词）　nda⁵⁵ta⁵⁵ 神枝　hã⁵⁵. 能	nda⁵⁵ 坏　la³¹ 手　ȵi⁵⁵tʂho⁵⁵ dza³¹. 西方 在
	通译	十二月二十八这一天属猪，日子不好不坏。在东方减淤。天上有手伸出来。神枝摆在西方。北方不能去。				

十二月二十九日

	原图	(神枝图)	(鼠图)	(蛇图)	(大烧香堆堆图)	(星宿图)
朱小华解读	国际音标	nda⁵⁵ta⁵⁵	χa³⁵	bu⁵⁵ɚ³¹to³⁵	ʁa⁵⁵la⁵⁵bu⁵⁵	tʂʅ³¹
	直译	神枝	鼠	蛇怪	大烧香堆堆	星宿
	意译	家神	属鼠	蛇怪的头钻到洞里去了，如果看见这样的现象就会被惹，不吉利	烧香堆堆惹了人	星宿惹了人
	解读	χa³⁵ 鼠　n̥o⁵⁵ŋgu³⁵ 二十九，χa³⁵ 鼠　n̠i⁵⁵mi⁵⁵ 日　tɕi³¹ 一　n̠i⁵⁵ 天　χa³⁵ 鼠　lu⁵⁵su⁵⁵ 属　tsʰo³¹ 人　ta⁵⁵mu⁵⁵ 这种　ŋo⁵⁵ 病　zo³¹ko⁵⁵ 得，ʁa⁵⁵la⁵⁵bu⁵⁵ 大烧香堆堆　so³¹ 香　vu⁵⁵ 烧　hũ³⁵ 需要　mu⁵⁵ 天　a⁵⁵ 上（方位词）　tʂʅ³¹ 星宿　pu³¹ 送　hũ³⁵ 需要　bu⁵⁵ɚ³¹to³⁵ 蛇怪　pu³¹ 送　hũ³⁵ 需要.				
	通译	十二月二十九，属鼠的一天，属鼠的人得病，要给大烧香堆堆烧香，要送天上的星宿，要送蛇怪。				
	补充	十二月二十九日这一天，属鼠的人生病，是因为有蛇怪作怪，送法同前文所述。				
李开华解读	国际音标	nda⁵⁵ta⁵⁵	χa³⁵	bu⁵⁵ɚ³¹	ʁa⁵⁵	tʰa⁵⁵ba⁵⁵
	直译	神枝	鼠	蛇	烧香堆堆	赤口
	意译	神枝在西方	属鼠	东方会遇见蛇，不吉利	用于烧素香	赤口在北方
	解读	χa³⁵ 鼠　lu⁵⁵ 属　tɕi⁵⁵ 一　n̠i⁵⁵ 天，ma⁵⁵ 不　qʰa⁵⁵ 好　ma⁵⁵ 不　nda⁵⁵ 坏. nda⁵⁵ta⁵⁵ 神枝　n̠i⁵⁵tʂʰo⁵⁵ 西方　dza³¹ 在　n̠i⁵⁵tʂʰo⁵⁵ 西方　sio⁵⁵ 香　pʰi⁵⁵ 素　lo³¹ 上（方向前缀）　mu⁵⁵. 烧　tʰa⁵⁵ba⁵⁵ 赤口　tʂo³¹tɕʰi⁵⁵kʰi³¹ 北方　a⁵⁵（方位词）　dzo³¹ 在　n̠i⁵⁵tʂʰo⁵⁵ 西方　sio⁵⁵ 香　pʰi⁵⁵ 素　lo³¹ 上（方向前缀）　ʂa⁵⁵tʂʰo⁵⁵ 东方　bu⁵⁵ɚ³¹ 蛇　dza³¹ 在　ʂa⁵⁵tʂʰo⁵⁵ 东方　be⁵⁵ 去　ma⁵⁵ 不　hã⁵⁵ 能. tʂo³¹tɕʰi⁵⁵kʰi³¹ 北方　be⁵⁵ 去　ma⁵⁵ 不　hã⁵⁵ 能.				
	通译	十二月二十九这一天属鼠，日子不好不坏。神枝在西方，在西方烧素香。赤口在北方，东方伸出了脚。东方和北方不能去。				

十二月三十日

原图		(长刀图)	(羊肩胛骨图)	(牛图)	(不吉利的东西图)	(星宿图)
朱小华解读	国际音标	ʁua³¹mi³¹	tsʰɿ⁵⁵ə˞⁵⁵	ɣe³⁵	li⁵⁵ŋga³¹	tʂɿ³¹
	直译	长刀	羊肩胛骨	牛	不吉利的东西	星宿
	意译	不吉利的凶器	用于做法事，红色和蓝色表示属牛的人被红煞和黑煞惹了	属牛	不吉利的东西还带着红煞，很不好	星宿惹了人
	解读	ɣe³⁵ so⁵⁵ʂɿ³¹, ɣe³⁵ n̠i⁵⁵mi⁵⁵ tɕi³¹ n̠i⁵⁵, ɣe³⁵ lu⁵⁵su⁵⁵ tsʰo³¹ 牛　　三十　　牛　　日　　一　　天　　牛　　属　　人 ta⁵⁵mu⁵⁵ ŋgo⁵⁵ zo³¹ko⁵⁵, tsʰɿ⁵⁵ zy⁵⁵ hũ³⁵ zu³¹kʰa⁵⁵ pi³⁵ 这种　　　病　　得　　　　羊　　用　　需要　　煞气　　送 hũ³⁵. mu⁵⁵ a⁵⁵ tʂɿ³¹ pu³¹ hũ³⁵. li⁵⁵ŋga³¹ pu³¹ hũ³⁵. 需要　天　上（方位词）星宿　送　需要　不吉利的东西　送　需要				
	通译	十二月三十，属牛的一天，属牛的人得病，要杀一只羊，要送煞气，要送天上的星宿，要送不吉利的东西。				
	补充	十二月三十日这一天，属牛的人生病，是因为有大的咒神惹了他，送法同前文所述。				
李开华解读	国际音标	ʁa³⁵mi⁵⁵	sa³⁵qʰa⁵⁵	ɣə³⁵	藏文，不详[1]	tʰa⁵⁵ba⁵⁵
	直译	长刀	血盆	牛		赤口
	意译	前面有长刀	前面有血盆	属牛		赤口在东北方
	解读	ɣə³⁵ lu⁵⁵ tɕi⁵⁵ n̠i⁵⁵, χa³⁵ tsa⁵⁵, ɣua⁵⁵ te³¹ sa³⁵qʰa⁵⁵ 牛　属　一　天　　日子　坏　　前面（连词）　血盆 dza³¹. n̠i⁵⁵tʂho⁵⁵ te³¹ ʁa³⁵mi⁵⁵ dza³¹. tʰa⁵⁵ba⁵⁵ te³¹ 在　　西方　（连词）　长刀　　在　　赤口　（连词） ʁə³⁵sa⁵⁵gu³¹ a⁵⁵ dzo³¹. ngo⁵⁵dzɿ⁵⁵ za⁵⁵ lo³¹. χa³¹lo³¹ 东北方（方位词）在　　疾病　　得　　了（完成体标记）哪里 be⁵⁵ ma⁵⁵ pʰa⁵⁵ lo³¹. 去　　不　　能够　　了（完成体标记）				
	通译	十二月三十这一天属牛，日子坏。前面放血盆，西方有长刀（祸事），赤口在东北方。这一天属牛的人生病了，哪儿都不能去。				

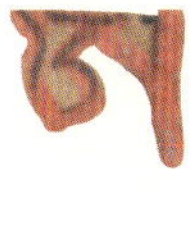

---

[1] 图中藏文作"ༀ"，与"牛"无直接关系。

历书《哈克》附图 1 [1]

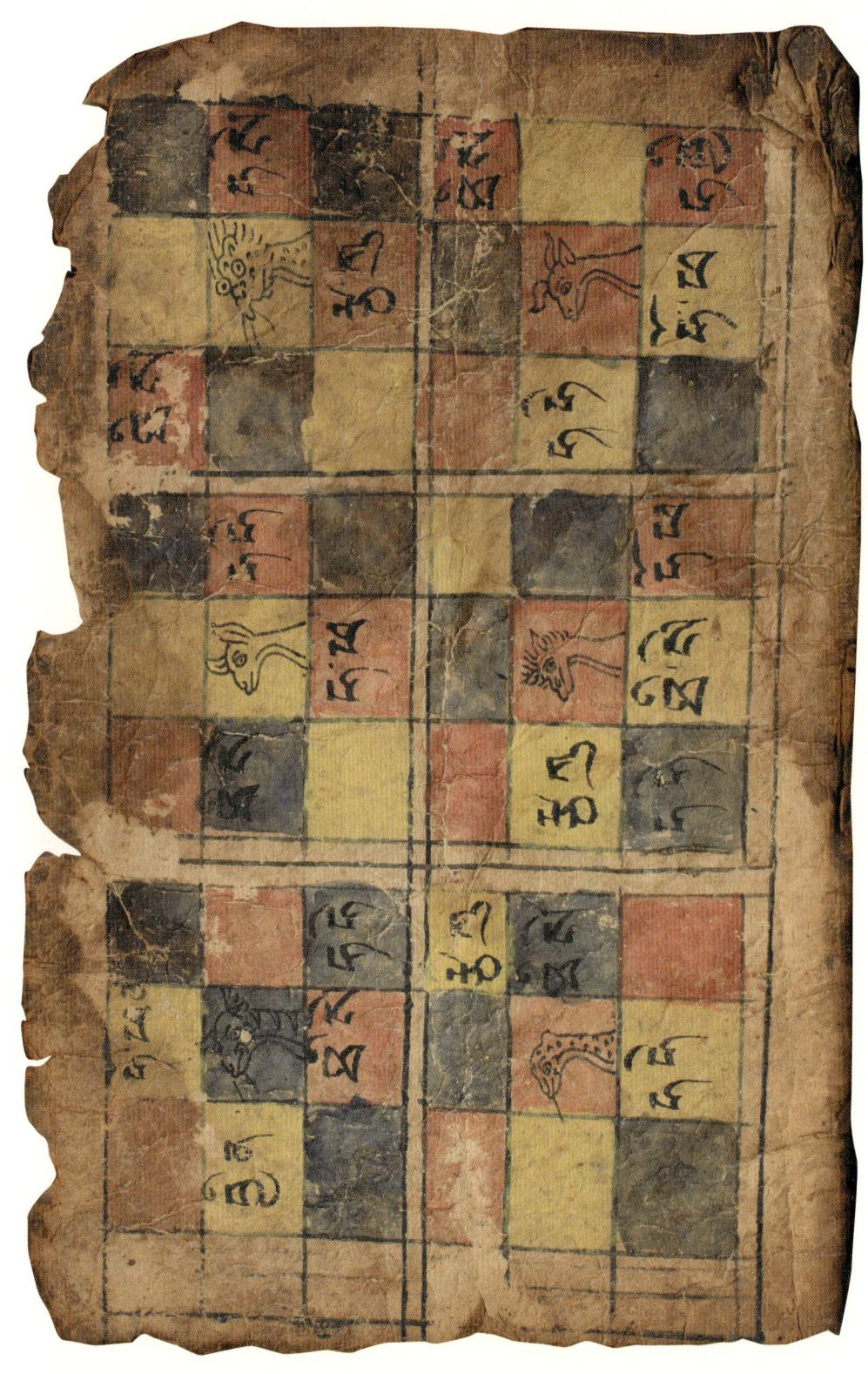

[1] 本图原附于纳木依历书《哈克》后，本书为存历书全貌而附于此。朱小华、李开华二人已经不能准确解释这幅图的含义。

历书《哈克》附图2[1]

[1] 本图原附于纳木依历书《哈克》后，本书为存历书全貌而附于此。朱小华、李开华二人已经不能准确解释这幅图的含义。

第三章 文献精选精译　915

历书《哈克》附图3[1]

[1] 本图原附于纳木依历书《哈克》后，本书为存历书全貌而附于此。朱小华、李开华二人已经不能准确解释这幅图的含义。

916　纳木依藏族帕孜文献

历书《哈克》附图4 [1]

[1] 据朱小华解释，图中四个圆圈是"赤口"。圆圈外部的长形动物是龙，龙所在的地方就是赤口所在。图中应该是年赤口，即每三年转动一次，详见第一章《给木依依概况》。关于赤口的介绍，详见第一章《给木依依概况》。图中应该是年赤口，即每三年转动一次，虎、兔、龙在东，蛇、马、羊在南，猴、鸡、狗、猪在西，鼠、牛在北。据木雅传承人王德军、王学银解释，王学银解释，这类似于木雅历书中的"龙推地球"图。在木雅人的解释中，该图采用"上南下北，左东右西"的方位判断规则。

二　木里县倮波乡朱小华所持纳木依《神路图》解读

朱小华所持纳木依神路图局部（结尾）

著录

编号	2	收藏人	朱小华
汉语书名	纳木依神路图	年龄（属相）	51（属牛）
国际音标	tsʰo³¹bu³¹ɚ⁵⁵gu⁵⁵	出生年月	1961
汉语译名	措布尔古	民族	藏族
字体文种	图画	居住地	四川省凉山州木里县俅波乡一村干海子组
类别	丧葬图经	何时何地迁此	八代世居
作者	佚名	宗教	黑教
年代	不详	职业（是否祭司）	是
行款	竖版，从上至下	民族宗教教育程度	帕孜
卷/捆、册、页数	1卷	汉文教育程度	初中毕业
插图页数	85幅小图	本书传承信息	师徒
长宽高	751.5cm×14cm 有图画的部分长678cm	采集时间	2011年1月、2012年5月
版本	卷轴	采集地点	西昌市、北京市
残损度	保存完好	在场者、助手	赵丽明、张琰、安娅
封面题款标识	无	翻译者	朱小华
墨色	彩色	记录者	张琰
书写工具	不详	校对者	张琰
纸质	棉布		2011年1月第一次调查 2011年5月第二次调查、核实 2011年7月第三次调查、核实 2012年5月第四次调查、核实
现存	1卷		
复制依据			
内容提要 主要用途	本部历书用于纳木依帕孜占卜日子、敬神驱鬼		

神路图《措布尔古》[tsʰo³¹bu³¹ɚ⁵⁵gu⁵⁵]，又称"送魂经"，是纳木依宗教中用于给过世的老人送魂的一种卷轴式图经，一般长5—7米，宽14—20厘米，由50—85幅连环图画组成。这种连环画式的图经记载了纳木依祖先的迁徙路线、生活图景和发展历史，反映了纳木依人的族群起源、文化发展和过去的生产生活状况。目前我们见到有两幅神路图，一幅由凉山州俅波乡一村干海子组的纳木依帕孜朱小华持有，一幅由甘孜州九龙县万年村尼玛堡子的李开华老人持有。两幅神路图记载的都是纳木依祖先的迁徙路线，从起源地一路迁徙至四川，在四川新都桥一带分家，变成两条并行的发展脉络，形成目前冕宁县（李开华所持神路图）与木里县（朱小华所持神路图）两支纳木依人谱系。

朱小华所持神路图，长751.5厘米，宽14厘米，绘有图画的部分长678厘米，按照图中的红色分割线作为每一幅图的分隔，该神路图中共有86幅图，没有出现藏文，但背面有用藏文记载的朱家家谱，现已模糊不清，无法辨认。图卷为卷轴装，需要用时才展开。据朱小华说，纳木依帕孜本来有三卷神路图，有两卷在"文革"时期被毁了，剩下这一卷被朱小华的父亲藏了起来，改革开放后才又拿出来继续使用。朱小华手中的这卷神路图保存得非常完整，图案清晰，色泽鲜明。整幅图不是一整匹布，有接缝；据朱小华介绍，这些图案都是由专门的画家用特殊颜料（具体是什么颜料未知）精心绘制而成，绘制过程非常缓慢，通常是等上一种颜色干透了，再染下一种颜色，每一幅画都要画很久的时间。

本书记录了朱小华对所持神路图每一幅图画的解释。这些图画中包含着纳木依的传说、故事、经文、谚语等，笔者另作标明后将其解读内容录于图后并分别编号，以便于读者参考。平时做送魂道场时，帕孜将该图从下往上念，即从纳木依人现在生活的地方念起，沿着祖先来时的路线一路往回追溯，最终到达起源地，老人的灵魂也就能够上天堂了。而本文的解读，按照从上往下的顺序，即从天堂和纳木依人的起源地开始，最后到达纳木依人现在的居住地。从下往上念时，里面的人物是帕孜和亡魂；而从上往下念时，里面的人物就代表纳木依人的祖先。

据朱小华讲，神路图非常神圣，平时不轻易打开。阴历的一月到六月不能打开，只有老人死了要做道场才可以打开。七月份以后就可以在任何时候打开了，包括教授徒弟等等。阴历六月初一到火把节前这段时间，老人死了只能安葬不能做道场，等到火把节过后才能做道场。只有当老人死了以后，家里儿女要为他做安葬或者送魂的道场，才由纳木依的和尚——帕孜打开神路图。开图时要经过一系列的复杂程序，如宰杀牲畜，给神敬酒，唱经，摇铃等。

纳木依老人死后，有两种道场要做——安葬道场和送魂道场（也称冷道场）。道场上可以收礼，儿女、亲朋好友等都会送来牛羊猪或者钱财。安葬道场是在老人死后立即做，如果隔段时间再做就成了冷道场；安葬道场做五到七天，如果主人家经济条件有限，就做三天，但不能少于三天；一个帕孜一年可以做的安葬道场没有次数限制，做安葬道场时也会使用神路图。送魂道场则是从农历八月十五到十一月十六，而一个帕孜一年只能做一次或者三次送魂道场，不能做两次或多于三次，并且不能在春天做。这种送魂法事都是在每年的八月十五到冬月十五之间做。

送魂道场规模庞大，耗费巨大，在比较富裕的人家，老人死后的当年就能做这种道场，但是有些穷人家做不起，就先把老人安葬，把他的灵牌供在家神面前，每年给老人烧香一次。如果下一代仍旧做不起，就留到第三代，以此代代相传。直到有一代人能够承担这种道场了，就为前几代所有去世的老人合在一起做一次道场，老人越多，代数越多，道场的规模也就越大。必须要记住每个老人的名字和每一代的顺序才能做这种大规模的道场，如果忘了某一代老人的名字，就不能"越级"为下一代老人做。每给一个老人做道场，都要杀三头牲畜（母猪、牛、绵羊），安葬只需一头牲畜。做送魂道场的时间要由帕孜测算来确定，帕孜在农历六月十六日进行测算，如果吉利就在八月十五开始做送魂道场，如果不吉利，就不能在这一年做，到下一年的六月十六继续测算，以此类推。送魂道场要持续做很久，一般是从八月十五开道场，一直做到农历十一月十五。从八月十五开始起灵，帕孜念经，唤老人的灵魂，告诉他们今年要给他们做道场。起灵之前是不能唱不能跳的，

帕孜做法事时戴的五佛冠

- y⁵⁵ɔ⁵⁵ki⁵⁵sa⁵⁵zɑ³¹pu³¹，纳木依人最大的菩萨之一。
- i⁵⁵ndzo⁵⁵pu³¹tɕi⁵⁵zɑ³¹pu³¹，纳木依人最大的菩萨之一；
- nɑ³¹kɑ³¹tʂʰu⁵⁵tɕi⁵⁵zɑ³¹pu³¹，纳木依人最大的菩萨之一；
- ɑ⁵⁵hɑ̃³¹zɑ³¹ki⁵⁵zɑ³¹pu³¹，纳木依人最大的菩萨；
- ɬo³¹hũ⁵⁵ki⁵⁵zɑ³¹pu³¹，最大的水神菩萨；

起灵以后帕孜每天晚上到主人家念经，带头歌舞，大家跟着一起歌舞喝酒，如果一个帕孜去不了，其他帕孜或他的徒弟可以代替他去。一直到十一月初一开始正式做，要做到十一月十六完毕。做完以后，帕孜要在主人家做吉祥的祭祀。

做道场时，要找一匹五官齐全、漂亮健壮的马来驮老人的灵牌，这种马称为"$qa^{31}mo^{55}$"，用它驮老人的灵魂上天。在八月十五月亮圆的时候，把这个马带到金河边上，用一只公鸡和一只羊为它"减淤"、打扫。把马洗干净之后，这匹马是最干净的，不能再把它关在马圈里，也不能有人骑它，只能把它拴在干净的地方，精心喂养。十月初一把马拉回家，准备做道场；十一月初一开始正式用这匹马做道场，一直到十一月十五，老人的灵魂完全被送走，马的使命也就完成了。

过去的规矩是，做完道场以后要把马杀了，因为马是驮老人的灵魂的，道场做完，马的灵魂也跟着老人的灵魂一起走了。但是有些穷人家没有马，做道场的马是向别人家借的，杀不起，于是就杀绵羊来代替。但很多老人说这种马活不长，不出一年，通常都会病死或摔死。

纳木依没有文字，帕孜做道场时所参照的就是神路图中的一幅幅图画。师父把每一幅图的含义和内容口授给徒弟，徒弟记在心中，背得滚瓜烂熟。这样学习的难度非常大，因而纳木依的帕孜数量很少。朱小华的父亲朱德清（$\gamma a^{55}z\underset{\sim}{a}^{55}vu^{55}t\varepsilon i^{31}$）也是帕孜，朱德清的师父曾带过三个徒弟，最后只有朱德清和他的一个兄弟出师了，而那个兄弟去世很早。朱德清有两个徒弟——朱小华和朱小华的一个表亲，那个表亲半途而废，五十岁时便去世了，目前俸波一带能做这种送魂道场的人只剩朱小华一人了。这种送魂仪式非常复杂，一些懂纳木依宗教文化的人也看不懂、听不懂其中的内容。

做法事的帕孜要戴一种五佛冠，用白牛毛擀成毡子，做成帽子的形式，在上面绑一排画着各种菩萨的牌子。五佛冠有五种，上页图示这一种是通用的，可以用来做安葬道场、念经等等，其他四种用于专门的仪式。

五佛冠上画着五个菩萨，是纳木依信仰中最大的菩萨，什么都可以管。五佛冠两侧的两个半圆称为"耳朵"［hi^{31}］，每一个半圆代表地球的半边，合拢就是一个地球。

帕孜做法事的时候不能坐在椅子上、沙发上、板凳上，只能在地上放一个垫毡，在上面打坐。然后要摇铃、唱经、念神路图。神路图要念三遍，前两遍从上到下念，第三遍从下往上念。每念一次，要在图下垫一张麻布，最后一共用三张麻布。做完法事，帕孜拿走一块，剩下两块送给做道场的主人家，作为对他们孝敬老人、为老人做功德的行为的赞赏和祝福，祝愿他们家世世代代香火旺盛，子孙孝顺。

第1-2幅

1

图中的形象表示天［na⁵⁵nkʰa⁵⁵mu⁵⁵］。这里是天堂，是送魂仪式的终点。

2

图中左侧的图形表示：月亮［ɬi⁵⁵mi⁵⁵］。右侧的图形表示：太阳［ɲi⁵⁵mi⁵⁵］。

图中七个圆形图案表示：星星［tʂɿ³¹］。

图中的形象表示：云［y⁵⁵］，y⁵⁵是做道场时对云的称呼，平时称云为"tʂu³¹"。

第三章　文献精选精译　◆　923

第3幅

左右两排对应的十二个人，代表十二生肖，也代表天上的十二个大将，同时也代表一天的十二个时辰。他们的名字从左至右、从上到下依次为：la⁵⁵lu⁵⁵tɕi³¹ku⁵⁵（属虎的一个），tʰo⁵⁵li⁵⁵lu⁵⁵tɕi³¹ku⁵⁵（属兔的一个），ɚ⁵⁵dʑa³¹lu⁵⁵tɕi³¹ku⁵⁵（属龙的一个），dʑa³¹lu⁵⁵tɕi³¹ku⁵⁵（属蛇的一个），mo⁵⁵lu⁵⁵tɕi³¹ku⁵⁵（属马的一个），io⁵⁵lu⁵⁵tɕi³¹ku⁵⁵（属羊的一个），mi³⁵lu⁵⁵tɕi³¹ku⁵⁵（属猴的一个），dʐu⁵⁵lu⁵⁵tɕi³¹ku⁵⁵（属鸡的一个），tʂʰɻ³⁵lu⁵⁵tɕi³¹ku⁵⁵（属狗的一个），va³⁵lu⁵⁵tɕi³¹ku⁵⁵（属猪的一个），χa³⁵lu⁵⁵tɕi³¹ku⁵⁵（属鼠的一个），ɣe³⁵lu⁵⁵tɕi³¹ku⁵⁵（属牛的一个）。他们分别是水神、天神、地神、山神、风神、河神、水神、雷神、海神、房神、火塘神和锅庄神。

本图下端：左边和尚［pʰa⁵⁵tsɻ³¹］，手中拿着镀金摇铃［hã⁵⁵ʂɻ⁵⁵ ntʂʰo⁵⁵lo⁵⁵］和金鞭子［hã⁵⁵ʂɻ⁵⁵mba³⁵tʂa⁵⁵］。右边和尚［pʰa⁵⁵tsɻ³¹］，手中拿着镀银摇铃［ŋo⁵⁵pʰo⁵⁵ntʂʰo⁵⁵lo⁵⁵］和鞭子［ŋo⁵⁵pʰo⁵⁵mba³⁵tʂa⁵⁵］。帕孜一路押送着亡魂，用摇铃给他们引路，与他们交流。如果亡魂不肯走，就用鞭子打。

和尚头上戴着的五佛冠称为"ʁu⁵⁵ɚ⁵⁵ʂu⁵⁵kʰo⁵⁵ndʑɚ³¹"。图中所绘是两个和尚在给去世的人做送魂道场，念经，这种仪式称为"li³¹ʑa⁵⁵（做道场）tsʰo³¹（人）pi³¹（念）"。

①
②

①

②

第4-6幅

4

5　图中所绘的是尼玛拉萨地区[ȵi⁵⁵ma⁵⁵la⁵⁵sa³¹]，是传说中纳木依祖先的起源地。老人的亡魂来到尼玛拉萨，准备进入天堂。对于纳木依人来说，布谷鸟是春天的象征，如果看到布谷鸟站在树上，就说明不能再做道场，要一心一意春耕了。直到今天，纳木依人都不会在春天做送魂道场，因为春天是播种和劳动的季节。【经文1】

6　图中的水域代表世界上最大的海——普木来之古[pʰu⁵⁵mu⁵⁵ɬa³¹ndʐɿ⁵⁵gu³¹]，大海里的长条形动物是龙[lu⁵⁵ɚ³¹]。xe³⁵mi⁵⁵lu⁵⁵ɚ³¹ li⁵⁵ndʑu⁵⁵，意为龙坐在大海里。

pʰu⁵⁵mu⁵³ɬa³¹ndʐɿ⁵⁵gu³¹, zu⁵⁵li⁵⁵ ndʑu⁵⁵。图中所绘是一条最大的鱼在一个很大的湖里，大湖称为"xe³⁵（湖）mi⁵⁵（大的）"。

中间的建筑物是纳木依祖先修建的碉[ʁa⁵⁵]。纳木依人曾在这里住过一段时间，修建了碉，并蓄养牲畜。
左边的纳木依女人叫做扎拉木古卡[za⁵⁵la⁵⁵mu⁵⁵kʰo³¹kʰa³¹]，她是天上的神[mu⁵⁵i⁵⁵a⁵⁵zɿ⁵⁵]，"mu⁵⁵i⁵⁵"意为"天上的神"，"a⁵⁵zɿ⁵⁵"意为"舅母"或"岳母"。【故事1】
右边的纳木依男人叫做嘎嘎木巴[kʰa⁵⁵kʰa⁵⁵mu⁵⁵mba³¹]，他也是天上的神[mu⁵⁵i⁵⁵a⁵⁵vu⁵⁵]，"mu⁵⁵i⁵⁵"意为"天上的神"，"a⁵⁵vu⁵⁵"意为"娘舅"或"岳父"。

左边的动物是牦牛[bu⁵⁵]，右边的动物是绵羊[io⁵⁵]。

第7-9幅

7

图中左上被箭射中的是野人［du⁵⁵］。图右拉弓的人是纳木依的将军［bɚ⁵⁵sʅ⁵⁵la⁵⁵ma⁵⁵］，将军站在很高的山上射野人。【故事2】

野人下方左边的是男人［ku³⁵］，右边的是女人［mi³⁵］，他们是死去的亡魂，称为"ŋgu³⁵i⁵⁵（九代）ɚ⁵⁵li⁵⁵（亡魂）"，即"九代人的亡魂"。【经文2】

8

图中左侧的建筑是碉［ʁɑ⁵⁵］，这是一座很大的碉，共有五层。

碉边的容器是锅［pʰu⁵⁵］，锅的右上方，画的是安在家中的一根梁柱［ɬi⁵⁵dzɿ⁵⁵］。纳木依人在这里居住过一段时间，在这里修房安锅。几十几百人生活在一起，因而修的锅很大。

9

神路从上往下看时，图中所绘盘坐的人是纳木依的祖先死去的亡魂［ŋgu³⁵i⁵⁵ɚ⁵⁵li⁵⁵］，右边的两人是老人的后代［mi³¹tsʰɚ³¹］，儿子和媳妇。将神路图从下往上看时，左边是帕孜，右边两人是徒弟。

图中黄色的动物是牦牛［bu⁵⁵］，红色的动物是黄牛［ɣe³⁵］，蓝色的动物是猪［va³⁵］。老人去世后，帕孜念经超度亡灵，要宰杀上述三种牲畜，要杀五只或七只，有能力的杀九只，或者更多，几十条都有，但不能少于三只。杀的牲畜称为"tʰu⁵⁵tʰu³¹"。

第10-12幅

10

图中左侧树上所绘的是老鼠［χa³⁵］和野人，野人平时称为"du⁵⁵"，做道场时称为"ntsʰo⁵⁵lo⁵⁵"。野人很饿，爬到树上抓老鼠。

右侧的植物是用于道场中的松树［ntsʰo⁵⁵po⁵⁵］，一般要求有一丈五左右高，除树顶外其余地方全部去皮，并在树上挂上铃铛和五种颜色的布条，把树放在锅庄旁，搭一个十二层阶梯的梯子，死去老人的子孙拿着松树边爬梯子边给舅舅［a⁵⁵vu⁵⁵］敬酒，最后由舅舅扛着松树栽到干净之处。

图中的动物从左至右为：猪［va³⁵］、鸡［z̩a⁵⁵］、羊［io⁵⁵］，都是做道场所用的牺牲。【经文3】

11

左侧中箭的是野人［du⁵⁵］。
右侧拉弓的人是纳木依的将军［bə⁵⁵ʂʅ⁵⁵la⁵⁵ma⁵⁵］，将军用弓箭射野人，打走了野人，路上就不怕了，后头的兵就可以畅行无阻。【故事3】
野人下方是驮着老人灵牌的马［qa⁵⁵mo⁵⁵］。灵牌代表着去世老人的灵魂，由专门挑选的白马驮着老人的灵牌到河边，意为将老人的灵魂送回了老家，上了天堂。

12

左边红色的动物是牛［ɣe³⁵］，下方的是鸡［z̩a⁵⁵］，右侧的大野兽是老虎［la⁵⁵］。老虎来了，所有的动物都吓跑了。【经文4】
鸡脚下的容器是一口锅。老虎把牛和鸡咬死了，纳木依人觉得把牛和鸡丢弃了可惜，就安了一口锅煮牛肉和鸡肉吃。

第13-16幅

13

中间的图案表示火炉，是天上的一个关口，读作"mu^{55}k^{h}u^{55}（天上的）mi^{55}iu^{55}（火炉）"。如果生前没做过坏事，就很容易过此关口。如果生前偷、骗、杀人放火、虐待老人，要在这个火炉里被烧成灰，历尽磨难才能通过关口。
右边的动物是：鹰[ka^{35}]，是天葬时吃人肉的鹰。
左边的动物是：天鹅[qu^{55}]，阻挡做过坏事的人进入天上的关口。

14

本图左边中间的建筑是碉[ʁa^{55}]，纳木依祖先每到一处，都会修建碉堡用于防卫，养牦牛和狗，人不管走到哪里，家里都要养狗看家。碉左边的动物是牦牛，碉右边的是看家的花狗。
右边的两人是亡魂/祖先。左边是男人，右边是女人，他们都是在路上走的亡魂，称作"ŋgu^{35}i^{55}（九代）ə^{55}li^{55}（亡魂）"，代表了九代人的亡魂。老人死后在这个碉里做过道场。

15

本图左边的两个人是儿子和媳妇在点灯，右边的两个人是女儿和女婿给老人敬饭，主要有鸡蛋、核桃、肉、酒、肉、荞面粑粑、核桃等等，还要吹海螺烧香。【经文5】

图中的水流是小河[ndʐ^{55}k^{h}a^{55}]，是老人亡魂途经的一条河，名字不详。

16

本图左边的图案是用各种颜色的羊毛牛毛毯搭成的棚子[mi^{55}y^{55}]，人住在里面。右边的动物是老虎[la^{55}]，纳木依祖先做完道场十三年以后，老人的亡魂就会回来要饭[dʑ^{55}nt^{h}a^{55}]，会干扰下一代，下一代就会生病。要在坡上用一头猪再一次敬老人。用鸡蛋、米、核桃、猪的心肝敬老人。老虎代表纳木依人做道场时碰见的野兽。

第17-20幅

17

本图中的动物是猪［ba⁵⁵］，这是做道场时对用作牺牲的猪的叫法，平时称为"va³⁵"，右侧猪的上方是青桐树［pi³¹ndo⁵⁵］。这次道场做完十三年之后再用猪做一次小的仪式，称"dzʅ³¹ntʰa⁵⁵"。

18

本图左边的山名为赫赫嘎卡［χo³¹χo⁵⁵ ga³¹kʰa⁵⁵］，右边的人是纳木依的祖先（也代表九代纳木依人亡魂），在迁徙的过程中走到这山上觉得很热，就坐在树下乘凉休憩。【经文6】

19

图中盘坐的是天上的掌管阴阳的神，叫做纳热次卓代［na⁵⁵zə³¹tsʰʅ⁵⁵ndzo⁵⁵ta³¹］，白天司阳，晚上司阴，放鬼收鬼。他接收老人的鬼魂，也放出鬼魂。【经文7】

20

左上的图描述的是纳木依祖先到了止木那黑湖［tsʅ³¹mu⁵⁵na³⁵xe³⁵］边，没有船，就脱下裤子凫水去对岸。凫水称为"ndzʅ⁵⁵（水）gu³¹（凫）"。右边的动物是马，马过不去，就把马丢在岸边。这里的马称为"ŋgu³¹i⁵⁵ə⁵⁵li⁵⁵qa⁵⁵mo⁵⁵"，是驮灵牌的马。【经文8】

中间的水域是止木那黑湖［tsʅ³¹mu⁵⁵na³⁵xe³⁵］，湖里的动物是青蛙［pa³¹mi⁵⁵］。

左右两个骑着动物的人是两个帕孜，头上戴着五佛冠，左边帕孜拿着金摇铃，盘腿坐在豹皮上；右边帕孜拿着银摇铃，盘腿坐虎皮上。他们手上拿着牛皮鞭，赶着亡魂走。在这里发生了不吉祥的事情，因此纳木依人在这里做了一个非常大的仪式，做了九天九夜。

第21-23幅

21

图中所绘是纳木依人攒了九笼火，安了九口锅，锅里煮了九个虎头（图中只绘了四个）。此地名叫木舒嘎里极 [$mu^{55}şu^{55}qʰa^{55}li^{55}tɕi^{31}$]，是纳木依人居住过一段时间的地方。此处所做的法事与图20是一起的。

22

图中所绘为两个帕孜在做法事，左边的帕孜叫做 "$ɣe^{55}zə^{55}la^{55}tşa^{55}zɿ^{55}$"，头上顶着牛头；右边的帕孜叫做 "$la^{55}tşa^{55}zɿ^{55}dɑ^{55}zə^{55}$"，头上顶着虎头。这两个帕孜分工不同，合作共同完成仪式【经文9】

帕孜下方的植物枝条表示五根青桐枝桠倒插在地上，称为 "$pi^{31}ka^{55}tsʰu^{35}$"。

23

图中从左至右的形象依次为蓝色动物是猪 [va^{35}]，白色动物是牦牛 [mbu^{55}]，红色动物是黄牛 [$ɣe^{35}$]。这三种动物都是祭祀老人时宰杀的牲畜，宰杀牲畜称为 "$tʰu^{55}tʰu^{55}tşɿ^{31}$"。【经文10】
最右的尖角图形表示安放锅庄（石桩），称为 "$ndu^{55}tsʰu^{35}$"。

图中左边的动物是羊 [io^{55}]，中间的人是老人的亡魂，右边的蓝色动物是猪 [va^{35}]。纳木依老人在路上走得太久累了，就拄个拐杖赶着牲畜继续走。

第24-25幅

24

图中的人是一个外族的喇嘛，称为"pʰə⁵⁵mi⁵⁵la⁵⁵ma⁵⁵"，或称"ɣuo⁵⁵dʑu³¹"。【故事4】

25

本图描述的这是一个招魂仪式[su³¹mu⁵⁵]。【经文11】

中间红色的图形是坛子[bi³⁵]。坛子摆在纳木依人家中的屋子中间，里面装着敬亡魂的酒。

图中月牙形的图案是月亮[ɬi⁵⁵mi⁵⁵]。

图中的四种动物：左上方白色的是牦牛[mbu⁵⁵]，代表牺牲，仪式中也可以用牛羊做牲畜，规模小的也可以用公鸡或者没有生育过的母猪，左下方是驮灵牌的巴。右上方红色的是被放掉的驮灵牌的马。右下方红色的是绵羊[io⁵⁵χɑ³⁵]。

第三章　文献精选精译　933

第26-27幅

26

图中左上红色的动物是羊［io⁵⁵］，羊下方的动物是鸡［zɑ⁵⁵］。右边蓝色的动物是猪［va³⁵］。

图中间盘坐的是天上的掌管阴阳的神纳热次卓代［na⁵⁵zə³¹tsʰɿ⁵ndzo⁵⁵ta³¹］。

图中的水流是通天河［ɬa⁵⁵ndzɿ⁵⁵fu⁵⁵qʰa⁵⁵］。

图中所绘的是帕孜在做一场法事。在七姊妹过渡的时候（十一月十三）杀牦牛，送有儿女的老人继续向上走。这一天很重要，仪式非常多。【经文12】

27

图中的"⊔"形表示的是一道门，是亡魂上天过程中要过的一道关口，称为"kʰo⁵⁵bu⁵⁵"。没有儿女，没有人养老送终的老人是下等的人。这种人死了以后，只能落在第一层次，到了这个地方只能停下脚步，不能继续往上，这个门挡住了他们。有儿女的老人就通过这扇门，继续向天上走。

第28—31幅

28

图中左边的动物是马，右边的是老鹰[ka^{35}]。本图所描绘的是把老鹰翅膀上的毛绑在马的辔头上。【经文13】

29

30

本图所描绘的是四个人用羊肩胛骨占卜。有子女的老人就继续上天，没有子女的老人只能走到这里，帕孜要占卜来算算这些没有子女的老人有没有到他该去的地方，算算有子女的老人是否到达了目的地，他们是否高兴，如果不高兴就要安慰他们，否则活着的人就会受到亡魂的骚扰。

31

本图水中的两个人分别是纳木依人[na^{55}zɿ^{55}]和普米人[pʰə^{55}zɿ^{55}]。【故事5】

第32-35幅

32

本图左上方的人是老人的亡灵，下方的白马是驮灵牌的马。本图所描绘的是白马驮着老人的亡灵在路上走，后面跟着牲畜的亡灵。

33

一个外族的喇嘛站在门中央。本图接续图24的故事。旁边五颜六色的是麻杆，叫做"$sa^{55}k^hu^{55}$"，代表阴间的路，老人的亡魂要经过那里【故事6】

34

图左边的人是纳木依老人的亡魂。【故事7】

35

图中正上方彩色的是一块大石头，石头上有一个洞口，是一个只有死人的亡灵才能通过的关口。

图中间的人是老人的亡灵，他左手牵着一条狗，狗在纳木依人的生活中位置重要，用于看家。右手牵着一只驮灵牌的马，只有驮灵牌的马才能进入这个关口，普通的马不能进入。【经文14】

第36-40幅

36

猪圈中的猪在吃食。

37

图中的两种动物都是纳木依人圈养的牲畜。

38

图中的动物是挤奶的牦牛，牦牛奶称为"bu^{55}ny^{55}"。牦牛脚下是彩色的毛毯。这里是一个牛场，纳木依人在此定居，开始发展畜牧，挤牛奶，用羊毛织毯子，然后搭建帐篷。

39

图左边的动物是狗［tʂʰɿ^{35}］，右边的人是亡魂。晚上送亡魂的时候狗不能叫，否则亡魂受惊不能走。【经文15】

40

本图描绘的是在迁徙路上，纳木依妇女的头发乱了，丈夫就制作梳子为妻子梳头。【故事8】

第41-44幅

41

本图描绘的是纳木依祖先的马受惊了，用弓箭打虎。人牵的是驮灵牌的马。【故事9】

42

图中山上的树为白袍树（音）。【经文16】

图中的山叫做匝嘎斯坡［tsɑ³¹ka⁵⁵sʅ³⁵po⁵⁵］，山上的原始森林称为［sɑ³¹ɚ⁵⁵］，这个山上有青枫树［pi³¹ka⁵⁵sʅ³¹］、松树、杉树、云杉、白袍树、柏树。

43

本图左边的蓝色人是野人，右边是有法术的纳木依人。【故事10】

44

本图中的四个人分别代表四个民族：左上角是纳木依，左下角是彝族，右上角是汉族，右下角是普米族，他们都是由同一个祖先分化而成的。【故事11】

第45-47幅

45

图中左边的动物是狗，中间的两个小圆圈是荞面粑粑（粮食），大圆圈代表人吃的粮食，小圆圈代表狗吃的粮食；右边的人是纳木依祖先。过去有一段时间纳木依祖先生活很困难，粮食不够吃，于是人吃四钱粮食，狗吃二钱粮食。【经文17】

图中所描绘是纳木依祖先在晾衣服。过去生活困难，纳木依人只有一件衣服，脱下来洗了就没有穿的了，就要把它赶紧晾干。

46

图中所绘的四个图案代表纳木依去世老人的坟墓。纳木依人在这里定居的时间很久，老人的坟墓年久失修，儿女就要给老人重新修坟，称为"tɕo^{55}mba^{31}mu^{55}"。【经文18】

本图所描绘的是帕孜给老人作法念经，称为"tɕu^{55}tʂɿ^{55}pi^{35}"。

47

图中的水流表示一条河沟，河里是癞蛤蟆的卵。清明过后癞蛤蟆会下蛋，看到癞蛤蟆在河里下了蛋，说明春天到了，要春耕播种了，不是做道场的季节了。

图中所描绘是纳木依祖先（亡魂）在翻山。看到癞蛤蟆的蛋就不走了，留下来种地。【经文19】

第三章 文献精选精译   939

第48-52幅

48

图中的两座山是康定一带的山。

49

图中的两只鸟是布谷鸟［qɑ⁵⁵pu³¹］。布谷鸟叫，又是种庄稼的季节了。叫做：
qɑ⁵⁵pu³¹ sʅ³⁵nɑ⁵⁵ ŋgu⁵⁵ ndʐu⁵⁵.
布谷鸟　树　尖　坐
左边布谷鸟下方的建筑是碉［ʁɑ⁵⁵］。

50

图中的山是二郎山［i³¹nɑ⁵⁵mi³⁵］。

51

图中的山是跑马山［i³¹nɑ⁵⁵gɑ³⁵］。

52

图中的山是聂巴山［i⁵⁵nɑ⁵⁵gɑ³⁵dʐʅ⁵⁵］。
以上三座山是最著名的三座山，统称为"gɑ³⁵dʐʅ⁵⁵so⁵⁵lɑ⁵⁵"。【经文20】

第53–57幅

53 图中的两只动物都是驮灵牌的马 [qa⁵⁵mo⁵⁵]。纳木依人通常选择白色和红色的马驮灵牌。

54 图中描绘的地方是山水交界处 [lo³¹mo⁵⁵ŋgu⁵⁵ kʰu⁵⁵]。【经文21】

55 图中描绘是帕孜在做法事,烧香点灯敬酒敬饭 [la⁵⁵qa⁵⁵za³¹dʐŋ⁵⁵]。

56 图中描绘的是安了很多石桩,是做道场的地方。

图右边的建筑是弯碉 [ʁa⁵⁵ʂa⁵⁵]。

57 本图描绘的是:在做道场的地方摆一张桌子,用麻秆和布在桌子上搭一个小棚子,称为"pʰɚ³¹ndʐŋ³¹ta³⁵"。把灵牌供在棚子里面。然后杀牛,给老人敬牛血、牛心、牛肝、牛肾,敬米粥和酒,整个仪式称为"pʰɚ³¹ndʐŋ³¹so³¹mu⁵⁵pi³⁵"。这个仪式必须在十一月十三那天做,那天是七姊妹星宿过渡的时候。第二天把灵牌送到坡上,很高很干净的地方。再在坡上做三天的道场,十四、十五、十六三天。

第58-63幅

58

图中描绘的地方称为"tʂɿ⁵⁵mɚ⁵⁵"，为送灵牌的地方，青桐枝桠插在山上。在这里要念经，称为"tsʰo⁵⁵bu⁵⁵ɚ⁵⁵gu⁵⁵ʂa³¹"。

59

图中描绘的是两只老虎来干扰送灵牌的仪式，有人要在那里守一夜，防止野兽来干扰仪式。整个仪式称为"tʂɿ⁵⁵mɚ⁵⁵ʂu⁵⁵"。

60

图中左边的动物是牛，右边的动物是虎，中间是一个天然形成的菩萨像。此处称为"打箭炉"，读作"lo⁵⁵mu⁵⁵ndo³⁵ɣo⁵⁵"。

61

图中描绘的是纳木依的祖先在此居住过一段时间（康定一带）。在原始时代，没有枪等工具，老虎、豹子等野兽经常在路上吃人，纳木依人的祖先非常惧怕这些野兽，于是制造了刀箭打野兽。

62

图中左边的人是纳木依的祖先，右边的建筑是碉，此处是康定。纳木依人为了防范老虎等野兽，修建碉楼以藏身。

63

第64-68幅

64

图中左边的建筑是庙，代表道孚一带。右边是道孚的山，称为"lɑ⁵⁵miɑ⁵⁵ɦɑ³¹"。

65

图中的形象从左往右依次是碉堡［li⁵⁵bu⁵⁵］、海螺［hĩ³¹mbo⁵⁵kʰu⁵⁵］、山［i³¹na⁵⁵］、牦牛［mbu⁵⁵］。此处名叫索乌尔［so³¹vu⁵⁵ɚ³¹］，意为烧香的地方。在这里各个村子集体烧香吹海螺，这是平时的一种祭祀活动。

66

图中的水流是新都桥的河，名叫"sɿ⁵⁵vu⁵⁵（河名）ndzɿ⁵⁵（水）kʰa³¹（沟）"。
下边盘坐的是天上的掌管阴阳的神纳热卓次代。

67

图中左右两处建筑是新都桥的两座碉。这里居住过两三代纳木依人，因而这里修建有碉。

68

图中左边的是山是烧香之处，是干净的圣地，叫做"sɿ⁵⁵（山神）ndʑu⁵⁵（坐）ɚ³¹（之处）"。右边的建筑是土包上修建的碉，比较大，比较特殊，形状、颜色都与其他不同。

第69-73幅

69

图中左边的山是沙袋地区的山，叫做纳祖尔［na⁵⁵ndʑu⁵⁵ɚ³¹］，左边的是碉。

70

中间白色的月牙形表示十五的月亮。
【经文22】本图中外面包裹的是做道场的棚子。"冂"形表示房门。

71

图中的水流表示沙袋的河。水流下方左边的建筑为碉［ʁɑ⁵⁵］，右边的建筑为庙［ɬɑ⁵⁵y⁵⁵］，是神仙住的地方。

72

图中的建筑是相当大的一个庙，叫做塔公庙［ɬɑ⁵⁵miɑ⁵⁵pʰu⁵⁵dʑu⁵⁵gu³¹］。

73

图中的水流表示的是鸡丑山［χo⁵⁵χo⁵⁵ga³⁵kʰɑ⁵⁵］上流下来的水。

图中的山是鸡丑山。

第74—78幅

74

图中所描绘的地方是察尔堡子［tsʰa⁵⁵ ʅ⁵⁵］。
左边的建筑是一个弯碉［la⁵⁵mia⁵⁵ŋgu³¹ kʰu⁵⁵］，是纳木依最著名的碉。筑碉的时候，没有水泥和钢筋，纳木依的祖先是用石头把碉垒起来的，非常结实，几百年都没有倒。上世纪70年代的时候被九龙县毁了，修成了油库。左边的建筑是一座庙。

75

图中右边的动物是牦牛。纳木依人在此做过一次大的祭祀，称为"n̠i³¹mu⁵⁵"。

76

图中的建筑是野人庙"du⁵⁵ɬa⁵⁵ndʑu⁵⁵ ʅ⁵⁵"。现在这个庙还存在。

77

图中所描绘的地方叫呷日［tsa⁵⁵zʅ⁵⁵］。在呷日的下面有一个地方叫做"荞棚子"，纳木依人在此处做过一次祭祀仪式。

78

图中的水流为荞棚子的水。

图中的梯子是偏桥［dʑo⁵⁵dʑu³¹dʑu⁵⁵］。纳木依人当时技术低下，建不了桥，就把两根木杆绑成梯子的样子斜搭在河上，因而称之为"偏桥"。这里已经是九龙的地界。在魏家坪上面，有一条相当汹涌的河，船也过不去，于是搭了一座偏桥［dʑo⁵⁵］。这座桥像一条梯子，纳木依的祖先在这里居住过一段时间。

第79-83幅

79

图中的地方名叫帽谷场 [iɑ^{55}ʑ^{55} uo^{31}ʂu^{55}ʑ^{55} bu^{55}]。

80

图中的水流是一条河，水流半圆弧是日月的美丽倒影。这里的地名叫魏家坪。

81

图中的地名叫烟袋乡 [iɑ^{55}nda^{55} fu^{35}]。

82

图中蓝色的水代表冬天的水，很清凉。

图中的植物是在土坡上插的青钢桠、松树。纳木依人在这里做过一次大道场，称为 "ni^{31}mu^{55}"。

83

绿色的水代表夏天暴涨的洪水。

图中所绘的地方是烟袋堡子上头的小堡子。

第84—85幅

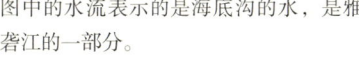

84

图中的水流表示的是海底沟的水，是雅砻江的一部分。

85

图中左边的建筑是碉［la⁵⁵mia⁵⁵ʁa⁵⁵］。此处是雅砻江边的一个村子，名叫三家堡子，现在是九龙二区，称为"la⁵⁵mia⁵⁵qʰa⁵⁵ qʰa⁵⁵fu³¹"。

图中的水流是雅砻江［no³¹mu⁵⁵ ngu⁵⁵lu⁵⁵］。

图中蓝色的图形是一张熊皮［vu⁵⁵ɚ⁵⁵qa³¹］。

图中尖状的图形是石头［ndu⁵⁵］。

图中半圆形的图案是锅［pʰu⁵⁵］。

图中下端是三个石头垒在一起的锅庄［qa³⁵lu⁵⁵］。这一天在做道场，要杀牲畜，在山坡上搭锅庄煮肉，以敬亡魂。

第86幅

图中所给绘的枝条表示是青枫树的枝桠［pi³¹ka⁵⁵sɿ³¹］。

图中白色的两只尖角代表天上的星星［tsɿ³¹］。

图中红色的容器是坛子［bi³⁵］，里面装着酒肉和鸡蛋。

图中间五根青色的枝条是破开成条的青枫枝桠。下面是安放在山上的石头。把青枫的枝桠的皮削开，但不扯掉，仍挂在枝桠上，用牺牲的血把枝桠染红，然后插在石头案子上面。旁边摆置做道场这一家人的灵牌和香炉。

图中的两个人是开始做道场的帕孜，帕孜抬头看天上的星星。先做三天道场（条件好就做五天、七天），灵牌和老人魂魄要被送走了，就要把道场转移到山坡上继续做。在旁边放置香炉。法事做完以后，找一头没有残疾（脚好，眼好，五官好）的一岁的牛，用它来带领亡魂上路。上路时要念很长的经文："mu⁵⁵pʰu⁵⁵kʰu⁵⁵ta⁵⁵po⁵⁵, mu⁵⁵pʰu⁵⁵y⁵⁵a⁵⁵pʰo⁵⁵, mu⁵⁵pʰu⁵⁵sɿ⁵⁵kʰu⁵⁵pʰo⁵⁵, mu⁵⁵pʰu⁵⁵lu⁵⁵kʰu⁵⁵pʰo⁵⁵, mu⁵⁵pʰu⁵⁵si⁵⁵kʰu⁵⁵pʰo⁵⁵, mu⁵⁵pʰu⁵⁵tsɿ⁵⁵a⁵⁵pʰo⁵⁵……"。意思就是路上挡路的东西都走开，让老人顺利地上天去。然后摇铃，唱经，内容大致是："今天把所有仪式都为你做了，正式送你上西天。"一直做到晚上，坐在地上的帕孜看到了天上的星星，那么当天的法事就告一段落了。

朱小华所持神路图中所绘路线到此为止，此处到烟袋乡［ia³¹nda³¹fu³¹］。俸波乡、九龙县的联合乡和万年村这些地方都没有画在图中，因而纳木依帕孜在做道场送魂时要念这些地名。

梳理这幅神路图中所绘路线，大致为：尼玛拉萨［n̺i⁵⁵ma⁵⁵la⁵⁵sa³¹］——普木来之古［pʰu⁵⁵mu⁵³ɬa³¹ndzʅ⁵⁵gu³¹］——赫赫嘎卡［χo³¹χo⁵⁵ga³¹kʰa⁵⁵］——止木那黑湖［tsʅ³¹mu⁵⁵n̺a³⁵xe³⁵］——木舒嘎里极［mu⁵⁵ʂu⁵⁵qʰa⁵⁵li⁵⁵tɕi³¹］——阿热古巴［a⁵⁵zɚ³¹ŋgu³¹mba⁵⁵］——匝嘎斯坡［tsa³¹ka⁵⁵sʅ³⁵po⁵⁵］——成都——雅安——二郎山［i⁵⁵na⁵⁵mi³⁵］——泸定——康定——跑马山［i⁵⁵na⁵⁵ga³⁵］——聂巴山［i⁵⁵na⁵⁵ga³⁵dzʅ⁵⁵］——烟袋乡［ia³¹nda³¹fu³¹］，之后一部分纳木依人去道孚，在那里生活了一段时间后去了雅江；一部分纳木依人去了新都桥——鸡丑山［χo⁵⁵χo⁵⁵ga³⁵kʰa⁵⁵］——汤谷；另一部分去了九龙县城。朱小华他们这一系又经察尔堡子［tsʰa⁵⁵ɚ⁵⁵］（在此有十几代人）、呷日［tsa⁵⁵zʅ⁵⁵］、九龙偏桥［ʥo⁵⁵ʥu⁵⁵ʥu³¹］、魏家坪、联合乡、冕宁县，最后到木里县的俸波乡，至今已有五代人。

经文·故事

【经文1】

冬天的时候布谷鸟在高山的树枝上，春天的时候飞到矮山上。布谷鸟待的地方在西方——尼玛拉萨，老人去世就要回到尼玛拉萨。春天来到，布谷鸟在树上叫，下种的季节到了。布谷鸟是雀鸟的王，不能打；娘舅家的人是地位最高的，绝不能惹娘舅家的人。老人的亡魂来到这里就要上天堂了，以后能够得到子孙的供奉，有肉吃有酒喝，安心享福。

ni⁵⁵ma⁵⁵la⁵⁵sa³¹	qɑ⁵⁵pu³¹	li⁵⁵	ndʑu⁵⁵	sʅ³¹	ʁu⁵⁵	ndʑu⁵⁵.
尼玛拉萨	布谷鸟	（趋向助词）	坐	树	尖，头	坐。
tsʰo³¹	mbo³¹	ma⁵⁵	ku³¹	a⁵⁵vu⁵⁵	mbo³⁵,	
人	打	不	会	舅舅	打，	
gi⁵⁵ʐʅ⁵⁵	mbo³⁵	ma⁵⁵	ku³¹	qɑ⁵⁵pu³¹	mbo³⁵.	
鸟	打	不	会	布谷鸟	打。	
ŋgu³⁵	i⁵⁵	ɚ⁵⁵li³¹	no³¹	lo³¹	ndʑu⁵⁵,	
九	（助词）	亡魂	你	上（方向前缀）	坐，	
mu⁵⁵	ɑ⁵⁵	lo³¹	ly³⁵	tsʅ³¹,		
天	上	上（方向前缀）	看	星星，		
dʑu⁵⁵	ɑ⁵⁵	mi⁵⁵	ly³⁵	ndo⁵⁵,		
地	上	下（方向前缀）	看	泥土，		
mbɑ⁵⁵	ɚ⁵⁵gu⁵⁵	ma⁵⁵	ndʑa³⁵	ma⁵⁵	mu⁵⁵	ntʂʰo⁵⁵pə³¹ dʑŋ⁵⁵,
走	路	不，没	在，有	不	做	米饭 吃，
ma⁵⁵	mu⁵⁵	vu⁵⁵	ndzʅ³⁵	ma⁵⁵	mu⁵⁵	ʂʅ³⁵ dʑŋ⁵⁵.
不	做	酒	喝	不	做	肉 吃。

在尼玛拉萨，布谷鸟摆着尾巴坐在树梢。
你连打人都不会，竟打了舅舅，
你连打鸟都不会，竟打了布谷鸟。
老人的亡魂你朝上坐，
朝天望见满天星，
向地看见脚下土。
无路可走就来到了神仙住的地方。
你不劳动也能有饭吃，
你不劳动也能有酒喝，
你不劳动也能有肉吃。

【经文2】

ŋgu³⁵	ga⁵⁵	bɚ⁵⁵	ma⁵⁵	dzo³¹。
九	地方	冤家	没	有

九个地方都没有障碍了，（可以顺利通过了）。

【经文3】

这幅画描述的是一场法事，用于纳木依人祭奠去世的配偶。在这个法事中，称阴阳相隔的夫妻为"ndʑu⁵⁵"（平时称夫妻为"mi⁵⁵la⁵⁵ndʑu⁵⁵"），这场法事称为"ŋgu³⁵（九）ndʑu⁵⁵（夫妻）tʂʰɿ³¹（放）"。帕孜作法的过程中，要由舅舅扛着松树栽在干净的地方，树上缠着五色布条，同时要宰杀牲畜。如果去世的是丈夫，要宰杀母牲畜；如果去世的是妻子，要宰杀公牲畜。通常用一头牦牛做九次仪式，用一只绵羊做七次，用一只猪做五次，用一只鸡做三次。如果是丈夫去世而妻子还在世，所用牲畜必须全部是公的；反之，则全用母的。这种法事在年轻人和老人之家都通用。

io⁵⁵	na⁵⁵	ʂɿ³¹	ndʑu⁵⁵	tʂʰɿ³¹，	ba⁵⁵	na⁵⁵	ŋa³⁵	ndʑu⁵⁵	tʂʰɿ³¹，
羊	黑	七	夫妻	放	猪	黑	五	夫妻	放

za⁵⁵	pʰu⁵⁵	so⁵⁵	ndʑu⁵⁵	tʂʰɿ³¹，
鸡	公的	三	夫妻	放

ȵi⁵⁵	la⁵⁵	tʰa⁵⁵	ʂɿ⁵⁵dzɿ³¹，	hũ⁵⁵	la⁵⁵	tʰa⁵⁵	y³⁵ma³¹。
白天	（连词）	不要	想	晚上	（连词）	不要	做梦

用七只黑羊祭奠，用五头黑猪祭奠，用三只公鸡祭奠。
白天不要想（他/她），晚上不要梦见（他/她）。

【经文4】

la⁵⁵ʐɿ⁵⁵	la⁵⁵	tɕʰua⁵⁵tɕʰu⁵⁵，	kʰuɑ⁵⁵ɚ⁵⁵	li⁵⁵	sua⁵⁵	xe³¹。
老虎的名字	老虎	突现	牲畜	（趋向助词）	跑	去

老虎突然出现，牲畜都跑了。

【经文5】

本图中是一个大的道场，叫做"ȵi⁵⁵mu⁵⁵"，是子女祭奠、孝敬去世父母所做的道场。

ma⁵⁵mi⁵⁵	tsɑ³⁵。	zɑ⁵⁵ɣo⁵⁵	tʂo³¹	dʑɿ⁵⁵。	dʑa³⁵	tʂʰɿ⁵⁵tʂɿ⁵⁵。	ŋa³⁵	ndʑu⁵⁵	tʂʰɿ³¹。
灯	点	鸡蛋	馒头	吃	饭	敬	五	夫妻	放

（儿子、媳妇）点灯。（女儿、女婿给老人）敬馒头敬饭。

这是在老人快去世或刚刚去世时做的仪式。老人在弥留之际，要念经，把一只小猪活着开膛，取出它的心肝肾，煮了汤给老人喝，这叫做"开路"［dzo⁵⁵ntsʰɿ⁵⁵tʂʰɿ³¹］。如果活着的时候没有喝，就在老人死后嘴里放一点汤，表示已经给老人吃过了。肉汤代表儿女给老人的孝敬，还要在老人的灵牌上涂抹蜂蜜和熊油。老人死后会在阴间碰见他的上一辈，就可以把自己养儿养女、安家劳动、受冻受累所得的报酬给上一辈带去。

【经文6】

亡魂翻山很累，在树下乘凉休息。

ŋgu³⁵	i⁵⁵	ɚ⁵⁵li⁵⁵	sŋ³⁵po⁵⁵	khɚ⁵⁵	da⁵⁵ɚ⁵⁵	ko³⁵。
九	（助词）	亡魂	树	下	荫凉	乘

亡魂在树下乘凉。

【经文7】

tsho³¹	bu³¹	tɕhi⁵⁵	za⁵⁵。	tsho⁵⁵	bu⁵⁵	tɕhi⁵⁵	za⁵⁵。
人	路	他	走、出	人	魂	他	回

（天上掌管阴阳的神 "na⁵⁵zɚ³¹tshŋ⁵⁵ndzo⁵⁵ta³¹"）放出鬼魂，也收回鬼魂。

【经文8】

tsʅ³¹mu⁵⁵nɑ³⁵χe³⁵	li⁵⁵	za⁵⁵	xe³¹。	
止木那黑湖	（趋向助词）	走	去	
tsʅ³¹mu⁵⁵nɑ³⁵χe³⁵	pa³¹mi⁵⁵	mi⁵⁵	li⁵⁵	ndʑu⁵⁵，
止木那黑湖	青蛙	下（方向前缀）	（趋向助词）	坐
pha⁵⁵tsʅ³¹	la⁵⁵ɚ³¹qa⁵⁵	li⁵⁵	kho³¹	hũ³⁵，
帕孜	虎皮	（趋向助词）	铺	需要
pha⁵⁵tsʅ³¹	lo³¹	ndʑu⁵⁵	hũ³⁵，	
帕孜	上（方向前缀）	坐	需要	
pha⁵⁵tsʅ³¹	za³¹qa⁵⁵	li⁵⁵	kho³¹	hũ³⁵，
帕孜	豹皮	（趋向助词）	铺	需要
hã⁵⁵ʂʅ³¹	ntʂho⁵⁵lo⁵⁵	li⁵⁵	ŋa⁵⁵	hũ³⁵，
金的	摇铃	（趋向助词）	摇	需要
ŋo⁵⁵pho⁵⁵	ntʂho⁵⁵lo⁵⁵	li⁵⁵	ŋa⁵⁵	hũ³⁵，
银的	摇铃	（趋向助词）	摇	需要
ŋgu³⁵	i⁵⁵	ɚ⁵⁵li⁵⁵	pu³¹	hũ³⁵。
九	（助词）	魂	送	需要

（纳木依祖先）凫水渡过止木那黑湖，
青蛙在止木那黑湖里坐，
帕孜铺上虎皮坐，
帕孜铺上豹皮坐，
把金的摇铃摇起来，
把银的摇铃摇起来，
送走老人的亡魂。

【经文9】

mu⁵⁵ʂu⁵⁵qʰɑ⁵⁵li⁵⁵tɕi³¹	qɑ³⁵lu⁵⁵	ŋu³⁵	tsʰu⁵⁵	du⁵⁵,	pʰu⁵⁵	mi⁵⁵	ŋu³⁵
（地名）	锅庄	九	个	安放	锅	大	九
tsʰu⁵⁵	du⁵⁵,	lɑ⁵⁵	ɣuə⁵⁵	ŋu³⁵	tsʰu⁵⁵	du⁵⁵。	
个	安放	老虎	头	九	个	安放	

在木舒嘎里极这个地方，搭九个锅庄，放九口大锅，（锅里）煮九个虎头。

【经文10】

tʰu⁵⁵tʰu³¹	tse⁵⁵	ȵi⁵⁵	tʰu⁵⁵,	mo³¹	mu⁵⁵	tse⁵⁵	ȵi⁵⁵	mo³¹,
牲畜	杀	二	次	（助词）	（助词）	杀	二	（助词）
dzo⁵⁵	i⁵⁵	dzo⁵⁵ntsʰɿ⁵⁵	tʂʰɿ³¹,					
活	（助词）	给活着的老人杀小猪的仪式	放，做					
ʂɿ³⁵	i⁵⁵	ʂɿ³⁵ntsʰɿ⁵⁵	tʂʰɿ³¹,					
死	（助词）	给死去的老人杀小猪的仪式	放，做					
zɿ⁵⁵	ʂɿ³¹	ʁɑ⁵⁵pʰu³¹	pʰɑ³¹,	mi³⁵	ʂɿ³¹	ʁɑ⁵⁵pʰu³¹	pʰɑ³¹,	
儿子	养	报酬	带	女儿	养	报酬	带	
y⁵⁵	mu⁵⁵	ʁɑ⁵⁵pʰu³¹	pʰɑ³¹,					
家	安	报酬	带					
ʂɿ³¹	mu⁵⁵	ʂɿ³¹pʰu³¹	pʰɑ³¹,					
养	（助词）	劳动所得的薪酬	带					
gɑ⁵⁵	mu⁵⁵	gɑ⁵⁵pʰu⁵⁵	pʰɑ³¹。					
冷	（助词）	受冻所得的补偿	带					
bɑ⁵⁵ŋɑ⁵⁵	ə⁵⁵	ʂu³¹	tʂʰɿ³¹,	io⁵⁵mi⁵⁵	ɲɑ³¹ɬu⁵⁵	tʂʰɿ³¹。		
猪	路	找	放	羊	眼睛	放		

在你后面放两次牲畜，
给还活着的老人送小猪，
给死去的老人送小猪，
带去养儿养女的报酬，
带去安家的报酬，
带去劳累受冻所得的补偿，
放猪羊在前开路，做老人的眼睛。

【经文11】

这是一个招魂仪式［su³¹mu⁵⁵］。给去世老人送魂过后，要做这个道场把活人（通常是死者的子女）的灵魂叫回来，不能让活人的灵魂跟着亡魂一起走。仪式结束后，把煮好的牛肉放入盆中让在场的人闻一下，然后每人吃一小块。死者的子女头上顶着石板，手中拿着牛皮条（可以将死人与活人分开），帕孜用桃木棒在死者子女的肩上敲几下，再在石板上磨刀，大家一起用刀将石板击碎。

sɿ³¹su⁵⁵	dzo⁵⁵su⁵⁵	kʰa⁵⁵kʰa⁵⁵tʂʰɿ³¹	lo³¹。
死人	活人	分开	了

死人和活人要分开。

【经文12】

送魂的道场从八月十五做到十一月十五，如果死去的老人的子女有钱，就在七姊妹过渡的那一天（十一月十三）的晚上，杀了这只牦牛，杀之前先把牦牛拴在屋子外面，一个帕孜牵着绳子从房梁中绕过来，把身子放在另一个帕孜手里，在七姊妹和月亮过渡的那一刻，把牛开膛取心。然后把老人的灵牌[1]摆出来，把血涂在老人的灵牌上，男人的灵牌前点上九盏灯，女人的灵牌前点七盏灯，用白面馍馍、鸡蛋、酒和煮过的牛心牛肾来敬亡魂，再把一些蜂糖［ʐɑ³¹piɑ⁵⁵ʐɿ⁵⁵］和熊油抹在灵牌上。把金河里的一条鱼［tʰo³¹ɣe⁵⁵ʐɿ⁵⁵］煮好以后，用来敬老人的灵牌。这个道场叫做"su³¹mu⁵⁵pi³⁵"。

送到了图中那道关口以后，有儿女的老人可以通过关口继续上天，无儿女的老人只能送到这里便停住，由帕孜念下面的经文。

---

[1] 灵牌由青枫树［pi³¹ka⁵⁵sɿ³¹］的木头所制，五至六寸长，宽度不限，但不超过长度，在头部雕出眼睛和嘴巴的样子，下面3寸的地方剖成两块，用新布缠着，表示衣，男的用蓝布，女的用青布或者花布。青枫树长得漂亮，只能用它来做灵牌，灵牌代表死者的亡魂。安葬完后就把灵牌烧了。

ʁa⁵⁵dza³¹ndu⁵⁵zɿ⁵⁵					ɑ⁵⁵zɚ³¹ŋu³¹mba⁵⁵,				
绝后的人					阿热古巴				
ma⁵⁵	mu⁵⁵	ntʂʰu⁵⁵	dzɿ³¹	hũ⁵⁵,	ma⁵⁵	mu⁵⁵	ʂɿ³¹	dzɿ³¹	hũ⁵⁵。
不	做	米饭	吃	要	不	做	肉	吃	要
ma⁵⁵	mu⁵⁵	vu⁵⁵	ndzɿ³¹	hũ⁵⁵,	tsʰo³¹xi³¹	tsʰo³¹zɿ³¹χa⁵⁵			
不	做	酒	喝	要	幸福	自在			
mu⁵⁵	ɑ⁵⁵	tɕhi³¹		ly³¹	xe³¹,	tʂɿ³¹	ndo⁵⁵		qa³¹。
天	上	（经验体标记）		看	去	星星	看见		（将行体标记）
dzu⁵⁵	da⁵⁵	mi⁵⁵		ly³⁵	xe³¹,	tʂɿ³¹qʰɑ³¹	ndo⁵⁵		χa³¹,
地	上	下（方向前缀）		看	去	泥巴	看见		（将行体标记）（古时说法）
ga⁵⁵	y⁵⁵	ko³¹,	tʂʰɿ⁵⁵	y⁵⁵	tʂʰɿ³¹,				
冷	家	里	热	家	放				
tʂʰɑ⁵⁵	y⁵⁵	ko³¹,	ɬa³¹	y⁵⁵	tʂʰɿ³¹。				
鬼	家	里	神	家	放				

绝后的人坐在阿热古巴这个地方,
不劳动还有米饭吃,不劳动还有肉吃,
不劳动还有酒喝,幸福又自在。
朝天看得见星星,朝地看得见泥巴,
(本应待在)冷家里,(把你)放在了热屋里,
(本应待在)鬼地方,(把你)放在了神仙境。

【经文13】

mo⁵⁵	i⁵⁵	ʁu⁵⁵y⁵⁵,	ka³⁵	i⁵⁵	mɑ³⁵	li⁵⁵	tsʰu³¹,
马	（助词）	笼嘴	老鹰	（助词）	尾巴	（趋向助词）	安
ɣo⁵⁵	tsʰɿ³¹	so⁵⁵	po³¹	tsʰu³¹,	mɑ³¹	tsʰɿ³¹	so⁵⁵	po³¹,
头	（彩色）布条	三	块	安	尾巴	（彩色）布条	三	块
ŋgu³⁵	i⁵⁵	ɚ⁵⁵li⁵⁵	pu³¹。				
九	（助词）	亡魂	送				

在马的辔头和老鹰的尾巴上绑布条,
头上绑三条彩布,尾上绑三条彩布,
送老人的亡魂。

【经文14】

kʰi⁵⁵ʂa⁵⁵lo⁵⁵mi⁵⁵,	ʂɿ³¹su⁵⁵	bi³¹tʰa⁵⁵,	dzu⁵⁵su⁵⁵	bi³¹ma⁵⁵tʰa⁵⁵,	ʂɿ³¹su⁵⁵	dzu⁵⁵su⁵⁵	kʰa⁵⁵kʰa⁵⁵tʂɿ³¹。
大石头关口	死人	进去	活人	进不去	死人	活人	分开

大大的石头关口,死人进得去活人进不去,死人活人分开来。

【经文15】

y^{55}	ʂu^{55}	tʂʅ^{55}	hĩ^{55}tʂʅ^{55},	hĩ^{55}kʰo^{55}	tʂʅ^{55}	tʰa^{55}	lo^{31}。
屋子	看	狗	猎狗	晚上	狗	不（能）	叫

看家狗和猎狗，晚上不能叫。

【经文16】

tse^{35}tse^{35}	tsɑ^{55}ka^{55}	tse^{35},	pi^{31}ndo^{55}	li^{55}	ma^{55}	ɣɑ^{35},	kʰa^{55}kʰa^{55}tʂʅ^{31}。
好看	白袍树	好看	青枫棍	（趋向助词）	不	赢	分开
tse^{35}tse^{35}	ŋu^{55}ka^{55}	tse^{35},	pi^{31}	mu^{55}	li^{55}	ma^{55}	ɣɑ^{35},
好看	罗焕松	好看	念	（助词）	（趋向助词）	不	赢
tse^{35}tse^{35}	qo^{31}ka^{55}	tse^{35},	pi^{31}	mu^{55}	li^{55}	ma^{55}	ɣɑ^{35}。
好看	云杉	好看	念	（助词）	（趋向助词）	不	赢
tse^{35}tse^{35}	ndʐ^{55}ye^{35}	tse^{35},	su^{31}mu^{55}	li^{55}	ma^{55}	ɣɑ^{35},	
好看	水牛	好看	牦牛	（趋向助词）	不	赢	
tse^{35}tse^{35}	nu^{55}lu^{55}	tse^{35},	qa^{35}mu^{31}		qa^{35}		li^{55}
好看	豆子	好看	做道场盆里装的粮食		粮食		（趋向助词）
ma^{55}	ɣɑ^{35},	tse^{35}tse^{35}	lu^{55}	pʰi^{55}	tse^{35},	lu^{55}	mu^{55}
不	赢	好看	石头	白色	好看	石头	（助词）
li^{55}	ma^{55}	ɣɑ^{35}。	tse^{35}tse^{35}	xe^{35}pʰu^{55}	tse^{35},	kʰu^{31}	
（趋向助词）	不	赢	好看	花野鸡[1]	好看	菩萨鸡	
mu^{55}	li^{55}	ma^{55}	ɣɑ^{35}。				
（助词）	（趋向助词）	不	赢				

白袍树好看是好看，却做不了青枫棍[2]。
罗焕松好看是好看，却不能用在道场上。
云杉好看是好看，却不能用在道场上。
水牛好看是好看，却做不了道场上的牦牛[3]。
豆子好看是好看，却做不了和尚盆里的粮食[4]。
白石头好看是好看，却不能用在道场上[5]。
花野鸡好看是好看，却许不了菩萨鸡[6]。

---

[1] 山上一种很好看的花野鸡。

[2] 用青枫树做出来的一米长的棍子，把皮子刮了以后，把牺牲的血染在棍子上，插在神龛前。这种棍子只能由青枫树的枝桠来做。

[3] "su^{31}mu^{55}" 是做道场时对作为牺牲的牦牛的称呼。水牛的角是动物的角中最好看的，但是不能用来做法事，只能用牦牛、黄牛和绵羊的角。

[4] 豆子是最好看的，但是它不干净，不能用来做法事，青稞面、苦荞、大麦都不干净，不能用来敬老人和敬神，只能用小麦、大米和玉米。

[5] 做道场时所用的石桩要用青石头或者黑石头，不能用白石头。

[6] 做祭祀时将一只公鸡许给菩萨，做完道场把鸡杀了以后敬神，念经烧香，请山神，请去世的师父，请家神、坛神，杀鸡敬菩萨。只有家里的公鸡才能做菩萨鸡。

【经文17】

生活最困难的时候，人吃二两粮食，狗吃二钱粮食。后来生活好一点了，人吃四两，狗吃二两。

tsʰo⁵⁵	zʅ⁵⁵	lo³¹	dʑŋ⁵⁵,	tsʰʅ⁵⁵	ni⁵⁵	lo³¹	dʑŋ⁵⁵。
人	四	了	吃	狗	二	了	吃

人吃了四（两粮食），狗吃了二（两粮食）。

【经文18】

老人的坟墓年久失修，孝顺的儿女要给老人修坟，就像换新衣服一样。修坟时要喊神，喊神时要念经：

ŋgu³⁵	i⁵⁵	za⁵⁵ɬi³¹,	a⁵⁵vu⁵⁵	tɕu⁵⁵	tsʅ³¹,	a⁵⁵i⁵⁵	lu⁵⁵	ki³¹
九	（助词）	亡魂（另一种说法）	祖父	坟	谢	祖母	坟	谢

ɚ³¹,	tɕu⁵⁵	a⁵⁵	tɕu⁵⁵	ki³¹	tsʅ³¹,
（后加）	坟	上	坟	送	谢

lu⁵⁵	a⁵⁵	lu⁵⁵	ki³¹	tsʅ³¹。
坟	上	坟	送	谢

io⁵⁵	kʰu⁵⁵	io⁵⁵	sa⁵⁵	pi³¹,	va³⁵	kʰu⁵⁵	va³⁵	sa⁵⁵	pi³⁵,
绵羊	只	绵羊	血	念	猪	只	猪	血	念

za⁵⁵	kʰu⁵⁵	za⁵⁵	sa⁵⁵	pi³⁵,
鸡	只	鸡	血	送（念）

tɕu⁵⁵	pi³⁵	ndu⁵⁵	tʂʰʅ³¹,	tɕu⁵⁵	pi³⁵	qo⁵⁵	pu³¹,
坟	念	石桩	放	坟	念	菩萨	送

tɕu⁵⁵	pi³⁵	sʅ⁵⁵	tʂʰʅ³¹,	tɕu⁵⁵	lu⁵⁵	pi³⁵	hũ³⁵。
坟	念	山菩萨	放	坟	坟	念	需要

老人去世的亡魂在，
修祖父的坟，改祖母的墓，
用绵羊的血念经，用猪的血念经，用鸡的血送。
坟上放石桩，念经送菩萨，念经送山神。

【经文19】

ŋgu³⁵	i⁵⁵	ɚ⁵⁵li⁵⁵	li⁵⁵	pu³¹	hũ³⁵,
九	（助词）	亡魂	（趋向助词）	送	需要

zo³¹	ʁuɑ⁵⁵	ŋgi³⁵	χa³⁵tʰa⁵⁵	to⁵⁵,	ŋgu³⁵	pi³⁵	ma⁵⁵	na³¹。
粮食	季	种	时间	到	九	念	不	好

要送老人的亡魂，
种粮食的时间到，
再念经就不好了。

【经文20】

纳木依祖先翻二郎山、跑马山和聂巴山时，又冻又饿，前面无路，后有追兵，死了不少人。

i³¹na⁵⁵mi³⁵,	i³¹na⁵⁵ga³⁵,	ga³⁵dzʅ³¹	so⁵⁵	la⁵⁵,
二郎山	跑马山	聂巴山	三	座
na⁵⁵ zʅ⁵⁵	a³¹sʅ³¹	ʂu⁵⁵,	tsʰo³¹ bu³¹	li⁵⁵ za⁵⁵ dzu³¹,
纳木依人 儿子	名称	家，群	人	路 （趋向助词） 回 来
i³¹na⁵⁵ga³⁵dzʅ³¹	dzu³¹。	i³¹na⁵⁵ga³⁵	li⁵⁵	tʂʰɑ³¹pʰu³¹,
聂巴山	来	跑马山	（趋向助词）	翻
ga³⁵	ta³¹	y³⁵	tʂʅ³¹tʂʅ³¹,	
山	上	雪	堆	
y³⁵	pu⁵⁵	li⁵⁵	tʂʰɑ³¹pʰu³¹,	i³¹na⁵⁵ga³⁵dzʅ³¹ dzu³¹。
雪	地	（趋向助词）	翻	聂巴山 在
ga³⁵dzʅ³¹	li⁵⁵	tʂʰɑ³¹pʰu³¹,	ga³⁵ ta³¹	y³⁵ tʂʅ³¹tʂʅ³¹,
山	（趋向助词）	翻	山 上	雪 堆
ga³⁵dzʅ³¹ so⁵⁵ la⁵⁵	dzu³¹,	ga³⁵dzʅ³¹	y³⁵	tʂʅ³¹tʂʅ³¹,
山 三 座	来	山	雪	堆
y³⁵	pu⁵⁵	li⁵⁵	tʂʰɑ³¹pʰu³¹。	
雪	地	（趋向助词）	翻	

前有三座山，二郎、跑马和聂巴。
纳木依人一路来，翻过跑马山，来到聂巴山。
山上堆满雪，翻出雪地来，来到聂巴山。
翻过大高山，山上堆满雪。
翻过三座山，山上堆满雪，翻出雪地来。

纳木依人在二郎山，又冻又饿，前面无路，后有追兵，死了不少人。到了康定，住了较短时间，又到白玉、道孚，到雅江，在雅江住了十多代人，然后经塔公、巴美、新都、沙袋，翻过鸡丑山到了汤谷，然后到了九龙，在九龙留下一些人，在察尔堡子住了十几代人。

【经文21】

驮灵牌的马到了山水交界处，要在此处洗干净，做法事，总的仪式称为"ɬa⁵⁵ndzʅ⁵⁵tsʰʅ³¹"。

mo⁵⁵	kʰa⁵⁵	tsʰʅ³¹	ɲi⁵⁵bi⁵⁵io⁵⁵io⁵⁵,	ɳa⁵⁵ndzʅ⁵⁵io⁵⁵io⁵⁵。
马	蹄	洗	山的交界处	水的交界处

在山水的交界处洗马蹄。

八月十五给马洗过澡后，再用河水把老人的灵牌洗干净，意味着老人多年没洗澡，现在上路前为他洗干净，让他干干净净地上路。把旧灵牌上缠的布取下来缠在新的灵牌上，扎一个毛人，把毛人和灵牌一起放在河里冲走，意味着老人身上多年的污秽都被冲走了。给马的头上戴一个龙头，在上面插上老鹰翅膀上的毛，缠上五种颜色的布。马身上背的鞍鞴是用麻布做的，叫作"mo⁵⁵ʂɿ⁵⁵"，"mo⁵⁵ʂɿ⁵⁵tsʰu⁵⁵"的意思是一套鞍鞴。牵马的人必须是老人的女婿［za⁵⁵vu⁵⁵］。先由老人的娘舅家出面，请老人的舅舅［a⁵⁵vu⁵⁵］[1]送灵牌，同时要有一棵松树。如果自家的房子高一丈五，就要砍一棵一丈五的松树，在上面挂一个铃铛和五种颜色的布条，由舅舅送走，女婿牵马，送到烧灵牌的地方把松树栽了。

给老人做道场时要给老人供奉核桃［dzu⁵⁵ʂu³¹］、最高山上的獐子肉［ɣu⁵⁵gu⁵⁵li³¹ʂɿ³¹］、金河里的鱼［tʰo³¹i³¹zɿ⁵⁵ɿ⁵⁵］，后两样东西是很难得到的，如果后代的子女很有能力，就能用高山上的獐子肉和金河里的鱼敬给老人，老人吃过以后就会很高兴很自豪。

纳木依人做送魂道场还必须要用熊肉［vu⁵⁵ʂɿ］、熊油［vu⁵⁵i⁵⁵zɿ³¹］和蜂糖［za³¹bia⁵⁵zɿ³¹］（做道场时的说法），传说有一个叫做"ȵi⁵⁵ɴɑ⁵⁵la⁵⁵ma⁵⁵tsu⁵⁵"的猎人去林子里打猎，不小心把野人家养的老熊打了，吃了好多熊肉，躺在床上起不来了。猎人躺了三天，野人把他抓住了，要拿他去做祭祀。野人把他拴起来喂了三年，猎人的儿子叫做"i⁵⁵ɴɢɑ⁵⁵la⁵⁵ma⁵⁵zɿ⁵⁵"，他找了父亲三年，就在野人家找到了父亲，但是父亲走不了。还有三天，野人就要宰杀猎人了，猎人就把野人家给老人做道场的方式告诉了儿子，让儿子回去为他做道场。他告诉儿子："你回去的路上有一条河，河上有一座桥，我死后灵魂会变成蜜蜂，飞在你的肩上，就喊我的名字，把我的灵魂唤回家。"儿子回去后就请帕孜按照野人家做道场的方式给老人做祭祀。

【经文22】

hĩ⁵⁵gu⁵⁵hĩ⁵⁵mi⁵⁵	ȵi⁵⁵	mu⁵⁵	pʰə⁵⁵ndʐɿ⁵⁵。
月亮	道场	做	棚子

在十五这一天有月亮的晚上做道场。

---

[1] 这里的"舅舅"可能是老人母亲的兄弟，也可能是老人的其他亲人，具体身份在这里尚不清楚。

【故事1】

ka⁵⁵ka⁵⁵mu⁵⁵mba³¹	mu⁵⁵i⁵⁵a⁵⁵vu⁵⁵，	za⁵⁵la⁵⁵mu⁵⁵kʰo³¹kʰa³¹
嘎嘎木巴（天神舅舅的名字）	天神舅母	扎拉木古卡（天神舅母的名字）
mu⁵⁵i⁵⁵a⁵⁵zɿ³¹，	tsʰo³¹	mi⁵⁵	li⁵⁵	za³¹，
天神舅母	人	下（方向前缀）	（趋向助词）	放
tsʰo³¹	ma⁵⁵	lo³¹	tsa³¹tsa⁵⁵。
人	人烟，后代	（方向前缀）上	有，结

天神舅舅嘎嘎木巴和天神舅母扎拉木古卡下嫁女儿，从此世间有了人烟。
解释：这是纳木依的一个重要传说，讲的是纳木依人的起祖[1]。

从前，在洪水朝天的时候，有兄妹三人，大哥叫做"tsʰo³¹zɿ⁵⁵li³¹ɣuɚ⁵⁵"，二哥叫做"tɕu⁵⁵tɕu³¹li³¹ɣuɚ⁵⁵"，三妹叫做"tɕu⁵⁵tɕu³¹ɣua³¹ma³¹mi³¹"。一天他们正在地里劳动的时候，房后突然飞来一只老鸹，站在树上叫，对他们说："你家三兄妹怎么还在劳动？不用劳动了，地球马上就要毁灭了！"他们三人问道："你怎么知道？""洪水要爆发了，天地都要翻了！你们种庄稼没用！没有人吃！""你乱讲，你在造谣，世上哪有这样的事！""你们要是不信，把你家的锅庄拔起来，锅庄下已经开始淌水了！"于是三兄妹跑到家，把自家的锅庄拔出来，发现锅庄下面果然已经开始冒水了。他们就问老鸹："那你有啥办法？"老鸹回答说："没有别的办法，你家不是有头黄牛吗？把那黄牛宰了，把皮剐了，做成水皮袋，然后把肉煮了吃，然后把吃剩下的装在水皮袋里，还要在里面装一只鸡公，装只小狗，一把刀还有其他的粮食，还有石头，一把火钳，然后人也爬进去，把袋子口子绑好，弄个管子伸出皮袋，这样人能够出气。洪水涨起来后，水皮袋会漂在水上，人不会被淹死。"老鸹然后向兄妹三人要了三坨牛肉和牛尾毛三根，它吃了牛肉后只有用牛尾毛吊死，因为它也无处可去。老鸹吊死后，大哥说老鸹的话不能相信，说要骑着马跑到最高最高的山上去，看看是不是真的在涨水。他吃了牛肉，骑着马翻了一座山，发现水已经淹没了大地，他翻过第二座山时，水已经涨了一尺高，当他翻过第三座山时，水已经两尺高了。当他翻过九座山时，水已经涨到一丈高了，洪水就把他冲走了。

二哥和小妹就坐在牛皮袋子里面，经过了三天三夜，水消下去了，牛皮袋不动了。然后他们两个人用刀把牛皮划开，先把袋子里的石头扔到外面，发出了响声，知道外面还有水，所以就等了几个小时。过了几小时后，又把火钳扔出去，发现水还在响。又过了一阵，他们把小狗扔了出去，小狗叫了，说："不知道这是什么地方，已经不是原来的地方了。"第四次他们把鸡公放出来，鸡公说："不知道这是什么地方，不是原来的地方了。地形全变了。"兄妹两人就出来了，就看到月亮和太阳同时挂在天上。兄妹两人就打算分头走，看看天底下还有没有人。妹妹问哥哥要朝哪个方向走，哥哥说他看到晚上的月亮有簸箕那么大，烟子有蒸笼那么大，这样的地方肯定有人，他要朝

---

[1] 纳木依神路图中包含着许多长篇口头传说故事，调查时间有限，我们未能对所有故事进行记录，只详细记录了这一个故事。

月亮方向走。妹妹就决定朝太阳走，她说，太阳有锅一样大，烟子有碗一样大，这样的地方肯定有人。然后他们就分头走了。妹妹走到了有人户的地方，走到了一个神仙的家。哥哥朝月亮走，走到了野人家。野人家有九个孩子，他问这九个野人孩子："你们家爸爸妈妈去哪儿了？"这些野人孩子不回答，他又问了两遍，他们还是不回答。他就说："你们这些孩子太笨了，连话都不会讲。"然后他吐了一口口水在地上，那九个孩子就把他的口水舔了吃了。他就对他们说："只要你们说话，我就给你们每人吐一口口水。"野人孩子就说话了，他就给他们每人吐了一口口水，然后问他们："你们父母去哪儿了？"他们回答说："洪水朝天了，天地翻了，他们就去找人吃去了。"原来野人的父母以为他们兄妹三人因为洪水死了，就去找他们的尸体去了。他又问："你家还有其他人吗？"野人孩子说还有个叔叔，他问他们叔叔去哪儿了，他们说叔叔也去找他们三兄妹去了。他又问："那你爸爸是走路还是骑马去的？"他们说是骑的大公羊，拿着刀。他又问他们的妈妈骑的什么，他们说骑的老母猪。他又问叔叔（编者注：原话是爸爸，疑口误）骑的什么，他们说骑的是大公鸡。他问："那你爸爸回来后会把公羊领到哪儿？"他们回答说："放在麦地里。""那妈妈回来后会把老母猪放在哪儿？""放在圆根地里。""那你叔叔（原话是爸爸，疑口误）回来后会把大公鸡放在哪儿？""放在稻子田里。"然后他就去麦地里钉了九个靶子，圆根地钉了七个靶子，稻子田里钉了五个靶子，每个靶子都连着绳子，绳子上拴着箭，只要有人碰到绳子，绳子上的箭就会朝靶子射出去。弄完这些后，他就爬上了野人家烧香用的树上，因为他知道自己跑也跑不掉。后来野人回来了，野人爸爸把大公羊牵到了麦地里，大公羊就被九根箭射死了；野人妈妈把老母猪牵到圆根地里时，老母猪被七根箭射死了；野人叔叔把大公鸡领到稻田里时，大公鸡被五根箭射死了。这些动物被打死后，野人爸爸就在烧香树下烧了一堆火，然后坐在树下翻历书，算日子。野人爸爸就想，洪水朝天了，只找到了兄妹中的大哥，被他们吃了，还有二哥和妹妹的尸体没找到，他就问历书："发洪水后，这兄妹三人中的二哥和妹妹死了吗？"历书上说："没死。"他又问："他们还在吗？"历书上说："还在。""在地上吗？""没在。""在天上吗？""没在，在半空中。"他就想，不在天上不在地下，半空中又没有坐落的地方，这历书肯定不准，然后他就把历书扔到火里烧了。他把书烧了以后，心里很生气，就仰头往地上躺下。他刚刚躺下，抬眼就看见兄妹仨中的老二就坐在树梢上，他追悔莫及，这才知道自己的历书是准的，赶快去火中抢救历书，这时历书烧得只剩六十甲子，原来历书要算一百二十甲子。等他把书从火中拿出来后，他就对老二说："我找了你好几天了，你给我乖乖下来。"老二说："你要想吃我，可以，只要你把树干上的皮剥了，再爬上来，我就让你吃。"野人很笨，就听他的话把树皮剥了，然后往上爬。但是树干被剥了树皮后就很滑，野人根本爬不上去，他就回去拿来了一把大刀，要砍那棵树。老二这时就祈祷说："我不该他吃，我不该死，野人要是砍树，碗一样粗的树要长成锅一样粗，锅一样粗的树长成灶台一样粗，灶台一样粗的树要长成房子一样粗。我要是不该死，树就会越砍越长，他砍掉一坨就会长出来一坨。"野人砍去砍来砍了几天，树越砍越大，把野人的刀都砍坏了，野人就回去重新打刀。野人去烧火打刀的时候，老二就从树上下来，把野人家的麦草抱了一大抱就跑。野人见老二跑了，就去追。老二翻过一座山就丢两根麦草在地上，野人看到老二丢的麦草就捡起来拿回家去，再回头去追。老二翻了一座山，又丢了两根麦草在地上，野人看见麦草，又捡起来拿回家去，再去追老二，这样追了好久。

后来老二看见了一位放猪的老汉，就问："大伯，您能救我的命吗？"老汉回答说："我救不了你，我也是凡人。你还是快跑吧。"他又碰到一个放牛的，他又请求放牛的救他，但是放牛的也说救不了他。他又碰到放羊的、放狗的，但是都救不了他。后来他碰到了一个放牦牛的，放牦牛的说："我也是凡人，救不了你，只有神仙才救得了你。你快跑，跑到山那边，那里有个山神，你到了那儿要向他磕头，只有他能救你。"他就跑到那座山脚下，那里有个长着牦牛像的菩萨坐在那里，他就向菩萨磕了三个头，说他碰到了野人。菩萨就叫他去捡牛子，三颗放在菩萨左边的角上，三颗放在菩萨右边的角上，五颗放在菩萨膀子上，九颗放在菩萨尾巴上，然后让他骑到菩萨背上。他刚骑上菩萨的背，野人一家就到了。野人父亲到了菩萨面前，对菩萨磕了三个头，说："这个人是属于我的，我追了他好久，请把他还给我。"菩萨说："这个人是属于我的，连你一家人都是属于我的。如果你想要他，就到我左角这里来拿。"野人父亲就去菩萨的左角抓老二，却被角上的三颗牛子打死了。菩萨又叫野人母亲去他右角那里抓老二，野人母亲刚一上前，菩萨牛角一摆，上面的三颗牛子又把她打死了。然后野人叔叔上前说："你把我哥哥嫂子都打死了，这个人是属于我的，请还给我。"菩萨就叫他到他自己膀子那里去抓，他刚一上前，菩萨扭了一下膀子，上面的五颗牛子就把野人叔叔打死了。野人的九个儿子就说，他们的爸爸妈妈和叔叔都死了，这个人应该给他们，他们很饿。菩萨就说："你们想要的话就到我后面来拿。"那九个野人孩子刚一到菩萨后面，菩萨尾巴一甩，尾巴上的九颗牛子就把这九个野人孩子打死了。这样野人全家都被打死了。然后菩萨跟他说："只有能看到太阳和手臂粗的烟子的地方才有人，你看到太阳有斛斗那么大，实际上那是晚上的月亮，你看到的火实际上是野人的火，他们的火烟子很大，以后看到野人的火你千万不要去。你走吧，以后没有人会找你了，你去找你妹妹吧。"然后老二就去找妹妹去了。

妹妹在神仙家当佣人，给神仙挑水做饭，做家务。老二找到了妹妹住的村子，在水井边碰到了妹妹，但是因为兄妹俩分开十二年了，互相已经不认识了。妹妹跟他打招呼，问他要去哪儿，他说他在找妹妹。妹妹说她有个哥哥，洪水朝天的时候就分开了，已经十二年了，不知道是不是还在世。哥哥说他有个妹妹，洪水朝天的时候分开了，现在到底是死是活都不知道。兄妹俩摆了一会儿，哥哥看到了妹妹头上的痣，妹妹看到了哥哥颈上的痣，才发现对方原来就是自己的亲人，两人抱头痛哭。哭了一阵，妹妹就把哥哥带到了她老板家。

到了老板家，妹妹就跟老板介绍她哥，说跟哥哥失散十二年了，希望老板能收留他，让他也给老板家干活。老板同意了，但是因为那时候生活紧张，不让哥哥多吃。老板说："我吃一口你不能吃，我吃两口你也不能吃，我吃三口你可以吃一口。我吃三碗你可以吃一碗，我吃九碗你才可以吃三碗。你不能多吃。"因为哥哥路途劳累，饥肠辘辘，吃饭的时候忍不住就大吃起来，老板吃一口他吃三口，老板吃一碗他吃了九碗。老板就不高兴了，说他太悫了，就用自己的大烟袋往他头上敲去，就把他敲死了。妹妹见哥哥被打死了，特别伤心，说："我为你家干了这么多年活，好不容易跟失散的哥哥见面了，就因为他多吃了几碗饭你就把他打死了，我在你家也干不下去了，我要走了！"老板很不屑地说："你要走就走吧，我家不需要你了，我是半仙人，你走后癞蛤蟆会给我家挑水，老熊会给我家劈柴，龙会给我家推磨，喜鹊会给我家煮饭。"妹妹就真的走了。老板本来就是半仙人，有法术，使唤得动那些动物。

但是，龙虽然会推磨，却只会一个劲推，不会扫磨好的面粉；癞蛤蟆去挑水，不会把水挑回来；山鸡公放羊的时候，羊群越跑越远，羊不会回家；老熊劈柴劈得满山都是，但是却不会拾回家来；喜鹊煮饭时，会烧柴不会摆锅，会洗锅不会加水……半仙人才知道，他还是需要人来为他办这些事，于是他就把妹妹请了回来，要妹妹继续为他家干活，说可以让她哥复活。妹妹就问他，怎么让他哥复活。半仙人说："我用葫芦给他做脑袋，用织布的梭子给他做背，用筲箕给他做胸口，用火钳给他做双腿，他七天后就能复活。"七天后哥哥果然复活了，但是他的手臂是直的，不能弯曲。然后哥哥就开始给半仙人家劳动。

天上的仙女三姐妹每天下凡来织麻布。三姐妹分别叫做 $mu^{55}i^{55}ɳa^{31}ŋgu^{55}mi^{35}$，$mu^{55}i^{55}ɳa^{31}tsʅ^{55}mi^{35}$，$mu^{55}i^{55}ɳa^{31}to^{55}mi^{35}$。两个妹妹坐在上方，面朝下方织布；大姐坐在下方面朝上方织布。哥哥就跟一只耗子说："你去把仙女大姐袋子里的翅膀给我偷来，两个妹妹的不要偷，她们已经成仙了，偷不得。"耗子就钻到草丛中去把大姐的袋子和翅膀偷来了。后来天黑了，两个妹妹织完布就飞上天了，姐姐因为找不到自己的袋子和翅膀，没法回去。这时，哥哥出现了，他假装帮大姐找袋子，找到后他就问大姐："我帮你找到了袋子，你带我上天吧。"大姐说："你又没有翅膀，你也不是神仙？你怎么飞上天？"哥哥说："你不是有袋子吗？你把我装在袋子里背着走吧。"大姐说："不行，我到热的地方时你会热死，到冷的地方时你会冷死。离太阳近的地方会很热，离月亮近的地方会很冷。"哥哥回答说："不怕，热的地方我带上水，热了我就洒水；冷的地方我带点炭，冷了我就烤着火走。"然后大姐就同意把他带走。

到了天上，大姐害怕父母骂自己，就把哥哥藏在背篓下面，对他说："你不要出声，我吃完饭再给你端饭吃，要是我父母发现了一定会骂我。"然后大姐就去吃饭去了，吃了饭以后她家就用吃剩的骨头喂狗。狗吃骨头的时候打闹，把他藏的背篓掀开了，他从地上来到天上路途遥远，饥肠辘辘，他就从背篓里出来了。仙女的父亲发现了他，就问："你这个凡间人，怎么跑到我们天上来了？"他说："是你女儿带我来的，我是来求婚的。"仙女的父亲就说："你算老几？你一个凡人，想向一个仙女求婚？我不可能把她嫁给你！"那时候的人全身都是毛，仙女的父亲就说："你哪里像人？你全身都是毛，跟畜生一样！"然后仙女的父亲就拔哥哥身上的毛，拔得哥哥特别疼，他就把头钻到仙女父亲的腋下，仙女父亲就把他全身的毛全拔了，只剩头上的毛，还对他说："以后你身上不准长毛！"然后就给了他一套衣服，让他去洗澡。洗了澡，更了衣，哥哥又说他要向仙女大姐求婚。仙女父母还是不同意，说："你个凡间人，想娶我家的女儿，你有什么本事？你如果能给我抓两只老鹰儿来，我就把女儿嫁给你。"哥哥说："老鹰的窝在很高很高的悬崖上，我怎么够得着？我又不会飞。"晚上仙女大姐来对他说："不管我父亲叫你做什么事，你都不要说你办不到，什么事你都要说你办得到。"哥哥说："可是我该怎么办呢？老鹰儿在那么高的悬崖上，我怎么抓得到呢？"仙女大姐说："没关系，我给你想办法。你去抓老鹰儿的时候，老鹰就会来啄你，你就说，我不是给我自己抓的，我是给神仙家抓的。这样老鹰不会啄你了，你就可以把老鹰儿抓来。"哥哥就按照仙女大姐的话做了，如愿抓了两只老鹰儿回来给仙女父母。仙女父母就把老鹰儿放到鸡群里，看看他抓来的是不是真的老鹰儿。他们刚把老鹰儿放进鸡群，鸡就吓得乱飞，证明哥哥抓的确实是老鹰儿，于是哥哥就叫他们把仙女大姐嫁给他。仙女父母说："嫁给你？你算老几？我家女儿是仙女！如果你真的想娶她，你明天就去把老虎的奶给我们挤来，然后我们就把女儿嫁给你。"哥哥就说："老虎吃人，我可不敢。"晚上仙女大姐又来对他说："你不要说你办不到，你一定要说你能办到。"哥哥是："那我怎么办呢？"仙女大姐说："老虎儿喜欢在阳山阳光充足的地方晒太阳，你去把老虎儿杀了，穿上老虎儿的皮，去老虎娘娘在西方的阴山，你去了就在地上打滚，然后你就说：'不是我来挤你的奶，是神仙家要挤你的奶。'老虎娘娘以为是它的孩子来吃奶来了，就会躺着让你挤。"哥哥就照办了，把老虎的奶挤了回来。仙女父母说："你挤的是不是老虎的奶，拿到牛圈里去试试才知道。"他们就把老虎奶拿到牛圈，结果牛都吓得大叫起来。哥哥就对仙女父母说："老虎奶我挤回来了，现在你家女儿可以嫁给我了吧？"仙女父母说："不行，你明天去把豹子的奶挤来。"哥哥又说办不到，晚上仙女大姐又给他出主意，后来他就把豹子奶也挤回来了。他就对仙女父母说："老鹰儿我给你们抓来了，老虎奶豹子奶我也给你们挤来了，现在你们可以把女儿嫁给我了吧？"仙女父母还是不同意，说："我家女儿是仙女，怎么能嫁给你？明天你去给我们砍九亩地的火山，砍完了我们就把女儿嫁给你。"哥哥说："我一个人怎么砍得了九亩地的火山呢？"晚上仙女大姐说："你不要说你砍不了，你做得到做不到都要去做。明天你拿九把大刀去，朝九个方向砍九刀，然后你就说：'我不是给我自己砍，我是给神仙家砍。'然后你就睡觉。"第二天，等他一觉醒来，发现九亩地的火山已经砍完了。晚上他回去对仙女父母说："九亩地的火山我砍完了，现在你们的女儿可以嫁给我了吧？"仙女父母说："嫁给你？我家女儿是仙女！凭什么嫁给你？明天你去把那九亩地烧了，我们就把女儿嫁给你。"哥哥说："今天刚砍的，木头都还是湿的，怎么点得着？"仙女大姐后来跟他说："你别说你点不着，明天你拿九个火把去，在九个地方烧，烧的时候你不要说是给你烧的，你要说是给神仙家烧的。然后你就睡觉。"第二天他就按仙女大姐说的睡了一觉，醒来就发现九亩地已经烧完了。晚上他又要仙女父母答应他的求婚，仙女父母还是不同意，要他去把那九亩地挖完，他说："九亩地我一天怎么挖得完？"后来仙女大姐就让他拿九把锄头去，往九个方向挖，挖九处，然后就睡觉。他就按仙女大姐说的做了，等他醒来后，发现已经挖完了。晚上他回去对仙女父母说："砍也砍完了，烧也烧完了，挖也挖完了，现在你家女儿可以嫁给我了吧？"仙女父母说："不行，我家女儿是仙女，不能嫁给你。明天你拿九石荞子去撒到那地里，我们就把女儿嫁给你。"仙女大姐就让他撒荞子的时候朝九个方向撒九把，撒完后就睡觉。他按照她的办法做了，睡了一觉，醒来的时候九石荞子都已经撒光了。晚上他对仙女父亲说："我把九石荞子都撒完了，你家女儿必须嫁给我。"仙女父亲说："不行。我家女儿是仙女，你是凡间人，怎么能嫁给你。如果真要嫁给你，你明天去把那九石荞子一颗颗给我捡回来。"哥哥说："九石荞子叫我一颗颗捡？我怎么捡得完？"仙女大姐后来又来跟他说："你不用担心，你只需要拿九个袋子去，搁在九个方向，每个袋子里先捡九颗荞子放在里面。然后你说，不是给你捡，是给神仙家捡，然后你就睡觉。到时候自然会有人帮你捡，捡完你背回来就行。"哥哥感到很好奇，为什么每件事听她的都能顺利完成呢？到底是怎么回事呢？我今天就不睡觉，看看究竟是怎么回事。然后他就装睡，实际上在偷看，他发现所有的动物，包括虫子、老鸹、喜鹊等等都在漫山遍野地帮他捡荞子，九个袋子眼看要装满了。因为他起来偷看，鸟儿都飞跑了，虫子、动物也跑了，最后有一只斑鸠嘴里的荞子还没放进袋子也飞走了，所以有一只袋子还差一点点没满。他把九袋荞子背回神仙家，说："有一袋撒了一点点。"仙女的父亲说："这袋还差一把荞子，你必须把这一把捡回来。"他说："被斑鸠吃了，没法捡了。"后来仙女大姐对他说："我叫你不要偷看，你怎么不听？明天我去织布，顺便跟你去把斑鸠打回来。"第二天他们来到斑鸠栖息的树林，看到三只斑鸠蹲在一棵树上，仙女姐姐说中间的那只就是吃了荞子的。仙女姐姐给他做了个弩，两支箭，因为哥哥的手臂是直的，不会弯，拉弓的时候射不出箭，仙女大姐就用打麻布的木刀在他手臂上砍了一刀，他的手臂就能弯了，就把箭对着斑鸠射了出去，把斑鸠射了下来。把那只斑鸠嘴里的荞子抠出来放进袋子，那个袋子就满了。哥哥就去找仙女的父亲，说："现在我把一切都做完了，你的女儿应该嫁给我了！"仙女父亲还是说："我家女儿是仙女，怎么可能嫁给你？我藏起来你要是能找到我，我就把她嫁给你。"第二天早上仙女父亲就藏起来了，哥哥一点办法都没有，仙女大姐就告诉他说，她家房后有一大丛竹子，她父亲就藏在其中的一根竹筒里，叫他去了以后对着竹子喊三声她父亲的名字，她父亲就会出来。哥哥照做了，仙女父亲果然出来了。然后他又去找仙女母亲，仙女大姐告诉他，她母亲藏在牛尾巴的毛中间，他只需要对着牛尾巴喊三声她母亲的名字，她母亲就会出来。他也照做了，她母亲果然从牛尾巴的毛里出来了。然后他就说："我什么都做到了，你家女儿应该嫁给我了。"仙女父母觉得他跟自己的女儿确实有缘分，就答应把女儿嫁给他，然后就叫他们下凡去，到人间去好好做人。并叮嘱他们，在回人间的路上，不要因为太高兴而忘形，女的不能吹口琴，男的不能吹笛子，要到了人间后才能吹。仙女父母给他们牛、马、羊、猪、鸡等动物各三千做嫁妆，所以从此人间就有了这些动物。他们在路上忘了父母的嘱咐，一时高兴就吹起了口琴和笛子，结果盘羊、岩羊、野鸡、马鹿、山牛等牲畜就全跑了，最后就变成野生的了。猪、鸡、牛、羊因为耳朵不好，又是哑巴，没听到他们吹口琴和笛子，就没跑，就成家养的了。

  他俩回到人间后，人间每年都涨洪水，庄稼被洪水冲走了，人和牲畜又老生病。有一天，乌鸦在他们家房后叫，他们就问它："你要到哪儿去？"乌鸦说："我要上天去。"仙女大姐就说："麻烦你给我父母捎个口信，说我们来到人间后，动物都跑了，每年还发洪水，吃也不够吃，还生病。"然后她给了乌鸦一碗牛奶，让它在去天上的路上吃，又给了它一碗自己的眼泪水，让它交给自己的父母，说她每天都很伤心。但是乌鸦在路上口渴的时候把眼泪水喝了，带给仙女父母的是那碗牛奶。仙女的父母问它："你从哪儿来？"乌鸦回答说："我从人间来。""那你见到我家女儿女婿了吗？他们过得可好？"乌鸦回答说："你家女儿女婿兴旺得很，很幸福，他们在凡间很高兴，每天唱歌跳舞，吹笛子弹口琴。他们米饭吃不完，用饭团来给孩子擦屁股。"仙女父母听了很生气，说女儿女婿犯了天理，就从天上降下雨雪，把庄稼全打坏了，又放病下去，让他们病得更严重，孩子就病死了。有一天喜鹊又来到他们家房后叫，他们问喜鹊："你要到哪儿去？"喜鹊说："我到天上去。"他们就请喜鹊帮他们带口信到天上去，喜鹊答应了。他们给了喜鹊一碗牛奶和一碗仙女的眼泪水，牛奶是给喜鹊路上口渴的时候喝的，眼泪水是要喜鹊带给仙女的父母，让他们知道他们现在正在受苦受难。他们说："乌鸦带信去后，我们病得更重了，雨下得更大了，洪水更严重了，乌鸦肯定是把带的信变成了三句坏话，你去了天上一定要把我们受的苦实话告诉我父母。"然后喜鹊就上天了。仙女父母见到喜鹊，就问它："喜鹊你从哪里来？"喜鹊说："我从地上来。"仙女父母又问："那我家女儿女婿现在过得好吗？"喜鹊回答说："你家女儿女婿让乌鸦给他们带信，给了它一碗牛奶和一碗眼泪水，让它口干时候喝牛奶，把眼泪水带给你们，告诉你们他们病得很重，很穷，遭洪水了。但是好像乌鸦给你们讲了几句坏话，他们现在病得更重，变得更穷，洪水也更大了，颗粒无收。"仙女父母听了才明白是乌鸦说错了，就告诉喜鹊："你回去后告诉我家女儿，让他们去请帕孜，我也给他们做法，把病灾往天上送，以后他们就不会病了。"从此，纳木依人每年都会请帕孜念经做法，把病灾往天上送。

解除了女儿女婿的苦难后，仙女父母对喜鹊说："喜鹊你的心好，乌鸦的心不好，你把乌鸦给我们喊上天来。"乌鸦来到天上后，仙女父母准备了一碗牛奶，一碗锅烟子水。那时候乌鸦是白的，喜鹊是黑的。仙女父母把牛奶给喜鹊，说："你的心好，不应该是黑的。"就把牛奶倒在喜鹊身上，把喜鹊变成了白的，又把锅烟子水倒在乌鸦身上，把乌鸦变成了黑的。乌鸦不服，它就急了，它跟喜鹊说："你过来，我跟你摆两句，我心头不好过。"喜鹊过来后，它就把喜鹊按到地上，把自己身上的锅烟子水染到了喜鹊身上，喜鹊从此就变成花的了。

【故事2】

bə^{55}sʅ^{55}la^{55}ma^{55}		la^{55}		zo^{55}to^{55}kʰi^{31}			li^{55}pu^{55}li^{55}qa^{31}zʅ^{31}	
将军		虎（将军的名字）		作土吉（将军的名字）			弓箭	
li^{55}mu^{55}sʅ^{31}sʅ^{31}	ʂu^{31}。	tʂo^{31}	i^{55}	tɕi^{31}	la^{55}	ʁu^{55}		i^{55}
野人一家	家	开头	（助词）	一	个	头		（助词）
ʁa^{55}	sʅ^{55}	tʂo^{31},	qa^{31}dzu^{55}	tɕi^{55}	la^{55}	do^{35}	i^{55}	ʁa^{55}
颈	（助词）	打	中间	一	个	腰	（助词）	颈
sʅ^{55}	tʂo^{31},	ma^{35}	i^{55}	tɕi^{55}	la^{55}	mɑ^{35}	i^{55}	ʁa^{55}
（助词）	打	后（脚）	（助词）	一	个	后（脚）	（助词）	颈
sʅ^{55}	tʂo^{31}。							
（助词）	打							

将军准备打野人一家。开头的一箭打头，第二箭打腰，最后一箭打脚。

解释：bə^{55}sʅ^{55}la^{55}ma^{55}是古代纳木依人的一个很勇猛的大将军，纳木依人迁徙时，他带着军队在前方开路，路上遇到了野人，将军便射箭打野人，第一箭射在头上，第二箭射在腰上，最后一箭射在脚上，就把野人打走了。

【故事3】

bə⁵⁵ʂɿ⁵⁵la⁵⁵ma⁵⁵是古代纳木依人的一个很勇猛的大将军，纳木依人迁徙时，他带着军队在前方开路，路上遇到了野人，将军便射箭打野人，第一箭射在头上，第二箭射在腰上，最后一箭射在脚上，就把野人打走了。

bə⁵⁵ʂɿ⁵⁵la⁵⁵ma⁵⁵	la⁵⁵	zo⁵⁵to⁵⁵kʰi³¹	li⁵⁵pu⁵⁵li⁵⁵qa³¹ʑɿ³¹	tʂʅ³¹，	ba⁵⁵	na⁵⁵	ŋa³⁵
将军	虎	拉著多齐（将军的名字）	弓箭	放	猪	黑	五
ndʑu⁵⁵	tʂʅ³¹。	li⁵⁵mu⁵⁵ʂɿ³¹ʂɿ³¹	ʂu³¹	tʂo³¹	i⁵⁵	tɕi⁵⁵	la⁵⁵	qʰɑ³¹，
夫妻	放	野人一家	家	开头	（助词）	一	个	射
ɣo⁵⁵	i⁵⁵	ʁa³¹	sɿ⁵⁵	tʂo³¹	qa³¹dʐu⁵⁵	tʰa⁵⁵	y³⁵ma³¹。
头	（助词）	颈	（助词）	打	中间	不要	做梦
tɕi⁵⁵	la⁵⁵	qʰɑ³¹，	do³⁵	i⁵⁵	ʁa³¹	sɿ⁵⁵	tʂo³¹，
一	个	射	腰	（助词）	颈	（助词）	打
ma³⁵	i⁵⁵	tɕi⁵⁵	la⁵⁵	qʰɑ³¹，
后（脚）	（助词）	一	个	射
ma³⁵	i⁵⁵	sɿ⁵⁵	tʂo³¹。
后（脚）	（助词）	（助词）	打

将军拉著多齐要打野人一家。射出开头的一箭，打到了头；射出第二箭，打到了腰；射出最后一箭，打到了脚。

【故事4】

这幅画讲述的是一个小故事：喇嘛做道场时只念经不杀生，而纳木依帕孜要杀生。喇嘛认为纳木依帕孜杀生的行为是浪费，念经才是对的。纳木依和尚就和喇嘛打赌，说："今天我做道场杀生，能够让老人的亡魂从你家门前路过。如果你不相信，你可以在今晚十一二点的时候在门外看。"当天晚上喇嘛就站在家门中间看，喇嘛的家就在阴间之路的旁边，听到了牛羊和人声，第二天就看见路边的麻杆被踩碎了。喇嘛就非常敬佩纳木依和尚，认为纳木依的法事货真价实。用简单的纳木依咒语表现出来就是：

ɣo⁵⁵dʑu³¹la⁵⁵ma⁵⁵	na³¹	tɕhi⁵⁵	na⁵⁵mu⁵⁵zɿ⁵⁵	ŋgu³⁵	i⁵⁵	ɚ⁵⁵li⁵⁵
喇嘛	（连词）	他	纳木依	九	（助词）	亡魂
lo³¹	li⁵⁵	bu⁵⁵，	ɣo⁵⁵dʑu³¹la⁵⁵ma⁵⁵	tɕhi⁵⁵	ndo⁵⁵
上（方向前缀）	（趋向助词）	送	喇嘛	他	看见
ʂa⁵⁵，	tɕhi⁵⁵	ŋgi³⁵。
（后加成分）	他	相信

喇嘛看见了纳木依老人的亡魂，于是相信了。

【故事5】

纳木依人丢失经书的故事。以前，纳木依人和普米人都有经书，纳木依的经书非常珍贵，俗话说纳木依人有"真经书，假和尚"，而普米人有"假经书，真和尚"。纳木依人和普米人到了金沙江，没有船，于是就凫水过河。把衣服脱去以后，纳木依人凫水的时候把一些经书含在嘴里，一些顶在头上。普米人就在后面大喊："对面有一头老熊！"纳木依人一紧张，嘴里的书就掉了出来，普米人就把经书拿走了。到了对岸，纳木依人让普米人把经书还给他，但是普米人却说经书是他从河中捡到的，不肯还给纳木依人。纳木依人非常生气，就到河边喝了几口水，赌咒说："我的书掉在了这金沙江里，我喝了这江里的水，从今以后我学一句，就能记一句，再也不用书了。我现在就空手出门做法事，你带着经书，以后你只能研究经书，不许宰牲。"于是纳木依和尚和普米族和尚就分了层次，纳木依和尚可以在做法事的时候宰杀牲畜，而普米族的和尚只能点灯念经。从此以后，纳木依和尚的经都是口传心授，再也不用文字记载。

na^{55}zֽ^{55}	a^{31}sֽ^{55}	ʂu^{55},	pʰə^{55}zֽ^{55}	ʂu^{55}。	ndzֽ^{55}	li^{55}	tsʰu^{31},
纳木依人	有打猎功夫的	人（名物化）	普米人	人（名物化）	水	（趋向助词）	安
gu^{55},	"vu^{55}	ndo^{55}	xa^{55}xa^{55}mu^{55}!"	ndzֽ^{31}dʑi^{55}	li^{55}	go^{55}。	so^{55}	po^{31},
凫	老熊	看见	（语气词）	文字	（趋向助词）	掉、落	三	块
tʰo^{31}。	pʰə^{55}zֽ^{55}	li^{55}	gu^{55}	xe^{31}。	"a^{55}zֽ^{55},	ndzֽ^{31}dʑi^{55}		
（后加）	普米人	（趋向助词）	捡	去	伙伴，	文字		
ŋa^{55}	li^{55}	tʂo^{31}。"	"ŋa^{55}	ne^{31}	ɲi^{55}	la^{31}	gu^{55}	ma^{55}	la^{55}
我	（趋向助词）	退给	我	（连词）	你	手	里	不	拿
ŋa^{55}	ɬa^{31}ndzֽ^{55}	li^{55}	gu^{55}	dzu^{55}。"	"ma^{55}	tʂo^{55}	ma^{55}	hũ^{35}	
我	金河	（趋向助词）	捡	来	不	退还	不	要	
pʰə^{55}zֽ^{55}	no^{55}	bi^{35}	ŋgu^{35}	ʁu^{55},	da^{35}	ŋgu^{35}	ʁu^{55}	ŋa^{55}
普米人	你	走、去	九	头（量词）	来	九	头（量词）	我
bi^{35}	tɕi^{31}	ʁu^{55},	da^{35}	ŋgu^{35}	ʁu^{55},	ndzֽ^{31}dʑi^{55}	ma^{55}	hũ^{35}。
走、去	一	头（量词）	来	九	头（量词）	文字	不	要

纳木依人和普米人凫水过河，（普米人喊）："看见老熊了！"（纳木依人）把文字掉（在河里）了。普米人捡走了，（纳木依人说）："伙伴，把文字还给我。""我不给你，我从金河里捡来的。""不给也行，普米人你今后出去要背九背书，我们纳木依人从此（把经书记在心中），我出去背一背（书），回来的时候背九背（杀生的）肉。"（从此纳木依人）不用文字。

【故事6】

喇嘛第一次看到老人的亡灵以后，不尽相信，要再试一次。这一次他站在门中间，看到纳木依帕孜杀生后招来了老人的亡灵。这一回喇嘛终于相信了。

ɣo^{55}dʑu^{55}	la^{55}ma^{55}	tʂo^{31}ɣo^{55}	tɕi^{55}	ki^{55}	ma^{55}	ŋge^{55},	gu^{55}nu^{55}	tɕi^{55}	ki^{55}	ŋgi^{35}。
藏族	喇嘛	前	一	次	不	相信	后	一	次	相信

喇嘛前一次不相信，后一次相信了。

【故事7】

老人的亡魂（也代表纳木依的祖先）翻了许多山，走不动了，在树下乘凉，看见对面山上的树已经发芽了，就知道不能再走了，要开始种庄稼了。

ŋgu³⁵	i⁵⁵	ɚ⁵⁵li⁵⁵	zɑ⁵⁵kʰɑ⁵⁵	li⁵⁵	ndʐu⁵⁵。	qɑ⁵⁵pu³¹	mɑ³⁵
九	（助词）	亡魂	山脚	（趋向助词）	坐	布谷鸟	尾巴
li⁵⁵,	sʐ⁵⁵po⁵⁵	mi⁵⁵tɕo⁵⁵	ɣua⁵⁵,	zo⁵⁵	ɣua³¹	ŋgi³⁵。	
摆动	树枝	花	开	粮食	季	种	

老人的亡魂坐在山脚下，看见布谷鸟摆尾，树枝开花发芽，（知道可以）种粮食了。

【故事8】

纳木依在此居住了好几代人，修了碉楼和庙子。老婆头上生了虱子，没有梳子和篦子，男人就做了一个梳子给老婆篦虱子。

na⁵⁵	zʐ⁵⁵	a³¹sʐ³¹	ʂu³¹,	χa³⁵	ʂa³¹	tɕʰi³¹	li⁵⁵	ndu⁵⁵,
纳木依	儿子	名称	家	时间	久	（经验体标记）	（趋向助词）	居住
ʁa⁵⁵	ʂa³¹	lo³¹	li⁵⁵	tsa³⁵,	ɬa³¹y⁵⁵	lo³¹	tsa³⁵,	
碉	久	上（方向前缀）	（趋向助词）	修建	神庙	上（方向前缀）	修建	
ɣu⁵⁵ɚ³¹	ʂu⁵⁵	lo³¹	ba⁵⁵,	ʁu⁵⁵pɚ³¹	ɣu⁵⁵ɚ³¹	pɚ³¹,		
头	虱子	上（方向前缀）	生长	梳子	头	梳		
ʂu⁵⁵	lo³¹	pɚ³¹。						
虱子	上（方向前缀）	梳						

纳木依人住了很久，修建了碉堡，为菩萨修建了神庙，头上长了虱子，用梳子篦虱子。

【故事9】

本图为纳木依人打老虎，小伙身后跟着驮灵牌的马。过去做道场的时候，人们会把驮灵牌的马杀掉，让马的灵魂跟着老人的亡魂走，老人的亡魂走累了，就骑着马走。让老人拿着弓箭，路上如果碰到老虎和豹子就用弓箭打。

na⁵⁵zʐ⁵⁵	a³¹sʐ³¹	li⁵⁵bu⁵⁵li⁵⁵qa⁵⁵zʐ³¹	la⁵⁵	na⁵⁵
纳木依男子	名称	弓箭	老虎	凶恶的
li⁵⁵	sʐ⁵⁵	xe⁵⁵。		
（趋向助词）	打	去		

有打猎功夫的纳木依男子用弓箭射老虎。

【故事10】

纳木依和尚下山碰到了想吃人的野人，帕孜就请了山神、菩萨，把野人困在了山底，不准他起来。

na⁵⁵	zɿ⁵⁵	a³¹sɿ³¹	ʂu³¹,	tsʰo³¹	bu³¹	li⁵⁵	za⁵⁵	dzu⁵⁵,
纳木依人	儿子	名称	家	人	路	（趋向助词）	回	在
li⁵⁵mu⁵⁵sɿ³¹sɿ³¹	ʂu³¹,	du⁵⁵	la⁵⁵mu³¹mba³¹	zɑ³¹kʰɑ⁵⁵		li⁵⁵	ndʑu⁵⁵	xe³¹。
野人的名字	家	野人	法术	山脚		（趋向助词）	坐	去
na⁵⁵	i⁵⁵	pʰa⁵⁵tsɿ³¹	mu⁵⁵,	sɿ⁵⁵		lo³¹		pi³¹,
纳木依	（助词）	帕孜	做	山菩萨		上（方向前缀）		送
y³¹	lo³¹	pi³¹,	ɬa³¹	lo³¹			ndzo³¹。	
天神	上（方向前缀）	送	菩萨	上（方向前缀）			喊	
	li⁵⁵mu⁵⁵sɿ³¹sɿ³¹	ʂu³¹,	zɑ³¹kʰɑ⁵⁵	li⁵⁵		ndʑu⁵⁵		sɿ³¹,
	野人的名字	家	山脚	（趋向助词）		坐		使劲
lo³¹	tsɿ⁵⁵	ma⁵⁵	pʰa⁵⁵	sɿ³¹。				
上（方向前缀）	爬	不	能够	使劲				

纳木依人走在山路上，
碰到了有法术的野人家坐在山脚下，
做和尚的纳木依帕孜请来山菩萨和天上的神，
野人家困在了山脚下，
使劲爬也爬不起来。

【故事11】

很久以前，尚未开荒种地的时候，纳木依、普米族、汉族、彝族四个民族要在西藏、阿坝这一带划分领地：纳木依用石桩［ndu⁵⁵tsu³¹］划自己的地界，并在那里修筑了一个碉堡；彝族用草结做记号；普米族用树枝铺在地上做记号；汉族用刀劈下柴桩，插在地上做记号。边界分完以后，要开始种地，但是山上的野草太多，要烧山清草。烧山之后，彝族、普米族和汉族做的记号都被烧没了，只剩纳木依人的石桩了，于是所有的土地都归了纳木依人。汉族人有钱，就向纳木依人买地。彝族人没有钱，就只能向高山地区迁移。普米族人也没钱，就去放牧。以后纳木依每到一个地方，都要立一个石桩。

这个故事存在于尔苏等其他许多民族的传说中，它表现了藏族与彝族、汉族之间以及藏族各支系之间源远流长的关系。

na⁵⁵mu⁵⁵zɿ³¹	ndu⁵⁵	tsu³¹,	ɣua⁵⁵	sɿ⁵⁵	ntʰa⁵⁵,
纳木依人	石桩	栽，放	汉族人	木桩	安，放
sɿ⁵⁵ zɿ⁵⁵	zu⁵⁵	mpʰa⁵⁵,	pʰɚ⁵⁵zɿ⁵⁵	zu⁵⁵	dzu⁵⁵	za⁵⁵
彝族	草	结	普米人	树枝	铺	山

mi⁵⁵	mpʰu³¹	mpʰu³¹	bi⁵⁵	tsa⁵⁵	
下（方向前缀）	烧	烧	完了，尽了	（完成体标记）	
dʑu⁵⁵	ʁua⁵⁵	dzɿ⁵⁵bu⁵⁵，	dʑu⁵⁵	ʁua⁵⁵	ntʂʰɿ⁵⁵。
土地	地方	主人	土地	地方	卖。

纳木依栽石桩，
汉族人安木桩，
彝族人结草结，
普米人铺树枝。
一把火烧了山，
一切都烧干净。
纳木依成主人。

三　九龙县子耳乡李开华所持纳木依《神路图》解读

李开华所持纳木依神路图（局部）

著录

编号	3	收藏人	李开华
汉语书名	纳木依神路图	年龄（属相）	71（属蛇）
国际音标	tsʰo³¹bu³¹zu⁵⁵gu³¹	出生年月	1941
汉语译名	措布尔古	民族	藏族
字体文种	图画	居住地	四川省甘孜州九龙县子耳乡万年村
类别	丧葬图经	何时何地迁此	世居
作者	佚名	宗教	黑教
年代	不详	职业（是否祭司）	否
行款	竖版，从上至下	民族宗教教育程度	学过三年，略懂帕孜文化
卷/捆、册、页数	1卷	汉文教育程度	小学
插图页数	56幅小图	本书传承信息	师徒
长宽高	520cm×20cm	采集时间	2012年3月
版本	卷轴	采集地点	北京市
残损度	左侧有残缺	在场者、助手	赵丽明、张琰
封面题款标识	无	翻译者	李开华
墨色	彩色	记录者	张琰
书写工具	不详	校对者	张琰
纸质	棉布		
现存	1卷		
复制依据		审查：赵丽明 2012年5月	
内容提要主要用途	本卷图用于纳木依老人死后，帕孜为其做送魂道场		

　　李开华老人所持的神路图，长520厘米，宽20厘米，按照图中的红色分隔线作为每幅图的分割标准，共有56幅图。图卷也呈卷轴状，需要用时才展开。该图经数代人之手，历经了数百年的历史。李开华老人从他的姐夫（一位大帕孜）那里继承了这幅神路图。这幅珍贵图卷在上世纪60年代"破四旧"运动中被扔进了崖洞，改革开放以后才又捡回来，但破损严重。

　　李开华老人没有学过神路图的解读方法，他对于该图的了解来自于小时候观看和尚们做道场时的耳濡目染。据李开华老人讲，目前所知已经没有人能够完整地讲解这幅图了。本文将李开华老人所能解释的部分做尽量详细的展示，不能解释的部分，仅提供原图，以供参考。同样，本文仍旧按照从上往下（从起源地到落脚地）的顺序进行解读，这与帕孜做道场时识图念经的顺序相反。

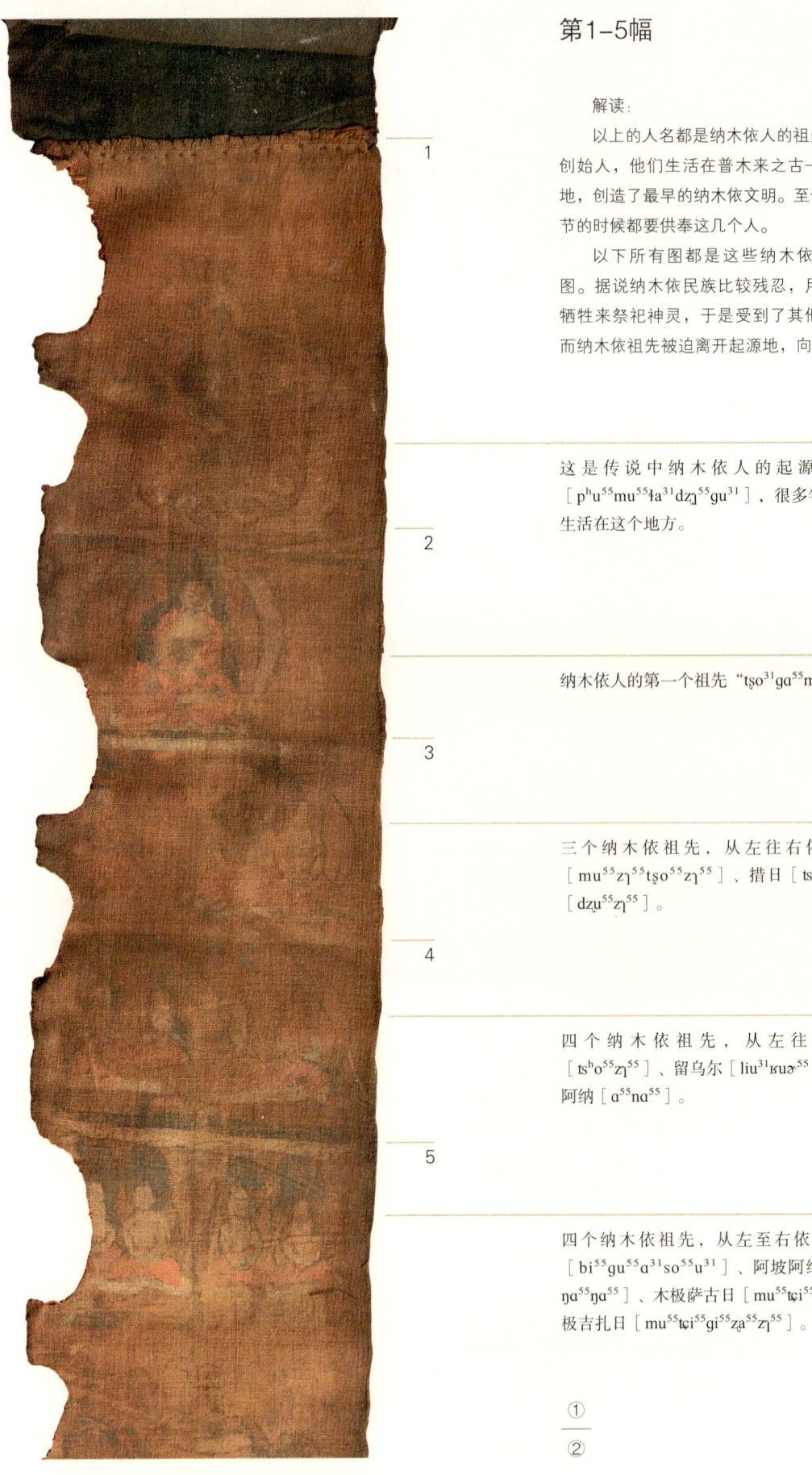

第1-5幅

解读：

以上的人名都是纳木依人的祖先、领袖、英雄、创始人，他们生活在普木来之古——纳木依的起源地，创造了最早的纳木依文明。至今纳木依人过年过节的时候都要供奉这几个人。

以下所有图都是这些纳木依祖先的逃亡路线图。据说纳木依民族比较残忍，用其他民族的人做牺牲来祭祀神灵，于是受到了其他民族的追杀，因而纳木依祖先被迫离开起源地，向四川迁徙。

这是传说中纳木依人的起源地普木来之古［pʰu⁵⁵mu⁵⁵ɬa³¹dzɿ⁵⁵gu³¹］，很多年以前纳木依祖先生活在这个地方。

纳木依人的第一个祖先"tʂo³¹ga⁵⁵mu⁵⁵zɿ⁵⁵"。

三个纳木依祖先，从左往右依次是木日卓日［mu⁵⁵zɿ⁵⁵tʂo⁵⁵zɿ⁵⁵］、措日［tsʰo⁵⁵zɿ⁵⁵］、朱日［dʐu⁵⁵zɿ⁵⁵］。

四个纳木依祖先，从左往右依次是措日［tsʰo⁵⁵zɿ⁵⁵］、留乌尔［liu³¹ʁuɚ⁵⁵］、扎［dzɑ⁵⁵］、阿纳［a⁵⁵na⁵⁵］。

四个纳木依祖先，从左至右依次是比古阿索乌［bi⁵⁵gu⁵⁵a³¹so⁵⁵u³¹］、阿坡阿纳纳［a⁵⁵pʰɚ⁵⁵a⁵⁵ŋa⁵⁵ŋa⁵⁵］、木极萨古日［mu⁵⁵tɕi⁵⁵sa⁵⁵gu³¹zɿ⁵⁵］、木极吉扎日［mu⁵⁵tɕi⁵⁵gi⁵⁵zɑ⁵⁵zɿ⁵⁵］。

①
②

②

第6–10幅

具体含义不详。

$\dfrac{①}{②}$

第6–10幅

①

第11—15幅

11

bu⁵⁵pʰi⁵⁵（白色牦牛），做道场时用作牺牲祭祀祖先与神灵。逃亡的纳木依人一路走来，有很多老人去世了，因而在此地做一场大的法事，超度去世老人的灵魂。

io⁵⁵（绵羊）。做道场时宰杀的牺牲。

12

qɑ³¹mo⁵⁵（专门用来驮灵牌的马）。灵牌[mu³¹ʐŋ⁵⁵]，是用树枝和棒棒做的人形偶像，代表死者灵魂。挑一匹白色的马，驮着死者的灵牌到河边烧掉，这样便将死者的灵魂送回了纳木依的发源地普木来之古。

13

左边的动物是狗[tʂʰŋ⁵⁵]，右边的人是帕孜[pʰa⁵⁵tsŋ⁵⁵]，帕孜正在路上遇到疯狗，于是杀狗。

14

人[tsʰo³¹]，这是纳木依祖先的继承人，他们继承了纳木依的文化传统，在逃亡的路上每到一个地方就做道场，搞宗教信仰，并且绘制了这卷路线图。

15

①
②

①

第三章 文献精选精译

第16-21幅

pa⁵⁵tsʅ⁵⁵χo⁵⁵（和尚们）bi³⁵（念经）。几个帕孜在念经。

①
②

第16-21幅

第22-26幅

羊 [io⁵⁵]，做道场时宰杀的牺牲。

驮灵牌的马 [qɑ³¹mo⁵⁵]。

①
②

第22-26幅

①

②

第27-31幅

27

鸡［zɑ⁵⁵］。"zɑ⁵⁵tʂɑ⁵⁵zɑ⁵⁵ mbi⁵⁵"指的是无儿无女的去世老人。流亡的路上去世的老人如果没有子女，做道场时杀不起牛羊，就不做道场了，也不把魂送回起源地，只杀一只鸡凑和。

28

29

30

31

驮灵牌的马［qɑ³¹mo⁵⁵］。

①
②

①

②

第32-37幅

32

33

34
左边的动物是马 [mo⁵⁵]。
右边的动物是山羊 [io⁵⁵]。

野猪 [va³⁵nu⁵⁵] 是深山老林里的野兽。

35
鹿 [tsʰa³⁵]。以上几种动物都是深山老林里的野兽。

36
牦牛 [bu⁵⁵]。

37
左边的动物是狗 [tʂʰɿ⁵⁵]。
右边的动物是马 [mo⁵⁵]。

①
—
②

②

994　纳木依藏族帕孜文献

第38–41幅

38
39

帕孜射虎：pa⁵⁵tsʅ⁵⁵（帕孜）lɑ⁵⁵（虎）ʂʅ⁵⁵li⁵⁵（箭）qʰɑ⁵⁵（射）。此处大概在大渡河一带。

40
41

①
②

第38–41幅

①

996　纳木依藏族帕孜文献

第42-43幅

42

43

碉［ʁa⁵⁵］。纳木依人在落脚的地方修一些碉堡，用于防卫。此处为大渡河沿线。纳木依人从普木来之古一路行来，后经昌都、德格、甘孜、道孚、新都桥，在此分开，一部分纳木依人直接去九龙定居；另一部分人到康定，沿着大渡河到石棉、汉源、甘洛、凉山一带，最后一部分纳木依人到冕宁定居。本卷图往后的路线就是后者的路线。

①
②

①

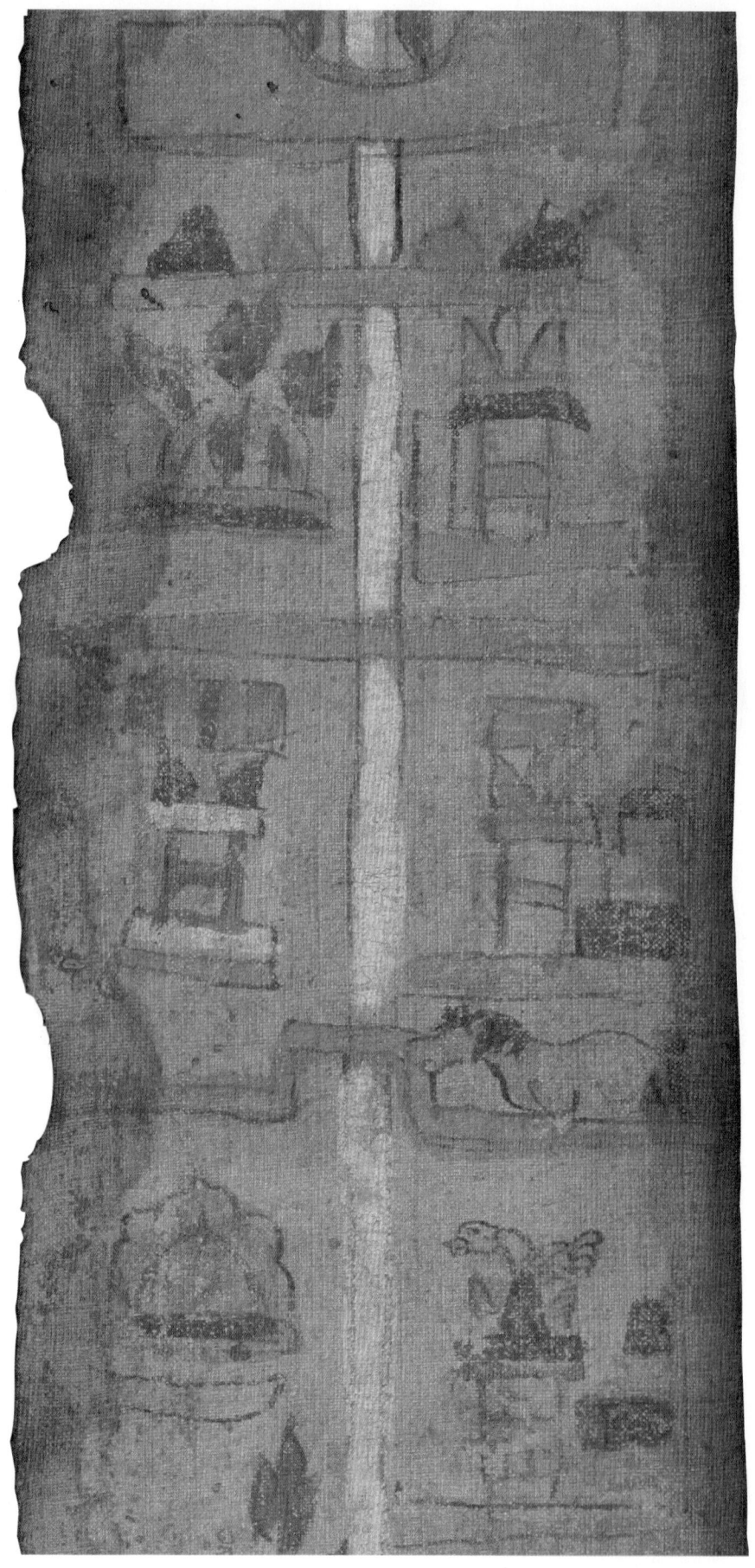

第44—46幅

44

鹰[tṣɑ³¹go⁵⁵],吃人肉的鹰,用于天葬[tṣɑ³¹gu⁵⁵tsɑ³¹],纳木依人古代时有天葬习俗。

45

偏桥[zɑ³¹ʥo⁵⁵],悬崖上的人从这里过河。

46

①
②

①

②

第47–51幅

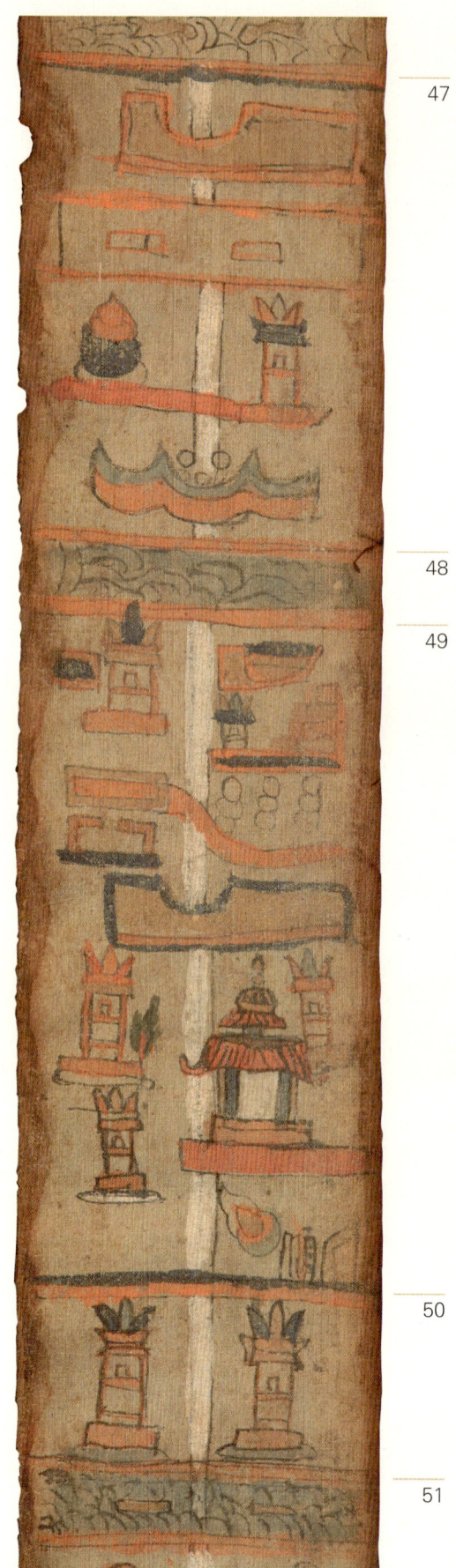

具体含义不详。

① ②

①

②

1006　纳木依藏族帕孜文献

第52-54幅

具体含义不详。

①
②

第52-54幅

第三章 文献精选精译 1007

1008　纳木依藏族帕孜文献

②

第55-56幅

55

56

具体含义不详。

① / ②

①

第三章 文献精选精译

②

背面局部

藏文，具体含义不详

背面局部

（四）木里县倮波乡朱小华所持纳木依印棒解读

朱小华所持纳木依印棒

著录

编号	4
汉语书名	纳木依印棒
国际音标	pa⁻⁵⁵ʂɿ⁵⁵
汉语译名	印棒
字体文种	图样
类别	祭祀用品
作者	佚名
年代	不详
行款	竖版，从左至右
形态	印棒4根、小竹刀1支
插图页数	无
长宽高	3根大小相同：长21.5cm，每面宽1.5cm，厚1.5cm；较短1根：长10cm，每面宽1.3cm，厚1.2cm；
版本	
残损度	完整
封面题款标识	
墨色	
书写工具	不详
材质	木质
现存	印棒4根、竹刀1支
复制依据	
内容提要主要用途	在祭祀场合中在糍粑坨坨上印图案用以祭神送鬼

收藏人	朱小华
年龄（属相）	51（属牛）
出生年月	1961
民族	藏族
居住地	四川省凉山州木里县倮波乡一村干海子组
何时何地迁此	八代世居
宗教	黑教
职业（是否祭司）	是
民族宗教教育程度	帕孜
汉文教育程度	初中毕业
本书传承信息	师徒
采集时间	2011年1月、2012年5月
采集地点	西昌市、北京市
在场者、助手	赵丽明、张琰、姜明慧
翻译者	朱小华
记录者	张琰
校对者	张琰

审查： 赵丽明

2012年5月

纳木依印棒［pa⁵⁵ʂɿ⁵⁵］是一种用樱桃木（据朱小华）雕刻而成的祭祀用品，用于在祭祀场合祭神送鬼。由于它的主要用途为在糌粑坨坨上面印出图案，故也称为"印棒"。

使用印棒时，首先把糌粑面捏成坨，用印棒上面的刻蚀凹槽在糌粑坨坨上印下阳文图案；然后按照祭祀的要求，使用印好的糌粑坨坨做法事；最后通常将糌粑坨坨送往特定的地方。印棒上的图案多为十二生肖、动物、菩萨、灯等，代表人命或者鬼神。祭拜不同的神、送不同的鬼，所使用的图案也不同。

朱小华所持印棒由四根印有图符的木棒和一个小竹刀组成。较小的一根木棒长10厘米，宽1.3厘米，厚1.2厘米；另外三根大小相同，长21.5厘米，宽1.5厘米，厚1.5厘米。每一根都有四面图符，每一面都有由各种图符组合为一体的，具有特殊用途和名称的一排图案。

关于印棒图案的辨识和解释全系朱小华解说，整理如下。

木里印棒1

第一面

该面名称为"ɬa³¹kʰa³¹",共有14个图符,用于送山神、水神、庙神等各种神,从左到右依次解释如下表:

序号	1	2	3	4	5	6	7	8
图样								
国际音标	ʁa⁵⁵la⁵⁵bu⁵⁵	sɿ³⁵po⁵⁵						
名称	大烧香堆堆	树						
补充								

序号	9	10	11	12	13	14
图样						
国际音标	sɿ³⁵po⁵⁵		pa⁵⁵kʰu³¹pʰa³¹	zɿ⁵⁵ku³¹ka³⁵	zɿ⁵⁵ku³¹	la⁵⁵ka⁵⁵mi⁵⁵
名称	树		牵树的线	铜钱	洞里面	石板
补充			用牛毛和绵羊毛搓成绳子,绑在三根树枝上,再把树枝绑在房梁上	送水神用,挖个洞	洞中装的东西(针线和鸡蛋)	把洞盖住

第二面

该面为一排牲畜，名称为"$k^hua^{55}ʑ^{55}tɕi^{55}ʑ^{31}$"，共有11个图符，用于送山神和水神，送水神不能杀生，用印棒上的动物代替牺牲。从左到右依次解释如下表：

序号	1	2	3	4	5	6
图样						
国际音标	mo^{55}	$tʂʰɿ^{35}$	$tʂʰɿ^{55}$	io^{55}	va^{35}	$ndzɿ^{55}ɣe^{35}$
名称	马	狗	山羊	绵羊	猪	水牛
补充						

序号	7	8	9	10	11
图样					
国际音标	$ɦa^{55}$	$pa^{31}mi^{55}$	$bu^{55}dʐɿ^{55}$	$sɿ^{35}po^{55}$	$tʂɿ^{31}$
名称	鸡	青蛙	蚂蚁	小树（疑误，笔者注）	星星
补充					

第三面

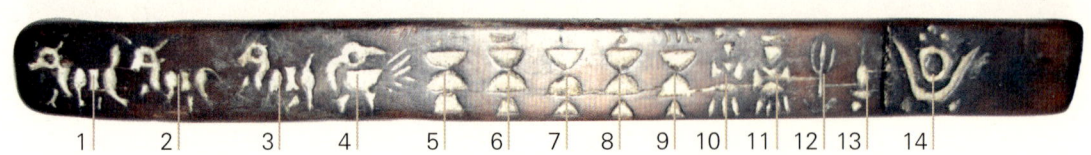

该面名称为"sŋ⁵⁵pi³⁵",共有14个图符,用于送山神、水神、雷神、坛神,从左到右依次解释如下表:

序号	1	2	3	4	5	6	7
图样							
国际音标	io⁵⁵	tsʰɿ⁵⁵	va³⁵	ɦa⁵⁵	ma³¹mi⁵⁵		
名称	绵羊	山羊	猪	鸡	灯		
补充		用牲畜的图符代替真的牛羊,这样就可以避免杀生					

序号	8	9	10	11	12	13	14
图样							
国际音标	ma³¹mi⁵⁵		mi³⁵	ku³⁵	sŋ³⁵po⁵⁵		ɬi⁵⁵ mi⁵⁵
名称	灯		女人	男人	树		月亮
补充							

第四面

该面名称为"qa⁵⁵tu⁵⁵",共有12个图符,用于送水神、土神、庙神、山神等,从左到右依次解释如下表:

序号	1	2	3	4	5	6
图样						
国际音标	qa^{55}tu^{55}	li^{31}bu^{55}	xe^{35}	bu^{55}ɚ^{31}	no^{31}pu^{55}	ke^{31}zʅ^{55}
名称	糌粑坨坨	海螺	湖	蛇头	水神的宝贝	葫芦
补充					四个海螺	

序号	7	8	9	10	11	12
图样						
国际音标	li^{31}bu^{55}	sa^{55}kʰɑ^{55}	no^{31}pu^{55}	ma^{31}mi^{55}		
名称	海螺	香炉	水神的宝贝	灯		
补充			三个海螺			

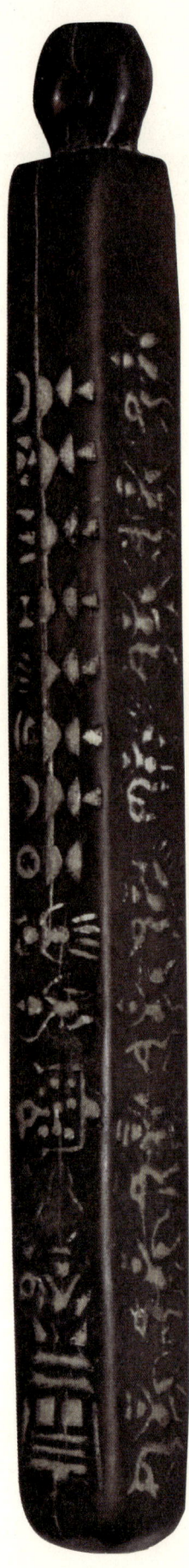

木里印棒2

第一面

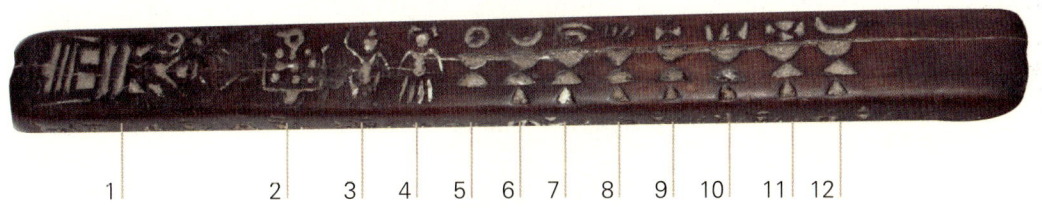

该面名称为"ʂɿ⁵⁵kʰa³¹",共有12个图符,用于敬山神、北菩萨,从左到右依次解释如下表:

序号	1	2	3	4
图样				
国际音标	ʁa⁵⁵la⁵⁵bu⁵⁵	pa⁵⁵kʰu³¹	ku³⁵	mi⁵⁵
名称	大烧香堆堆	挂到山上的布	男人	女人
补充		用于敬山神		

序号	5	6	7	8	9	10	11	12
图样								
国际音标	ʁa⁵⁵bu⁵⁵ta⁵⁵ta⁵⁵							
名称	小烧香堆堆(八种不同样式的小烧香堆堆,称呼相同)							
补充								

第二面

该面名称为"tsɿ⁵⁵ntʂʰo⁵⁵",共有14个图符,用于敬北菩萨,从左到右依次解释如下表:

序号	1	2	3	4	5
图样					
国际音标	ʁa⁵⁵la⁵⁵bu⁵⁵	tsɿ⁵⁵ntʂʰo⁵⁵			
名称	大烧香堆堆	女人			
补充		北菩萨,北方的女山神。			

序号	6	7	8	9	10
图样					
国际音标	tsɿ⁵⁵ntʂʰo⁵⁵				
名称	女人				
补充	北菩萨,北方的女山神。				

序号	11	12	13	14
图样				
国际音标	tsɿ⁵⁵ntʂo⁵⁵			ʁa⁵⁵bu⁵⁵ta⁵⁵ta⁵⁵
名称	女人			小烧香堆堆
补充	北菩萨,北方的女山神。			

第三面

该面名称为"tʂʰu⁵⁵sʅ⁵⁵pi³¹ɚ³¹",共有 11 个图符,用于送小孩的鬼,从左到右依次解释如下表:

序号	1	2	3	4	5	6
图样						
国际音标	ɣe³⁵	xo³⁵	tʂɑ³⁵	xe³⁵	ndʐʅ⁵⁵ɦɑ⁵⁵	(发音不详)
名称	野牛	野鸡1	豺狗	山鸡	水鸭子	野鸡2
补充						

序号	7	8	9	10	11
图样					
国际音标	da³¹	tʂʰʅ³⁵	ntʂʰʅ⁵⁵	mpʰa⁵⁵ka⁵⁵/ɑ³¹kʰɚ⁵⁵	tʂʅ³¹
名称	野鸡3	毛狗	麂子	筛子	星星
补充					

第四面

1　2　3　4　5　6　7　8　9

该面名称为"sʅ⁵⁵iu³¹"或"sʅ⁵⁵pi³⁵",共有 9 个图符,每个图符为一个人骑着一个牲畜[tsɑ⁵⁵su³¹],用于送山神,从左到右依次解释如下表:

序号	1	2	3	4	5
图样					
国际音标	ɣe³⁵tsɑ⁵⁵su⁵⁵	mo⁵⁵tsɑ⁵⁵su⁵⁵	io⁵⁵tsɑ⁵⁵su⁵⁵	tsʰʅ⁵⁵tsɑ⁵⁵su⁵⁵	vɑ³⁵tsɑ⁵⁵su⁵⁵
名称	骑牛的人	骑马的人	骑绵羊的人	骑山羊的人	骑猪的人
补充					

序号	6	7	8	9
图样				
国际音标	ɦɑ⁵⁵tsɑ⁵⁵su⁵⁵	tʂʰʅ³⁵tsɑ⁵⁵su⁵⁵	χɑ³⁵lɑ⁵⁵tsɑ⁵⁵su⁵⁵	ndzʅ⁵⁵ɦɑ⁵⁵tsɑ⁵⁵su⁵⁵
名称	骑鸡的人	骑狗的人	骑猫的人	骑鸭的人
补充				

木里印棒3

第一面

该面名称为"ni⁵⁵ntʂʰo⁵⁵ɚ⁵⁵",共有 15 个图符,用于送南方山神,从左到右依次解释如下表:

序号	1	2	3	4	5	6	7
图样							
国际音标	ʁa⁵⁵bu⁵⁵ta⁵⁵ta⁵⁵	ku³⁵	mi³⁵	ku³⁵			
名称	小烧香堆堆	男人	女人	男人			
补充							

序号	8	9	10	11	12	13	14	15
图样								
国际音标	ku³⁵							
名称	男人							
补充								

第二面

该面名称为"tʂhɑ³¹ndʐo³¹ɚ⁵⁵",共有14个图符,用于送凶死鬼,从左到右依次解释如下表:

序号	1	2	3	4	5	6
图样						
国际音标	tʂhɑ⁵⁵ndʐo³¹	mi³⁵	ku³⁵	mi³⁵	ku³⁵	mi³⁵
名称	凶死鬼	女	男	女	男	女
补充						

序号	7	8	9	10	11	12	13	14
图样								
国际音标	ku³⁵	mi³⁵	ku³⁵	mi³⁵	ku³⁵	mi³⁵	ku³⁵	
名称	男	女	男	女	男	女	男	
补充								未知

第三章 文献精选精译 1029

第三面

该面名称为"za³⁵kʰa³¹ɚ⁵⁵",共有 15 个图符,用于送煞气和最不好的鬼,做相当大的法事才用,从左到右依次解释如下表:

序号	1	2	3	4	5	6	7
图样							
国际音标	za³⁵	ku³⁵	mi³⁵	ma³¹mi⁵⁵			
名称	煞气	男	女	灯			
补充							

序号	8	9	10	11	12	13	14	15
图样								
国际音标	ma³¹mi⁵⁵					va³⁵	tsʰɿ⁵⁵	ɦa⁵⁵
名称	灯					猪	山羊	鸡
补充						代表活的牲畜,可以避免杀生		

第四面

该面名称为"tʂʅ⁵⁵ndzo³¹",共有9个图符,用于送凶死的人,从左到右依次解释如下表:

序号	1	2	3	4
图样				
国际音标	ʁa⁵⁵la⁵⁵bu⁵⁵	ɦa⁵⁵	ɣe³⁵	ɦa⁵⁵
名称	大烧香堆堆	鸡	牛	鸡
补充				

序号	5	6	7	8	9
图样					
国际音标	bu⁵⁵	ndzʅ⁵⁵ɣe³⁵	io⁵⁵	tsʰʅ⁵⁵	va³⁵
名称	牦牛	水牛	绵羊	山羊	猪
补充					

木里印棒4

该块名称为"ŋa⁵⁵mi³¹",用这一面印过的送出去的糌粑坨坨叫做"ŋa⁵⁵mi³¹ndʑu³⁵",该块有四面,分别是男、女和牲畜形象。

男面、女面

1　　　　　　　　　　2

序号	1	2
图样		
国际音标	ku³⁵	mi³⁵
名称	一个站立的男性	一个站立的女性
补充		

侧面 1

该面有 4 个图符，从左到右依次解释如下表：

序号	1	2	3	4
图样				
国际音标	ɣe^{35}	io^{55}	tsʰɿ^{35}	ʁa^{55}
名称	牛	绵羊	山羊	鸡
补充				

侧面 2

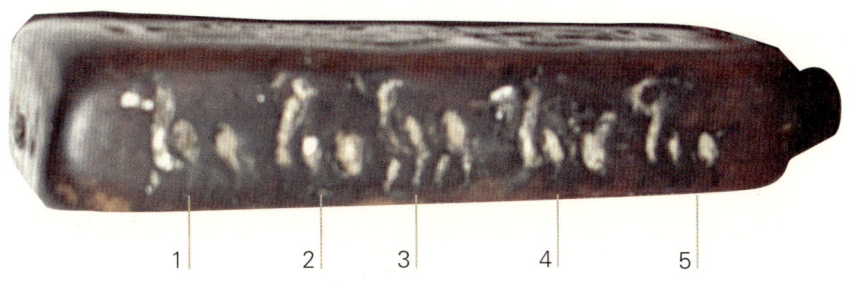

该面刻有 5 个图符，从左到右依次解释如下表：

序号	1	2	3	4	5
图样					
国际音标	ɣe³⁵	io⁵⁵	tsʰʅ³⁵	ʁaˀ⁵⁵	va³⁵
名称	牛	绵羊	山羊	鸡	猪
补充					

竹签

木制小刀，用于切割糌粑坨坨。

五 九龙县子耳乡李开华所持纳木依印棒解读

李开华所持纳木依印棒

著录

编号	5	收藏人	李开华
汉语书名	纳木依印棒	年龄（属相）	71（属蛇）
国际音标	pa⁵⁵ʂɿ⁵⁵	出生年月	1941
汉语译名	印棒	民族	藏族
字体文种	图样	居住地	四川省甘孜州九龙县子耳乡万年村
类别	祭祀用品	何时何地迁此	世居
作者	佚名	宗教	黑教
年代	不详	职业（是否祭司）	否
行款	竖版，从左至右	民族宗教教育程度	学过三年，略懂帕孜文化
形态	2根	汉文教育程度	小学
插图页数	无	本书传承信息	师徒
长宽高	较短1根：长5cm，宽13cm，厚2cm；较长1根：长30cm，每面宽1cm，厚3cm。	采集时间	2012年3月
版本	木棒	采集地点	北京市
残损度	完整	在场者、助手	赵丽明、张琰、姜明慧
封面题款标识	无	翻译者	李开华
墨色	无	记录者	张琰
书写工具	不详	校对者	张琰
材质	木质	审查： 赵丽明 2012年5月	
现存	2根		
复制依据			
内容提要主要用途	在祭祀场合中在糌粑坨坨上印图案用以祭神送鬼		

九龙印棒1

此印棒为四面，长5厘米，宽13厘米，厚2厘米，通常是在有人生病，需要做请神、撵鬼的法事时使用。四面分别代表成年男子、成年女子、未成年男子、未成年女子四类病人。使用方法为先将面和好，用面在印棒上印出样子，代表病人（如病人为成年男子则使用第一面，其他三面依此例）。请帕孜念经后，杀羊、猪或鸡等牲口，将面印和牲口一起送走，代表病人的病痛随之送走。

李开华老人只知这些印棒的作用和大概意思，无法说出它们的准确名字和具体用途，遂将李开华老人所知整理如下：

第一面　　　　　　　　　　第二面

此面代表成年男子。　　　　此面代表成年女子。

注：女子特征为头顶上有一串珠。

第三面 　　　　　　　　　第四面

此面代表未成年男子。　　　此面代表未成年女子。

九龙印棒2

此印棒为六面，长30厘米，厚3厘米，每一面宽1厘米。这根印棒与上述印棒一同使用，每一面的功能各不相同。当确定了要使用哪一面后，用糌粑坨坨将此面的图像印出来，配合法事一起使用。

第一面

用于得比较小的病痛时使用，如眼睛疼、身上起疙瘩、全身痒等。病人生病主要是因为得罪了水神。杀一只鸡，用面把印棒上的图样都印出来，敬神后，放到坡上送出去。

第二面

得了大病时使用。用面将图案印出来后，捆十二个稻草人，要杀一只羊、一头猪、一只鸡，给法师三钱鸦片烟、一条麻布裤子、一斗粮。法事做完后，将羊皮、猪皮、鸡血、羊血、猪血，及稻草人和面偶一起烧掉。

第三面

这一面是在结婚时使用的。女方送亲的人中要有一名男子，将这些图案用面印出来。男方敬女方送亲男子后，女方送亲的男子要给钱给礼物。

第四面

一家人如果碰见了死水,就会遭灾,此时使用这一面图案来驱邪消灾。如果遇到蛇,在不该动土的地方动了土,或者在不该砍树砍石头的地方砍了,就会得罪水神,用面偶及荞花、牛奶兑水洒出去即可。

第五面

敬山神时使用。念的时候用椿树芽、荞花、桃树芽、牛奶、鸡蛋等,放在干净的高地上,朝西方敬山神。

第六面

用于敬四方的菩萨。这里用的糌粑面要加蜂糖和酥油。这些面偶很大,一个大概有二、三两重,做成面偶之后剩下的部分由一家人吃掉。

六 九龙县子耳乡李开华所持纳木依印板解读

纳木依印板

著录

编号	6	收藏人	李开华
汉语书名	纳木依印板	年龄（属相）	71（属蛇）
国际音标		出生年月	1941
汉语译名	印板	民族	藏族
字体文种	藏文	居住地	四川省甘孜州九龙县子耳乡万年村
类别	祭祀用品	何时何地迁此	世居
作者	佚名	宗教	黑教
年代	不详	职业（是否祭司）	否
行款		民族宗教教育程度	学过三年，略懂帕孜文化
形态	1块	汉文教育程度	小学
插图页数	无	本书传承信息	师徒
长宽高	长14cm，宽12cm，厚1cm。	采集时间	2012年3月
版本	木板	采集地点	北京市
残损度	完整	在场者、助手	赵丽明、张琰、姜明慧
封面题款标识	无	翻译者	李开华
墨色	无	记录者	张琰
书写工具	不详	校对者	张琰
材质	木质		
现存	1块		
复制依据			
内容提要、主要用途	板上的藏文用于敬神，印在比印板稍大一点的布料上，张贴各处。		

审查： 赵丽明
2012年5月

这块印版长14厘米，宽12厘米，厚1厘米，上面刻的是藏文字母，用于敬神。当家里有不干净的东西，孩子有些不顺利等时候，把煤汁抹在印板上，用很多比印板稍大一些的布料，印几十上百张，在石板上、马路边、桥墩上等各种地方张贴。

（本节记录、整理人：张琰、姜明慧）

（七）九龙县子耳乡李开华所持纳木依唐卡解读

唐卡 [tʰa⁵⁵ŋga³¹]

著录

编号	7
汉语书名	纳木依唐卡
国际音标	tʰa⁵⁵ŋɡa³¹
汉语译名	唐卡
字体文种	图画
类别	绘画
作者	佚名
年代	不详
行款	竖版，从上至下
卷/捆、册、页数	1卷
插图页数	1幅
长宽高	63cm×96cm
版本	木板
残损度	画面模糊，不易辨认
封面题款标识	无
墨色	彩色
书写工具	不详
材质	棉布
现存	不详
复制依据	
内容提要、主要用途	记录了纳木依祖先对宇宙的认识。

收藏人	李开华
年龄（属相）	71（属蛇）
出生年月	1941
民族	藏族
居住地	四川省甘孜州九龙县子耳乡万年村
何时何地迁此	世居
宗教	黑教
职业（是否祭司）	否
民族宗教教育程度	学过三年，略懂帕孜文化
汉文教育程度	小学
本书传承信息	师徒
采集时间	2012年3月
采集地点	北京市
在场者、助手	赵丽明、姜明慧、张琰
翻译者	李开华
记录者	姜明慧
校对者	张琰

审查： 赵丽明
2012年5月

一、唐卡故事

此幅唐卡,提供者为李开华老人。据李开华老人讲,这幅唐卡的历史非常悠久,已经数不清传了多少代人,它记录了纳木依祖先探寻宇宙知识的故事。

故事的大概内容为:四位智者分别向四个方向出发,一路学习知识,收集资料。经过了八天的时间,他们返回了出发的地方,互相核对他们各自所探求的知识,发现是一致的。于是他们就把这些知识记载下来,让纳木依的后世子孙世代学习。

因为唐卡上面画着纳木依的文明始祖,因此人们对这幅唐卡非常尊重,只有在逢年过节的时候才会拿出来,挂在神龛里。腊月三十的晚上,人们在敬奉祖先时,要先念图中四个始祖的名字,敬奉他们,然后再敬自家的祖先。

唐卡的画面主要由两部分组成,分别是画面四角的人物和画面中心的"宇宙"。

二、人物部分

在唐卡的四角,分别有四位纳木依的智者,也就是传说中纳木依文化的创造者,其地位类似于中国神话传说中的"伏羲"。他们分别是:

左上：比库阿索窝［bi^{55}gu^{55}a^{31}so^{55}u^{31}］

右上：木希萨古义 [mu⁵⁵ɕi³¹sa⁵⁵gu⁵⁵i³¹]

左下：木希嘎义［mu^{55}ɕi^{31}ga^{35}i^{31}］

右下：阿坡阿纳纳［a⁵⁵pʰɚ⁵⁵a⁵⁵ŋa⁵⁵ŋa⁵⁵］

这四位智者探索到了天地的奥妙，从而缔造了纳木依人的文明，因此将他们画在唐卡的四角，象征着他们向四方行进而建立的丰功伟绩。

在画面中，还画着他们每个人的武器（法器）与坐骑。

三、宇宙部分

最外层：不同颜色纳木依象形图符。

中间层：藏文。

最里层：藏文和不同颜色图符。

在唐卡的最左上角画着一个太阳，它与画面中心的圆形共同表示了纳木依人的天文宇宙观。

唐卡中央的圆形是由三个部分组成的，因为年代久远，已无法看清上面的图画与字迹。但是隐约可以辨别出，最里层的实心圆上写着藏文和不同颜色的图符；中间层是一个环形，中间写着藏文；最外层也是环形，画着纳木依象形图符。这整个的圆形，象征着我们生活的宇宙 [kʰu⁵⁵tʂu⁵⁵ba³¹pʰu³¹]。

而在圆形的外面，画着一个驮着"宇宙"的"神兽"。虽然已经残缺不全非常模糊，但能够依稀辨认出大体轮廓及爪子等。这是一种类似鳄鱼的水陆两栖生物，它将"宇宙"驮在背上。驮着地球的"神兽"是一动不动的，因为它一旦有了最微小的动作，也会对"宇宙"产生很大影响，甚至于世界就会天翻地覆。这与中华民族神话传说中女娲断鳌足以立四极的故事有相似之处。

更让人惊叹的，是这副唐卡还反映了地球自转的先进天文观。左上角的太阳是固定不动的，而画面中心的"地球"则是旋转的。最里层旋转一周代表一天，中间一环旋转一周代表一月，最外环旋转一周则代表一年。"地球"的旋转以不动的太阳作为中心，年月日之间有着相应的联系。

因为年代久远，这副唐卡所反映的天文观念已经难以完全探求了，但仅仅是这残留的部分，已足以说明纳木依人的聪明智慧。

四、结语

与为世人所熟知的藏族唐卡不同，这幅纳木依唐卡有着鲜明的特色。它记载的不是宗教内容，而是本民族的天文观念与相关历史故事；其中虽然出现了少量藏文，但主要还是借助图画叙事。

这幅世代流传的唐卡，虽然饱经风霜，残破磨损，但却记载着纳木依的历史传说，传递着纳木依人独特的天文宇宙观。在这些古老而神秘的文物中，蕴藏着取之不尽的民族文化宝藏，正待我们关注与探索。

（本节记录、整理人：姜明慧、张琰）

第四章 纳木依文字符号统计表

一　历书《哈克》文字符号统计表

说明：

1. 本字表统计依据为目前所见唯一纳木依历书，即朱小华所持历书《哈克》，对其全部图画文字进行逐个统计，共有1690个字符。再按照各字符的常用意义，将它们进行分类归纳，共归纳出41类基本字符。

2. 本表各字符的排序方式为：先列出代表十二生肖的字符，其他字符按照出现在历书中的先后次序排列。

3. 对每一种字符同时收集其异形字符，并于其下标示出字频，从高到底依次排列，同时例举该字符出现的日期。

4. 本表中所列出的对于各个字符的解释，是基本含义。具体使用时，会因年份、属相配合或发音人的自由变通等而有不同解释。

1. 鼠

编号	字符	字频	日期举例	朱小华解释			李开华解释		
				国际音标	直译	意译	国际音标	直译	意译
1-1		16	二月二十九日	χa^{35}	鼠	属鼠	χa^{35}	鼠	属鼠
1-2		4	四月十七日						
1-3		1	二月十七日						
1-4		1	三月十一日						
1-5		4	九月十一日	χa^{35}	鼠	属鼠（属鼠的人得了很严重的病）	χa^{35}	鼠	属鼠（属鼠的人得了很严重的病）

2. 牛

编号	字符	字频	日期举例	朱小华解释			李开华解释		
				国际音标	直译	意译	国际音标	直译	意译
2-1		6	二月六日	ɣe³⁵	牛	属牛	ɣe³⁵	牛	属牛
2-2		6	九月二十四日						
2-3		6	七月十二日						
2-4		6	三月十二日	ɣe³⁵	牛	属牛	ɣe³⁵	牛	属牛
2-5		4	十二月六日	ɣe³⁵	牛	属牛（属牛的人得了很严重的病）	ɣe³⁵	牛	属牛（属牛的人得了很严重的病）

3. 虎

编号	字符	字频	日期举例	朱小华解释			李开华解释		
				国际音标	直译	意译	国际音标	直译	意译
3-1		9	三月一日						
3-2		8	二月十九日	la⁵⁵	虎	属虎	la⁵⁵	虎	属虎
3-3		3	五月十三日						

续表

编号	字符	字频	日期举例	朱小华解释			李开华解释		
				国际音标	直译	意译	国际音标	直译	意译
3-4		1	五月二十五日			属虎			属虎
3-5		2	二月七日	la^{55}	虎	属虎（属虎的人得了很严重的病）	la^{55}	虎	属虎（属虎的人得了很严重的病）
3-6		1	八月七日						

4. 兔

编号	字符	字频	日期举例	朱小华解释			李开华解释		
				国际音标	直译	意译	国际音标	直译	意译
4-1		6	四月二十日						
4-2		5	三月二十六日						
4-3		4	三月十四日	t^{h}o^{55}li^{55}	兔	属兔	t^{h}o^{55}li^{55}	兔	属兔
4-4		2	二月二十日						
4-5		2	六月八日						

续表

编号	字符	字频	日期举例	朱小华解释			李开华解释		
				国际音标	直译	意译	国际音标	直译	意译
4-6		1	七月十四日			属兔			属兔
4-7		5	九月二日	tʰo⁵⁵li⁵⁵	兔	属兔（属兔的人得了很严重的病）	tʰo⁵⁵li⁵⁵	兔	属兔（属兔的人得了很严重的病）
4-8		2	七月二日						

5. 龙

编号	字符	字频	日期举例	朱小华解释			李开华解释		
				国际音标	直译	意译	国际音标	直译	意译
5-1		10	二月二十一日						
5-2		5	三月十五日						
5-3		3	四月九日	ʂ⁵⁵dzɑ³¹	龙	属龙	ʐɿ⁵⁵bi⁵⁵	龙	属龙
5-4		3	三月二十七日						
5-5		1	二月九日						

续表

编号	字符	字频	日期举例	朱小华解释			李开华解释		
				国际音标	直译	意译	国际音标	直译	意译
5-6		2	四月二十一日	ʕ⁵⁵dzɑ³¹	龙	属龙（属龙的人得了很严重的病）	ʐʅ⁵⁵bi⁵⁵	龙	属龙（属龙的人得了很严重的病）
5-7		1	八月九日						
5-8		1	十月二十一日						

6. 蛇

编号	字符	字频	日期举例	朱小华解释			李开华解释		
				国际音标	直译	意译	国际音标	直译	意译
6-1		7	九月十六日	dzɑ³¹	蛇	属蛇	dzɑ³⁵	蛇	属蛇
6-2		5	九月二十八日						
6-3		3	三月四日						
6-4		1	六月二十二日						
6-5		1	八月二十二日						

续表

编号	字符	字频	日期举例	朱小华解释			李开华解释		
				国际音标	直译	意译	国际音标	直译	意译
6-6		1	十一月二十八日	dzɑ³¹	蛇	属蛇	dzɑ³⁵	蛇	属蛇
6-7		4	五月四日						
6-8		3	五月十六日			属蛇（属蛇的人得了很严重的病）			属蛇（属蛇的人得了很严重的病）
6-9		1	十二月十日						

7. 马

编号	字符	字频	日期举例	朱小华解释			李开华解释		
				国际音标	直译	意译	国际音标	直译	意译
7-1		13	三月五日	mo⁵⁵	马	属马	mo⁵⁵	马	属马
7-2		6	七月十七日						
7-3		1	十月二十三日						
7-4		1	九月十七日						

续表

编号	字符	字频	日期举例	朱小华解释			李开华解释		
				国际音标	直译	意译	国际音标	直译	意译
7-5		5	二月二十三日	mo⁵⁵	马	属马	mo⁵⁵	马	属马
7-6		1	八月二十三日			属马的人得病			属马的人得病

8. 羊

编号	字符	字频	日期举例	朱小华解释			李开华解释		
				国际音标	直译	意译	国际音标	直译	意译
8-1		10	十二月二十四日	tsʰɿ⁵⁵	羊	属羊	tsʰɿ⁵⁵	羊	属羊
8-2		10	八月二十四日						
8-3		1	四月十二日	tsʰɿ⁵⁵	羊	属羊	tsʰɿ⁵⁵	羊	属羊
8-4		4	十二月十二日	tsʰɿ⁵⁵	羊	属羊（属羊的人得了很严重的病）	tsʰɿ⁵⁵	羊	属羊（属羊的人得了很严重的病）

9. 猴

编号	字符	字频	日期举例	朱小华解释			李开华解释		
				国际音标	直译	意译	国际音标	直译	意译
9-1		7	二月十三日						
9-2		2	三月七日						
9-3		10	五月七日	mi^{35}	猴	属猴	mi^{35}	猴	属猴
9-4		1	七月十九日						
9-5		1	十月二十五日						
9-6		4	四月十三日	mi^{35}	猴	属猴（属猴的人得了很严重的病）	mi^{35}	猴	属猴（属猴的人得了很严重的病）
9-7		2	四月二十五日	mi^{35}	猴	属猴（属猴的人得了很严重的病）	mi^{35}	猴	属猴（属猴的人得了很严重的病）

10. 鸡

编号	字符	字频	日期举例	朱小华解释			李开华解释		
				国际音标	直译	意译	国际音标	直译	意译
10-1		6	三月八日						
10-2		5	二月二日						
10-3		4	五月八日	dzu⁵⁵	鸡	属鸡	bi⁵⁵	鸡	属鸡
10-4		5	六月二日						
10-5		3	六月十四日						
10-6		2	九月八日	dzu⁵⁵	鸡	属鸡（属鸡的人得了很严重的病）	bi⁵⁵	鸡	属鸡（属鸡的人得了很严重的病）
10-7		2	十月十四日						
10-8		1	四月二日	dzu⁵⁵	鸡	属鸡（属鸡的人得了很严重的病）	bi⁵⁵	鸡	属鸡（属鸡的人得了很严重的病）

11. 狗

编号	字符	字频	日期举例	朱小华解释			李开华解释		
				国际音标	直译	意译	国际音标	直译	意译
11-1		9	十二月二十七日						
11-2		6	十二月十五日						
11-3		3	八月二十七日	tʂʰɿ³⁵	狗	属狗	tʂʰɿ⁵⁵	狗	属狗
11-4		2	六月十五日						
11-5		3	四月二十七日						
11-6		2	四月十五日	tʂʰɿ³⁵	狗	属狗（属狗的人得了很严重的病）	tʂʰɿ⁵⁵	狗	属狗（属狗的人得了很严重的病）

12. 猪

编号	字符	字频	日期举例	朱小华解释			李开华解释		
				国际音标	直译	意译	国际音标	直译	意译
12-1		7	四月十六日	va³⁵	猪	属猪	va³⁵	猪	属猪
12-2		6	七月二十二日						

续表

编号	字符	字频	日期举例	朱小华解释			李开华解释		
				国际音标	直译	意译	国际音标	直译	意译
12-3		4	九月二十二日	va³⁵	猪	属猪	va³⁵	猪	属猪
12-4		1	五月二十二日						
12-5		4	四月二十八日	va³⁵	猪	属猪（属猪的人得了很严重的病）	va³⁵	猪	属猪（属猪的人得了很严重的病）
12-6		2	四月四日						
12-7		2	十二月四日						

13. 海螺

编号	字符	字频	日期举例	朱小华解释			李开华解释		
				国际音标	直译	意译	国际音标	直译	意译
13-1		97	二月一日	li³¹bu⁵⁵	海螺	（烧香、敬神时）吹海螺	hĩ³¹mbo⁵⁵ kʰu⁵⁵	海螺	海螺放在哪方哪方就吉利，可以去
13-2		4	二月十日	li³¹bu⁵⁵	海螺	不干净的海螺	hĩ³¹mbo⁵⁵ kʰu⁵⁵	麻海螺	不好不坏的海螺

14. 神枝

编号	字符	字频	日期举例	朱小华解释			李开华解释		
				国际音标	直译	意译	国际音标	直译	意译
14-1		119	十一月十二日	nda⁵⁵ta⁵⁵	柏香做的棍子（译为神枝）	干净的家神（有时根据天日推算这种家神也会惹人）	nda⁵⁵ta⁵⁵	柏香做的棍子（译为神枝）	无特别意义
14-2		3	四月十一日						
14-3		2	十二月二十六日						
14-4		2	七月二十四日						
14-5		11	二月二十二日			干净的家神（右下侧的东西是绑在棍子上的布条）			无特别意义（右下侧的东西是绑在棍子上的布条）
14-6		10	二月五日						
14-7		20	四月十五日	nda⁵⁵ta⁵⁵	柏香做的棍子（译为神枝）		nda⁵⁵ta⁵⁵	柏香做的棍子（译为神枝）	
14-8		2	六月十九日			家神不干净，惹人严重			根据天日来推算，有时不吉利
14-9		2	八月八日						

续表

编号	字符	字频	日期举例	朱小华解释			李开华解释		
				国际音标	直译	意译	国际音标	直译	意译
14-10		1	六月十八日	nda⁵⁵ta⁵⁵	柏香做的棍子（译为神枝）	家神不干净，惹人严重	nda⁵⁵ta⁵⁵	柏香做的棍子（译为神枝）	根据天日来推算，有时不吉利
14-11		1	十二月二十三日						
14-12		29	四月十日	nda⁵⁵ta⁵⁵	柏香做的棍子（译为神枝）	家神（蓝色的代表家神不干净）	ta³⁵pʰi⁵⁵/ta³⁵hĩ⁵⁵/nda⁵⁵ta⁵⁵	旗子/神枝	神枝头朝下，不吉利
14-13		8	二月二十八日						
14-14		3	九月二十二日						

15. 小烧香堆堆

编号	字符	字频	日期举例	朱小华解释			李开华解释		
				国际音标	直译	意译	国际音标	直译	意译
15-1		2	七月十七日	ʁa⁵⁵bu⁵⁵ta⁵⁵tɑ⁵⁵	小烧香堆堆	干净的小烧香堆堆（有时也会惹人）	(sio⁵⁵kʰu³¹)ʁa⁵⁵	烧香堆堆	一层，烧素香或荤香
15-2		1	七月十日						
15-3		1	七月二十一日						

续表

编号	字符	字频	日期举例	朱小华解释			李开华解释		
				国际音标	直译	意译	国际音标	直译	意译
15-4		1	七月三十日	ʁa⁵⁵bu⁵⁵ta⁵⁵tɑ⁵⁵	小烧香堆堆	干净的小烧香堆堆（有时也会惹人）	(sio⁵⁵kʰu³¹) ʁa⁵⁵	烧香堆堆	一层，烧素香或荤香
15-5		1	十一月二十七日						
15-6		1	九月二日	ʁa⁵⁵bu⁵⁵ta⁵⁵tɑ⁵⁵	小烧香堆堆	干净的小烧香堆堆（有时也会惹人）	pu⁵⁵mba³¹	①烧香堆堆 ②和尚的粮食	敬山神的神器
15-7		2	八月十三日			小烧香堆堆惹了人（烟子朝上冒）			一层，烧素香或荤香（烟子朝上冒）
15-8		1	二月八日						
15-9		1	五月二十五日						
15-10		2	五月二十七日	ʁa⁵⁵bu⁵⁵ta⁵⁵tɑ⁵⁵	小烧香堆堆	不干净的、惹人的小烧香堆堆	①(sio⁵⁵kʰu³¹)ʁa⁵⁵ ②bi³⁵qa⁵⁵	①烧香堆堆 ②和尚的粮食	一层，烧荤香
15-11		1	六月十一日						
15-12		1	六月十八日						

续表

编号	字符	字频	日期举例	朱小华解释			李开华解释		
				国际音标	直译	意译	国际音标	直译	意译
15-13		1	八月十九日						
15-14		1	八月二十四日						
15-15		2	九月九日						
15-16		1	九月十日						
15-17		1	九月二十日	ʁa⁵⁵bu⁵⁵ tɑ⁵⁵tɑ⁵⁵	小烧香堆堆	不干净的、惹人的小烧香堆堆	①（sio⁵⁵ kʰu³¹）ʁa⁵⁵ ②bi³⁵qa⁵⁵	①烧香堆堆 ②和尚的粮食	一层，烧荤香
15-18		1	九月二十二日						
15-19		1	十月十二日						
15-20		1	十二月二日						
15-21		1	十二月十四日						

续表

编号	字符	字频	日期举例	朱小华解释			李开华解释		
				国际音标	直译	意译	国际音标	直译	意译
15-22		1	七月一日	ʁa⁵⁵bu⁵⁵ta⁵⁵ta⁵⁵	小烧香堆堆	不干净的、惹人的小烧香堆堆	mu⁵⁵gu⁵⁵ʂɭ⁵⁵qʰa⁵⁵	雷神	雷神在天上打雷
15-23		1	二月二十八日						
15-24		1	二月一日			不干净的、惹人严重的小烧香堆堆（点燃的，烟子朝上冒）			
15-25		1	七月五日	ʁa⁵⁵bu⁵⁵ta⁵⁵ta⁵⁵	小烧香堆堆		(sio⁵⁵kʰu³¹)ʁa⁵⁵	烧香堆堆	一层，烧莘香（点燃的，烟子朝上冒）
15-26		1	八月九日						
15-27		1	十一月二十五日						

16. 月亮

编号	字符	字频	日期举例	朱小华解释			李开华解释		
				国际音标	直译	意译	国际音标	直译	意译
16-1		46	二月一日	ɬi⁵⁵mi⁵⁵	月亮	月亮神/月亮菩萨	hĩ⁵⁵gu⁵⁵hĩ⁵⁵mi⁵⁵	月亮	无特别意义
16-2		2	四月二十三日						

续表

编号	字符	字频	日期举例	朱小华解释			李开华解释		
				国际音标	直译	意译	国际音标	直译	意译
16-3		2	六月二十一日	ɬi⁵⁵mi⁵⁵	月亮	月亮神/月亮菩萨	hĩ⁵⁵mi⁵⁵ tʂʰɻ³⁵dʑɻ⁵⁵	月亮	无特别意义
16-4		1	十二月十四日						一种天象

17. 有蹄子的怪象

编号	字符	字频	日期举例	朱小华解释			李开华解释		
				国际音标	直译	意译	国际音标	直译	意译
17-1		5	八月十七日	qʰa⁵⁵ ndʑa⁵⁵ i⁵⁵to³⁵	有蹄子的怪象	家中牲畜的怪象	qa³⁵lu⁵⁵	石头搭的锅桩	用于煮东西减淤
17-2		5	四月二十二日						
17-3		5	四月八日						
17-4		5	十一月六日						
17-5		2	八月二十九日						
17-6		2	五月四日						

续表

编号	字符	字频	日期举例	朱小华解释			李开华解释		
				国际音标	直译	意译	国际音标	直译	意译
17-7		1	八月二日						
17-8		1	九月十四日						
17-9		1	十月二十二日						
17-10		1	四月十三日						
17-11		1	十月十日	qʰa⁵⁵ ndʑa⁵⁵ i⁵⁵to³⁵	有蹄子的怪象	家中牲畜的怪象	qa³⁵lu⁵⁵	石头搭的锅桩	用于煮东西减淤
17-12		1	三月八日						
17-13		1	二月二日						
17-14		1	五月六日						
17-15		1	二月十一日						

续表

编号	字符	字频	日期举例	朱小华解释			李开华解释		
				国际音标	直译	意译	国际音标	直译	意译
17-16		1	十一月十六日	qʰa⁵⁵ ndza⁵⁵ i⁵⁵to³⁵	有蹄子的怪象	家中牲畜的怪象	qa³⁵lu⁵⁵	石头搭的锅桩	用于煮东西减淤

18. 有爪子的怪象

编号	字符	字频	日期举例	朱小华解释			李开华解释		
				国际音标	直译	意译	国际音标	直译	意译
18-1		20	三月十五日						
18-2		9	十月十六日						
18-3		3	二月九日						
18-4		2	十一月一日	y³¹ɚ⁵⁵ tsŋ⁵⁵ i⁵⁵to³⁵	有爪子的怪象	天上的雀鸟或家禽的怪象，有时还代表山神菩萨或天神菩萨的鬼	ŋa⁵⁵/ ŋa⁵⁵ly³⁵	眼睛	老天爷的眼睛，不好不坏，眼睛在哪方就不能去哪方
18-5		2	七月二十九日						
18-6		1	十一月二十九日						
18-7		1	四月二十七日						

续表

编号	字符	字频	日期举例	朱小华解释			李开华解释		
				国际音标	直译	意译	国际音标	直译	意译
18-8		1	二月二日	y³¹ʅ⁵⁵ tsŋ⁵⁵ i⁵⁵to³⁵	有爪子的怪象	天上的雀鸟或家禽的怪象，有时还代表山神菩萨或天神菩萨的鬼	na⁵⁵/na⁵⁵ly³⁵	眼睛	老天爷的眼睛，不好不坏，眼睛在哪方就不能去哪方

19. 星宿

编号	字符	字频	日期举例	朱小华解释			李开华解释		
				国际音标	直译	意译	国际音标	直译	意译
19-1		5	七月二十日	tʂʰʅ³¹ mɚ³¹kʰu⁵⁵tsŋ⁵⁵/tsŋ³¹	星宿	一种天象，在七姊妹之前出现，这一天不能出财、嫁娶、安葬；也可以解释为人犯了四次星宿	tʂo³¹tsʰu⁵⁵zŋ³⁵	四颗星	一种天象，代表祸事，不吉利
19-2		2	九月十三日						
19-3		1	五月二十四日						
19-4		1	二月二日						
19-5		1	四月二十六日						

20. 手

编号	字符	字频	日期举例	朱小华解释			李开华解释		
				国际音标	直译	意译	国际音标	直译	意译
20-1		1	二月三日	la³¹	手	煞气，凶死鬼	ni⁵⁵tʂʰo⁵⁵	西方	代表西方，日子好
20-2		18	三月九日	la³¹	手	红煞、凶死鬼	la³¹	手	有人讨债
20-3		4	十一月十六日						
20-4		2	九月十二日						
20-5		2	二月十日						
20-6		2	六月三日						
20-7		1	四月二十八日						
20-8		1	十二月二十三日						
20-9		1	十二月二十八日						

续表

编号	字符	字频	日期举例	朱小华解释			李开华解释		
				国际音标	直译	意译	国际音标	直译	意译
20-10		6	八月十四日	la³¹	手	红煞、凶死鬼	ndʐo³⁵ la⁵⁵ma⁵⁵	管冰雹的喇嘛	要下冰雹
20-11		2	九月五日						
20-12		1	三月二日						
20-13		1	六月二十四日	la³¹	手	白煞、黑煞	la³¹	手	有人讨债
20-14		1	七月九日						
20-15		1	十二月七日						

21. 星宿

编号	字符	字频	日期举例	朱小华解释			李开华解释		
				国际音标	直译	意译	国际音标	直译	意译
21-1		35	二月三日	tsʅ³¹	星宿	干净的星宿	tʰa⁵⁵ba⁵⁵	赤口	赤口转到哪一方，就不能去
21-2		17	七月二日			惹人惹得很严重的星宿		赤口向下落或向上升	

续表

编号	字符	字频	日期举例	朱小华解释			李开华解释		
				国际音标	直译	意译	国际音标	直译	意译
21-3		10	十一月十二日						
21-4		5	七月十七日						
21-5		4	八月一日	tʂʅ³¹	星宿	惹人惹得很严重的星宿	tʰa⁵⁵ba⁵⁵	赤口向下落或向上升	赤口转到哪一方，就不能去
21-6		2	十二月九日						
21-7		1	十一月九日						
21-8		3	四月四日	tʂʅ³¹	星宿	星宿不干净	tʰa⁵⁵ba⁵⁵	①星宿 ②赤口	①红星，北斗星 ②染血的赤口

22. 土神

编号	字符	字频	日期举例	朱小华解释			李开华解释		
				国际音标	直译	意译	国际音标	直译	意译
22-1		42	七月十二日	sa⁵⁵ta⁵⁵	土神	干净的土神	tʰa⁵⁵ba⁵⁵	赤口	赤口转到哪一方，就不能去
22-2		12	六月十三日			不干净的土神			不干净的赤口

续表

编号	字符	字频	日期举例	朱小华解释			李开华解释		
				国际音标	直译	意译	国际音标	直译	意译
22-3		6	六月十二日	sɑ⁵⁵tɑ⁵⁵	土神	不干净的土神	tʰɑ⁵⁵bɑ⁵⁵	赤口	不干净的赤口
22-4		2	六月十五日						
22-5		5	二月七日	sɑ⁵⁵tɑ⁵⁵	土神	不干净的土神，惹人严重	tʰɑ⁵⁵bɑ⁵⁵	赤口	赤口升起来
22-6		7	九月十一日			土神的红煞			染血的赤口

23. 长刀

编号	字符	字频	日期举例	朱小华解释			李开华解释		
				国际音标	直译	意译	国际音标	直译	意译
23-1		13	九月二十八日	ʁuɑ³¹mi³¹	长刀	①不吉利的凶器或煞气 ②根据天日判断，有时不带颜色的长刀可能是干净的	ʁɑ³⁵mi⁵⁵	长刀	祸事，哪方有刀就不能去哪方
23-2		11	四月九日						
23-3		16	三月十八日						
23-4		2	六月十二日						

续表

编号	字符	字频	日期举例	朱小华解释			李开华解释		
				国际音标	直译	意译	国际音标	直译	意译
23-5		2	六月二十六日	ʁuɑ³¹mi³¹	长刀	①不吉利的凶器或煞气 ②根据天日判断，有时不带颜色的长刀可能是干净的	ʁɑ³⁵mi⁵⁵	长刀	祸事，哪方有刀就不能去哪方
23-6		1	五月二十八日						
23-7		1	七月四日						
23-8		1	八月二十三日						
23-9		1	十月十二日						
23-10		1	十二月九日						
23-11		1	四月二日						
23-12		1	十一月四日						

24. 大烧香堆堆

编号	字符	字频	日期举例	朱小华解释			李开华解释		
				国际音标	直译	意译	国际音标	直译	意译
24-1		10	九月六日	ʁa⁵⁵la⁵⁵bu⁵⁵	大烧香堆堆	①要给大烧香堆堆烧香 ②大烧香堆堆惹了人	ʁa⁵⁵	烧香堆堆	用烧香堆堆烧香
24-2		8	二月六日						
24-3		5	四月十五日						
24-4		3	二月九日						
24-5		3	九月十三日						
24-6		2	十月十八日						
24-7		2	十一月二日						
24-8		2	九月十六日						
24-9		2	八月十六日						

续表

编号	字符	字频	日期举例	朱小华解释			李开华解释		
				国际音标	直译	意译	国际音标	直译	意译
24-10		2	十二月一日	ʁa⁵⁵la⁵⁵bu⁵⁵	大烧香堆堆	①要给大烧香堆堆烧香 ②大烧香堆堆惹了人	ʁa⁵⁵	烧香堆堆	用烧香堆堆烧香
24-11		2	五月十三日						
24-12		2	八月三十日						
24-13		1	八月二十一日						
24-14		1	十月十一日						
24-15		1	二月四日	ʁa⁵⁵la⁵⁵bu⁵⁵	大烧香堆堆	不干净的大烧香堆堆，要给它烧香	ʁa⁵⁵	烧香堆堆	不干净的烧香堆堆，要烧香
24-16		1	三月十日						
24-17		1	三月二日						
24-18		1	三月三十日						

续表

编号	字符	字频	日期举例	朱小华解释			李开华解释		
				国际音标	直译	意译	国际音标	直译	意译
24-19		1	五月二十二日						
24-20		1	五月二十三日						
24-21		1	十月二十五日						
24-22		1	十一月十日						
24-23		1	六月一日	ʁa^{55}la^{55}bu^{55}	大烧香堆堆	不干净的大烧香堆堆，要给它烧香	ʁa^{55}	烧香堆堆	不干净的烧香堆堆，要烧香
24-24		1	六月四日						
24-25		1	八月十五日						
24-26		1	九月二十七日						
24-27		1	八月二十九日						

续表

编号	字符	字频	日期举例	朱小华解释			李开华解释		
				国际音标	直译	意译	国际音标	直译	意译
24-28		1	六月三十日	ʁa⁵⁵la⁵⁵bu⁵⁵	大烧香堆堆	不干净的大烧香堆堆，要给它烧香	ʁa⁵⁵	烧香堆堆	不干净的烧香堆，要烧香
24-29		1	九月十六日						
24-30		1	十月六日						
24-31		1	十一月三日						
24-32		1	十二月十五日	ʁa⁵⁵la⁵⁵bu⁵⁵	大烧香堆堆	烧香堆堆倒了，要惹人	ʁa⁵⁵	烧香堆堆	一种和尚用的旗子，用于挡祸事

25. 筛子

编号	字符	字频	日期举例	朱小华解释			李开华解释		
				国际音标	直译	意译	国际音标	直译	意译
25-1		12	二月二十七日	a³¹kʰɚ⁵⁵	筛子	做法事用的工具，在筛子里放五张不同颜色的纸（颜色代表纸的颜色，具体什么颜色没有特别的讲究）	sɿ³¹tʰo⁵⁵	牛皮船	代表吉利，牛皮船在哪一方就可以去哪一方
25-2		9	六月二十七日						
25-3		8	十一月二十六日						

续表

编号	字符	字频	日期举例	朱小华解释			李开华解释		
				国际音标	直译	意译	国际音标	直译	意译
25-4		4	九月一日						
25-5		4	四月二十四日						
25-6		4	九月十五日						
25-7		2	七月五日						
25-8		2	五月二十九日	ɑ³¹kʰə˙⁵⁵	筛子	做法事用的工具，在筛子里放五张不同颜色的纸（颜色代表纸的颜色，具体什么颜色没有特别的讲究）	sʐ³¹tʰo⁵⁵	牛皮船	代表吉利，牛皮船在哪一方就可以去哪一方
25-9		1	三月二十六日						
25-10		1	二月六日						
25-11		1	六月六日						
25-12		1	十二月二十四日						

续表

编号	字符	字频	日期举例	朱小华解释			李开华解释		
				国际音标	直译	意译	国际音标	直译	意译
25-13		1	十二月十日	ɑ³¹kʰɚ⁵⁵	筛子	做法事用的工具，在筛子里放五张不同颜色的纸（颜色代表纸的颜色，具体什么颜色没有特别的讲究）	sʅ³¹tʰo⁵⁵	牛皮船	代表吉利，牛皮船在哪一方就可以去哪一方

26. 七姊妹

编号	字符	字频	日期举例	朱小华解释			李开华解释		
				国际音标	直译	意译	国际音标	直译	意译
26-1		3	五月二十九日	qʰo⁵⁵tsʅ⁵⁵	七姊妹	七星过渡，这一天不能安葬、出财、嫁女儿	qʰo⁵⁵tsʅ⁵⁵	七姊妹	七星过渡，这一天不能安葬、出财、嫁女儿
26-2		2	二月七日						
26-3		2	七月二十五日						
26-4		1	十二月十一日						
26-5		1	六月二十七日						

续表

编号	字符	字频	日期举例	朱小华解释			李开华解释		
				国际音标	直译	意译	国际音标	直译	意译
26-6		1	八月二十二日	qʰo⁵⁵tsʅ⁵⁵	七姊妹	七星过渡，这一天不能安葬、出财、嫁女儿	qʰo⁵⁵tsʅ⁵⁵	七姊妹	七星过渡，这一天不能安葬、出财、嫁女儿
26-7		1	五月一日						
26-8		1	九月十八日						

27. 太阳

编号	字符	字频	日期举例	朱小华解释			李开华解释		
				国际音标	直译	意译	国际音标	直译	意译
27-1		17	二月十四日	ȵi⁵⁵mi⁵⁵	太阳	太阳神/太阳菩萨	hĩ⁵⁵mi⁵⁵	太阳	无特别意义
27-2		3	二月十五日						
27-3		10	六月二十一日						
27-4		3	四月二十五日						
27-5		1	八月十三日						

续表

编号	字符	字频	日期举例	朱小华解释			李开华解释		
				国际音标	直译	意译	国际音标	直译	意译
27-7		14	三月二十七日	$ni^{55}mi^{55}$	太阳	太阳神/太阳菩萨	$h\tilde{i}^{55}mi^{55}$	太阳	无特别意义
27-8		1	十二月十六日						

28. 鸟的怪象

编号	字符	字频	日期举例	朱小华解释			李开华解释		
				国际音标	直译	意译	国际音标	直译	意译
28-1		1	二月十一日	$y^{31}ɚ^{55}$ $tsɿ^{55}$ $i^{55}to^{31}$	鸟的怪象	天神菩萨的鬼的头（鹰头），惹人惹得很严重	va^{35} $ʁu^{55}ɚ^{31}$	猪脑壳	用猪头敬神

29. 糌粑坨坨

编号	字符	字频	日期举例	朱小华解释			李开华解释		
				国际音标	直译	意译	国际音标	直译	意译
29-1		7	二月三十日	$qa^{55}tu^{55}$	糌粑坨坨	在印棒上印出图案的糌粑坨坨，可代替活牲畜或者煞气	qa^{31} $ta^{55}ɚ^{31}$	拨浪鼓	帕孜做法事的工具，念经时用
29-2		1	四月二十九日						
29-3		2	八月十日				pu^{55} mba^{31}	神器	装敬神器物的货柜，帕孜做道场的法器

30. 牛角

编号	字符	字频	日期举例	朱小华解释			李开华解释		
				国际音标	直译	意译	国际音标	直译	意译
30-1		3	三月二十八日	ɣe³⁵kʰu⁵⁵	牛角	牛王会菩萨	bu⁵⁵tʂa³¹/tʂa⁵⁵kʰa⁵⁵	刀子/祸事	祸事
30-2		2	八月十日						
30-3		2	四月十二日						
30-4		1	八月九日						
30-5		1	六月九日						
30-6		1	十二月六日						
30-7		2	九月六日						
30-8		1	九月二十八日	ɣe³⁵kʰu⁵⁵	牛角	牛王会菩萨（独角牛的牛角）	ɣe³⁵kʰu⁵⁵	牛角	祸事
30-9		1	七月二十五日						

续表

编号	字符	字频	日期举例	朱小华解释			李开华解释		
				国际音标	直译	意译	国际音标	直译	意译
30-10		130	二月十二日	ɣe³⁵kʰu⁵⁵	牛角	牛王会菩萨（独角牛的牛角）	ndu⁵⁵	石桩	用于做道场
30-11		1	十二月十三日	ɣe³⁵kʰu⁵⁵	牛角	牛王会菩萨	ɣe³⁵kʰu⁵⁵	牛角	两只牛打掉了牛角，不吉利
30-12		3	四月二十五日			用牛角谢水神	li⁵⁵gu⁵⁵	弓	有人射箭，不吉利

31. 蛇怪/天神菩萨的鬼

编号	字符	字频	日期举例	朱小华解释			李开华解释		
				国际音标	直译	意译	国际音标	直译	意译
31-1		2	二月二十七日	bu⁵⁵ʮ³¹to³⁵/na⁵⁵nkʰa³¹ɬa³¹i⁵³to³⁵	蛇怪/天神菩萨的鬼	天神菩萨的鬼惹了人	bu⁵⁵ʮ⁵⁵	蛇	看到蛇不吉利
31-2		2	二月十七日						
31-3		5	二月二十八日						
31-4		3	十二月二十七日						蛇上树，朝天上爬，不吉利
31-5		1	十二月十七日						

续表

编号	字符	字频	日期举例	朱小华解释			李开华解释		
				国际音标	直译	意译	国际音标	直译	意译
31-6		2	十二月二十九日	bu⁵⁵ɚ³¹to³⁵	蛇怪	蛇怪的头钻到洞里去了，如果看见这样的现象就会被惹，不吉利	bu⁵⁵ɚ⁵⁵	蛇	蛇上树，朝天上爬，不吉利
31-7		1	七月二日	bu⁵⁵ɚ³¹to³⁵/sa⁵⁵ta⁵⁵ʂʅ⁵⁵i³¹to³⁵	蛇怪/土神菩萨的鬼	土神菩萨的鬼惹了人	bu⁵⁵ɚ⁵⁵	蛇	不吉利的东西
31-8		1	六月二十九日				不详	不详	本命之人有吃有穿

32. 脚

编号	字符	字频	日期举例	朱小华解释			李开华解释		
				国际音标	直译	意译	国际音标	直译	意译
32-1		4	三月四日	tʂʰʅ⁵⁵ka⁵⁵	脚	这一天得病的人脚痛	ka³⁵/tʂʰʅ⁵⁵ka³⁵	脚/脚杆	脚往下蹬，不吉利
32-2		1	八月四日						
32-3		1	十二月二十二日						

33. 鞋

编号	字符	字频	日期举例	朱小华解释			李开华解释		
				国际音标	直译	意译	国际音标	直译	意译
33-1		2	三月四日	za^{55}	鞋	穿了不干净的鞋，会得病	za^{55}	鞋	穿着鞋的脚往下蹬，不吉利
33-2		2	十一月十一日						
33-3		2	六月二十三日						
33-4		1	十月五日						

34. 水神

编号	字符	字频	日期举例	朱小华解释			李开华解释		
				国际音标	直译	意译	国际音标	直译	意译
34-1		1	五月二十六日	$ɬo^{35}$	小的水/水神	一个湖，代表水神的煞气惹了人	$xə^{35}$	湖	有湖的方向不能去
34-2		2	六月十六日						
34-3		2	二月十七日						
34-4		2	四月二十五日						

续表

编号	字符	字频	日期举例	朱小华解释			李开华解释		
				国际音标	直译	意译	国际音标	直译	意译
34-5		2	七月十八日	ɬo³⁵	小的水/水神	不干净的水神惹了人	xə³⁵	湖	有湖的方向不能去
34-6		6	七月十九日	ɬo³⁵	小的水/水神一般大或比较大的水/水神	水神惹了人	xə³⁵	湖	有湖的方向不能去
34-7		6	十一月五日						
34-8		2	八月十四日						
34-9		1	十一月二十六日						

35. 箭/弓弩

编号	字符	字频	日期举例	朱小华解释			李开华解释		
				国际音标	直译	意译	国际音标	直译	意译
35-1		3	十月二十日	ndo³⁵/ li⁵⁵pu³¹ li⁵⁵qɑ³¹ zɿ³¹	箭	做法事的工具，用于射糌粑坨坨	li⁵⁵bu⁵⁵	弓弩	有人射箭，不吉利
35-2		1	三月十八日						

36. 八方神

字符	编号	字频	日期举例	朱小华解释			李开华解释		
				国际音标	直译	意译	国际音标	直译	意译
ᛋ	36-1	1	二月二十二日	ŋgu³¹gi⁵⁵	八方神	普通的八方神，会惹人	pʰɚ⁵⁵pa³¹	法器（类似于印章）	和尚的法器，在糌粑坨坨上印
卐	36-2	1	九月三日						
卍	36-3	1	四月二十六日						
ᛋ	36-4	1	三月九日						

37. 八方神/糌粑坨坨

编号	字符	字频	日期举例	朱小华解释			李开华解释		
				国际音标	直译	意译	国际音标	直译	意译
37-1		3	七月二十七日						
37-2		2	四月一日	ŋgu³¹gi⁵⁵	八方神	更大的八方神，惹人更严重	①pʰɚ⁵⁵pa³¹ ②zɿ³⁵dzʯ⁵⁵kʰu³¹	①法器 ②四方	①和尚的法器，在糌粑坨坨上印图案。②四方都可以去。
37-3		1	七月十五日						
37-4		1	八月四日	ŋgu³¹gi⁵⁵	八方神	更大的八方神，惹人更严重			

续表

编号	字符	字频	日期举例	朱小华解释			李开华解释		
				国际音标	直译	意译	国际音标	直译	意译
37-5		2	七月二十日	ŋgu³¹gi⁵⁵	八方神	八方菩萨的红煞	① pʰɚ⁵⁵pa³¹ ② zɿ³⁵dzu⁵⁵ kʰu³¹	①法器 ②四方	①和尚的法器，在糌粑坨坨上印。②四方都可以去。

38. 羊肩胛骨（血盆/血碗）

编号	字符	字频	日期举例	朱小华解释			李开华解释		
				国际音标	直译	意译	国际音标	直译	意译
38-1		2	五月十六日						
38-2		1	十月十日	tsʰɿ⁵⁵ɚ⁵⁵	羊肩胛骨	要杀羊为病人除病	sa³⁵qʰa⁵⁵	血盆/血碗	干净的血碗
38-3		1	九月二十七日						
38-4		2	十二月三十日						
38-5		2	三月二十一日	tsʰɿ⁵⁵ɚ⁵⁵	羊肩胛骨	病人被煞气惹了	sa³⁵qʰa⁵⁵	血盆/血碗	有人放血，不吉利
38-6		1	四月八日						
38-7		1	五月十八日	tsʰɿ⁵⁵ɚ⁵⁵	羊肩胛骨	病人被煞气惹了	sa³⁵qʰa⁵⁵	血盆/血碗	有人放血，不吉利

39. 岸子/神枝

编号	字符	字频	日期举例	朱小华解释 国际音标	朱小华解释 直译	朱小华解释 意译	李开华解释 国际音标	李开华解释 直译	李开华解释 意译
39-1		16	八月二十七日	pu⁵⁵mba³¹	岸子	坛神	nda⁵⁵ta⁵⁵	神枝	家神
39-2		1	七月二十一日						
39-3		2	六月二十日			不干净的坛神，会惹人			不干净的家神

40. 不吉利的东西

编号	字符	字频	日期举例	朱小华解释 国际音标	朱小华解释 直译	朱小华解释 意译	李开华解释 国际音标	李开华解释 直译	李开华解释 意译
40-1	[1]	1	三月十八日	li⁵⁵ŋga³¹	不吉利的东西	有它出现，则这一天很不吉利	不详	不详	不详
40-2	[2]	1	三月十九日						
40-3	[3]	1	三月二十一日						
40-4	[4]	1	三月二十二日						

续表

编号	字符	字频	日期举例	朱小华解释			李开华解释		
				国际音标	直译	意译	国际音标	直译	意译
40-5	[5]	1	三月二十三日	li⁵⁵ŋa³¹	不吉利的东西	有它出现，则这一天很不吉利	不详	不详	不详
40-6	[6]	1	三月二十四日						
40-7	[7]	1	三月二十五日						
40-8	[8]	1	三月二十六日						
40-9	[9]	1	七月十五日						
40-10	[10]	1	十月三十日						
40-11	[11]	1	十二月三十日			不吉利的东西还带着红煞，很不好			

41. 凶死鬼

编号	字符	字频	日期举例	朱小华解释			李开华解释		
				国际音标	直译	意译	国际音标	直译	意译
41-1		2	五月十一日	tʂ⁵⁵tʂʰa³¹	凶死鬼	凶死鬼惹了人	不详	不详	不详

[1] 三月十八，属羊的日子，属羊的人得病，pu³¹要送星宿，送煞气，射带着煞气的糌粑坨坨。图中草书藏文作"ལུ"（lu），"羊"的别写，藏文正字为ལུག（lug）。

[2] 三月十九，属猴的一天，属猴的人得病，要送不好的东西。图中草书藏文作"སྤྲ"（spra），"猴"的别写，藏文正字为"སྤྲེལ"（sprel），或作"སྤྲེའུ"（sprevu）。

[3] 三月二十一，属狗的一天，属狗的人得病，要送不好的东西，要杀羊。图中草书藏文作"ཁྱི"（狗），同藏文正字。

[4] 三月二十二，属猪的一天，属猪的人生病，要送不要的东西，送怪象，要烧香。图中草书藏文"ཕ"（pha），"猪"的别写，藏文正字为"ཕག"（phag）。

[5] 三月二十三，属鼠的一天，属鼠的人生病，要给大烧香堆堆烧香，要送煞气。图中草书藏文作"བྱི"（byi，鼠），同藏文正字。

[6] 三月二十四，属牛的一天，属牛的人得病，要送走不好的东西，给大烧香堆堆烧香。图中草书藏文作"གླ"（gla），"牛"的别写，藏文正字为"གླང"（glang）。

[7] 三月二十五，属虎的一天，属虎的人生病，要送走不好的东西，要烧香。图中草书藏文作"སྟ"（sta），"虎"的别写，藏文正字为"སྟག"（stag）。

[8] 三月二十六，属兔的一天，属兔的人得病，要送不好的东西，在筛子里放五张纸，要送走不好的东西。图中草书藏文作"ཡོ"（yo），"兔"的别写，藏文正字为"ཡོས"（yos）。

[9] 七月十五，属龙的一天，属龙的人得病，要送八方神，要送怪象，要送不吉利的东西，要吹海螺。图中草书藏文作"ལ"，与"龙"无直接关系。

[10] 十月三十，属牛的一天，属牛的人得病，要送不吉利的东西，要谢土神。图中藏文作"ལ"，与"牛"无直接关系。

[11] 十二月三十，属牛的一天，属牛的人得病，要杀一只羊，要送煞气，要送天上的星宿，要送不吉利的东西。图中藏文作"ལ"，与"牛"无直接关系。

二 木里印棒符号统计表

说明：

1. 对纳木依祭司朱小华的四个印棒的图符文字做穷尽性统计，共有158个，经归纳整理出48种图符。

2. 这48种字符按照法器、自然事物、动物、人、鬼的主题进行分类并排序。有时是一组字符同时使用。

序号	名称	国际音标	图样								
1	大烧香堆堆	ʁa⁵⁵la⁵⁵bu⁵⁵									
2	小烧香堆堆	ʁa⁵⁵bu⁵⁵ ta⁵⁵ta⁵⁵									
3	香炉	sa⁵⁵kʰa⁵⁵									
4	海螺	li³¹bu⁵⁵									
5	水神的宝贝	no³¹pu⁵⁵									
6	葫芦	ke³¹ʐʅ⁵⁵									
7	糌粑坨坨	qa⁵⁵tu⁵⁵									

续表

序号	名称	国际音标	图样							
8	灯	$ma^{31}mi^{55}$								
9	挂在山上的布	$pa^{55}k^hu^{31}$								
10	筛子	$mp^ha^{55}ka^{55}/$ $a^{31}k^hɚ^{55}$								
11	树	$sɿ^{35}po^{55}$								
12	牵树的线	$pa^{55}k^hu^{31}$ p^ha^{31}								
13	铜钱	$zɿ^{55}ku^{31}ka^{35}$								
14	洞里面	$zɿ^{55}ku^{31}$								
15	石板	$la^{55}ka^{55}mi^{55}$								
16	星星	$tʂɿ^{31}$								
17	月亮	$ɬi^{55}mi^{55}$								
18	湖	xe^{35}								
19	马	mo^{55}								

续表

序号	名称	国际音标	图样						
20	狗	tʂʰɿ³⁵							
21	山羊	tsʰɿ⁵⁵							
22	绵羊	io⁵⁵							
23	猪	va³⁵							
24	牛	ɣe³⁵							
25	水牛	ndzɿ⁵⁵ɣe³⁵							
26	牦牛	bu⁵⁵							
27	鸡	ɦia⁵⁵							
28	野鸡	xo³⁵							
29	山鸡	xe³⁵							
30	水鸭子	ndzɿ⁵⁵ɦia⁵⁵							
31	麂子	ntsʰɿ⁵⁵							
32	青蛙	pɑ³¹mi⁵⁵							
33	蚂蚁	bu⁵⁵dzɿ⁵⁵							

序号	名称	国际音标	图样
34	蛇	bu⁵⁵ʐ̍³¹	
35	女人	mi³⁵	
36	男人	ku³⁵	
37	骑牛的人	ɣe³⁵tsɑ⁵⁵su⁵⁵	
38	骑马的人	mo⁵⁵tsɑ⁵⁵su⁵⁵	
39	骑绵羊的人	io⁵⁵tsɑ⁵⁵su⁵⁵	
40	骑山羊的人	tsʰɿ⁵⁵tsɑ⁵⁵su⁵⁵	
41	骑猪的人	va³⁵tsɑ⁵⁵su⁵⁵	
42	骑鸡的人	ɦa⁵⁵tsɑ⁵⁵su⁵⁵	
43	骑狗的人	tʂʰɿ³⁵tsɑ⁵⁵su⁵⁵	

续表

序号	名称	国际音标	图样
44	骑猫的人	χɑ³⁵lɑ⁵⁵ tsɑ⁵⁵su⁵⁵	
45	骑鸭的人	ndʐɿ⁵⁵ɦɑ⁵⁵ tsɑ⁵⁵su⁵⁵	
46	凶死鬼	tʂʰɑ⁵⁵ndzo³¹	
47	煞气	zɑ³⁵	
48	（意义不详）		

第五章
口述史

一　木里县俾波乡朱小华访谈口述史

访谈时间：2012年5月8日
访谈地点：清华大学西南14号楼
访谈对象：朱小华
访谈者：安娅
整理者：安娅、杜牧野、张琰

民族历史：文字在过河时丢失

安娅（以下简称"安"）： 我记得你上次说过，你们纳木依人是从印度起源，然后迁徙到西藏是吧？你们从印度起源，在什么时候迁徙到西藏的呢？这个过程？

朱小华（以下简称"朱"）： 起源是印度。然后经过尼泊尔，尼泊尔经过后到西藏。然后在西藏居住的时间，相当长。

安： 大概在西藏住了多少年？

朱： 几代人，以后就是嘎咪族（音），一个是哥哥，一个是弟弟。嘎咪族，就是藏族。传说，我们是哥哥，他们是弟弟。两弟兄有了过节（矛盾），然后发生了争执。争吵过后，哥哥就说，我是哥哥我让你，你继续住这里，我走。这样两弟兄就拆开了。财产和兵都分了，哥哥带上他的兵就走了。

安： 所以这样你们就迁出西藏了？

朱： 恩，迁出西藏。所以我们就叫西番族。当时西番族就是，经过喜马拉雅山的山脚，路过。说是番族，翻山之后就是西番，就这样有了西番这样一个名字。他从喜马拉雅山过去之后，迁到各地，四处都去了，我们就从西藏出来，经过西安，内蒙古也经过，新疆也经过了，北京也经过。从新疆转过来之后，到成都平原，经过好长一段时间，也过了几代人，又开始走，经过云南，经过了丽江后就是金沙江。原来我们是有文字的，但是我们把书掉在了金沙江，之后就没有书了，在我的那个（编者注：指自己所持的"神路图"）上面有画图，一个藏族喇嘛，和我们纳木依的一个帕孜，他经过那里，书掉了以后就被藏族的喇嘛拿去了，过后他们两个就在河滩吵了起来，纳木依帕孜说："你把我的书还给我！"那个藏族喇嘛说："我是在河里面捡的，凭啥子要还给你？"就这样这两个人就争吵，争吵了一阵过后，纳木依帕孜就跑到金沙江河里面喝了几口水，说："我的书就是在这里掉的，我就在这里喝几口水，就当把我的书吃在肚子里了，这个书你就拿去吧，我不要了，你以后就专门念经，不允许你杀生。我以后杀生，不再念经了。以后师傅教一句我就学一句。以后出远门，你背几背（经书），你回来也背几背，去你也背书来你也背书。我去的话就空手去，回来如果杀了生的话我来背肉。"两个人打了这个赌。从那以后，纳木依人就没有文字了。然后这个帕孜就四处教徒，一句一句教。我们现在就没得办法纠正。因为这个原因我们纳木依的话越来越少，因为没有文字，教十个只能会一个，最多能学会两个，教二三十个就两三个能学会。因为记忆力不好的人根本学不会。做帕孜的人就越来越少了。

安：所以藏族现在经书很多？

朱：嗯，藏族现在经书很多啊，他做一个道场背几背书。去了背几背，回来也背几背。他不能杀生，纳木依帕孜从金沙江丢了文字之后，从云南到成都平原，再到雅安，然后翻过二郎山，二郎山很高，好长一段时间他才翻过去。然后经过泸定到康定，然后经过阿坝。这样子从康定过了以后才到了道孚县，有的（纳木依人）留在雅江，在雅江居住了一段时间。雅江过后又经过了巴美、新都、沙袋，沙袋过后就是九龙县的鸡丑山，鸡丑山过了以后就到了汤谷，然后到我们纳木依说的"na^{55}mia^{55}ŋgu^{31}kʰu^{55}"。在那住了一段时间就到了九龙县的县城察尔。察尔又住了几代人，然后我们就到了乌拉其，乌拉其过来就直接到了九龙县的卫家坪，在卫家坪有的住在帽谷场，有的住在里庄，里庄那边都姓李，也有姓朱的、姓王的，这几支就走到冕宁县的沃浦乡（音），在沃浦乡住了好几代人，有一部分是姓杨的，还有姓刘的、姓朱的，有些就去了倮波。现在我们住的甘海子上面的花椒坪（音），在我家上面大概有两公里。（花椒坪）是一个山梁子，老房子的屋基现在还在呢。

安：那现在那里还有住人的吗？

朱：没得人了。老屋基还在。

安：你说的是哪个坪啊？

朱：那是花椒坪（音）。有一部分姓李的，剩下一部分在九龙县尼玛堡子，有一部分就到冕宁县的联合乡，都是姓布的、姓王的。还有一些在汉源，还有甘洛……从卫家坪以后（纳木依人）就四分五裂。姓朱的、姓伍的、姓王的，都在倮波乡，住了几代人，几代人以后就是我们的老太，就在这里生长的。

安：老太太是你的母亲？

朱：不是，是我爷爷的爷爷那一辈。在沃浦窝（音）生长。然后沃浦窝的势力大了，彝族很多，对我们纳木依又偷又抢，又骗。我们被欺负，待不下去了，然后就往倮波搬。在倮波大概有两三百年历史。

安：你们这些历史是你的父亲或者是老一代的人给你们讲的吗？

朱：是的，他们不讲我们不懂的。从沃浦窝（音）搬到倮波我家是最早的，大概住了七代人，现在我们娃娃已经是第八代了。其他的就只有四代、五代。伍家在倮波只是住了三代人。

节日庆典：正宗的过年是火把节

安：你们有些什么样的节日呢？听说你们最重要的是火把节？

朱：对。我们的火把节是阴历六月十六、十七，十六那天是最隆重的，是我们正宗的过年，相当于汉族的春节。那天屋头要敬神，家家户户要宰猪宰羊，宰猪后要敬老人，要敬神，要做馍馍、鸡蛋，敬神后吃饭、喝酒，大概晚上八九点钟的时候开始打火把。每人要做一个火把。做火把的过程大致为：在过火把节之前把从山上捡回来的腐烂的柴晒干，然后捶成面面，然后再把面面晒干，没有太阳的话，要用火炕干，再加点苦荞面面，有火药也可以加点。把火把烧起后就在火把上撒准备好的烂柴面面，火把就好像浇了油一样，燃起来像火花（烟火）一样。每家都会先把火把绕着自己家房子里外转一圈，同时一边走一边撒烂柴面面。在家里打完火把后，人们就会拿着火把来到村里的聚集地（每个村都有一个聚集地），那个地方取名叫火把坪。原来我家老房子后面就有一个火把坪。

安：你们是不是有专门的东西来装那个火把面面？像包包什么的？

朱：包包啊，簸簸（簸箕）啊都可以。

安：那你拿起火把自己抓面面来撒在上面？

朱：有些是自己往火把上撒，有些是往别人火把上撒，那个面面撒过去就像火花一样，很好看。大家集中到火把坪后，都在火把坪打火把，年轻人你抓一把来撒在我的上面，我抓一把来撒在你的上面，你烧我，我烧你，这样闹着玩。

安：就是我抓一把撒在你的火把上？

朱：不是，是我把火把对准你，然后往火把上撒面面，那个火花就会飘到你身上。

安：那样会不会太危险了？

朱：不危险。

安：是不是因为只有少量的火药？

朱：有些也没有加火药。

安：没有火药，只是荞花的面面也可以打出那样的效果？

朱：对，但是要把面面弄得相当细，要晒得很干。那个火会烧到汗毛、头发或者衣服，但是不会伤人，只是把皮肤烧发烫。这一般是年轻人之间开玩笑，但是那时候也不分老少，你撒我我撒你，又唱又跳。我们有专门的火把节歌，大家唱一段歌，打一会儿火把，又唱一会儿，之后又打一会儿火把，然后就回家了。

安：你们一般是闹到几点呢？

朱：不一定，喜欢要到几点就要到几点。把面面撒完后，就把火把集中在一个地方，堆成一个火堆，有的人从家里拿点肉，有的人拿点酒，在火堆上烤肉，然后边吃肉边喝酒，吃完喝完就回家。第二天晚上照样打火把，跟前一晚上一样娱乐。然后各家就把火把拿到自家的包干地里头，在包干地里打火把。庄稼每年在四五月的时候有虫吃，秧苗有虫吃，火把打了以后呢就没虫子吃了。在包干地里打火把就是为了灭害虫，火把打了过后，地里的庄稼就没虫子吃了。十七那天的白天还会唱歌。

安：十七那天还要敬神吗？

朱：也要敬神，两天都要敬神。其余时间大家会聚集在一个地方唱歌跳舞，喝酒。白天所有的牛、羊、猪等牲畜，主人都要给它们喂盐巴。喂了盐巴后，牲畜就会觉得主人家很兴旺。如果不给牲畜喂盐巴，牲畜就会觉得自家的主人后继无人了，就会哭。十六、十七之后，二十四还可以打一次火把，那之后就不用打了。

安：那十八到二十三这些天还用打火把吗？

朱：不用。十六、十七是我们纳木依人正宗打火把的节日，最隆重的。十七那天白天还有个仪式，就是周围几个堡子集中起来在一个专门的地方，堡子的下面，就是院门口［$za^{55}k^hu^{31}$］，进堡子的地方。帕孜要在那里坐着念经，仪式叫做"$tse^{55}mo^{55}pi^{35}$"。做"$tse^{55}mo^{55}pi^{35}$"时要用一条猪，帕孜念完经就把猪杀了，堡子头的老老少少都要去，要把猪肉放锅里煮，在场的每个人都要吃上肉。意思是新的一年到了，有不好的伤风感冒，不好的牛瘟、猪瘟、马瘟等，统统挡到院门口外面。挡病苦等不好的东西要在堡子下面做法事，做完仪式就把那些不好的东西全部挡在下面了，不允许再往上走，这个堡子就不允许进。烧香、敬神等仪式就往高上做。做完"$tse^{55}mo^{55}pi^{35}$"就开始打火把，做晚饭。

安：每一年的那一天你都要去做仪式吧？你是最忙的人吧？

朱：嗯，年年都要做这个仪式。

最近几年都不做了，以前我都做，这些仪式只有我懂。老年人（50岁以上）懂这个东西，但是他们不会做，只有我会做。

安：那打火把现在还在打吧？

朱：火把现在还在打，但是大规模的没有了，大家不去那个火把坪了，各家在各自家里打，把晚饭吃了、神敬了就开始打火把，规模很小，然后送到自家的包干地头去。

安：这样其实很可惜吧？

朱：嗯，因为我们纳木依的火把节是最关键的，最隆重的。

安：那火把节的时候在外打工的年轻人要不要回家呢？你家的娃娃在外上学、打工，他们现在到火把节的时候回不回家呢？

朱：以前不管人在啥子地方，火把节的（时候）都要回家，但是现在都不回家，他们春节的时候才回家。火把节的时候如果娃娃不在家，但是他的那个火把必须要有。

安：你刚才讲的十六那天打火把，到晚上要在火把坪把火把烧了，第二天要接着打，那是不是每个人火把节的时候要准备两个火把？

朱：对，第一天烧了以后，第二天还要继续做火把。

安：那你们的火把是用什么做的呢？

朱：竹子可以做，房顶的瓦板也可以做，现在没有瓦板了。瓦板就是用很标致的树子，也就是很直很直的树子，把它锯成二三米长的木头，用刀把木头砍成手指厚的一块块板子，然后把这些板子打成一小张一小张的席子，一张有五六寸宽，然后把这些板子镶在一起，盖在屋顶。

安：那个防雨吗？

朱：防雨，但是要一年翻新一次，上面还要盖上石头，以防风吹走，这样的话一滴雨都不漏。火把节的时候把换下来不用的旧瓦板劈成小条条做成火把，不过现在没有瓦板了，都用竹子，竹子根根、叶子缠在头上，就做成了火把头。

安：上面要浇油吗？

朱：不用，只要是干的就能点燃。

安：除了火把节你们还有什么节日？

朱：还有三月的清明节。如果老人的坟松了，那天就会给老人重新垒坟。那个季节过了以后家里一年如果有什么不顺的，该做啥子法事就要让帕孜算。帕孜如果算出要做大的法事"$du^{31}dz_{ɿ}^{31}sɿ^{55}$"，就是一个清洁的法事，那主人家有些用羊子，有些用猪，规模大点的做三天，要有猪、羊、鸡，还要扎茅人，一般要扎四个，三个像人，另一个像鸡，三天法事做完的时候还要用糌粑面面揉成坨坨，用印棒印上人像，送走的时候要给茅人穿上主人家穿过的旧衣服，往没有主人家本命的方向送。有些家头不太顺利，就要做"$mi^{55}k^{h}a^{31}ndʑy^{31}$"，家里有灾难就做"$du^{31}dz_{ɿ}^{31}sɿ^{55}$"，没要灾难也可以做，以求吉祥。有些家头代代都有人凶死，如摔死、跳水死、吊死等，这就是遗传病，就要请帕孜做"$dz_{ɿ}^{55}ndz_{ɿ}^{55}$"，这个要做三天，稻草茅人要129个，所有的动物都要扎完，老虎、豹子、豺狗、山羊、岩羊等等，个个都不一样。这家人有多少人，还要扎多少个茅人。还要百十斤糌粑面，用酥油揉成菩萨像、人像，有些还在印板上印，糌粑坨坨要多多的。送茅人走的时候要五六十个人帮忙，这些东西不管朝哪个地方做，都要看着金河（音）做才行。

安：金河是什么？

朱：就是雅砻江，就是大河。这些东西做完后，都要送到能看到金河的地方。他一共要做三次，第一次要看着金河做，第二次要送到去金河的半路上，第三次就必须要送到金河里。

安：那些茅人都要送到河里去？

朱：对，或者送到河边上，涨水后河水就把它冲走了，意思是消失了，冲到东洋大海里了，永不翻身，他家里就再也不会有这样的灾难了。这些东西我做过几百次了，其中的规矩太多了，有些不能在家里做，要在房子以下搭个棚子，在棚子里做，棚子要干净。有个法事是因为儿女不清净，就是小孩儿养不大。比如第一个孩子岁把或两三岁死了，第二个也是两三岁或三四岁死了，这种就要做"$tʂ^{h}u^{55}ʂa^{55}a^{31}ndu^{31}pi^{35}$"，在山梁子上做，也要做三天。这个要一只白羊子、一只白鸡公，也要很多的糌粑面揉很多的菩萨和人像坨坨。做了这个法事以后，娃娃就能带大。还有一种仪式是在金河边上做，不能在屋头做，用一只黑羊子，或是一只黑鸡公，或是一头黑猪，还要很多糌粑坨坨，还要扎很多的茅人，在河边上做三天，这种叫"tʂʰu⁵⁵sɿ⁵⁵ndu³¹kʰu³¹"。这个做完后也要让河水冲走。

安：也就是说一种是在山梁子上做，要白色的羊子和白色的鸡公，一种是在河边做，用黑色的羊子黑色的鸡公。那这两种是可以随便选择的吗？

朱：这需要帕孜算，看那种方式吉祥，要通过打卦才知道。如果应该在山梁子上做，但是却到河边做了，那起的作用是相反的。还有一种是在屋头做，叫"tʂʰa⁵⁵po³¹pi³⁵"，那种要做很多的茅人和糌粑坨坨，也是要通过帕孜算，翻书、打卦，之后才能确定，也要做三天。还有一种，是人得了肺结核之类的传染病——这种病土话叫猴子病——所做的仪式，叫"mo³¹ndʐɿ⁵⁵pi³⁵"，要扎九十多个茅人，要做三天三夜，帕孜要狠狠地念经，还要做糌粑坨坨。大家认为这个病是从天上掉下来的，所以要往高上送，送到很高的地方去，念的时候帕孜就会喊天王菩萨把这个病苦收回去，不要到人间来害人。大规模的法事大概就有这么多。有些要做五天，有些要做七天。最大规模的叫"ɣe³⁵sɿ⁵⁵pi³⁵"（牛王会），十三年才做一次，和尚都要几十个，最少的也要十几个，现在已经没有人会做了，连我都没见过，应该是50年代以后就没做过了。

安：这个（牛王会）是固定哪个月哪一天做呢？

朱：我也不清楚，反正是十三年做一次。可能是三月初开始，做五六天或六七天。我爷爷和父亲做过，我父亲是跟我爷爷一起做的，他没单独做过。后来就取消了，大概在60、70年代的时候。

安：牛王会是一个节日还是一个宗教仪式？

朱：是一个宗教仪式，规模相当大。一般的和尚是做不了的，要选手艺最好的十几个和尚来做，我爷爷是他那个时候的总带头人。牛王会是要杀人的。

安：那是由谁杀人呢？帕孜吗？

朱：由帮忙的人杀，帕孜只管念经，那个太残忍了，后头改变了好多种方式。

婚恋习俗：
开老亲，满12岁成人礼，女孩子穿裙子，男孩子穿大裤脚

安：现在你们那里的年轻人都是自由恋爱吧？

朱：现在都自由了嘛，不自由不行嘛。

安：那你那个时候呢？

朱：那个时候就自由了，以前就全是包办嘛，现在要包办也包办不起了，子女不听你的话嘛。

安：你跟你的爱人是自由恋爱吗？

朱：我们是自由恋爱，但还是老人先来说，找媒人来说媒。

一般都是男方派媒人来说。不过现在我们当地的女娃娃都不愿意嫁给当地人了，都是朝外地走，外地的女娃儿也不愿嫁到我们那里去，因为我们当地还是比较落后，所以当地的好多男娃儿都要当喇嘛了，都是二三十岁讨不到老婆。

安：你们一般大概要多大才可以谈恋爱？

朱：过去我们还没出生就可以说嘛，怀起的时候就可以说，像开老亲，就是姑姑家的儿子媳妇怀孕了，或者舅舅家的儿子媳妇怀孕了，两家都还没生，就可以订亲。如果最后两家都生男或都生女，就取消亲事；如果一家生男一家生女，就一定要开这门亲，非开不可。如果长大了有一方不愿意，就当离婚来处理。这几年已经没有这种情况了。

安：你们有没有成人礼？就是大概十六七岁的时候，有一个仪式，就是标志着可以谈恋爱了。

朱：有嘛，没生的时候就可以说，生了到两三岁的时候也可以说。

安：但是那是大人说吧？年轻人有没有到一定时候可以出去交际啊、谈恋爱啊，你们有没有一个固定的年龄？

朱：我们的女子12岁就可以穿裙子了，穿裙子的意思是可以结婚了，嫁人了。所以在舅舅家女儿12岁的时候，姑姑家就会做裙子给她，表示可以办婚事了。不过我们的规矩是，只能是舅舅家的女儿嫁到姑姑家，姑姑家的女儿不能嫁到舅舅家。如果12岁了，舅舅家实在不愿意把女儿嫁到姑姑家，那就当离婚来处理。如果有一方非要维持这门亲事，另一方不愿意，又离不成婚，跑出去了，那跑的那方要赔钱给对方。要杀猪，杀牛，赔钱等等。现在这个社会就没有这种情况了。

安：那现在还有没有女孩到12岁穿裙子的习惯呢？现在不可能12岁结婚吧？

朱：现在没有了。不可能。

安：现在都是按照国家的《婚姻法》吧？

朱：嗯。现在我家的女娃娃都二十多岁了，结啥子婚哦，都在上学、工作。

安：她们现在有没有谈恋爱？

朱：不晓得。一般我家的女娃娃都怕我。我告诉她们，读书就好好读书，不要谈恋爱。我一个女儿在成都读书，她一个表姐也在那里读书，已经谈恋爱了。我这次去成都见到了我女儿，没见到她表姐，我女儿说她表姐跟男朋友走了，我就教育我女儿：父母为了你们学知识，特别节约，你们学知识就要正正规规学，学了知识就好好找碗饭吃，找到自己的职业后，你就可以谈恋爱。但是你学知识的时候谈情说爱，能学好知识吗？

安：你家有几个娃娃，老大今年多大呢？

朱：我有6个娃娃，前5个是女娃娃，最小的是男娃娃。大的那个现在29岁，只读到二年级，家里条件实在是不好，就让她回家帮她妈。她现在结婚了，有娃娃了。其他的都还没嫁人。老二读到六年级，个子很高，一米七多，读书的时候成绩还是可以，现在在外地做生意。老三在江苏，成都绵阳电子学校毕业，在江苏移动公司上班。老四在成都读书，成都眉山师范学院。老五下学期高三，老幺现在高二。

安：刚才我们说女娃娃到12岁开始穿裙子，标志着成人，那男娃娃是不是也会穿一种什么服装表示他们可以结婚？

朱：男娃娃12岁满了后就穿大裤脚，还要穿我们纳木依人的衣服。

安：那他们小的时候不穿那样的衣服吗？

朱：小的时候就穿一般的衣服。男娃娃12岁满了就穿大裤脚，穿长衫，包帕子，戴烟包包，背火链（火石子）。火链是用好铁打出来的，用来打火吃烟。

安：你们那些年轻人谈恋爱的时候唱不唱山歌？或者有没有其他的什么习惯？

朱：我们不唱山歌。在提亲的时候，我们要在锅庄上倒点酒，过去的规矩是不讲斤数，讲碗数，要12碗（大约3斤），或者1罐，再加一两银子。在锅庄上倒了酒后，这家的姑娘就正式许配给男方家了。娃娃还没生，或者生下来在月子头，或者两三岁的时候都可以倒酒，到女娃娃12岁可以穿裙子的时候就可以办酒了。这是第一次倒酒，只有她爹妈和实在亲戚在场。还有第二次倒酒，叫"vu^{55}tʰa^{31}qɑ^{31}"，仪式做得大，三朋四友、亲戚家门都会来喝酒，就是要做到聋子要听到，瞎子要看到，瘸子要晓得，意思就是向村里的人宣布这家的姑娘要许配给那家的儿子了，这次要几十百把斤酒。然后到八月间，就要订婚，我们叫"pɑ^{55}li^{31}tsɿ^{31}"。那天男方家要给女方家彩礼钱，多少钱由女方家说了算，说是好多就是好多，姑娘的嫁妆要折成布，讲丈数，女方家要几丈男方就给几丈。后来就直接买现成的衣服了，讲套数。现在就直接给钱了。

安：现在你们一般是要多少彩礼钱呢？

朱：各家都不一样。过去舅舅家的丫头给姑姑家，舅舅家不能多要彩礼钱，甚至要都不能要，但是姑姑家必须要给一点。那些新开亲的要得高一点，但是如果关系很好的，也有一分钱不要的，当然也有人要得很高。各家的家规都不一样。订婚那天，女方家要多少礼猪、礼酒，男方都要给。

订完婚后就要请帕孜看结婚年月，一般都是冬月或腊月结婚。

结婚的时候新娘要有个伴娘，这个伴娘的属相八字要跟新娘合得起，要未婚，父母双方都要在世，五官要齐全，身体要健康。新郎也要有个伴郎，伴郎的八字属相也要跟新郎合，要未婚，父母双方都在世，身体要健康。

结婚那天，男方派去结亲的人中，主要的两个人"mi^{55}la^{55}su^{31}"属相、八字也要跟新郎相合，身体也要健康，父母都在世。女方正酒的前一天，男方就要把mi^{55}la^{55}su^{31}请来，请帕孜来念经，还要烧香，之后要煮点清茶［i^{55}pho^{55}tʂɿ^{31}］，用茶敬天神、地神、水神、山神、庙神等诸神，要神照顾mi^{55}la^{55}su^{31}，要让他们去结亲的时候唱要唱得起，说要说得起，撒水过后身体强壮。mi^{55}la^{55}su^{31}二人一正一副，帕孜念完经就把烧香的面面撒在正mi^{55}la^{55}su^{31}的头上。然后mi^{55}la^{55}su^{31}一人喝碗清茶，主人家要煮饭，然后摆酒席。吃了饭，mi^{55}la^{55}su^{31}要用根谷棍［mi^{55}ta^{55}］背在背上，然后去女方家结亲。

新娘家也要请帕孜念经，烧香，迎接mi^{55}la^{55}su^{31}。女方家的姑娘、老妈妈、平辈的小伙子全部拿着水桶在路上等着mi^{55}la^{55}su^{31}来，等他们一来就往他们头上撒水，要狠狠撒，使劲撒，要把他们身上全部泼湿。如果撒不起水女方家就丢脸了，人家就会说她家连水都撒不起。水撒了过后mi^{55}la^{55}su^{31}一旦跨进女方家的门，在上位坐下后，就不能再撒水了。帕孜把香烧了后，还要念经，内容跟男方家的不一样，大意为："我家女儿长大了，今天要嫁人了。豹子的儿已经让人家接走了，娘娘和父亲还在家，她虽然走了，她的家还在这里；老虎的儿让人家接走了，老虎的家还在这里。"虽然女儿被接走了,但是这个家还会继续兴旺,以后照样还会有女儿,下一代还会有女儿。一方面是奉承主人家,一方面是念吉祥的经。

香烧完经念完后,女方家就开始摆酒席,两个mi^{55}la^{55}su^{31}坐上位,主人家和客人就开始对歌。女方家就唱:你两个mi^{55}la^{55}su^{31}翻山驾岭来到这个地方,那个东西[mi^{55}ta^{55}]你们带来了吗?mi^{55}la^{55}su^{31}就唱:我们翻山驾岭来到这个地方,那个东西我拿来了,我就是为了这个事来的。mi^{55}la^{55}su^{31}答复起,主人家就不撒水,如果mi^{55}la^{55}su^{31}唱不来,女方又要给他们撒水。如果女方唱输了,男方的人也会给女方撒水。要唱一晚上,唱输的那方要请对方喝酒。第二天女方家摆完酒席后,晚上又要唱歌,一方要是答复不起,另一方就要给他们撒水。唱不赢的要给对方钱,或者请对方喝酒。第一天晚上和第二天晚上唱的内容不一样。第二天女方唱的大意为:我舍不得和父母分离。mi^{55}la^{55}su^{31}唱的大意为:你舍得我要带起走,你舍不得我也要带起走。我必须要带起走。你父母亲和女儿舍不得分开,我也要带起走。

第三天早上就要出亲,男方要把新娘接走。这时候帕孜又要念经,念完经,新娘就要换装,然后她的哥哥要把她从卧室背出来,在神龛那里磕头,然后背出大门口,交给接亲的人。如果新娘没有哥哥,就让弟弟背,没有弟弟,就让叔伯家的兄弟背。过去接亲,有的是骑马,有的是抬轿。新娘骑上马或坐上轿就出发。新娘的舅舅、伯伯、父亲、哥哥、姑姑、姐姐妹妹、晚辈子等等随后就去送亲,要一直送到新郎家。

安:男方家需要做什么呢?

朱:男方家在路上要准备好十二道酒迎接新娘。把新娘接进屋后,帕孜要烧香念经,帕孜念完经烧完香后,新郎新娘要拜堂,在神龛下磕头,然后给亲戚们倒酒,敬茶,然后就摆席吃饭。然后主人家又要跟女方家来的客人对歌,如果客方唱输了没关系,要是男方输了,就要请客人喝酒。

婚礼要持续三天,白天主人家摆了席,堡子里的亲戚一家负责送亲客们中午的招待,一家负责晚上的招待,招待要动宰杀,就是要杀猪杀羊,平均每天要宰杀三个,吃不完也要宰。三天满了以后,主人家的正酒正席办完了,男方要把送亲客从亲戚家接回来,要准备两个宰杀。这时候要按尊卑等级给送亲客钱,大概的规矩是:thu^{55}pha^{55}ko^{31}(舅舅)最大,给100元;a^{55}vu^{55}io^{31}ʑĩ^{51}(副舅舅)第二大,给90元;a^{55}yo^{55}(伯伯)也给90元;ɣua^{55}ndʑu^{55}xa^{31}(明人,即能说会道、很聪明的人)90元,mo^{55}za^{55}po^{31}(哥哥)80元,伴娘80元;其余的每个给10元或5元。现在也是这样。饭吃了后,帕孜又念经,主人家又跟客人对歌,送亲客唱:从三远五远的地方来到你家,住了三天三夜了,该各走各路了。主人家唱:你们慢点走,在我家没吃好没耍好,对不起了……就这样对歌,之后送亲客就回家了。

社会生产生活：艰难的通电、通路

安：请问你们那的自然环境如何？你们好像还是住在山上吧？气候怎么样？

朱：嗯，住在山上。

气候很好，只是风景不大好，因为现在树都砍完了。通了电话，交通也都方便。

安：为什么树都砍完了？

朱：因为以前交通不方便嘛，条件不好，所以树都砍出来烧了。

烧完了，现在就没得柴烧了。这几年，公路通了，电通了，水通了。就没什么人砍柴了，现在就基本上用电啊。这几年国家政策啊，补助我们用沼气，每家每户都用沼气。因为沼气很方便，我们就很少砍柴了。

安：你们不烧煤？

朱：不产煤。烧煤要从外面运。一般农户家不用煤，他没用过煤啦。不习惯用煤。现在交通方便了，也有人买煤。但是对我们农村来说就是不适应不方便。现在这个沼气就相当方便，又卫生，家家户户都在用。有时候沼气不够用了就用电，很少烧煤。

安：就现在好多了。你们那里经常下雨么？

朱：往年是经常下雨。去年今年都很干。

安：你们农业种些什么呢？

朱：玉米，水稻，洋芋，黄豆，什么都种。还有小麦、大麦，反正这几年就是种这些。

安：你们种苦荞不？

朱：原来种，现在都没有人种了。

以前有花荞、苦荞、燕麦，这些都种。现在包产到户以后就很少人种了，都是种玉米，水稻。这两年天干了，水稻也不种了，现在都种麦子。水稻就是在有水季节（种），雨水好了就产量好。这几年都天干，在雨水季节没有水，所以就都不愿意种，人们更愿意出去打工。那些有点技术的啊，或者有点劳力啊，他打工的方法多，一个人出去能挣个三四万一年，在家里面种田的一年产量多的才几千斤，万把斤，一斤玉米一块钱。这几年倒腾了，最多也就是几万块钱。但是你那个玉米，收了万把斤粮食，用来喂鸡啊喂牛啊喂猪啊，喂完了之后就卖不了多少钱。所以现在的人都不愿意种地。都是把地包给别人。有些地直接退耕还林了。

安：是的，我想很多地方都一样。因为农民种地挣不了多少钱，所以他们都愿意出去打工。所以好多地都没得人种的。

朱：是这样的。包产到户以后，我们发展的相当快。现在什么条件都很好，因为路通，水也通，电也通。很多人出去打工，经济条件也好了。

安：现在像你们村里面去打工的年轻人多不多？

朱：多。现在在家里都没有什么人。在家里面就只有一个看家的人。

安：女人和小孩吗？

朱：都是娃娃，还有老人，找不到个年轻人。

安：没有当地的人在当地做生意啊？

朱：也有，当地做生意的就留下来做生意，不做生意的就都在外面打工。在80年、81年的时候，一般有点能力的，都留在家里，老人说远处不能去，不安全，也不放心。那几年，娃娃一个人出远门，如果是三五年不回来，老人就会坐在家里哭，说那娃娃不回来了，被别人卖掉了。还有一些就是村里那些老人常说，外面有杀人的，把人拿来做人肉包子，怎么怎么样的。那个时候电话也没有，连消息也不能通，就只知道哭。你如果要带一个信，你人不到，这个信就带不到。从邮局能寄一封信，有时候，半年左右才能到。很不方便。如果年轻人有一点能力，想出去，家里面的老人就不让他出去。所以很少有人出门。这些年开发了以后，四通八达，云南、四川，在全国各地没有我们这里的年轻人不去的地方。

安：你们那里现在有没有旅游开发呢？

朱：旅游开发还没有。现在就是有个二滩公司在搞开发。

安：二滩公司就是搞得这个水电站，水电站是什么个范围呢？它是国家建的？

朱：恩，国家建的。二滩公司这个开发的相当大，它开发的是雅砻江，总共有三座坝，就是一级坝、二级坝、三级坝三个坝。第一台从今年的十月开始发电。第二台和第三台是2014年开发完毕。电站相当大，它是西电东送，直接供应东北三省。

安：我发现我们西南地区都是这样的，就包括我们贵州也是这样，就是说我们发的电我们用不掉，就送到外面去。

朱：它这个二滩开发的一号营地就在我们一村大坨，二号营地在里庄，三号营地在盐源。

安：这个二滩离你们那里有多远？你经常去吗？

朱：不远，只是十几公里。

经常去。因为现在我们从西昌出来也要走二滩公司的AB洞隧道。

安：听说那个隧道很长？

朱：我记得好像是十七公里吧。不知道是十七公里还是十八公里。

安：你觉得这个二滩公司对你的家乡有很大的改变吗？

朱：有改变。因为二滩开发了以后，我们才会有这么好，发展得有这么快。

安：你们是从哪一年开始建的这个大坝呢？

朱：哪一年就不晓得，正式开始修的时候应该是2003年或2004年。2001和2002年都在修路。

安：现在到你们村里有公路吧？是哪一年通的？

朱：有十几年了吧，九几年就通了。九几年就是乡村公路。通乡路到乡上是要经过我们一村。乡上通了就是我们一村先通。因为要从我们一村的学校里过。一村通了过后就我们家乡就好了，我们自发力量，然后自己组织。家门口通了十几年了，就是电通得很迟。那时候就我们乡上修了一个电站，包给了冕宁的一个老板，姓庞。

安：他修电站是在雅砻江修吗？

朱：不，在我们一村地基上修了个电站。

安：光是一村用？

朱：不是的。俅波全乡用。国家好像是拨了四百万的款帮那个老板修。从2003年的2月份，就开始修，一直修到现在，没修出来。当时签的合同就是115天，正式供电。然后木里县就给他办了一个俅波乡的供电权的手续。然后他从2003年一直修到现在。他都没把电站修好。

安：那你们现在用的电是从哪个地方来的？

朱：那个老板没把电站修出来，我们就从九龙县子耳乡接了电线过来。然后在那里买电。买电过来就给俅波乡供电。俅波乡的那个电只是牵了一根主线。牵到一村，先是这样。然后是乡政府，电线牵过来以后，在九龙县龙才公司一度电三毛八。然后到农村那里，一度是六毛。但是那个电不是很稳定，农户就催之前那个老板牵电，但是那个老板没钱，牵不起。后来我们农民就自己投钱，再买电杆和电线，然后再把电牵了。电表，什么东西都是自己买的。他只是发电。然后就一度电收六毛，电并不稳，三天两头就停电。今天也停，明天也停，发两天就停了。就这样差不多两三年三四年以后，就今年，我们俅波乡政府到木里县向木里县电力公司反映。然后木里县电力公司就找到了二滩开发公司，因为二滩开发公司开发的地在我们三个县的交界处，一个是木里县，还有一个是盐源县，他现在这个一级坝在盐源县，二级坝在我们木里县，然后它经过的路线是冕宁县，然后木里县电力公司就找了二滩开发公司，二滩公司同意给我们俅波乡供电。同意供电以后，木里县电力公司来把主线夹掉了。然后修电站的这个老板庞明胤就和木里县打官司，他说木里县俅波乡的供电权是他的，说木里县给了他六十年还是一百年的供电权。就因为之前办了这样一个手续，他和木里县打官司。而木里县政府的有些当官的吃了他的回扣，也不好说话。虽然多次说把他的供电权没收，但是也没办法，就一直打了十来年。然后他又去找木里县政府。他说木里县电力公司如果要继续给俅波乡供电，他就要收钱。后来农户全部反对这个老板，不准他供电，农户哪个都不要他供电，也坚决不用他的电，然后看他的电往哪里发。这样子他就没办法咯。农户不用他的电，他就去找县政府，他找县政府还是要给农户供电。但是农户现在任何人都不要他的电。这样子过后，今年二滩公司准时给我们供电，已经送了两个多月的电。好像是从三月，三月十二日，还是三月十四日，我也不记得了，就正式供电了。现在电也很好。现在的电就是全国都是联网的。

安：那你们现在的电价是好多呢？

朱：现在的电价我们大概是不超过四毛。

安：北京现在的电价就是四毛多吧？你们那里不应该卖的那么贵吧？

朱：不应该贵。因为现在全国都是联网的。全国应该都是统一一个价。庞明胤从那个子耳乡买电过来，我们农户四毛，一般经商的那种就是一块五一度。甚至有些时候给你安个电表，一个月电费三四百。电表自己买，他只是来安装。都要三四百块钱。电费收得很高。你说哪个会愿意用？

安：就是个奸商。商人都喜欢赚钱嘛。你们现在就是生活水平挺好的了？

朱：提高了几百倍了。

安：你们现在有没有电视？

朱：电视现在家家户户都有。

安：从哪一年开始的呢？

朱：就现在全部有电视的话，不超过十年吧。2000年到2002年就这几年，基本上百分之八十的人都有了。2005年二滩开发后就每家每户百分之百的都有电视了。

安：那你们以前自己家看节目是不是都要用接收机？

朱：恩，是的。现在都有用这个东西的。现在我们还没有安那个闭路。现在都安小锅盖。那个台相当多。因为那个闭路还没有那个小锅盖好。80年包产到户的时候，俸波全乡只有一两台电视，都是放映那种录像。要放带子。

在80年包产到户以后，就81年、82年，都是自己安卫星电视。乡政府有两家经商的，一家姓刘，一家姓胡，他们两家在那里经商，然后就一家买了一个电视，都是用汽油机发电的。83年、84年以后就有些人在那个水沟旁边安磁电机和微型机。自家发电。还有五六百瓦、七八百瓦的。有些一千瓦的微型电机，自己发电就可以带一个电视机，带几个灯泡照明，一家安一个就行了。但是只有水好的地方电才好。

安：那你们现在有班车没有？平时出门的时候是不是从乡政府过？

朱：从乡政府和从我们家直接出来都要从我们一村到大坨，从大坨锦屏搭班车到冕宁、西昌。微型车也很多。有班车线路的时间还没超过三四年。应该是九几年，二滩公司开发以后，路通了，微型车就很多。但都是私人经营的那种微型车。比如那种面包车啊，长安车啊，拖拉机，还有轿车。那个时候轿车很少，因为路很烂。现在路好了，都是柏油路。

安：你来北京应该坐车到哪里？到西昌还是到木里？

朱：我们家到锦屏，就几公里，到锦屏就搭班车到西昌。

安：从你们家到锦屏没有班车吗？

朱：没有。

安：然后你从西昌是坐飞机过来的吗？

朱：不是的。坐火车到成都。然后从成都坐飞机过来。西昌也可以坐飞机。

安：从西昌坐飞机，还要到成都转机是吗？

朱：是的，西昌没有直达北京的。

安：现在你们村里的人都有自家的车吗？

朱：基本上有，一般是摩托车或者拖拉机，也有微型车的，有的就是皮卡车，现在车很多，但是比如说像我家就是没人开车，买车也没有用。小孩也都在读书，所以就算买得起也没人开。但是在家里头凡是开得起车的人都有车，如果在读书的娃娃回来了就开一个摩托车，我读书的时候连摩托车都没得开。

建筑：修碉的族群

安：你们现在的房子是哪种样子呢？

朱：有的老房子还是古式的。有石头做的，还有土墙的，我们的房子以前也有木房子。过去每家都有一个仓房。要把它隔成很多间。也可以装粮食，也可以装肉，装油，也可以装其他东西。藏族有一间正房，修出来以后，一栋房子就是两间，一间做卧室，一间就做客厅。在客厅里面做一个灶，然后用三个石头做一个锅庄。房间里的上方就是烧香、敬神的地方。

上方就是左方。大门要在左边。菩萨要安在这。那样的话火塘就在中间，男人坐在正上方。一旦来客人的话，上档次一点的客人就坐正上方。

安：你们的门是按东南西北开的吗？

朱：要，我们一般朝东方的方向开，如果东方开的方向不对，那么有些地形不一样就可以朝南方开，但是不能够朝西方开，因为我们番族是从西方来的，如果门对着西方开就是走回头路。送那个魂就只能往西方送，但是门不能往西方开。从西到东，必须开门要往东。就是必须一辈子要往前走，不能回头。也不能向北。有些汉族就可以向北，彝族可以向西。

安：你们门朝东边，进门了以后，你们那个神龛，是朝哪里呢？

朱：不管他怎么样，都是门在东方，那么这个房子是横着修的，那么是门一定要在这边，神龛也在这个地方。(打手势)我们叫做左位处。这样子神龛必须放在左位处。

安：那这个是跟家具摆放的地方有关系是吧？

朱：这个各个民族都不一样。有些民族是右手位，他的神龛就安在右方，我们是以左为主。

安：神龛是怎么摆的？

朱：前面有一张桌子，那叫神柜。就是一些敬神的用具在神柜里面。还有的菩萨供在楼上。

安：你们的房子一般是几层呢？

朱：一般都两层，因为在过去贼很多，我们纳木依把房子修起来以后，人就睡在楼上，畜生就关在楼下。那样贼就不容易进去偷东西。啥东西都不能偷走，因为贼一来人就会知道。现在社会来说，在楼下关了畜生的话，感觉不卫生，空气不好。我们纳木依和布朗族还有普米族这些少数民族都在楼下关畜生，人住楼上。底下畜生的粪气污染，对眼睛有害。不卫生，人就很容易生病。我觉得这种说法有一定的科学道理。因为自从我们出生了以后，这里已经开发了，人和畜生都是分开的，人都是住楼上，但是下面不再关畜生了，下面基本上都是放东西，或者楼上楼下都是人住。现在的畜生都是关在另外修的地方。所以现在差不多五六十年没有人眼睛疼或者是长腮了。

安：你们现在改变生活方式了吗？

朱：是的。现在都没有眼睛疼的人了。以前十个人里面有五六个人是眼睛疼的，十个人里面差不多有三四个人是长腮的。以前说人长腮是因为盐和水的关系，说是盐和水没有经过消毒，说是没加碘。现在的人吃的盐是加碘的嘛，所以就不长腮。现在不要说十个人，就是一千个人里面也没有长腮的。在近几年也不会看见有眼睛痛的人。就是以前经常会有眼睛红啊，现在都没有了。

安：现在你们村里面或者你们乡里面有没有以前纳木依人留下来的经书，你们那里有没有庙？

朱：我们纳木依不修庙，只有碉。

安：是碉楼子吗？

朱：就是在山梁子上面修碉。因为过去纳木依打仗是天下第一，最喜欢打仗作战。从西藏过来，他经过的每一个地方，都有修碉。

安：我听说很多地方都有羌族人修碉。那现在你们村里或乡里有没有碉呢？

朱：有。

安：那你晓不晓得它的历史和年代？什么时候修的？

朱：可能最少都是一千八百年了，有的可能都上了两千多年。

安：你们那大概有多少座碉楼呢？

朱：现在我们那里的碉都垮了。只有一个墙在那里了。现在有个八角碉，我看到好多地方都是四方形的，是四角。只有我们那里的八角碉是八角形的，它有八个棱。我记得我去里面的时候，里面是圆的。

安：那个碉是不是在你们干海子组？

朱：不是，在大铺子组。但它属于我们一村。我们属于干海子组，那个地基是在大铺子组，隔我们家最多就一公里半。那个碉现在大概还有十多米高，我听说原来是七层楼高，现在可能还有两层。

但是听说它是七层。已经倒了五六层吧。

安：你小时候有见到过吗？

朱：小时候见到过，现在也在。

安：就是小时候的样子跟现在有区别吗？

朱：十几年没看了。应该没有多大的区别。因为我从小看到大，差不多就是那个样子。

用石头砌出来的。那个碉是八角，我们到里面去看是圆形的，每一层楼都有门。

垮也不垮，它大不了就是掉一两块石头，有时候很多年都不会掉一块石头。

里面的窗子，都是里面宽，外面窄。在里面能看得到外面。外面是看不到里面的。

里面很宽。里面可以睡人的，但是要横着睡。

安：那怎么进去？

朱：从门进去。就这么一个口。

安：这个碉的作用是什么？

朱：我们问那些老一辈的，这个碉为什么是八角的，他们说不清楚。他们说他们在哪里看到的碉都是四角的。就是那个碉是八角。

安：那你们县里的碉都是四个角的？

朱：四个角。

安：那你们其他四个角的碉是拿来干嘛的？

朱：都是用来打仗的。每个碉里面的窗子都一样的，都是外面窄里面宽。四角的碉跟现在的房子的形式是差不多的，都是方形的。就那一个碉，我记得里面是圆形，不是方形的。

安：只有离你们家很近的那个碉是八个角里面是圆形的。

朱：嗯，他们说那个碉是以前修了打仗用的，人坐在那个碉里面，其他人去了的话，他可以看到别人，别人看不到他。过去就是没有枪，就用弓箭，人来了就从里面用箭射人家。这样一来，纳木依打仗就相当厉害。任何人都打不过纳木依了。敌人来了就只能死掉。我听说在三国的时候，诸葛亮发明了火炮。刚来打的时候打不过（纳木依人），但是之后他看到了这个碉，就发明了大炮。他们的子弹是用毛铁打成弹头的形式，然后把火药装好，把弹头装在炮里面。他把地点定好了，算准距离。然后他把炮摆好了，告诉纳木依说："你们就坐在里面，任何人都不能打败你们，谁来都欺负不了你们。"有的人是很耿直的，他就坐在那个山梁子的碉里面。然后汉族把那个路全部堵死了。如果出去的话就被汉族人打死。纳木依人不敢出去就只能坐在山梁子的碉里面，里面的东西吃完了，也没有水，有的就饿死在里面，还有渴死在里面的，剩下没死的，诸葛亮就用炮打。一炮直接轰掉一个碉。现在基本上碉都是轰掉一半的。有些地方的碉没打断，很完整，那是因为人都被活活地关死在里面了。现在冕宁县的新兴堡子的碉就是完整的。三家铺子那个应该是五层的。这两个碉还是完整的。新兴那个就是在顶上掉了一点下来。

安：你经常到那去吗？

安：那还是可以看到顶的？

朱：可以看到，它没有掉完，只是掉了一点点。二区那个差不多也是完整的，也掉了一点。那个五层的没掉完，还是完整的，只是掉了一块。其余的碉我看到的，还有冕宁县和爱乡和腊窝堡子的碉，还是完整的。

也是五层的。我只是路过的时候看到过。腊窝有两个碉，都是完整的。

安：这个碉应该是可以看出你们的这个历史哦？我听说是很多地方都有碉楼。

朱：大概就是碉楼，我觉得人家说得都很有道理，是诸葛亮设的棋，是他叫人修的碉，然后让人坐在碉里面。

安：是汉族叫你们修？修完之后他来打吗？

朱：是的，这是传说。到底是不是也说不清楚，反正传说是这么说的。但我觉得。有一定道理。因为他那个碉修在最高的山上。修在那个山梁子上，为什么没修在平地上？

安：有些人猜测，会不会和你们的宗教有关系？和你们信的那个教有关系吗？

朱：这个碉吗？没有啥子关系，这个碉过去的年代就是专门用来作战的，也有人在里面烧香。

安：那在打仗之前也会烧香啊？

朱：也会烧香。并不是因为烧香才修那个碉，也有在山梁子上烧香的。

他是修来打仗的，不是为了烧香的。后来就是战争时代过后呢，纳木依也把他拿来做个祭祀，以后就是在每个地界，凡是纳木依去过的地方都有修过碉，因此以后纳木依就把它作为一个祭祀的地方。

安：你们每年都会为这个碉祭祀啊？

朱：是的，要去烧香。就是战争时代以后，好像是为了做一个纪念，就做祭祀，在这个村子里面，一年一次。

安：村子里面的人都要去啊？是哪一天呢？

朱：都要去。不分时间。

大家一起去。但是不确定是哪天。任何时候只要方便就可以。反正一年只能一次。

安：你们怎么样一起约这个时间呢？

朱：要做这个祭祀的时候，在村子里面会有人通知我们哪天去做这个祭祀。

安：那比如说，你们村子里面的人约好了，我们哪天哪天到那个碉去烧香。但是你们村里人，有可能你们先走，比如你们今天去，然后别的村的人有可能改时间去是不是？

朱：他改时间去。近的可以去，远的他就不去了。比如说他在二区三家堡子，就是九龙县二区烟袋乡那里，就他那一个碉，三家铺子下面二区大铺子等几个铺子都去那个碉那里。比如新兴的几个堡子都会到新兴乡的那个碉那里去。

安：他们基本上就是同一天去吗？

朱：都是同一天去。像我们俫波就有碉，反正它各个地方都有碉。

安：你们那里一天要去多长时间？是不是也要帕孜去？

朱：要帕孜去的，那里要念经的。要念一天。

安：所以你每一年都要去吗？

朱：都要去。那么这几年这个祭祀都没有了，哪个都不愿意去了，我看再几年就更少了。因为现在人都出去打工了，为了挣钱，都不管这些事了。

安：你们要不要杀猪宰羊啊？

朱：要杀一头猪。

安：每一年你们做这个活动都要杀猪吗？

朱：每一年都要杀一个猪，那个猪是所有去的人都要集体出钱。比如说今天的这个费用，是一百，那就每人摊几块。按家族来分。猪肉要煮来吃，钱是集体出的。每家每户大大小小都得去吃。

安：你们这个仪式是要去烧香吗？

朱：这个仪式叫"ʁa^{55}pi^{35}"，碉就是"ʁa^{55}"。

安：哦，这个活动就叫"ʁa^{55}pi^{35}"，也不是烧香，就是专门为了碉，为了纪念以前战争时代举行的活动。

朱：就这么个祭祀。

朱小华亲历的一件事：有一年我得了很奇怪的病

朱：有一年我得了很奇怪的病，自己也不知道怎么了，好也不好，死也不死，医生也没有办法。我们乡里有一个老妈妈，她疯了几年以后就会算卦了，不像帕孜用甲子算，她只用想，基本上算得准。因此我们那里的人病了后找她去算。她跟我算的很相似。我家人就去找她，跟她说我病了已经四天了，医生说好不了，但又死不了，到底是啥子情况呢？我一个舅舅当老师，和我的两个兄弟一起去找她，那年我刚刚三十岁。

她算了一阵，就对我舅舅说："嗯，这个人的病相当恶，相当严重，啥子都不惹，他家祖传的那些神惹到他了，他惹那些神少则三天，多则五天了。他在东方的方向去人家屋头去作法，作法的时候用了一条羊子，那羊子身子是白的，脑壳是黑的，用了这个羊子以后，他开始作法的时候心里边好像很高兴，所以就请了天上地下所有的神。他还没做完这个法事，好像有一帮人开始打架，好像伤到了主人，那主人在狠狠地流血。有些人在哭，有些人在打。在这样的情况下，他法还没做完，就把他的东西收了。他请来的菩萨就不高兴了，所以就狠狠地打他，他就开始吐血。他当时自己就有感觉，他感到冷，身上发抖。但是人是不会死的，回去狠狠地敬神、作法。因为出血了，不干净，要买只白色的鸡做减淤，这样人就不会死。"

她说得像模像样，好像是她亲眼看见了似的。我是阴历十月二十日那天下午开始吐血，而且十九那天确实去给人家作法了，那天我用的羊子确实是身子白脑壳黑。我刚刚把羊子杀了，在场的有个人（编者：名字听不清）跟主人家喝酒醉了，打了起来，其中一个头被打出血了，昏死过去了，他的老婆和娃娃就开始哭。人都快被打死了，我当然做不下去了，就把自己的鼓、锣、钵等全部收起来了。把东西收起来后我就去看那个昏死的人是不是真的死了，发现只是昏了过去。这时我突然感觉不舒服，身上发冷，开始发抖。第二天我回家睡了一天，饭都没吃，老婆去叫我吃晚饭，我说我头晕，很不舒服，不想吃饭。老婆非把我拉了起来，我刚刚在桌子边坐下，心头突然一热，就吐了一口血出来。后面就不停地吐，我老婆和娃娃就开始哭，觉得我吐了那么多血，肯定是活不了了。他们就把我送到医院，到二十三那天，他们就去找那个老妈妈给我算，算了以后就烧了个香，用白鸡敬神，然后我就活到了今天。但是医院当时已经断定我马上要死了，叫我家人准备后事。这些东西说不清楚，你说这些都是假的，可是那个老妈妈家离我家相当远，她是三村的人，我们是一村，走路要两个小时，她并没有看到我那天去给人家做法事、后来又去医院，这些连我们村里人都不知道。她把羊子的样子、吵嘴打架的情况都说出来了，从我去做法事到我家人去找她算的那天正好是五天，我真的很佩服。

安：那个老妈妈现在还在吗？

朱：在我生了那场病的第二年就死了，死的时候五十多岁。

安：那你会不会治病呢？帕孜会不会治病？

朱：我们帕孜就是治病的嘛。

安：那你们是通过敬神、念经来治病吧？

朱：对，有些时候是神、土、水等来犯他，我们都要算。算到比如说是水神犯他，他脚疼、瘫痪或是身上痒，那我们去把水神送了，他就好了。如果是神惹，就要送神；鬼惹，我们就要送鬼。送神送鬼之后，那个人就好了。

安：那你会不会给病人啥子东西吃呢？

朱：不可能，那种宗教仪式里面是不会给他吃东西的。不过有些时候我们会化水，在水里念咒语，然后把水给病人喝，这会起作用。有些时候医院里面一直治不好，我们做法后，他再去医院医，马上就好了。有些时候也不一定，科学是占主要的，一定要相信科学，迷信的东西是说不清楚的。你觉得它是真的，但是你又说不出个头绪；你说它是假的，完全没有，好像在有些时候又有点道理。说迷信这个东西完全是真的，这是没有根据的。我相信科学，因为我读过书，我初中毕业。初中毕业的时候我最想当医生。我那时跟我父亲讲，我咋个都要当个医生。当时农村很偏僻，医生很受欢迎，大家都希望医生早点把自己的病治好，就会送很多好东西给医生，像鸡蛋啊，鸡啊，肉啊等等，医生都不用自己买，乡长书记都没有这种待遇。我当时觉得当医生好有威望啊，我倒不是想那些东西，而是因为我家母亲生病在医院住了一年的院，住院期间，有时候要求着医生打针，那些医生想打就打，不想打就算。那时候不比现在，现在要是医生不给病人治病，我还可以去告他，那时候只有求他们，不可能得罪他们。我15岁那年中学毕业，妈妈就去世了，我在我家排行老大，妈妈去世了，家里供不起我上学，我就只好信我们这个宗教了。不过我一直相信科学，我们村子里的人生病了，去医院把药开回来，我都可以给他们输液打针，我给我们村里人输液打针都快三十年了，一般的伤风感冒我都能看。病人来找我的时候，该给他做法事的就给他做法事，他就能好，该进医院的我就会叫他去医院，科学是第一。我父亲他们那个时候不懂这些，我们那里的人封建思想很严重，病了就喜欢找我们给他们做法事，我看了以后如果觉得有必要送医院，就一定会叫人送他去医院，如果抢救迟了会有生命危险。他在医院治好了以后，该给他做啥子法事我还是会给做。我在家的时候，村里人不是这家请我去打针就是那家请我去输液。

二 九龙县李开华、李开银访谈口述史

访谈时间：2012年3月
访谈地点：清华大学南门外百宜源宾馆
访谈对象：李开银、李开华
访谈者：曾璐、杜牧野
记录整理者：曾璐、杜牧野

（由于李开华的汉话水平不足以顺利进行访谈，故经协商之后，访谈内容基本全部由李开银转述，记作"李"；李开华直接表述的记作"李开华"。）

族群历史：神路从西藏走来

曾：您能讲述一下民族的历史吗？

李：他（编者注：指李开华老人，下同）说的这个民族（纳木依族）大概在900年以前就（生活）在西藏，（后来）这个民族因武断、歹毒、不守法纪，（从西藏逃跑）流亡到这边来了。

（指着唐卡解释）这个是地球。地球是转的，太阳是不转的。地球转一圈（先是）这边晒半边，（然后）再晒那半边。有四个研究地球的人，（指示位置）这里一个，这有一个，这里有二个，他们研究这些文字。研究出来过后，这个民族从西藏那边过来的时候，半路上（记载文字的东西）就被人家抢了。有一部分因路途遥远丢掉了，烂了，只剩下一点点。这四个人重新对文字进行了部分研究，按原来的模式重新画下来，又传下去。

后来，在诸葛亮时代，这个民族因歹毒、武断，被诸葛亮杀的杀，宰的宰，撵的撵，（这个民族的）文字就基本上失传了。（这个民族）被诸葛亮狠狠地收拾了，打的打，杀的杀，撵的撵，跑的跑，四分五裂，分成几帮，一帮跑到云南，有的跑得更远。甘孜州有一部分，木里县有一部分，凉山州有一部分。这里逃一点，那里逃一点，残留在这些个角落里头。我们这个民族，我们叫"namzi"。现在说的纳西族，还有蒙族、乌帕(音)，都是我们这个民族分支出去的，每个部落时间久了语言就变了。比较统一的就是凉山州，甘孜州有一部分，现在就叫"namzi"。当时叫西番族，五六十年代共产党（对这个称谓）是认可的，是从西藏那边过来的。七八十年代整个国家的民族清理了一下，把西番族纳入藏族。我的第一代身份证就是西番族，五六十年代都叫西番族。七十年代、八十年代西番族就没有了，归入藏族了。但是我们的规矩、语言完全是截然不同的。

（手指一件物品）这个叫海螺，是从那边逃亡时带过来的，一直用来搞宗教、做法事。烧香敬神都离不开它。诸葛亮整（惩）治这个民族的时候，要杀要抢，要把这个抢走，这个民族认为其他的东西都可以（被抢），但这个（想抢走）坚决不行。诸葛亮就出了个难题，让他们拿根线，从这里穿过去，从这里拿出来（如果办不到就要将海螺抢走）。当时（族里有个人）那个人动脑筋想了个办法，抓了只蚂蚁，抽了根裤子上的线，拴在蚂蚁上，蚂蚁从这一头走，慢慢转，最后从那头转出来了。诸葛亮看了过后还是蛮讲道理的，说这个惹不得。（诸葛亮）说话算话，说你们有这个（聪明）的头脑，我不拿走了。就（这样）把这个（海螺）留下来了。

现在这个民族只有几十户，二三百人。凉山州就比我们多，语言、风俗习惯都是一致的，宗教、佛教都是一致的。纳西族也是从我们这个民族分出去的。纳西"namzi"，口音变了。

（手指神路图）这个时间久了，看不清楚了。我们是从这个地方过来的，过后在这些地方落脚了。假如老了，过世了，就要做道场，念（经），从这里走，念着（经）走。怎么来的，死了就要念着走（回去），从那儿过来，这儿过去，过这座桥，那座山，一直念着送到这个地方。从这里下去，一直到我们现在住的地方。死了之后，要给他开路，送回老地方（老家）去。

曾：如果以后这个民族还要迁移的话，还会继续往下画这个吗？

李：不会了。已经在这里落脚了，没地方去了，已经几百年了。

家族历史与社会现状：走向团结与繁荣

曾：您能谈谈您能记起来的家族历史吗？

李：我们向上能够数到定居下来之后的十五代祖先，但能够记起的只有三代了。

我们的外公是一个大和尚，是我们那一片最大的。后来手艺只传给了一个叔叔，但是那个叔叔已经去世了，所以就已经失传了。从1958年之后，迷信在农村就不许搞了，法器、神像等东西基本都砸的砸、烧的烧，都没有了，他只是藏了一些，他所知道的也是十二三岁前跟叔叔学的。

曾：那到您父母一辈呢？

李：我爸妈一辈子务农，到我们这一辈四个人都是公务员，只有他是在农村。现在下一辈的孩子有十二三个，其中也有公务员。孙子辈大的有中学的，也有小学的，还有幼儿园的，他有两个外孙在当兵。

我爸爸，五几年民族改革时期的时候是民族改革积极分子，当时的乡农协会主席。现在我们九龙县是藏汉彝三个主要民族。我三个儿子，大儿子的媳妇是彝族，二儿子的媳妇是藏族，小儿子的媳妇是汉族，这就体现了我们国家的民族大团结。三个儿媳妇都是公务员，分别在不同的政府部门工作。

曾：您说说平时吃些什么吧？

李：平时喝个茶，吃个馒头，条件好点的吃点饭，现在很少吃粗粮，都是吃大米，馒头。

我们这个民族还是比较勤劳勇敢的，勤劳质朴。新中国成立以后，做生意的、当小老板的（人数占的比例）虽然比例很小，但和其他民族比起来比例还是要大一点。出去打工的，当小老板的，

李开华（左）、李开银（右）兄弟在清华大学（曾璐2012年3月摄）

当小包工头的，比例比较大。（这些人）有了钱，有买车的，从大车、罐车，到拖拉机，买轿车的也有，买个三菱什么的。(还有些)有钱的从老家到成都买房子，有二十几家，还存了好多钱。这些钱基本上是勤劳致富、守法致富挣来的。从跟着共产党，搞民族改革以来，我们这个民族被判刑的、劳教的、被专政的人基本上没出现过。

曾：听说您那边有好几个民族，各有多少人？

李：这个不晓得，只知道大体的比例是藏汉彝三个民族各占三分之一，彝族偏多一点。其他民族都很少，尤其是工作、做生意的很少，有一家是苗族，不多于二十个人。羌族也有。反正我知道以前我们工作的时候，讲话时常说其他民族共有十一个，各有多少人不太清楚。

曾：民族之间关系怎么样呢？

李：关系非常融洽。一般其他民族与本民族通婚的多得很，少数民族与少数民族结婚根本没受到限制。反正你两个要朋友，本人愿意，现在一般都不干预。

一年节日：过节看农时

曾：一年中有哪些比较重大的节日？

李：那首先是春节了。春节是和汉族一个时间过，但是我们是按照我们自己的习惯过。一般是腊月三十号那一天才要杀猪，猪杀了过后要敬神敬菩萨。敬自己的祖先，还有山菩萨等等。然后三十那天在火炕上面烧香，还要点灯吹海螺。一般敬祖先安排在腊月二十八。基本上整天都在敬祖先，一般会请一个和尚来念，烧柏香。敬的一般还有松叶子、面、肉、香，边上就挂唐卡，还要在道场吊一块很长的猪肉，放一些粮食，还要吹海螺。最先敬的是唐卡上面那四个祖先，喊姓点名敬他们几个。

初一初二就是大家一起玩了，主要就是一些家族亲戚互相请客，吃"转转饭"，比如说早上我家中午他家晚上另外一家，一家一家请来吃。初三早上就要去山上敬神了，只能男的去。烧香的地点每家一个，也可以是比较亲近的三家四家一个香炉。就是在地上挖一个坑，烧个香，拿些酒拿些肉，拿些柏香，到山上烧香喝酒吃肉，吹个海螺。那天女的就待在家里，没有其他活动。初三早上和汉族一样，要去给父母爷爷奶奶拜年，给死去的亲人烧个纸，会带上酒、烟、肉、酥油奶渣等等。

有的娃娃身体不好有什么病的话，会找一个干爹干妈，初二初三就要去拜年。抱一个鸡或者带点酒肉什么的。那边干爹干妈给娃娃送点礼。他是（找人）算过的，就找一个属什么的。有人专门算这个的，也有专门到路上等着，谁先到就拜他，叫"闯拜"。

曾：其他还有什么节吗？

李： 每年的阴历三月三开始种庄稼，生产。那一天要先到山上去烧个香，敬山神，敬菩萨。回来以后条件好的就吃肉，喝酒，玩耍。再过后用犁地的那个犁头插在地里头，（象征性地）操作一下，表明新一年的生产要开始了，回来继续吃喝玩耍。

阴历五月份，雨一般还没有下，天有点旱，很希望下雨，就会请和尚求雨。每家每户拿点粮食给和尚。过后又害怕下冰雹，又请这个和尚，拿点粮食，钱，让他们给山菩萨去断冰雹。

五月还有一个火把节，主要是我们有水田嘛，插秧插完以后就过火把节，主要是来杀虫的。彝族是有特定的日子的。我们就是在五月份。我记得好像是五月二十四。这一天一般有条件的就宰个猪，没条件的就煮个腊肉。晚上一般就点起火把，干路面用那个火药，就在地头到处撒，意思就是杀虫。火药是自己做的，火把最后就摔在江边。每家每户都有绵羊，绵羊一般春天最热的时候都是在高山上，七月就下山了。下山过后那一天有条件的就每家杀一只羊，没条件的就三家杀一只。杀的羊肉都摆在那。和尚有些徒弟学成要毕业了，这些肉就全部都给和尚和和尚的徒弟们。那天会比较隆重，热闹，一个堡子或者一个村的都会聚在一起玩，活动，（庆祝）和尚徒弟毕业，像给他们开毕业典礼一样。然后就吃酒吃肉唱歌跳舞。

过去我们一般一天吃四顿饭。早上很早起来会喝一顿茶，大概十点到十一点左右会吃一顿饭，叫中午饭，也叫早饭。下午四五点的时候吃一顿。晚上有个夜饭，吃一顿稀饭。

阴历九月份还是和三月三一样的，要收庄稼了，也是到山上烧个香，回来把犁头插在地头，表示一下。回来就杀猪宰羊，吃肉唱歌跳舞。一天都不做活了，就玩。第二天开始收庄稼，开始种小春，闹冬了。

另外还有一个是做道场。按照规矩来讲，做道场是只能在阴历十月份做。做道场就是老人过世了，搁个灵牌回去。因为没得条件，经济困难，就一直搁下去。等到哪一代有点钱了，就把祖祖辈辈爷爷奶奶的灵牌烧了，或者是现在还有老人没过世的，也可以把他们的灵牌一并烧了。烧了之后就按照那个神路图一路念起走，（相当于）把他们送回我们起源那儿。这是只能在阴历十月份做。这一年就没有其他节日了。

婚俗：漫长的婚礼、奇特的走婚制

曾：您能讲一讲您那边结婚有什么习俗吗？

李：我们新中国成立以前没有婚姻自由的，基本上都是童养媳，父母包办，说不好听就是用钱买。舅舅家的女孩子可以嫁给阿姨那边的男孩子，现在不行了。

提亲的第一步是请媒人，父母提一壶酒去找知名人士请人说媒。比如说，如果舅舅家一个女子，生了三天，阿姨家一个儿子，三天以后阿姨家就会马上拿一罐酒、一腿羊肉、六斤炒面去提亲，就像去买一样。这只是第一次提亲，就是打个招呼。酒就是玉米酒，很普通的，农村没有什么"国窖1573"之类的好酒。舅舅家的女子嫁给阿姨家的儿子更好，是"亲上亲"。

第二次是女孩子满了12岁以后，得拿五斤酒，一腿羊肉等等的去提亲。如果女方的人请家长或者族长还有邻居来把酒喝光了，就相当于答应这门亲事了。这时候就会商议彩礼的价格，比如几百两银子什么的。

第三次，男方家人就会带一缸酒，大概三四十斤，一条腿肉，七八十斤大米，还有之前商议好的彩礼都带过去，就要定结婚的日期了。这一次女方要杀一头猪给男方家人吃。当年男方就要见那个女子了。

要结婚的时候，就要专门派男方家里的亲戚两个人，带一整头猪，几斤酒，选一头额头上有白点的驴驮着这些东西去女方家里。

当天晚上女方要给那两个人泼水，会泼得很狠，全村的女子也都要去泼水。这就是觉得好玩，女方的想让男方的人出点洋相。你娶走了我家的女孩，当然要受点委屈。泼完之后就喝点茶吃点饭，这一次嫁妆，首饰什么的男方都要给女方带过去。男方还要给女方半边猪头。猪头是给泼水的人的，还会带一些针线和铜钱去，在泼水的时候会发一点给泼水的人，像哄孩子一样，请他们"不要生气"。还会对歌，男女各一二十人，各站一边。对歌时男方也会给女方发一些这些东西。

第二天娘家还会给女子举行一个仪式，表示这个女子要嫁出去了，会举办宴席，还会给那两个人每人一条麻布裤子，意思是说这两人走路辛苦了。那时候裤子是很稀奇的。

第三天就接女子走了。女方那边会有五个人去送亲，包括舅舅、伴娘、兄弟等。送亲和迎亲的都会有一个人专门负责各自的指挥工作。送过去的半路上，设有十二道酒，快到了的时候会有十二匹马，上了马之后，马旁边会码上成阶梯状的牛肉或者粮食，女方的舅舅经过时要下马，要从牛肉或者粮食上踩着下来。也就是一种考验的意思。

到了之后，女方的指挥会带领他们坐一排，男方的指挥还有知名人士坐一排，女方的人就会问，"你们答应的事情做到了吗？"男方会回答哪些我们做到了，或者说，"对不起，我们有哪些没有做到",女方的就回答"没关系",或者还会讨论一些古谚古语。这时候,男方会有一个人悄悄的把鸡毛摆到女方某个人的背后或者面前,如果女方抓到了那个人,男方就要给女方赔礼道歉,杀个猪杀个羊,请他们喝酒。如果没有抓到就是女方请男方喝酒。

曾: 这种习俗有什么来历吗?

李: 不清楚。就是一种恶作剧。摆鸡毛一般会选一个动作比较敏捷的人来做。之后女方就会去男方家里了,会喝茶喝酒吃饭,对歌,烧香,吹海螺。吃完饭之后就会去其他的堡子对歌,吃饭,走完之后婚礼就正式开始了。那时候,有钱的人会摆九天九夜的酒宴,也有七天的五天的三天的等等,现在一般就一天。

要走的前一天晚上,男方为了答谢女方,会杀一头整猪和整羊,摆在他们面前,还有一把刀,让女方的舅舅来插,插了哪一部分就把哪一部分送给他们。还要给舅舅钱,九十九两(银子)或者七十七两(银子)等等,还有一匹马或者骡子。

结婚之后,女子又要马上回娘家去。因为订婚时女孩实际只有十二三岁,三五年后女子长大了,男方家里又会专门有人去女方家里找她,请求她去男方家里安家。要去安家的时候,娘家会送女子一群牛羊或者骡子,猪狗土地等等。但不给猫,因为猫和豹子老虎很像,给女孩子感觉不太好。给她一些礼物,让她去那边安家。这时候女子和男子就会和男方一大家人一起住了,不是两个人搬出去单独住。差不多就是这样。

曾: 我感觉在婚礼过程中舅舅出现的次数很多,地位很高。

李: 是的。舅舅地位是很高的。"天上神灵,地上母舅"。但舅舅就只有结婚时地位高。平时家里还是父亲最大。结婚的时候父母不出面,是怕羞。出来的话让人觉得是"女儿嫁不出去了"。

曾: 唱情歌的习俗,就在婚礼之前唱,平时唱吗?

李: 过去有,男女唱。唱歌时是隔一段距离。比如隔一段路、一个房子唱。调都是过去传下来的调。歌词可以是现编的。

曾: 有没有一夫多妻、一妻多夫或者多夫多妻的?

李: 现在没有了,以前多,以前有发财的,一个儿子有二三个、三四个老婆。有钱的,发财的都有。一妻多夫,那都是偷偷的,私底下找男人……多妻多夫没有。

曾: 那在过去是不同民族通婚比较好,还是本民族比较好?

李: 新中国成立以前和其他民族通婚是不允许的,新中国成立以后,特别是最近几年以来,不分民族,不分家族,只要是男女双方同意了,就组成一家了。年纪大点的还是很想本民族和本民族结婚。年轻的现在根本没这个观念了,不管啥子族,只要自己喜欢了。

曾: 现在的婚礼呢?

李: 现在跟你们汉族都差不多。摆宴席,唱歌跳舞,没有什么特殊的。白天摆宴席,晚上还有晚会,唱歌,跳舞,献哈达。哈达要献给两边的父母。也有少女献给新人的。

婚礼没有固定场所,一般就是在家里,男方女方各摆一道。或者在饭店。现在都忙,没那么多时间,就一个白天一个晚上。以前我们那儿,多的七天,少的五天,最少三天。

曾：婚礼之后两个人就住在一起了吧？住在哪儿？家里主人是谁呢？

李：我们那里还是走婚制。结婚之后一年，女的住在娘家，干活，不能上男的那里去。去了也没有什么惩罚。这是规矩（所以根本没有人会破坏）。现在一般两个人（搬出去）自己住。以前住到男的家里，要自己盖房子。但是干部可以买房子。

家里主人没有固定的。谁有本事听谁的，就是挣钱多的。现在女的也一样出去工作。盖房子啊、修水电厂啊，这些工作女人也可以做的。

曾：现在每家能生几个孩子？小孩出生时，有什么庆祝仪式吗？

李：一般人三个，干部两个。出生时没有什么仪式。孩子长大了也没有成人仪式。但孩子满月时是有的，男家要送满月酒，还有亲戚朋友来送娃娃衣服。

宗教活动：打卦驱鬼、烧香敬神

曾：能不能让他（编注：李开华老师）详细介绍一下你们是如何打卦、做道场、敬神、敬菩萨、烧香的？

李：我们打卦就是用一张布（帕子），完了以后就念。汉族叫卜卦，我们叫打卦。汉族是两个成块块，相融合，拽住尾巴，这么摔一下，藏族是捉个袋子挽起来。（开始演示）他刚开始念的时候有一个柏树叫柏香，把这个签点燃，熏一下，让它干净（的意思），干净之后要念，你打什么卦打什么卦，你念了之后再掐，掐了之后再拿出来。嘴里说的内容是不一样的。打啥子卦就问啥子卦。比如你头痛了，啥子原因。他就会念。

（演示略）

他的动作，程序就是这个样子。他开头念的那些请山神、水神、菩萨，全部请完。然后许愿敬它，然后掐的时候问它是不是犯这个是不是犯那个。

曾：他拿的那个纸条代表什么？

李：不干不净全部念了，念了之后吹了，吐口水，不干不净不吉利的就全部摔到河里面去了。

曾：有打卦、烧香，还有什么重要的活动？

李：送鬼。比如说刚才打了卦，产生了什么影响，需要把鬼驱除出去。用稻草。稻草捆成人样代表鬼。鸡、鸭杀了，血淋在稻草上，扔出去，就把鬼撵出去了。

送鬼要用牲畜的血淋在上面，大一点的都就用牛羊，小一点用鸡，先打卦，打出来是什么鬼就用什么血。血是送他的，给他吃就走了。说请也可以，赶也可以。用枪打他也可以，用枪打稻草人，就把鬼打走了。

曾：请叙述一下烧香拜神的程序。

李：烧香一般就是每家人供着一个烧香的香炉，放在房子里。房子里简单地点一个香炉，用石堆子，瓦呀或者石盆，上面供着一个石条。石条相当于菩萨，神一样的。柏香，就是柏树，闻着香，还有松叶子，还有一种籽油。那些合起来，摆上一些吃的，比如鸡蛋、肉、烩面、猪油，下面的火一点燃就敬菩萨了，烧香了，还有酒倒在上面。底下火一点上，冒烟，然后开始念（经），敬山神。大概就是这样子。

条石是供在屋子右上角（演示：进门右手边），还有烧香，向菩萨、向神许愿，保佑我们，保佑全家，保佑子孙，或者是保佑家里的牲畜，这些都能许。一般正月初三烧香，每个月十五烧一次也有。三个月、五个月、半年烧，十五那天烧都行。

石头是在山上找个好点的石头，干净的、样式好点，脚大一点。头尖一点的就行了。我们现在放的石条就代表菩萨了。菩萨在诸葛亮那里被抢的抢，烧的烧，都没有了，失传了。现在干脆竖个石头当作菩萨、山神。

曾：您之前说山神有好多种，红教、黄教、黑教，都供的不一样的？其他教供的菩萨都叫什么名字？

李：我们这个教是黑教。黑教可以杀牲畜，杀猪宰羊宰牛都行。佛教就不行，比如西藏就只能点灯烧香念（经），什么都不准动。红教说不清楚。我们这个民族死了人就要杀鸡，杀猪，宰羊，宰牛。非宰不可的一个是猪，一个是鸡，一个是绵羊、一头牛，这几样非宰不可。

菩萨叫啥子名字就不晓得了。我们的菩萨是啥子？

李开华：Han（小舌音）。

曾：您刚刚说到红教、黄教、黑教，这些和佛教有什么关系吗？信佛教的多，还是信那些教的多？

李：没有什么关系。信佛教的多，藏族大部分信佛教的。

曾：各个教之间，不会发生矛盾吗？各个教会去搞一些活动什么的，号召大家来信自己的教吗？各个教都有自己的组织和固定的活动地点吗？

李：没有矛盾的。大家愿意信哪个就信哪个。各个教有自己的组织，教会。活动在寺庙里。另外宗教内部也有管理人员。

葬俗：葬礼与道场

曾：老年人去世之后的整个过程是什么样的？

李：这个过程就多了。要算日子。根据他的年龄，出生年月日，属相，算了过后，比如说，今天死的，有些必须今天晚上就埋，有些今天死的，要明天葬、后天葬，要算好久合适好久葬。有些晚上葬，有些早上葬，有些白天葬，有些中午葬，要算。最终放七天的也有，三天、两天、五天都有，不一样。今天死了，今晚上就送葬的也有。（送葬时间）是按年龄不同、属相不同、死的时辰不同算的。我们民族老人死了要请和尚，首先要用猪，不用杀的，要用水桶的水溺死，还要有鸡。埋的那天必须要公绵羊，到山上去杀。牛，必须要没有残疾的，要标致的，这几样是必须要的。过去我们民族人死了是不要棺材的。用火葬，用柴，男子架九层，女子架七层，点火要从上面点，不是从下面点。需要衣服等一些东西陪葬。死之后他的被褥、衣服、猪、牛、羊等聚在一起，都放在尸体的面前，表示（对死者的）尊重，全家人聚在一起，给他招魂。原来没有坟墓，没有棺材，也不烧纸。烧了过后，在火堆上，刨个坑，骨灰就埋在里面，男子用九个石头，女子用七个石头埋起。石头要摆成一个圈。

死了以后老人埋在这个地方，假设我不在这里住了，搬走了，不放心，干脆把骨灰挖出来，撒在树林里，防止其他人破坏。死了以后一般放一个灵牌在家里，过年要敬他，然后，按正规的，做道场将灵牌全移到一起，念过之后烧掉，然后就不存在了，（象征）送回西藏了，回到历史上来的地方。按道理讲，灵魂不在这里了，这里的坟墓什么的，都不需要了。

人死了之后一般就设一个灵牌，放在家里面，基本上就是灵魂还在家里面。过年要给他敬一下，春节要给他敬一下。按正规的，做道场。灵牌全部一起念，一起给送回西藏。灵魂就不在这了，给送回西藏去了。

曾：道场是多久做一次？

李：不一定，两代、三代、四代也可以做。做道场要花钱，儿子这一代，孙子这一代，没有做，重孙这一代，把以前的收集起来一起做。

李开华：有钱的花几万，亲戚全部来，欢送他走了。没有钱就没法了。

李：老人还在时，活着的时候都可以做。活着时做了，死的时候穿的服装——"老衣"，穿好了，因为活的时候做了，死的时候就不需要再做了，安葬就行了。等于是活的时候花钱就花完了，死的时候就不用花了，不那么厚葬了。已经做完道场的老人生活上要注意，例如内脏不能吃，其他的没什么区别。有一种说法是，活人如果吃了这些东西就会死得快。

曾：道场整个的程序是怎样的？

李：做道场可以几代人一起做，请和尚做。请和尚不直接到那家，去铺子一转，撵走鬼，撵凶，死了老年人的时候，要唱要跳。再到家里去。问好要给谁做，名字、属相、祖辈，哪个分支下来的。全部问完之后开始做。开始念，一般要九天、七天、五天，最少不少过三天。一般要用宰牛、宰羊，念七条经，每一条，都要念十二次经，为何杀你、为何宰都要念出来。主和尚下面有两个徒弟。有专人伺候和尚的，烧茶的、做饭的。

做完后，灵牌就全部收集起来，装在皮袋里头，背起来，往山上送。到山上一路都要念(经)，给哪些人做的道场，爷爷奶奶什么的，都要念。最后到山顶上，用过的东西都要烧掉。第二天早上看烧过的灰烬，灰烬上有什么脚印，狗脚印，马脚印，猪、蛇等，如果看到狗脚印就说明死了，变狗了，有猪就变猪了，有这种说法。道场基本做完。

之后，所有牲畜肉，分给铺子上帮忙的，给酒、给饭、给肉，或者友好的人，都分给他们，主人家就把他们送回去了。

曾：男女老人死了之后，对待他们有什么区别吗？比如说都有灵牌吗？

李：都一样的。只有葬礼用的木柴和石头数量不一样。

三个传说：人类起源与机智的纳木依人

曾：请您给我们讲一个最古老的传说故事。

李：古代有一家人，有12个子女，老头上山挖野菜养活这12个子女。老头没回来，摔死了，找不到了。母亲出难题，安排12个孩子来作答，做个啥子都撑不出去，不肯动。这样子她就想了又想，想了又想，很矛盾。最小的两个，一个儿子，一个女儿还很小，母亲把其他10人赶出去了，把铁皮、石板烧红放在凳子，儿女回来争座位，被烫的屁股烫红了，跑出去再没有回来，在山中变猴子。后来剩的一儿一女成了婚，繁衍后代。

李：过年，婆婆就要求三个媳妇，过年回来时要一个买个"上扯下"，一个买个"下扯上"，一个买个"纸包火"，一个买个"纸包水"。时间要求，一个说三五天，一个说七八天，一个说半个月。三个媳妇就哭，说婆婆不好。纸包火，包不起，水包纸，湿，也包不起。路上碰到一个姐姐，说别哭别哭，说"三五天"嘛，就三五一十五，十五天；说"七八天"是七（加）八，十五天；说"半个月"是十五天。"上扯下"就是帽子；"下扯上"就是孩子（鞋）；"纸包火"就是火柴，你想她要吃烟；水包纸就是尿泡，包酒。三个媳妇都办到了。

他爸爸不相信三个媳妇能办到，三个媳妇就说，碰到一个女子，非常会说话，按她说的我们办的。他爸爸就下决心了，把那个聪明女子说成了他的幺儿媳妇，然后就说万事不求人了。

县长听了就不服气，出了个难题：要找要海一样大的一坛酒，路一样长的一匹绸子，150个公鸡蛋，长有5只眼睛的人。他们发愁了，哪里找啊，幺儿媳妇说：不怕不怕，交给我来应对。就见了县长，说：我有海一样大的一坛酒，我有，你先给我个酒坛子；我有路一样长的绸子，你把路给我量好了有多长；150个公鸡蛋，红的染起、黑的染起，说这就是公鸡孵的蛋；我就是长有5只眼睛的人，我自己两只眼睛，肚子里的娃儿两只眼睛，还有肚脐眼。县长没法，就完了。

李：再讲一个。新中国成立初期，一个穷石匠，流浪在云南，河对面一个女子，准备过去相亲。没有渡船，只有隔河唱歌，就这边唱，那边听，情投意合，就成了夫妻就安家了。后来有一对子女。

男的想回四川老家，女的不肯。男的想了个办法，男的假装说梦话，说要马、骡子……女的问："你梦话说什么？"男的说："我梦见家里的马、骡子……。"让女的以为老家很富裕。第二晚又说要羊子、要牛，女的又问："你昨天晚上又说啥梦话？"男的说："梦见家里的羊、牛。"引得女的问老家情况，男的说：房子是千竹落脚，风扫地，前头是三石顶锅，吃的是双吹双打，玻璃蛋汤、剥皮汤圆。

去了之后发现事实："千竹落脚"，是竹子盖的房子；"风扫地"，是没有扫帚；前头是三石顶锅，三个石头顶着锅；吃的"双吹双打"，就是吃东西吹两下，打两下；"玻璃蛋汤"，就是清水煮面片，像玻璃一样清亮；"剥皮汤圆"是土豆。

访谈感想

纳木依民族居于大山之中，长期以来交通闭塞，言语不通。整个访谈过程无处不透着民族历史的苍凉感。在讲述中，朱小华、李开华老师一次次回溯纳木依民族被逐出西藏的时刻，进而哀叹民族流亡之苦，痛惜历史动荡中宗教圣物、典籍之不存，忧虑民族文化之难传："我们的文化年轻人不感兴趣了，我们的话外面人也活活地听不懂。"

这也道出了我们访谈工作中的巨大困难。由于发音人说的是带有纳木依口音的四川方言，双方在互相理解上有很大困难。在访谈朱小华老师的过程中，他的女儿在一旁帮忙翻译，促进交流；在访谈李开华老师的过程中，我们请来了几位四川同学帮忙，而且每一次提问都要经过两道翻译：普通话——四川话——纳木依语（李开银老师）——纳木依语（李开华老师），回答时再一道道翻译回来。最后整理压缩出来的文字所剩甚少，却也算得上是字字珠玑了。我们对这样繁重的访谈任务辛苦了老人们感到抱歉，而在这一过程中也更体会到抢救少数民族文化工作之艰辛。

我们的工作，正是要圆老人们传续民族文化的心愿，更是为整个少数民族文化的抢救和挖掘工作添砖加瓦，小则为中华文化，大则为世界文明。虽是绵薄之力，最终能做出一些贡献，就心满意足了。

第六章
研究报告

纳木依历书上的图符与尔苏沙巴文比较相似，都是图画文字。周有光先生将它们称为"形意文字"，即"表形为主，表意为副，偶尔表音是例外，完全表意也是例外"[1]。

具体来说，纳木依历书上的图符有以下几个特点（以朱小华解读为例）：

首先从形态上来说，有以下几个特点：1.这些图符属于象形符号，形象生动，但线条简洁，结构简单，已不是原始的写真图案；2.每个图符的形态是基本固定的，图符形态的区分是非常细致的，例如：图一"ʁa^{55} la^{55} bu^{55}"代表大烧香堆堆，而图二"ʁa^{55}bu^{55} ta^{55}ta^{55}"则代表小烧香堆堆。两个图案形态上的细微差别都能形成意义的区别。这说明纳木依历书上的图符已经脱离艺术创造的初始阶段，而趋于符号化、规范化。

第二，从读音上来说，每个图符都有其特定的读音，一般是一个图符对应一个词音，但图符本身没有表音的部分，仍旧为完全的表形表意符号。

图一

图二

图三

图四

图五

图六

第三，从表意上来说，有以下几个特点：

1. 每个图符有较为稳定的意义，不会随着日期和月份的改变而变换意义。通常来说，一个图符对应一个词义，且基本上都是名词。

多数情况下各个图符的表意是独立的，但有时几种图符组合在一起就有了新的意义，例如：图三"ʁua^{31}mi^{31}"代表长刀，图四"zʮ^{55}"代表咒神，但是在七月十一那天，这两种图案一起出现时，就代表一种最凶的咒神"tʂha^{55}kha^{55}"。

第二种情况，单个图符的意义无法确定，必须与另一个图符同时出现才能表示确定的意义。例如七月二十二那天，图五的图符是雀鸟的怪象，图六是带蹄子的怪象（怪象称为"to^{35}"），两者单独出现时，不能确定它们具体是哪种动物的怪象，需要打卦来确定，但当二者组合在一起时，就可以确定左边是鸡的怪象，右边是猪的怪象。

---

[1] 周有光：《世界文字发展史》，37页，上海教育出版社，1997年。

2. 大量使用曲折的象征手法来表达词义。一般来说，一个图符对应一种意义，不存在一图多义、一义多图的现象。但是如果遇到意义抽象的词，就会使用一些具有其他意义的图符来象征这个词，可以看成是该图符具有的"引申义"。这种象征手法有两种类型，类似于语义衍生过程中的"隐喻"和"转喻"。

例如，图七"bu^{53}ʑ^{31}"这个图案的本义是"向上爬的黑蛇"，但在历书中的引申义为"天神菩萨的儿子"。纳木依人认为，如果在路边看到蛇向上爬是非常不吉利的，因为天神菩萨的儿子是一条黑蛇，向上爬（即向天爬）的蛇与天神菩萨的儿子相似，看到它的人会遭到晦气。用"向上爬的蛇"象征"天神菩萨的儿子"，是把一个实在的主体和它比喻式的代用词进行相似性类比，这类似于语义衍生过程中的"隐喻"。除此以外，还有用弓箭代表煞气，用老鹰头代表天神菩萨的煞气等等隐喻型象征方式。

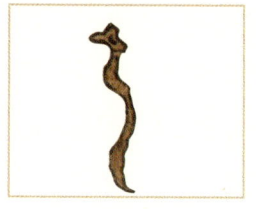 

图七　　　　　　图八

图九　　　　　　图十

3. 图符的颜色可以区别意义。通常来说，蓝色代表"不干净"，红色代表"红煞"，蓝色或黑色代表"黑煞"。例如：图八"ʁɑ^{55}lɑ^{55}bu^{55}"代表一个蓝色的大香炉，图九"to^{35}"代表染着红煞的怪象，图十"zɑ^{35}"本义是羊肩胛骨，其颜色表示有红煞和黑煞惹人。

图十一　　　　　图十二

图十三　　　　　图十四

4. 图符在具体图案中的方位也可以区别意义。例如二月初三（图十一），上方的圆圈代表天上的星星［tʂʅ^{31}］，而四月十三（图十二），下方的小圆圈则代表土神［sɑ^{55}tɑ^{55}］。两个小圆圈的形状完全一样，但由于在上就表示星星，在下就表示土神。又例如，六月二十八（图十三），右上方的太阳表示正午的太阳［ȵi^{55}mi^{55}］，而三月二十七（图十四），左上方的太阳表示落山的太阳。

5. 这些图符表达的意思有限，仅能对观看者做关键词提示，不能完整地表达历书所包含的表层乃至背后的意义，而需要口头传授来补充。整体来看，历书中的图符表意的指向是比较随意的，有表示病人症状的，例如：图十五"tʂʰʅ⁵⁵ka³"表示病人受了煞气冲犯以后脚痛的症状；有表示占卜结果的（即通过占卜而得出的病因），这占了历书中图符的绝大多数，例如七月初二出现的这个图符（图十六）"ʁa⁵⁵bu⁵⁵ ta⁵⁵ta⁵⁵"，表示病人这天生病是因为他被烧香堆堆惹了；还有表示解决方法的，例如三月初一出现的这个图符（图十七）"li³¹ bu⁵⁵"，表示要烧香吹海螺才能解除病痛，又例如八月十二出现的（图十八）"nda⁵⁵ta⁵⁵"，表示要在水边为病人招魂；还有表示祭祀时间的，例如六月二十八（图十九），上方的太阳表示祭祀要在正午进行；还有表示星象的占卜，例如三月初五（图二十），指这一天北斗七星过渡。

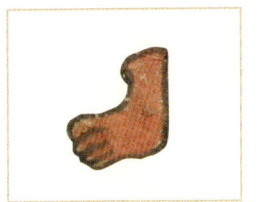
图十五

图十六

图十七

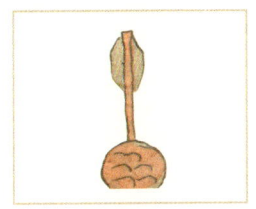
图十八

图十九

图二十

总得来说，这些图符是一种图画性的表意符号，具有一定的文字作用。其书写单位不能分成句子和语词，而是成段的篇章，类似于语段文字。它不能够完备地按照语词次序来书写语言，需要口头补充，并且语言是任意的，有"超语言性"[1]。

从文字学、符号学的角度来说，纳木依历书上的图符有几个特点：

1. 历史古老，与宗教有密不可分的关系，记录了纳木依宗教信仰中最经典传世的部分，并且从古至今其主要用途都是记录和传播本族群的宗教，辅助其宗教活动的开展。因而掌握这些文字的人，只能是当地的宗教人士。和汉字、藏文等成熟文字不同，纳木依历书中的图符没有在全民、全社会中普遍传播和使用，这也是导致其在现代社会的冲击之下濒于灭绝的原因之一。

2. 这些图符没有形成成熟、完善的文字系统，它们属于原始的图画文字，用生动复杂的图案和符号组合而成，表达不同的含义，并且有特定的发音、意义和用途；但是这些图符与有声语言没有直接的代码关系，它们只是单独的图画，独立表示整个语段，只再现话语内容，不反映语言形式。阅读者只有在了解了整个图画的含义之后，再将其转换为自己的语言。所以我们对于纳木依历

---

[1] 周有光：《世界文字发展史》，37页，上海教育出版社，1997年。

书的解读，无法举一反三，必须全部依靠传承人的解读。而由于这些图符表意不表音，我们只能借助国际音标为其记音。至于尔苏、木雅、普米等族群的历书中，则借助藏文字母来为其注音。

3. 纳木依历书中的图符与过去同属西番，现在同为藏族支系的木雅和尔苏人的宗教经典中的图符在形态、意义上有异曲同工之妙。可以想见，它们的图符文字应该拥有一个最早的共同源头。

（本章撰写人：张琰）

第七章 调查笔记

一　2011年寒假调查笔记

张琰

这次田野考察，我初次在祖国的大西南转了一圈，南国山野冬景秀丽，我可算是大饱了眼福。当然，干活儿是主要的，十多天的工作中，我不仅增了能力——听音记音、整理音系的能力见长，还长了见识——在西昌的一个星期里，接触了尔苏人、木雅人、纳木依人，才了解到藏族支系中的族群文化是多么博大精深。

这次我们在学术上收获很大，其间也经历了坎坷，由于自然和人为的原因，这次的调查行动出现了不少临时的变化，而我们也学会了——以不变应万变。

第一变：匆匆丽江行

1月13日晚上九点，我和郭家宝结束了一天的旅程，从寒风朔朔的北京抵达了惠风和畅的丽江。在宾馆安顿好以后，我们听赵老师讲述了这段时间的工作经历，又丰富又刺激，让我们对后面的工作充满期待。之后赵老师安排好14日的工作，我们便早早休息，准备投入第二天的工作。

早上一醒来，老师突然说计划有变，可可他们在宁蒗的工作已经展开，马上要开始学习韩规藏文，所以我们今天就要赶到宁蒗去。于是匆匆爬起来，以闪电的速度去丽江古城逛了一圈，拍了一堆照片，便坐上了去宁蒗的汽车。

在美丽的丽江只待了一晚上，真是有点不舍，前一天晚上计划的工作是做不了了，不知道在宁蒗等待我们的将会是什么样的经历。总之，打起全部的精神来吧！

第二变：大雪阻前路

在宁蒗的几天，我们六个人在当地普米人的热心帮助下，收获非常多。我们潜心学习了韩规藏文，还参加了民族小学的颁奖典礼，和当地人吃了一顿热热闹闹的农家晚餐，在赖老师的指导下整理了新营盘和塔城的音系。16日晚上赵老师和许多多也来到了宁蒗，大家摩拳擦掌准备第二天一早离开宁蒗，奔赴永宁，开始新一轮战斗。而我和郭家宝则计划在宁蒗留守一天，去胡镜明老师家见见梦寐已久的宁蒗版"沙多吉吉"经书、普米族的印棒和灵牌。

然而，第二天早上五点大家爬起来准备出发的时候，才发现外面已是白雪皑皑。去永宁的计划不得不取消，又怕留在宁蒗会被雪困住，只好托熊会长找了辆面包车，匆匆忙忙离开了宁蒗。

计划的工作没完成，离开宁蒗的心情和离开丽江时有点像——惋惜，不舍，又对之后的工作怀抱着憧憬。

来到永胜县，见到了简良开老师，听他详细介绍了彝族支系——神秘的他留人的情况，还得到了铎系唱经的录音，可谓是一个意外的大收获。晚上吃了香喷喷爽辣辣的稻田活鱼，觉得真是不虚此行。

第三变：转战纳木依

第二天早上坐上前赴攀枝花的车，开车前赵老师接了一个电话，突然决定留下来，奔赴他留山，去见老铎系。可可跟着老师下了车，留下我们几人向西昌进发。一路上大家话不多，看着窗外的山峦梯田，心里想着最近的事情，谋划着在西昌的工作。

晚上终于抵达西昌，王德和老师接待了我们。饭桌上向他了解了一下尔苏文化的研究状况，并且得知他请了两个尔苏人和一个木雅人来配合我们的工作，目前他们都被大雪困在了山里，第二天下午才能抵达西昌。计划好的工作搁浅了，而我们却不能闲着，第二天一早王老师找来了两个纳木依人，我们分成两组，一组记录纳木依故事传说，一组整理纳木依语的音系。

晚上等来了赵老师和徐可可，她们收获非常大，见到了老铎系，得到了他现场画的图符。之后我们六个人针对尔苏、木雅、纳木依的调查进行了分工，摩拳擦掌准备投入战斗。

然而情况又变了，等啊等，计划要来的尔苏人最后只来了一个，而且他的研究思路与我们不同，计划好的研究方法被推翻。眼看尔苏的工作做不成，简直急死人了。中午大家开了个小会，把工作任务作了重新分配，楚龙给我们让出了一上午的纳木依经书的翻译成果，转战木雅。下午大家正式投入工作，充实又兴奋。之前我为研究尔苏和木雅做了许多准备工作，却没想到最后在纳木依那里找到了归属，这对我来说，也是个意外的大收获。

之后的工作没有太大的变动，我们每天都踏踏实实地做好手头的事情。闲暇的时候互相开开玩笑，热闹热闹，交流一下工作进程。队友们的感情迅速升温，大家从不太熟络的同学倏然变成了最亲近的人，一起经历了十几个日日夜夜。

这些天的经历，除了有这三个大的变动，还有很多小的插曲。可以把这些看作坎坷，也可以看成对我们这个团队的锻炼——在一个一个不测的变化中，我们学会了如何应对突发事件，如何把握工作机会，如何协调团队内部与外部的各种关系。我们在成长着，成熟着。

当然，再大的变故也不能影响好心情，大雪挡得了我们去永宁的路，却毁不了我们兴奋的好心情。也只有带着一颗热情年轻的心，才能在工作上收获更多。

二 2011年暑假调查笔记

张琰

这次田野调查,基本完成了原计划的调查任务。我们深入到纳木依人的居住地,见到了纳木依几位比较重要的发音人,掌握了比较明确的调查线索,对于他们的文化和生活现状有了切身的体验。

纳木依人在当地的人数已经非常少了,而能够说地道的纳木依话的人,更是屈指可数,且年纪多在50岁以上。纳木依的文物文献所存不多,最有价值的就是朱小华帕孜手中的历书和神路图。目前比较懂历书且被大家承认的人,只有凉山州木里县倮波乡的朱小华帕孜和甘孜州九龙县子耳乡万年村的李开华老人,两人对于历书的解释、发音也不尽相同。而能够把神路图完全解释清楚的人,只有朱小华一个了,但是他的口音与九龙县、冕宁县纳木依人的口音不同,使得他们在相互理解上也存在困难。

这次调查,给了我一个非常好的锻炼机会,使我学会了坚强和独立。这次与我同行的只有一位同学,面临恶劣的自然条件和危险的旅途,我们学会了吃苦和坚忍;在陌生的环境里面对陌生的人,我们学会了怎样和人沟通打交道;面对变换的情势,我们学会了怎样处理复杂的局面。在四川的大山里,我们体会到了什么是无助,也学会了什么是坚持。

同时,我也是第一次在田野调查中独立记音,之前在学校我已经做了一些准备,向专家学习了很多方法,而这次的实地演练让我有了更切身的体会,我的听音和记音水平也提高了不少。同时,我也是第一次学着做语法标注,虽然有些忐忑,怀疑自己的专业水平,我只能尽量做到准确严谨,清晰明白。

这次调查还有一些遗憾。出发前赵老师叮嘱我们要穷尽性地搜索纳木依的文献材料,但到了当地调查,发现除了历书、神路图和印棒以外,纳木依留下的有价值的文献所剩无几。李开华老师说他家里还有一些印棒和法器,我本来想跟着他去他家,但由于暴雨冲垮山路,路途十分危险,便只好作罢。

同时,感谢九龙县的李开华老人和他的两个弟弟李开银、李开富,冕宁县的李志清、王建中先生,倮波乡的朱小华帕孜和他的外甥小龙同学,以及西昌的王德和老师。没有他们的配合和帮助,我们就不能顺利完成这次的调查任务。

一路行来

2011年7月12日晚上,我和搭档李建安到达成都,计划在成都停留一晚,然后买第二天早晨六点半前往甘孜州九龙县的长途汽车,预计傍晚可到。然而,当晚甘孜州普降暴雨,姑咱、白马桥、新都桥等地多出现山体塌方,道路不通。7月13日早上我们得知前路有塌方,但成都至康定的车仍通,便抱着试一试的心理,打算先到康定,然后再想办法去九龙。

然而,在离康定县城约有10公里的地方,发生山体塌方,阻塞了道路,沿路堵车好几公里。我们便下车,扛着行李穿着雨鞋徒步越过塌方点,然后搭车来到康定县城,直奔汽车站,打算买7月14日早晨前往九龙的车票。到了车站方知,康定的南线与北线都发生塌方,四处都不通车,我们只能再在康定等待一天,于7月15日赶往九龙,与发音人会合。

天不遂人愿,7月14日晚上7点传来消息,北线新都桥一段已被抢通,而南线仍旧不通。听车站里的人说,康定—九龙线白马桥一段塌方严重,汽车完全无法通行,且抢修难度很大,不知何时才能通车。

7月15日,班车依旧不通,我们万分焦急,又不甘心退回成都或从其他地方绕远路,最后决定自己找车,先到白马桥再做计议。然而没有司机肯带我们去,他们说这一段路太危险,海拔很高,且四处塌方。下午,我们终于找到一辆藏民的面包车,他肯带我们到白马桥。我们下午4点出发,同行的还有六名男女,年龄都和我们差不多。

大约晚上8点,我们到达了塌方点白马桥,距离九龙大概还有四五十公里。下车看到眼前情景,我们傻眼了:由于连日暴雨,河水暴涨,把前方公路全部冲垮淹没,湍急的河水直逼两岸山脚,人畜连立足之处都没有。无奈之下,我们决定朝山上爬,从山腰越过这一段河水,到达前方公路上,再搭车去九龙。

同行的几个孩子都是九龙当地人,擅长爬山。我们在他们的带领下,朝山上进发。山势极为陡峭,相对海拔大概有1000米。植被丛生,土壤潮湿松软,我们手脚并用,十分小心地向山顶攀爬。天渐渐黑下来,我们便用手机照明,互相搀扶前进。我和李建安每人背了一个很大的行李包,李建安还提了一个重达10千克的拉杆行李箱,行动十分困难,加上白天找车没有来得及吃午饭,我们很快便支持不住了。一路爬爬停停,终于在四个小时以后到达山顶,绕过了被冲垮的一段公路。

借着朦胧的月色往下看,底下的河水渺小得就像一条丝带,四周连绵的大山被雾气萦绕着,安静而诡异。

夜里12点左右,我们开始寻找下山的路。殊不知上山容易下山难,我们脚下的土壤岩石极为松滑,四处都是极陡的悬崖。我们又看不清路,只能借着月色勉强朝前爬行。行至一段极窄的"小路"时,我的搭档李建安在体力透支、精神紧张的情况下,握着行李箱的左手没有抓牢,箱子就借着极陡的山势滚下山去。

箱子里有我们两人的两台笔记本电脑,是我们这次工作的重要工具!我俩顿时傻眼了。同行的几个人见我们那么着急,便冒着危险蹲下山去帮我们寻找箱子,可是找了将近一个小时,直到找

与朱小华一家合影（张琰摄于2011年7月23日）

与李志清（中）、王建中（右）合影（李建安摄于2011年7月20日）

从山上下来，满身泥泞的我们合影留念（李建安摄于2011年7月15日，右一为项目组成员张琰，其余为同行的当地学生，他们在险峻的山路上给予项目组成员莫大的帮助，在此表达感激之情）

第七章　调查笔记　　1147

申8. 姐夫。
— —. ɣa³³ tsa⁵³ . tɕi³³ ki⁵⁵ mæ³³ mu³³ . ɦɔ̃zæ⁵³ dʑa⁵³
ʂuɿ⁵⁵mæ³³ ɦu⁵⁵ 再跟威洛

申9. 丸。
zɿ— —. ɣa³³ tsa⁵³ . ɣua⁵⁵ bu⁵⁵ tɕa⁵⁵ dʑa⁵³. mua⁵⁵ dʑo³³
tsɿ⁵⁵ka⁵³ dæ⁵³   sa⁵⁵tæ⁵⁵ dʑua⁵⁵ dʑo³³
    角   蛇上

申10. 旋。
                         旋涡
— —. ɣa³³tsa⁵³. sa⁵⁵ tæ⁵⁵ tɕə³³. mu⁵⁵ɑ⁵⁵ dʑɿ³⁵
dʑaɔ⁵³. tæ⁵³po⁵⁵ tɕʰɿ⁵⁵ tɕʰɿ⁵⁵ mi³³ /u¹/
 角   旋

申11. 鸟。
— —. χa³³pʰi³³. æntæ⁵⁵ tɔ⁵⁵ tɕʰu⁵⁵ ȵu⁵⁵ dʑa³³. pʰi⁵⁵
pə⁵³ ɣuɑ⁵⁵ dʑa³³. ʁæ ɣua⁵⁵ dʑa²³³ ɦu⁵⁵ ȵu⁵⁵ bu⁵⁵
dʑɿ⁰⁵³ pə³³ lɔt⁵⁵ ⁵³

到河边，也没有见到箱子。他们分析说，箱子滚下去的路径正好是山腰上的河道，都是松动的鹅卵石，且没有大的树木可以阻挡，箱子有90%的可能掉入湍急的河水中被冲走了。

我们本想等到天亮再继续寻找，但是山上开始下雨，又没有手机信号，连110都打不通，一旦深夜里雨下大了，再次发生泥石流，我们就要葬身此处了。无奈之下，我们放弃寻找，继续前行。之后，我们又翻了几座矮一点的山，最后又踩着河边的石头走了一段路，终于来到公路上，此时已是凌晨3点多。

万幸的是，在这荒郊野岭，有一个之前和我们联系过的司机还在等我们，我们八个人挤上了他的桑塔纳，一路越过海拔近5000米的鸡丑山，终于在7月16日早晨5点到达九龙县城。

7月16日我们休整了一日，见了一下发音人李开华。7月17日早晨，我们开始翻译历书。李开华老人七十多岁了，耳朵有点聋，眼神也不好，但是精神矍铄，一天工作12个小时也不累。李开华老人的汉话不好，他的两个弟弟轮流值班，帮我们翻译。电脑丢了，幸而我们出发前打印了两套历书，于是我就用笔做记录。一共用了3天时间，将历书翻译完，又记录了一个纳木依话的故事。

7月20日我们应冕宁县李志清先生的邀请，前往冕宁磨房沟。李志清先生邀请了一位帕孜的后代，名叫王建中，五十多岁。据说他虽没有见过纳木依的历书，但会算日子。天公不作美，我们到磨房沟的当天下午又开始下雨，王建中远在山上的工地里，下不来，我们也去不了，只好在磨房沟等他。

7月22日早晨雨停了，王建中终于来到磨房沟。他看了我们带来的复印版历书，给我们讲了一些他懂的东西，还给我们说了一套算日子的"公式"，是他家祖传的算日子"秘方"。

然而，下午王建中说自己工作太忙，执意要走，我们挽留不住，只好让他走了。冕宁一行，本在原计划之外，虽然收获不多，但也使我们了解了当地纳木依的一些基本情况。

7月23日，我们计算着朱小华帕孜该从西昌回傈波乡了。我们为了节省开支和时间，便从磨房沟一路搭车，通过长17.8公里的二滩水电站专用隧道，绕近路在上午10点半赶到了傈波乡的大陀。此时正好碰到纳木依的妇女们穿着民族服装在雅砻江边唱歌跳舞，我们用DV拍了一阵子，被纳木依妇女的美丽所感染。

之后我们见到了刚从西昌赶回来的朱小华帕孜，和他一起坐着藏民的摩托车上山，来到他的家里，开始请朱小华老师讲解神路图。纳木依的习俗是，农历五、六、七三个月不能开神路图，因而尽管我们再三请求，朱小华老师还是不肯开图。幸而我们的相机里存了以前拍摄的神路图照片，便拿出来给他看，他给我们讲解，我用笔记。

我们用了近两天时间把神路图做完，本想再继续请朱老师讲讲历书，但是他说25日要去九龙，有很重要的事情。我们只好在25日早晨离开傈波，前往西昌，当晚乘火车去成都，26日晚上又前往西安，结束了此次长达半个月的调查活动。

后　记

两年风雨，百炼成钢

厚重的成果集拿在手里，感受着这两年沉甸甸的回忆。两年的田野调查经历，对于我，对于所有清华大学西南濒危文字抢救支队的同学来说，都是大学生活中浓墨重彩的一笔。

2010年底，在清华大学赵丽明老师的主持下，来自清华各个院系和年级的十多位同学，怀揣着对西南少数民族濒危文字的兴趣和热爱走到了一起。这是一个全新的队伍，绝大多数同学从未做过田野调查工作，甚至从未去过西南地区。就是凭借着对祖国西南文化的赤诚热爱和无畏的冒险精神，大家在接受过半学期专业的语音学训练后，于2011年的寒冬1月，一走出期末考试的考场，就带着简单的行李奔赴丽江。同学们在赵老师的带领下，从丽江出发，去了宝山、塔城、宁蒗、永胜、西昌，在白雪皑皑的川滇深山里辗转"突围"，发现了许多有价值的新材料，包括纳木依的历书和神路图、木雅的历书和打卦图以及他留铎系的唱经。寒假的收获，为我们之后一年的调查工作打开了突破口，也为清华大学西南濒危文字抢救支队的进一步扩充和发展打下了基础。

2011年"五一"，利用长假，我们将西南地区的少数民族文化传承人请到了清华，做进一步的采访调查，完善了寒假的成果。同时，正值清华百年校庆期间，在清华大学文科处、图书馆、人文学院的大力支持下，赵丽明教授主持的国家项目举办了"清华百年——西南地区濒危文字展览暨研讨会"，一百多位专家学者和少数民族文化传承人参加了会议和展览，受到了社会各界以及新闻媒体的关注。我们展出了以往的调查成果，向人们展示了西南地区丰富多彩的少数民族文化，也展现了清华学生的科研潜力以及"行胜于言"的作风。

2011年7—8月，清华大学西南濒危文字抢救支队的规模进一步扩大，我们分为五个调查组，再次进入川滇山区做进一步调查，旨在完善寒假的调查成果，并且搜寻新的经书文献。这次暑假调查是一场艰苦卓绝的考验，同学们遇到过洪水、泥石流的天灾，也遇到过当地人不配合的"人祸"。有的同学被困在夜晚的深山中，行李掉进了大渡河；有的同学在偏僻的山村里被狗咬伤了腿；有的同学遭遇过当地人不友善、不理解的态度，调查工作十分艰难……但就是在这样艰苦困难的环境下，大家非但没有受到打击，反而以空前的热情和毅力遍访川滇大山里的少数民族文化宝藏，最后凯旋清华，带回了丰硕成果。

2011年10月、2012年寒假及3—5月，我们又多次通过下乡或请发音人来北京的方法，进一步做调查整理工作，经过一个学期的伏案整理，最终形成了现在这本书。

回顾这两年的风雨路程，可谓酸甜苦辣，精彩纷呈。这一年我们的调查队伍飞速成长，不但在校内外打响了名号，也成为清华大学第一批具有少数民族语言调查专业素养的学生队伍。支队的同学们从零起点开始，学习田野调查的基本知识，然后立即投身真枪实弹的实践当中，在实践当中遇到问题，又转回身继续补充理论知识。在这样的历练下，队员们迅速成长起来，成为在濒危文献解读过程中能够"独当一面"的"小专家"。期间，也有一些同学因为身体或学业上的原因很遗憾地离开了队伍，但大部分同学以顽强的毅力坚守下来，并吸收了一批新的力量，不断壮大着我们的队伍。这个队伍中，不但有中文系从大学一年级到博士二年级的同学，还有来自清华大学社会科学专业、化学系、物理系、软件学院、经管学院等其他专业的"有志之士"。大家摈弃不同专业之间的偏见，为了同一个目标和爱好走到一起，共同开创了清华大学西南少数民族濒危文字探索的新天地。

在这样的磨炼中，同学们学到的不仅是知识和技能，也懂得了什么是责任。在山区中做调查，大家互相扶持，将同伴的安危记挂于心；回来做整理，大家互相学习、互相鼓劲，将集体利益放在个人利益之上，每个人都为全局工作做出过奉献和牺牲。

队伍的指导老师赵丽明教授在这个项目中付出最多。她是一个精益求精、严谨务实的学者，为了穷尽性地挖掘少数民族的濒危材料，她每年都要下乡两三个月，川滇交界的深山里遍布了她的足迹。同时，她对大家的要求十分严格，每次都亲自审查大家上交的每一份成果。她为大家请来专家上课辅导，对于调查上误入歧途的队员及时作出更正和引导，在大家懈怠的时候又及时鞭策和鼓励。没有她的指导和带领，我们不可能有今天这样丰厚的成果，我们的队伍不可能像今天这样壮大。

赵老师常说："机会是留给有准备的人。"我们这一年付出了心血，也收获了机遇。我们的成果分别获得了2011年清华大学"挑战杯"学生课外学术竞赛一等奖、2011年北京市"挑战杯"一等奖以及2012年清华大学"挑战杯"学生课外学术竞赛特等奖，2011年11月贺国强同志来清华时也视察了我们的项目，对我们的工作予以了极大肯定。一些同学凭借这个项目获得了深造的机会，得到了进入学术界的许可证。

正如赵老师经常说的"在项目中成长。"一年的风雨历练，只是同学们人生长河中很短的一段时光，却也是同学们成长最快的一年。青年本为璞玉生铁，只有经过反复的琢磨、长期的锤炼，才能由璞玉变为美璧，由生铁化作精钢。

感谢西南地区濒危文字抢救、整理与研究项目，感谢清华大学，感谢赵丽明教授，感谢帮助过我们的孙宏开教授、赖静如老师，感谢曾经的项目参与者徐可可、夏虞南、郭家宝、李明华、李建安同学，感谢所有帮助过我们的人，没有大家的支持，就没有今天这些厚重的成果，更没有队员们的成长。

最后，也感谢我们自己——用行动放飞了梦想，用付出铸造了青春。

清华大学西南濒危文字抢救支队队长 张琰

2012年7月1日于清华园

索 引

汉语名称	国际音标注纳木依语	页码
阿纳（纳木依的祖先）	a⁵⁵na⁵⁵	974
阿坡阿纳纳（纳木依的祖先）	a⁵⁵pʰɚ⁵⁵a⁵⁵ŋa⁵⁵ŋa⁵⁵	1050
阿热古巴（地名）	a⁵⁵zɚ³¹ŋu³¹mba⁵⁵	949、955
阿什		37、38、41
安宁河		17
巴美		958、1106
白玉		958
比古阿索乌（纳木依的祖先）	bi⁵⁵gu⁵⁵a³¹so⁵⁵u³¹	974
波布扎（李开华的伯父亦师父）	po⁵⁵mbu⁵⁵dza⁵⁵	38、86
博斯喇嘛（纳木依的将军）	bɚ⁵⁵sɿ⁵⁵la⁵⁵ma⁵⁵	929、966、967
察尔堡子	tsʰa⁵⁵ɚ⁵⁵	945、949、958
昌都		998
成都		25、79、105、949、1105、1106、1111、1117、1126、1146、1149
迟莫（地名）	tʂɿ⁵⁵mɚ⁵⁵	942
措布尔古（神路图）	tsʰo³¹bu³¹ɚ⁵⁵gu⁵⁵	3、7、20、38、919、973
措布露古（神路图）	tsʰo³¹bu³¹zu⁵⁵gu⁵⁵	6
措日（纳木依的祖先）	tsʰo⁵⁵zɿ⁵⁵	974

续表

汉语名称	国际音标注纳木依语	页码
打箭炉（地名）	lo⁵⁵mu⁵⁵ndo³⁵ɣo⁵⁵	942
大渡河		26、995、999
道场名称	dzʅ³¹ntʰɑ⁵⁵	931
道孚		943、949、958、998
道孚的山	lɑ⁵⁵miɑ⁵⁵ɦɑ³¹	943
德格		998
冬月（十一月）十三日的道场	pʰɚ³¹ndzʅ³¹so³¹mu⁵⁵pi³⁵	941
二郎山	i³¹na⁵⁵mi³⁵	9、10、940、949、958、1106
二郎山、跑马山、聂巴山的统称	ga³⁵dzʅ⁵⁵so⁵⁵lɑ⁵⁵	940
呷日	tsɑ⁵⁵zʅ⁵⁵	945、949
嘎嘎木巴（天神舅舅的名字）	kʰɑ⁵⁵kʰɑ⁵⁵mu⁵⁵mbɑ³¹	927、960
甘洛		998、1106
甘孜		3、5、16、17、20、998、1124
甘孜州九龙县万年村尼玛堡子		20、56、86、919
哈克（历书）	χɑ³⁵kʰe³¹	3、7、8、13、14、38、207、208、914、915、916、917、1055
汉源		998、1106
和爱乡		1120
赫赫嘎卡（山名）	χo³¹χo⁵⁵gɑ³¹kʰɑ⁵⁵	931、949
鸡丑山	χo⁵⁵χo⁵⁵gɑ³⁵kʰɑ⁵⁵	944、949、958、1106、1149
金河		922、954、959、968、1109
金沙江		17、968、1105、1106
九龙二区（原三家堡子）	lɑ⁵⁵miɑ⁵⁵qʰɑ⁵⁵qʰɑ⁵⁵fu³⁵	947、1121
九龙县		3、5、12、13、17、20、25、38、56、86、204、209、919、945、1106、1116、1121、1125、1145、1146、1149
玖玖里瓦尔	tɕu⁵⁵tɕu³¹li³¹ɣuɚ⁵⁵	960
玖玖里瓦尔的大哥	tsʰo³¹zʅ³¹li³¹ɣuɚ⁵⁵	960
玖玖里瓦尔的三妹	tɕu⁵⁵tɕu³¹ɣuɑ³¹mɑ³¹mi³⁵	960
康定		940、942、949、958、998、1106、1146
腊（兰）窝		6、1120

续表

汉语名称	国际音标注纳木依语	页码
李开华[1]	sa⁵⁵da⁵⁵tsʰɿ⁵⁵zɿ⁵⁵	3、5、7、12、17、38、44、56、86、204、208、213、919、972、1036、1042、1044、1055、1124、1145
里庄（区）		4、6、56、1106、1115
丽江		17、34、1105、1143、1144
联合乡		6、56、949、1106
凉山（州）		3、4、5、6、16、17、20、25、28、37、45、57、999、1124、1125、1145
凉山州倮波乡一寸干海子组		18、56、208、919、1015
留乌尔（纳木依的祖先）	liu³¹ʁuɚ⁵⁵	974
泸定		949、1106
帽谷场	ia⁵⁵ɚ⁵⁵uo³¹ʂuɚ⁵⁵bu⁵⁵	946、1106
绵羊	io⁵⁵	61、62、91、106、160、377、379、805、920、927、933、957、980、1019、1020、1031、1034、1035、1100
冕宁县		3、6、11、17、20、25、41、45、48、49、51、915、945、1102、1112、1116、1141、1145
冕宁县锣锅底		4、25、56
某场道场	tʂɿ⁵⁵mɚ⁵⁵ʂu⁵⁵	942
木极吉扎日（纳木依的祖先）	mu⁵⁵tɕi⁵⁵gi⁵⁵zạ⁵⁵zɿ⁵⁵	974
木极萨古日（纳木依的祖先）	mu⁵⁵tɕi⁵⁵sa⁵⁵gu³¹zɿ⁵⁵	974
木里县		3、5、13、17、20、25、36、38、46、53、56、57、203、207、208、918、919、949、1014、1015、1105、1116、1124、1145
木日卓日（纳木依的祖先）	mu⁵⁵zɿ⁵⁵tʂo⁵⁵zɿ⁵⁵	974
木舒嘎里极（地名）	mu⁵⁵ʂu⁵⁵qʰa⁵⁵li⁵⁵tɕi³¹	932
纳木依	na⁵⁵mu⁵⁵zɿ³¹	3、4、7、12、16、17、25、32、35、37、43、44、46、56、57、86、109、204、207、918、972、1014、1036、1042、1044、1055、1098、1105、1124、1137、1143、1145
纳木依的祖先	dzạ⁵⁵	974

---

[1] "李开华"因系本书所收纳木依藏族帕孜文献的主要解读人及纳木依语的主要发音人，其名在书中出现频次极高，本索引仅编制收录其在各章节首次出现时的页码。下"纳木依"、"朱小华"词条同此。

续表

汉语名称	国际音标注纳木依语	页码
纳木依人的第一个祖先	tʂo³¹ga⁵⁵mu⁵⁵zɿ⁵⁵	974
纳木依最著名的碉	la⁵⁵mia⁵⁵ŋgu³¹kʰu⁵⁵	945
纳热次卓代（掌管阴阳的神）	na⁵⁵zɚ³¹tsʰɿ⁵⁵ndzo⁵⁵ta³¹	931、934
纳祖尔（沙袋地区的山）	na⁵⁵ndʐu⁵⁵ɚ³¹	944
尼玛拉萨	ȵi⁵⁵ma⁵⁵la⁵⁵sa³¹	927、949、950
聂巴山	i⁵⁵na⁵⁵ga³⁵dzɿ⁵⁵	9、10、12、940、949、958
帕米		37、38、41
帕孜	pʰa⁵⁵tsɿ³¹	37、141、924、952、970
帕孜	pʰa⁵⁵tsɿ⁵⁵	57、100、141、215、293、980
帕孜的名字	ɣe⁵⁵zɚ⁵⁵la⁵⁵tʂa⁵⁵zɿ⁵⁵	932
帕孜的名字	la⁵⁵tʂa⁵⁵zɿ⁵⁵da⁵⁵zɚ⁵⁵	932
跑马山	i³¹na⁵⁵ga³⁵	9、10、12、940、949、958
偏桥	ɖʐo⁵⁵ɖʐu³¹ɖʐu⁵⁵	945
偏桥	ʐa³¹ɖʐo⁵⁵	1001
普米人	pʰɚ⁵⁵zɿ⁵⁵	935、968、970
普木来之古（纳木依的起源地）	pʰu⁵⁵mu⁵⁵ɬa³¹dzɿ⁵⁵gu³¹	974、980、998
普木来之古（世界上最大的海）	pʰu⁵⁵mu⁵⁵ɬa³¹ndzɿ⁵⁵gu³¹	927、949、980、998
三家堡子	la⁵⁵mia⁵⁵ʁa⁵⁵	947、1121
沙袋		944、958、1106
山的交界处	ȵi⁵⁵bi⁵⁵io⁵⁵io⁵⁵	958
山神居住之处（地名）	sɿ⁵⁵ndʐu⁵⁵ɚ³¹	943
山水交界之处（地名）	lo³¹mo⁵⁵ŋgu⁵⁵kʰu⁵⁵	941
石棉		35、998
水的交界处	ȵa⁵⁵ndzɿ⁵⁵io⁵⁵io⁵⁵	958
索乌尔（地名意为"烧香之地"）	so³¹vu⁵⁵ɚ³¹	943
塔公		958
塔公庙	ɬa⁵⁵mia⁵⁵pʰu⁵⁵ɖʐu⁵⁵gu³¹	944
汤谷		949、958、1106
天上的大仙女	mu⁵⁵i⁵⁵ȵa³¹ŋgu⁵⁵mi³⁵	963
天上的二仙女	mu⁵⁵i⁵⁵ȵa³¹tsɿ⁵⁵mi³⁵	963
天上的三仙女	mu⁵⁵i⁵⁵ȵa³¹to⁵⁵mi³⁵	963
天神舅舅	mu⁵⁵i⁵⁵a⁵⁵vu⁵⁵	38、927、960
天神舅舅的名字	kʰa⁵⁵kʰa⁵⁵mu⁵⁵mba³¹	960
天神舅母	mu⁵⁵i⁵⁵a⁵⁵zɿ⁵⁵	38、927、960

续表

汉语名称	国际音标注纳木依语	页码
天神舅母的名字	kʰa⁵⁵kʰa⁵⁵mu⁵⁵mba³¹	960
通天河	ɬa⁵⁵ndʐɿ⁵⁵fu⁵⁵qʰa⁵⁵	934
亡魂上天过程中要过的一道关口	kʰo⁵⁵bu⁵⁵	934
王建中		20、45、46、1145、1147、1149
魏家坪		945、946、949
西昌（市）		3、16、25、28、30、48、56、208、919、1015、1115、1117、1143、1144、1145、1149
新都		958、1106
新都桥		11、919、943、949、998、1146
新都桥的河	sɿ⁵⁵vu⁵⁵ndʐɿ⁵⁵kʰa³¹	943
新兴乡		1120、1121
雅安		949、1106
雅江		949、958、1106
雅砻江	no³¹mu⁵⁵ngu⁵⁵lu⁵⁵	4、16、17、18、26、27、28、32、43、117、947、1109、1115、1116
烟袋乡	ia⁵⁵nda⁵⁵fu³⁵	946、949、1121
盐边县		17
盐源县		17、25、1116
野人庙	du⁵⁵ɬa⁵⁵ndʑu⁵⁵ɚ⁵⁵	945
一次大的祭祀	ɲi³¹mu⁵⁵	140、945、946
仪式名	ɬa⁵⁵ndʐɿ⁵⁵tsʰɿ³¹	958
仪式名	li³¹ʐa⁵⁵tsʰo³¹pi³¹	924
匝嘎斯坡（山名）	tsa³¹ka⁵⁵sɿ³⁵po⁵⁵	938
藏族喇嘛	pʰɚ⁵⁵mi⁵⁵la⁵⁵ma⁵⁵/ɣuo⁵⁵dʑu³¹	933、1105
扎拉木古卡（天神舅母的名字）	za⁵⁵la⁵⁵mu⁵⁵kʰo³¹kʰa³¹	927、960
招魂仪式	su³¹mu⁵⁵	933、954
止木那黑湖（即：青海湖）	tsɿ³¹mu⁵⁵na³⁵xe³⁵	931、949、952
朱德清	ʁa⁵⁵ʐa⁵⁵vu⁵⁵tɕi³¹	57、922
朱日（纳木依的祖先）	dʐu⁵⁵ʐɿ⁵⁵	974
朱小华	ʁa⁵⁵ʐa⁵⁵ɲi⁵⁵ma⁵⁵tsʰɿ⁵⁵	3、5、7、12、17、26、37、44、56、204、207、213、918、1014、1055、1099、1105、1134、1137、1145
作土吉（将军的名字）	zo⁵⁵to⁵⁵kʰi³¹	966

主要参考文献

1. 傅懋勣：纳西族图画文字和象形文字的区别［C］，《民族语文》，1982年01期。
2. 黄布凡：纳木兹语［M］，《藏缅语十五种》，北京燕山出版社，1991年2月。
3. 和即仁："摩些"与"纳木依"语源考［J］，《民族语文》，1991年第5期。
4. 何耀华：川西南藏族史初探［M］，《中国西南历史民族学论集》，云南人民出版社，1988年。
5. 刘辉强：锣锅底纳木依语*［J］，《语言研究》，1996年第2期（总第31期）。
6. 刘俊波：九龙县纳木依藏族考察初记——以尼玛堡子为例［J］，《康定民族师范高等专科学校学报》，第18卷第5号，2009年10月。
7. 林俊华：纳木依和他们的巫师［M］，《西藏旅游》，2004年10月。
8. 拉玛兹偓：纳木依语支属研究［J］，《民族语文》，1994年第1期。
9. 龙西江：冕宁县联合公社藏族的传说及天文历法［J］，《雅砻江下游考察报告》，中国西南民族研究学会，1983年6月。
10. 龙西江：凉山州境内的"西番"及渊源探讨（上）［J］，《西藏研究》，1991年第1期。
11. 《木里藏族自治县概况》编写组、《木里藏族自治县概况》修订本编写组：《木里藏族自治县概况》，民族出版社，2009年。
12. 孙宏开：试论"邛笼"文化与羌语支语言［J］，《民族研究》，1986年第2期。
13. 孙宏开：羌语简志［C］，民族出版社，1981年。
14. 孙宏开：尔苏沙巴图画文字［J］，《民族研究》，1982年06期。
15. 孙宏开：六江流域的民族语言及其系属分类——兼述嘉陵江上游、雅鲁藏布江流域的民族语言［J］，《民族学报》，1983年第1期。
16. 孙宏开：藏缅语族羌语支语言及语言学研讨会述评［J］，《当代语言学》第2卷，2000年第2期。
17. 孙宏开：中国的语言［C］，商务印书馆，2007年。
18. 宋兆麟：会说话的巫图——远古民间信仰调查［M］，学苑出版社，2004年。
19. 宋兆麟：寻根之路：一种神秘巫图的发现［C］，学苑出版社，2004年8月第1版。
20. 王德和：尔苏藏族文化研究［M］，四川大学出版社，2010年10月。
21. 伍呷：九龙藏族社会的历史考察［M］，《尔苏藏族研究》，民族出版社，2007年。
22. 徐通锵：语言与文字的关系新探［M］，《广义文字研究》，黄亚平、白瑞斯、王霄冰主编，齐鲁书社，2009年。
23. 佚名：四川省纳西族社会历史调查［J］，中国少数民族社会历史调查资料丛刊108。
24. 严汝娴、宋兆麟：永宁纳西族的母系制［M］，云南人民出版社，1984年。
25. ［苏］伊斯特林：文字的产生和发展［M］，北京大学出版社，1987年。
26. 郑飞洲：尔苏巴沙文字字素研究［M］，《语言研究》，2002年04期。
27. 张军：孙宏开民族语言学学术思想初探，《暨南学报（哲学社会科学版）》，2009年第2期。
28. 赵丽明：坡芽歌书是文字吗？［M］，《文史知识》（7），中华书局，2009年。